लेखक की साहित्यिकी

लेखक की साहित्यिकी

नन्दकिशोर आचार्य

वाणी प्रकाशन

वाणी प्रकाशन का लोगो
विख्यात चित्रकार मक़बूल फ़िदा हुसेन
की कूची से

ISBN : 978-81-8143-792-1

वाणी प्रकाशन
21-ए, दरियागंज, नयी दिल्ली-110002
द्वारा प्रकाशित

फोन : 0091#11#23273167, 23275710
फैक्स : 0091#11#23275710
ई-मेल: vaniprakashan@gmail.com
vani_prakashan@yahoo.com
वेबसाइट : www.vaniprakashan.com

मूल्य : 395.00

प्रथम संस्करण : 2008

आवरण : वाणी चित्रांकन
नागरी प्रिंटर्स, शाहदरा, दिल्ली-110032
द्वारा मुद्रित

LEKHAK KI SAHITYIKI
(Literary Esseys)
by : Nandkishor Acharya

डॉ. गोविन्दचन्द्र पाण्डे के लिए

भूमिका

सर्जक की अनुभव-दीप्त सैद्धान्तिकी

हिन्दी आलोचना के संसार में नन्दकिशोर आचार्य एक सुपरिचित नाम है। उन की चिन्तनशीलता की पहचान और परख के लिए, प्रथमतः, यह जानना जरूरी है कि वह परम्परागत और समसामयिक समीक्षा से एकदम ही अलग, एक पारदर्शी, निर्मल और मूल्यचेतस् गद्य का आत्मीय उदाहरण है। शायद इसी लिए उन के विचारात्मक लेख पढ़ते हुए एक स्वभाव-कवि की याद मन में बनी रहती है। एक कवि, जिस अन्तर्दृष्टि और कल्पनाशीलता के साथ, अपनी और अपने संसार की पहचान करता है, वह मूलतः उस की अपनी सर्जना से जुड़े अन्तरंग और सर्वाश्लेषी प्रश्नों-जिज्ञासाओं से उपजी-जुड़ी दृष्टि और कल्पना ही है। गद्य की भाषा की विश्लेषणधर्मिता के आलोक में इस दृष्टि की प्रासंगिकता और उपयोगिता को ही नहीं, बल्कि सृजनात्मकता के सन्दर्भ में प्रश्नों की तात्त्विकता और आत्यन्तिकता को पाने की यह विकलता इस अर्थ में भी एक कवि की ही विकलता है, कि सभी निबन्धों में भाषा अपनी बिम्बहीनता के बावजूद, एक प्राकृतिक लय और एक जरूरी सांस्कृतिक समन्वय के संवाद की भाषा की तरह विकसित होती लगती है। उन्हें पढ़ते हुए हम विषय को केवल समझने-समझाने के रस्ते पर ही नहीं बढ़ रहे होते, बल्कि आन्तरिक स्तर पर स्वयं ही सृजनधर्मी संवेदना-कल्पना के साथ भी एक अन्तरंग जुड़ाव महसूस कर रहे होते हैं। उन की वैचारिकता, जिस तरह की सुव्यवस्थित तर्कनिष्ठता के रस्ते पर आगे बढ़ती है, वह निश्चय ही उन के गद्य को समकालीन साहित्यिक बहसों से जोड़े रहती है, लेकिन जिस अन्तर्दृष्टि और मूल्यचेतना से यह नाभि-नाल सम्बन्ध से जुड़ी है, वह इस विचार को कोरमकोर पोलेमिक्स तो नहीं ही बनने देती, उल्टे वह इसे आनुभविक दीप्ति से उजागर किए चलती है, तथा संवेदनात्मक संस्पर्शों से जीवन्त बनाए रखती है। यह आकस्मिक ही नहीं है कि साहित्य और कला पर उन के चिन्तन की इस भाषा में, प्रकृति की लय और संस्कृति की स्मृति प्राणधारा की तरह प्रवहमान है, और सुदृढ़ तर्क-पद्धति के साथ सृजनात्मक मुद्दों से उलझती यह भाषा, 'तत्त्व' तक जाने की कोशिश करती हुई भी, निरी सैद्धान्तिक आलोचना की तरह नहीं पढ़ी जा सकती।

उन की चिन्तनशीलता में मौजूद इस कविता को, तथाकथित कलात्मक भाषा के प्रयोग की तरह देखने की कोशिश तो एकदम ही व्यर्थ होगी, क्यों कि अपनी सुदृढ़ और व्यवस्थित तार्किकता में ये निबन्ध, अपनी विश्लेषणधर्मिता को ही उजागर करते हैं, पर इन में अन्तःसलिल जिज्ञासा और विकलता कुछ ऐसी है, जो हमें यह याद दिलाती रहती है, कि यह पाकर पूर्ण हो चुके आदमी की ज़बान नहीं है। मनुष्य और प्रकृति के रिश्ते को रूपायित करने की कोशिश करती हुई कविता तथा अन्य कलाओं की सृजन-प्रक्रिया को जानने की यह कोशिश शेष प्रकृति के रहस्यों और रहस्योद्घाटनों के बीच जीते-मरते मनुष्य की अन्तःप्रकृति के रस्ते, बल्कि एक तरह से उस के बुनियादी आधार पर ही, इन निबन्धों में, जारी है। बावजूद इस के कि इन निबन्धों के शीर्षक और इन की अन्तर्वस्तु के विवरणात्मक पक्ष, इस तथ्य को बहुत साफ ढंग से सामने रखते हैं, कि ये एक विशेष समय और जगह में जारी वैचारिक टकराहटों से आवयविक भाव से जुड़े हैं, आचार्य इस बात की काफ़ी कामयाब कोशिश करते हैं कि इन्हें थोड़े सार्वकालिक या सार्वभौमिक सन्दर्भों में साहित्य या कलाओं की अपनी दुनिया के भीतर समझा और पढ़ा जा सके। शायद, इसी अर्थ में, इन लेखों में एक तरह की सैद्धान्तिकता विकसित करने वाली तर्कपद्धति विनियोजित की गयी है, पर यह उस तरह की रूक्ष सैद्धान्तिकता तो नहीं ही है, जो रस-चिन्तन या लोक-मंगल-चिन्तन की अनेक प्राचीन-नवीन समीक्षाओं में देखने को मिलती है। वास्तव में, यह सैद्धान्तिकता से कहीं ज्यादा, वह अनिवार्य आत्मचिन्तन है, जो कवि-कलाकार अपने काम की सार्थकता को समझने की कोशिश में करते रहे हैं। प्रसाद, पन्त, निराला या कि महादेवी ही नहीं, बल्कि अज्ञेय और मुक्तिबोध का चिन्तन भी, एक सृजनधर्मी कवि की बुनियादी जिज्ञासाओं से उद्भूत है।

अगर आचार्य के इन सैद्धान्तिक से लगने वाले निबन्धों को थोड़ी कल्पनाशीलता और सहानुभूति के साथ पढ़ा जाए तो यह सहज ही अनुभव होता है कि, इन की सर्जना के पीछे सिर्फ आन्तरिक निष्ठा ही नहीं, बल्कि एक वेदनासिक्त अन्तर्निष्ठ व्यक्तित्व का मन भी शामिल है। एक तरह से सोचें तो तटस्थता या कि निस्संगता की भाषा की गहराई में, ये सारे निबन्ध, अन्ततः, उन के मन में उमड़ते-घुमड़ते, सामयिक और आस्तित्विक दबावों से उपजी वेदना को ही धारण किए हैं—ख़ासकर इस अर्थ में कि साहित्य और सृजन के जिन मुद्दों से वे इन निबन्धों में जूझते रहे हैं, हिन्दी में उन्हें लेकर एक तरह का चलताऊ रवैया ही अपनाया गया है। बेशक, स्वयं आचार्य कला की सर्जनात्मकता, स्वतन्त्रता, नैतिकता या कि उस की समकालीनता से जुड़े प्रश्नों पर महज पोलेमिकल परिप्रेक्ष्य में विचार नहीं करते, पर उन्हें पढ़ते हुए यह लगता है कि मानवीय सर्जनात्मकता के बहुविध आयामों को परिभाषित करने वाली समकालीन समीक्षा को लेकर शायद कहीं गहरे में एक विषाद का भाव भी उन में है—बल्कि थोड़ा सरलीकृत करके कहें तो कहेंगे कि उन के इस लेखन में

समकालीन पोलेमिक्स में सीधी हिस्सेदारी उतनी नहीं है, जितना यह दुख है कि साहित्य या कला के प्रश्नों पर बहुत सारा वाद-विवाद उन की रचना-प्रक्रिया को ध्यान में रखे बगैर ही जारी रहा है।

यह सच है कि मूलतः अपने समय की साहित्यिक राजनीति से परिचालित या कि निरी अकादमिक ज़रूरतों से लिखी गयी हिन्दी की अधिकांश पेशेवर समीक्षाओं की वाचालता को लेकर उन के मन में थोड़ा क्षोभ भी है। एक सर्जनात्मक व्यक्ति की हैसियत से सृजन की अपूर्वानुमेयता का जो गहरा अनुभव उन की अन्तर्दृष्टि को थामे है, उस के चलते इस क्षोभ की स्वाभाविकता लगभग स्वतःसिद्ध है। शायद इस लिए ही वह अवधारणात्मक स्तर पर भी यह मानते हैं कि साहित्य या कला-बाह्य आग्रहों के आतंक से मुठभेड़ जरूरी है। यह सुखद है कि ज़ाहिर ढंग से और वाचाल मुद्रा में अपनी इस मुठभेड़ को लिखने के बजाय वह संयम के साथ आज के महत्त्वपूर्ण प्रश्नों से जूझते हैं। दरअसल, मनुष्य की सर्जनात्मकता के बहुविध रूपाकारों की रचना-प्रक्रिया को समझने की कोशिश, एक तरह से मानवीय अस्तित्व की चिन्ताओं को और व्यापक सामाजिक-सांस्कृतिक उपक्रमों को समझने की कोशिश भी है। इसी के चलते उन के इन निबन्धों में, एक नयी ज्ञानमीमांसा की खोज की विकलता भी देखी जा सकती है। पर ऐसे किसी वक्तव्य से यह अर्थ (जो कि इस सन्दर्भ में अनर्थ ही साबित होगा) नहीं लिया जाना चाहिए कि समकालीन पोलेमिक्स और आधुनिक जीवन के प्रश्नों को बरका कर, आचार्य साहित्य की शाश्वतता और आध्यात्मिकता की नकली महानता का सन्देश सुनाने के लिए ही यह सब लिखते रहे हैं। शाश्वतता या आध्यात्मिकता जैसे शब्दों से उन्हें कतई परहेज नहीं है, पर उन के यहाँ ऐसे प्रत्ययों का इस्तेमाल, समकालीन समस्याओं से पलायन के सन्दर्भ में तो कहीं भी नहीं हुआ है। मानवीय-रिश्तों के बीचमबीच और उन के बावजूद भी, मनुष्य की चेतना के संस्कार-परिष्कार की भाषा के रूप में साहित्य या कविता को समझने की उन की इस कोशिश में, न सिर्फ आधुनिक-विज्ञान, बल्कि उत्तर-आधुनिक विज्ञान से प्राप्त अन्तर्दृष्टि की सक्रियता है—बल्कि इस अर्थ में यह कहीं ज्यादा मानीखेज है कि इस में अन्य वैज्ञानिक अनुशासनों की तरह साहित्य को भी सत्य-सन्धान के एक विशिष्ट स्वायत्त उपक्रम की तरह देखा गया है। यह साहित्य का वायवीय महिमामंडन मात्र नहीं है, क्यों कि आचार्य मानवीय चेतना की बहुविध फंक्शनलिटी के जिस बुनियादी आधार पर इस अवधारणा को विकसित करते हैं, उसे कहीं से भी अवैज्ञानिक लफ़्फ़ाज़ी की तरह देखना-समझना मुश्किल है—अगर इन शब्दों को ही अविज्ञान का पर्यायवाची शब्द नहीं माना जा रहा है तो।

चेतना के संस्कार और परिष्कार की सर्जनात्मक विधा की इस समझ के सिलसिले में, आचार्य नैतिकता और वरण के प्रश्नों के साथ जिस गहराई से उलझते हैं, वह न सिर्फ साहित्य की स्वायत्तता के प्रश्न हैं, बल्कि मनुष्य के व्यक्तिगत और सामुदायिक

अस्तित्व के भी सार्वकालिक प्रश्न हैं। इन प्रश्नों से उलझते हुए वे कहीं यह आभास तक नहीं देते कि उन का उद्देश्य भारतीय परम्परा के अभिजन-वर्गीय साहित्य-बोध को (ही) वैधता प्रदान करना है, बल्कि जिस ढंग से वे सौन्दर्य और नैतिकता के सवालों से उलझते है, उस में आधुनिक विज्ञान और मनोविज्ञान की दृष्टि ही ज्यादा सक्रिय दिखाई पड़ती है। यह भी लगता है कि मानवीय सर्जनात्मकता के सन्दर्भ में स्वतन्त्रता को एक परम मूल्य की तरह स्वीकार करने वाले आचार्य के लिए, नैतिकता या आध्यात्मिकता जैसे शब्द स्वतन्त्रता या मुक्ति जैसे मूल्यचेतस् शब्दों से अधिक भिन्न नहीं है। उन के निबन्धों में प्रगट-अप्रगट रूप में लगातार सक्रिय मूल्यचेतना न तो देसी परम्परा की बेड़ियों से बँधी है, और न ही परदेसी विज्ञान की उन्नीसवीं सदी वाली वैज्ञानिकता से, हालाँकि परम्परा और विज्ञान दोनों के ही स्वीकार के साथ, आचार्य सृजनात्मकता के पक्ष में सतत सक्रिय स्वतन्त्रता को एक परम मूल्य के रूप में रेखांकित करते रहे हैं।

इन निबन्धों की सम्प्रेषणीयता इन की एक महत्त्वपूर्ण विशेषता है, क्यों कि यह निरी वाग्मिता के चलते सम्भव नहीं हुई है। आत्मानुभव को आत्मचिन्तन की प्रक्रिया से पहचानते हुए भी लेखक, विषय की व्यापकता और जटिलता की गहरी समझ के साथ, उस का विश्लेषण करते हैं। जटिलता की समझ के लिए वह विषय को गैरज़रूरी विस्तार के ब्योरों से बचाते हैं, लेकिन ऐसा करते हुए भी, अपनी तत्त्वदर्शिनी दृष्टि से, उसे पाठक तक अपनी सम्पूर्ण जटिलता के साथ सम्प्रेषित करने में सफल होते हैं। शायद इस कारण कि तत्त्वचिन्ता अनिवार्य रूप से, उस व्यवहार-जगत की, तह से लेकर सतह तक की हलचलों से जुड़ी है, जिस से कि व्यावहारिक अर्थ में विषय सम्बद्ध है। उन की दृष्टि सूक्ष्मता की ओर उन्मुख है, और उन की तर्क पद्धति में, कविता की संवेदना के साथ, दर्शन की सूक्ष्मता और मितकथन भी अनुस्यूत है। सच तो यह है कि उन की भाषा अपने बुनियादी स्वभाव में ही एक संवादोन्मुख भाषा है। उनका आत्मचिन्तन पांडित्य के आत्मप्रदर्शन से बहुत दूर है। बेशक उस में सरलीकरण की या त्वरित सारांशीकरण की प्रवृत्ति नहीं है, पर सहजता से सार को पाने की एक प्रविधि के चलते, उन्हें अपनी बात कहने के लिए, उसे ब्योरों में उलझाने या लम्बा खींचने की ज़रूरत नहीं पड़ती। एक कवि होने के नाते, शायद, वह यह भी जानते हैं कि अपने गैरबिम्बात्मक रूप में भी भाषा, पाठक की कल्पनाशीलता और सोचविचार के लिए अवकाश रचती ही है। इस लिए मितकथन में संवदेनागर्भित तर्क-व्यवस्था का आयोजन करते हुए, वह अपने विषय की बहुआयामी जटिलता का साक्षात् अपने पाठक को कराते हैं।

अपनी सारी सूक्ष्मता, गहन परम्परा-बोध, अध्ययन-मनन के बावजूद, इन सभी निबन्धों का गहरा सम्बन्ध, सम्भवतः आधुनिक हिन्दी साहित्य में जारी साहित्य-चिन्तन से ही है। जिन प्रश्नों और साहित्यिक समस्याओं को इन निबन्धों में उठाया गया

है, वे समकालीन सृजन से ही सन्दर्भित हैं, और आचार्य ने अगर उन की समकालीनता को, कुछ अधिक गहराई से समझने की कोशिश में उन्हें संस्कृति और समाज के बुनियादी प्रश्नों से जोड़ा है, तो वह इस कारण कि वे मानवीय-सृजनात्मकता और आस्तित्विक प्रश्नों पर, निरे फौरी तरीके से नहीं लिखना चाहते थे। शायद किसी समस्या या सवाल का तदर्थ निदान या समाधान उन के स्वभाव में ही नहीं है। अगर उन के निबन्धों की कोई प्रासंगिकता है, तो वह इसी अर्थ में है कि ये प्रश्न उनके लिए प्रसंग-सीमित प्रश्न नहीं हैं। इस लिए यह जरूरी है कि उन के निबन्धों में विवेचित प्रश्नों को थोड़ा करीब से जानने-समझने की कोशिश की जाए।

हिन्दी के साहित्य चिन्तन में, यथार्थ शब्द, एक सम्मानित और प्रचलित़ प्रत्यय के रूप में व्यवहृत होता रहा है। इस तरह कि हर अच्छी-बुरी रचना के साथ उसे नत्थी कर दिया जाता है। यही नहीं, इस यथार्थ के कई भेद-आभेद भी गिनाए जाते है। यथार्थ-विमुखता को एक दुर्गुण की तरह पेश किया जाता है। खासकर कथा-साहित्य में तो व्याख्या और मूल्यांकन के सिलसिले में इस का प्रयोग इस तरह किया जाता है, कि हर कहानी और उपन्यास में इस की मौजूदगी पायी जा सकती है। यथार्थ को एक अर्थवान प्रत्यय के रूप में पहचानने की कोशिश करने के बजाय, उसे लगभग अर्थहीन ढंग से इस्तेमाल किए जाने का नतीजा यह हुआ है कि इस से कृति की किसी तरह की गुणवत्ता का परिचय तक नहीं मिलता। ज़ाहिर है कि ऐसे प्रत्यय को सुविचारित ढंग से परिभाषित किए जाने की अपनी प्रासंगिकता है। इसी लिए जब आचार्य इस विषय से उलझते हैं तो शुरू में ही कहते हैं :

> *"यदि एक बार इस प्रतिज्ञा से आरम्भ कर दिया जाए कि साहित्य का प्रयोजन, अपने से बाहर स्थित यथार्थ का सम्प्रेषण है तो फिर कोई तर्क नहीं बचता कि यथार्थ की पहचान की कसौटी भी तब साहित्य के बाहर ही क्यों न हो—और यदि साहित्य माध्यम ही है तो उस का उपयोग साहित्येतर उद्देश्यों की पूर्ति के लिए ही क्यों न किया जाए? और तब इस उपयोगिता के आधार पर ही उस की उत्कृष्टता का मूल्यांकन स्वाभाविक होगा।"*

'यथार्थ की सृष्टि और कथा-भाषा' नामक उन के निबन्ध की प्रारम्भिक पंक्तियों में कुछ ऐसी बातें है, जिन्हें समझने की कोशिश किए बगैर, इस पूरे वक्तव्य को, बाह्य यथार्थ या वस्तुजगत में मौजूद वास्तविकता से मूर्त होते यथार्थ के विरोधी वक्तव्य की तरह ले लिया जाएगा। व्यापक सामाजिक वास्तविकता की तुलना में, व्यक्ति के आन्तरिक और सीमित सच को, या कि उसके स्वप्नों और कुंठाओं को महत्त्व देने वाले वक्तव्य के रूप में भी इसे लिया जा सकता है। पर अगर इसे गौर से देखें और पूरे निबन्ध को ध्यान से पढ़ें, तो कई बातें सामने आती हैं। एक ज़ाहिर

तथ्य तो यह है कि यह निबन्ध 'यथार्थ' शब्द के मनमाने प्रयोग से क्षुब्ध होकर लिखा गया है, और लेखक की मूल कोशिश यही है कि वह तथ्यात्मक-सूचनाओं से भिन्न सृजनात्मक यथार्थ के सम्प्रेषण को रेखांकित कर सके। बाह्य से पलायन या उस का नकार, वक्तव्य का आशय ही नहीं है। इस लिए कि आचार्य जानते हैं कि वह सम्भव ही नहीं है। वास्तव में, वह साहित्य की अपनी प्रक्रिया से बाहर यथार्थ की बात का विरोध कर रहे हैं। भीतर-बाहर के नकली द्वन्द्व से भिन्न वह मानवीय चेतना के द्वारा यथार्थ के अधिग्रहण की घोर वैज्ञानिक प्रक्रिया के सन्दर्भ में अपनी बात कह रहे हैं। बेशक ऐसा करते हुए वह मानवीय-चेतना में रूपायित होती साहित्यिक प्रक्रिया के वैशिष्ट्य की ओर भी एक सार्थक संकेत करते हुए कह रहे हैं कि यथार्थ साहित्यिक-निर्माण की प्रक्रिया में ही अन्तर्निहित है, और इस लिए साहित्य को बाहर के किसी वास्तव का माध्यम नहीं माना जा सकता। ख़ासकर इस लिए कि वस्तुजगत की अनन्तता और चेतना के साथ उस की अन्तःक्रिया की प्रक्रिया में ही उस विशिष्ट भाषा का सृजन सम्भव होता है, जिसे हम साहित्य कहते हैं। इस के बदले अगर कोई बाह्य यथार्थ की अनन्तरूपता के प्रति एक विशिष्ट दृष्टिकोण को ही यथार्थ-निरूपण मान लेता है, तो वह अपने दृष्टिकोण को ही रच रहा होता है, यथार्थ को नहीं। सम्भवतः इस लिए इसी निबन्ध में वह आगे दो और महत्त्वपूर्ण बातें कहते हैं। भौतिक विज्ञान के हवाले से अव्वल तो वह यह बताते हैं कि यथार्थ का यथावत्, यथारूप अधिग्रहण सम्भव ही नहीं है। यथार्थ को, हर वह माध्यम रूपान्तरित करता है, जिस माध्यम से यथार्थ का ग्रहण किया जा रहा है। ज़ाहिर है कि बाह्य यथार्थ को, निरे चाक्षुष यथार्थ या ऐन्द्रिक संवेदन के माध्यम से या कि किसी दूसरे माध्यम से भी, अपनी यथावतता में ग्रहण कर पाना मुश्किल है। जिस भी माध्यम से यथार्थ का ग्रहण होता है, उस का असर अनिवार्य रूप से यथार्थ के सृजन पर पड़ता है। रूपान्तरित यथार्थ को, अपने माध्यम के मुताबिक ही सृजनात्मक रूपाकार दिया जा सकता है। इस के अलावा यह भी कि अगर यथार्थ की हमारी पहचान ही, हमारे माध्यम के द्वारा ही निर्धारित होती है, तो प्राकृतिक-विज्ञानों या समाज-विज्ञानों द्वारा पहचाने गए यथार्थ को साहित्य के यथार्थ के नियामक के रूप में तो ग्रहण ही नहीं किया जा सकता, क्यों कि अगर साहित्य का यथार्थ वही है जो अन्य विज्ञानों ने पहले ही खोज निकाला है, गढ़ रखा है, तो फिर साहित्य की ज़रूरत ही क्या है। ज़ाहिर है कि यथार्थ के जटिल चरित्र की पहचान के साथ ही साहित्य की प्रक्रियागत और स्वभावगत स्वायत्तता और यथार्थ ग्रहण की उस की प्रक्रिया पर उन का जोर, महज सामाजिक यथार्थ और परिवेशगत यथार्थ के प्रगतिशील एजेंडे के विरोध के लिए ही उद्दिष्ट नहीं है। विश्व की अत्यन्त महत्त्वपूर्ण कथा-कृतियों के हवाले से हिन्दी कथा-साहित्य के यथार्थ-चित्रण की तुलना करते हुए उन्होंने यह स्पष्ट करने की कोशिश की है कि यथार्थ को, सर्वसुलभ सामाजिक-राजनीतिक ब्यौरों में 'कथा' के साथ गूँथ

भर देना, साहित्यिक यथार्थ का सृजन नहीं हैं। शायद इस लिए ही वह 'यथार्थ' की तरह अनुभूति जैसे शब्द को भी एक सैद्धान्तिक परिप्रेक्ष्य में देखने की कोशिश करते हैं। यह दिलचस्प है कि यथार्थ के आग्रह के साथ-साथ अनुभूति की प्रामाणिकता या 'भोगा हुआ यथार्थ' जैसे पद भी हिन्दी कथा-चिन्तन में अनेक बार दुहराए गए हैं, और इस तरह दुहराए गए हैं कि हर कथाकार के बारे में बतौर प्रशंसा के यही बात कही जाती रही है। अनुभव को, मध्यवर्ग और निम्नवर्ग के स्टॉक सामाजिक-आर्थिक अनुभव के साथ जोड़ कर देखने वाली इस दृष्टि को, साहित्य-सृजन के सन्दर्भ में एक चलताऊ दृष्टि मानते हुए ही आचार्य अनुभूति को, अस्तित्व की बुनियादी तात्त्विकता के अर्थ में समझने की कोशिश करते हैं। हिन्दी में जिस कामचलाऊ और लोक-रिझाऊ तरीके से अनुभूति की प्रामाणिकता की चर्चा होती रही है, उस से तो अनुभूति, जानकारी या सूचना परोसने का एक कौशल बनकर रह जाती है। आचार्य, जो कि यह मानते हैं कि साहित्य-सृजन की स्वायत्त प्रक्रिया और उस के वैशिष्ट्य का आधार ही अनुभूत्यात्मक है, इस अनुभूति को तभी महत्त्वपूर्ण मानते हैं, जब वह अनुभूति हमारे यथार्थ और हमारे आत्म की पहचान में कुछ नया जोड़ती है—रचित के भाषिक रूपाकार के साथ, जिस का लगभग अद्वैत का सा सम्बन्ध होता है। ज़ाहिर है कि ऐसी अनुभूति को परिभाषित करने के लिए, ऐन्द्रिक अनुभवों को, या कि उन के, क़रीबी, औसत सामाजिक अनुभवों की जानकारी को ही आधार नहीं बनाया जा सकता। शायद इसी लिए, साहित्य और कलाओं के सम्बन्ध में, अनुभूति की पहचान स्थिर करने के लिए वे उसे तात्त्विक स्तर पर आयत्त करने चेष्टा करते हुए कहते हैं :

> *"साहित्य भाषा की सर्जनात्मक आत्मानुभूति है अर्थात् वह भाषा का अपने ही माध्यम से, अपने होने को, होते रहने को अनुभव करना है।...हम जानते हैं कि कोई भी भाव, विचार या संवदेनात्मक परिस्थिति, जब साहित्येतर कलाओं में ही नहीं, स्वयं साहित्य की विभिन्न विधाओं में रची जाती है, तो उस का अनुभव हर बार एक अलग और विशिष्ट अनुभव होता है। स्पष्ट है कि एक ही भाव या संवदेनात्मक परिस्थिति के माध्यम से भाषा अपने को अलग-अलग ढंग से रचती है।......*
>
> *"किसी साहित्यिक कृति को पढ़ते हुए यदि हम उसे एक स्वतन्त्र चेतना के रूप में अनुभव करते हैं, तो उस के माध्यम से स्वयं के, एक स्वतन्त्र चेतना होने का अनुभव भी सम्भव हो पाता है। अगर हम यह भी मानें कि साहित्य भाषा का आत्मानुभव नहीं, बल्कि भाषा के माध्यम से भाषाबद्ध संसार का अनुभव है, तो भी यह तो ज़ाहिर ही है, कि भाषा की अपनी दृष्टि से तो यह उस का आत्मानुभव ही है, क्यों कि प्रत्येक अनुभूति मूलतः आत्मानुभूति है। दूसरी ओर, जब हम भाषा को अनुभव करते हैं, तो यह केवल भाषा की*

नहीं, अपनी अनुभूति भी है, उस चेतना की अनुभूति, जो भाषा को भी अनुभव करती है, और उस के माध्यम से अपने को भी। इसी स्तर पर वाक् और आत्म एक हो जाते हैं।''

मैंने जानबूझकर ये लम्बे उद्धरण लिए हैं। इस से उन के लिखने के ढंग में निहित, तर्कपद्धति का सुव्यवस्थित रूप सामने आता है, और निश्चय ही थोड़ी बहुत याद इस शैली के चलते, दार्शनिक तर्कपद्धति की भी आती है। इस अर्थ में दर्शन के अध्ययन-मनन का प्रभाव उन के निबन्धों में प्रायः उजागर है। पर इस उद्धरण के सहारे हम यह भी महसूस करते हैं, कि अनुभूति को काव्य-सृजन के सन्दर्भ में किस रूप में या किस अर्थ में देखें। उन का यह प्रस्ताव कि *'साहित्य भाषा की सर्जनात्मक आत्मानुभूति है'*, बहुत से लोगों को बारीक कताई की कोशिंश की तरह भी लग सकता है, लेकिन जैसा कि मैंने पहले भी कहा, कि आचार्य, औसत और कामचलाऊपन के प्रतिपक्ष की तरह, अपनी और अपने समय की महत्त्वपूर्ण सर्जनात्मकता से सम्बद्ध काव्य-चिन्तन को थोड़े मनोवैज्ञानिक और निश्चय ही सांस्कृतिक स्मृति के रूप में लिखने की कोशिश कर रहे हैं। हिन्दी की समकालीन समीक्षा में यथार्थ और अनुभूति जैसे शब्द ही नहीं, बल्कि रूप, नैतिकता, परम्परा, इतिहास, यहाँ तक कि परिवेश, परिस्थिति, उपभोगवाद, जनसंचार-माध्यम, सम्प्रेषण की समस्या और संकट जैसे अर्थगर्भ और व्याख्यापेक्षी शब्दों और पदों का प्रयोग बड़ गैरजिम्मेदाराना तरीके से होता रहा है, जब कि आधुनिक चिन्तन के लिए इन शब्दों-पदों की पारदर्शिता अत्यन्त ज़रूरी है। यह तभी सम्भव है, जब समकालीन लेखक इस तरह के विवेचनों पर बहस चलाने का मन बनाएँ। शायद स्वयं आचार्य के मन में भी यह बात हो और साहित्य चिन्तन के समकालीन संसार में, वे एक लेखक की आत्मानुभूति के महत्त्व को रेखांकित करना चाहते हों, और इस लिए इन मुद्दों से टकराहट उनके लिए एक आन्तरिक ज़रूरत बन गयी हों। उन के लिखने का कारण चाहे जो भी रहा हो, उन के लिखे से हम जानते हैं कि एक लेखक के लिए भाषा में स्पन्दित चेतना को, अपनी चेतना में सक्रिय देखना, शायद उस के सृजन कर्म का सब से अनिवार्य पक्ष है। मुक्तिबोध जैसे मार्क्सवादी समीक्षक तक जब बाह्य यथार्थ के आभ्यन्तरिकीकरण की बात एकाधिक बार करते हैं, तब वे प्रकारान्तर से भाषिक अनुभूति और आत्मानुभूति के एकत्व का प्रस्ताव ही कर रहे होते हैं। अगर हम अनुभूति को भाषिक-चेतना के साथ आत्म के गहन रिश्ते की तरह नहीं जान पाते, तो भाषा में नया जोड़ती और आत्म-चैतन्य की तरफ बढ़ती, सृजनात्मकता के मूल्यांकन का जो आधार तय करेंगे, उस में सृजन महत्त्वपूर्ण नहीं रहेगा, बल्कि हिकमतों और तिकड़मों को हम मूल्यांकन के प्रतिमान की तरह बरतने लगेंगे। तब दलीय आधार पर ही रूपवादी और प्रगतिवादी का निर्णय होने लगेगा, और साहित्य के अखाड़े से दूर, विश्वविद्यालयों और महाविद्यालयों के छात्रों को हम चिन्तन की ऐसी भाषा से लाद

देंगे, जो उन्हें निरर्थकता के बोध से ही भरेगी, जबकि हिन्दी के सन्दर्भ में साहित्य के वास्तविक पाठक ऐसे छात्र ही हैं। शायद इस लिए आचार्य के इन निबन्धों को पढ़ते हुए यह महसूस होता है कि ये युवतर जिज्ञासु छात्रों के बीच साहित्य की सार्थक समझ के लिए सहायक होंगे। इसके अलावा यह भी कि जिन नाजुक लेकिन अत्यन्त ही प्रासंगिक विषयों पर आचार्य ने लिखने की कोशिश की है उन पर ढंग से बातचीत ही नहीं हो पायी है। लेखक की दुहरी सफलता इस बात में है कि उन्होंने पूरे तर्कपूर्ण ढंग से और बेबाक खुलेपन के साथ अपनी बातें कही हैं। आज की स्थिति में, जब कि हर कोई रूपवादी और कलावादी का ब्राण्ड लग जाने से थोड़ा आतंकित सा हो जाता है, उन्होंने एक नैतिक साहस और पर्सुएसिव तर्क से रूप और अनुभूति की अभिन्नता सिद्ध करने की कोशिश की है। बेशक इस विषय पर, अनेक विद्वान लेखकों ने बहस चलाने की कोशिश की है, पर आचार्य की विशेषता यह है कि उस ने भारतीय दर्शन के आधार पर रूप को देखने की और वर्णन करने की प्रक्रिया से जोड़ा है; साथ ही, प्रसिद्ध भौतिक विज्ञानी हाइजनबर्ग के हवाले से यह भी स्पष्ट किया है कि रूप ही अन्तर्वस्तु का निर्धारक है। यह विवेचन सूक्ष्म स्तर पर रचना-प्रक्रिया को थामने और थाहने की कोशिश है, क्यों कि आचार्य रूपाकार को ज्ञान की मीमांसा या कि जानने की प्रक्रिया का आधार भी मानते हैं। अतः उनके इस विवेचन को उन्हीं के शब्दों में पढ़ना अधिक सार्थक होगा।

> *"साहित्य का महत्त्व उस की प्रक्रिया में है, उस के निष्कर्षों में नहीं। यह प्रक्रिया रूपानुभूति की प्रक्रिया है। ...साहित्य में व्यक्त यथार्थ का उसके रूप से अलग कोई अस्तित्व नहीं है। इस लिए साहित्य रूप की ज्ञानमीमांसा तो है ही, वह एक सीमा तक उस की तत्त्वमीमांसा और मूल्यमीमांसा भी है।...*
> *"पॉल वैलेरी मानते हैं कि लेखक का दर्शन सोच के विषयों में नहीं, स्वयं सोच की प्रक्रिया या उस के व्यवहार में निहित होता है।...हम चाहें तो रूप को लेखक के देखने की प्रक्रिया और व्यवहार कह सकते हैं, क्यों कि साहित्य और इस लिए कोई भी साहित्यिक कृति सर्वप्रथम देखने अर्थात् अनुभव करने का एक ढंग है।....रूप अनुभूति का माध्यम नहीं, अनुभूति की प्रक्रिया होने के कारण स्वयं अनुभूति है।"*

स्वयं रूप को अनुभूति बताने का यह निष्कर्ष, थोड़ी अतिरिक्त दार्शनिकता और हवाई सूक्ष्मता का अनुभव भी करा सकता है। पर दार्शनिक शब्दावली के बावजूद लेखक, जिस अनुभवगम्य तर्क-व्यवस्था के साथ अपनी बात कहते हैं, उस से यह स्पष्ट होता है कि वह एक सर्जक की हैसियत से सृजन की तार्किक व्याख्या करने की कोशिश कर रहे हैं। ज्ञानमीमांसा अगर मूल रूप में जानने की प्रक्रिया ही है, तो यह रूप के दर्शन के बिना शुरू ही कैसे हो सकती है? दार्शनिक शब्दावली के प्रयोग से वह अपनी बात को अधिक व्यापक और गहन अर्थ में सम्प्रेषित कर पाते

हैं। इस कथन की व्यंजकता यह है कि इसे भाषिक सृजन के किसी भी रूप से जोड़ा जा सकता है, और तब हम भाषिक अनुभूति तथा आत्मानुभूति के एकत्व की प्रक्रिया को भी अपने सृजनात्मक प्रयत्नों में उजागर देख सकते हैं। बेशक आचार्य यह भी जोड़ते हैं कि रूपानुभूति की यह प्रक्रिया हर वक्त हर कवि-लेखक की ज्ञानमीमांसा में नया कुछ नहीं जोड़ती, लेकिन देखने का कोई भी नया ढंग, निश्चय ही, अन्तर्वस्तु के ज्ञान को एक नयी गुणवत्ता देता है।

दिलचस्प यह है कि इस तरह की किसी व्याख्या को हिन्दी-समीक्षा के संसार में या तो विद्वानों की बहस में शामिल कर लिया जा सकता है, जहाँ सचमुच पंडित गण देसी-विदेशी साक्ष्य के आधार पर एक ऐसी बहस में मुब्तिला है, जिस की कोई सूचनात्मक आँच तक हिन्दी-समाज में नहीं पहुँचती, या फिर दूसरी ओर अपने को महान यथार्थवादी मानने वाले स्वनामधन्य महन्त लोग इसे हवाई तात्त्विकता का फ़िजूल उदाहरण भर मान सकते हैं। दोनों ही स्थितियों को इन निबन्धों का कुपाठ ही कहा जा सकता है। रूप या अनुभूति, काल या परिवेश जैसे मुद्दों पर आचार्य के विचार, महज दर्शन और विज्ञान या भारतीय मनीषा का महिमामंडन नहीं है। बेशक भारतीयता मात्र को प्रतिक्रियावाद का पर्याय मानने जैसी तथाकथित वामपंथी चेतना से भी वह हमेशा से दूर रहे हैं। पर भारतीय और वैश्विक परिस्थितियों में सृजन के संघर्ष की वध्य स्थिति को वह बड़ी गहराई से समझते हैं। अपने समय के अत्यन्त खतरनाक और मानवविरोधी रूप की पहचान, और अपने समय की प्रामाणिक सर्जनात्मकता की संवेदनात्मक और वैचारिक समझ के चलते ही, वह सिद्धान्त की-सी भाषा में सृजन के प्रश्नों से उलझते हैं। उन के सामने लोकप्रिय हो चले नुस्खों से प्राप्त दृष्टि नहीं है, कि वे महज समय के सरलीकृत सामान्यीकरणों के सहारे काम चला सकें, पर समय के ज्वलंत प्रश्न हमेशा उन के दिल-दिमाग को बेचैन किए रहते हैं। उन के पुराने निबन्ध से एक उदाहरण लें :

> *"आज के लेखक के लिए यह संघर्ष और भी मुश्किल है, क्यों कि साक्षरता के बढ़ते प्रसार और मीडिया के विस्तार के कारण साहित्य की शक्ति में वृद्धि हुई है और सत्ता के विभिन्न रूप उसकी इस शक्तिमत्ता से भलीभाँति परिचित हैं। यही कारण है कि राज्य राजनीतिक दल, अर्थ-सत्ता के विभिन्न केन्द्र और यहाँ तक कि नये 'धर्मगुरु' भी लेखक को प्रत्यक्ष-परोक्ष कई प्रकारों से प्रभावित करने की ओर योजनाबद्ध ढंग से सचेष्ट होते हैं।"*

आज की परिस्थिति में लेखक के, कवि के संघर्ष की बात हिन्दी में कई बार दुहराई गयी बात है, पर यह दुहराव परिस्थिति को, और सम्भवतः परिवेश को भी, एक तरह से अखबारी-विवरण, सतह पर के राजनीतिक-सामाजिक परिवर्तनों के सन्दर्भ में ही, सूचित करनेवालों पेशेवर उपक्रम की तरह उजागर होता है। रोग का वास्तविक निदान नहीं, बल्कि लक्षणों के ब्योरों के माध्यम से, परिस्थिति की ऐसी पहचान के

पीछे, एक तरह का सरल दिमागीपन या विचारात्मक आत्मपरकता के दबाव तो सक्रिय रहते हैं, एक दूसरे स्तर पर इस तरह की परिवेश-सापेक्षता को, कारयित्री प्रतिभा के बुनियादी अभाव से भी जोड़ा जा सकता है। इस लिहाज से आचार्य के ऐसे बयानों को उन के बुनियादी प्रातिभ-ज्ञान के सुफल के रूप में लिया जाना चाहिए। वह जिस तरह से आधुनिक रचनाकार के संघर्ष की परिस्थिति को व्याख्यायित करते हैं, उस में इस संकट के मूल कारकों को रेखांकित करने की कोशिश है। इतना ही नहीं, एक संवेदनशील कवि लेखक के लिए यह संघर्ष दुहरा है। वह महज, सामाजिक या आस्तित्विक ज़िम्मेदारी के सन्दर्भ में परिस्थिति और संघर्ष को नहीं देखता। उस का संघर्ष अपनी भाषा के मोर्चे पर भी जारी है। इस लिए उस का काम परिस्थिति के परिचय और जानकारी मात्र से नहीं चलता। अगर हम 'सत्ता के विविध रूप' या कि 'धर्म गुरुओं' जैसे शब्दों से संकेतित होते आशयों की पड़ताल करें, तो पाएँगे कि वे महज राजनीतिक सत्ता, या धर्म के व्यवसायीकरण और साम्प्रदायिकीकरण के संकेत भर नहीं हैं। जिन बड़ी और संस्थानीकृत शक्तियों के चलते, लेखक के रचना-कर्म की स्थिति आज बाध्य है, उन का सम्बन्ध वैश्विक-सभ्यता के पूँजीकेन्द्रित और अमानवीय प्रसार से है। यह अनिवार्य तौर पर लेखक के संघर्ष को जटिल बना देने वाला साभ्यतिक प्रसार है। यह आकस्मिक नहीं हैं, कि इस के अधिक खतरनाक रूप पर, चिन्तन करते हुए आचार्य लिखते हैं :

> *"भारत जैसे गरीबी की अतिशयता से ग्रस्त समाज में, जहाँ बहुसंख्यक जनता एक स्वस्थ जीवन के लिए बुनियादी चीजों से भी वंचित है, उपभोक्तावाद पर चर्चा की ज़रूरत इस लिए पड़ती है, कि समाज की आर्थिक-राजनीतिक व्यवस्था का संचालन, एक अल्पसंख्यक उपभोक्तावादी वर्ग के नियन्त्रण में है और इस कारण, उस का जीवन-दर्शन, हमारे समाज का जीवन-दर्शन बनता जा रहा है।"*

जैसे हर तरफ भूमंडलीकरण और बाज़ारवाद का शोर है, वैसे ही कुछ बरस पहले तक 'उपभोक्तावाद' को एक बड़े खतरे की तरह प्रस्तुत किया जाता रहा है। सच तो यह है कि मुक्त बाज़ार की धारणा और बेरोकटोक उत्पादन-उपभोग एक ही सिक्के के दो पहलू हैं। जिन शक्तियों के द्वारा यह परिचालित है, उस की समझ के लिए, पूँजीवाद-समाजवाद जैसी शब्दावली अगर गलत नहीं, तो कतई नाकाफ़ी जरूर है। दुर्भाग्य से 'मीडिया' के प्रति चिन्ता की हमारी भाषा भी, मीडिया के शक्ति-स्रोतों को उस की जटिलता में पहचानने की कोशिश कम ही करती है। इस का सीधा कारण यह है कि हम एक सर्जनात्मक व्यक्ति के भाषिक संघर्ष को प्रायः रूपवादी प्रवृत्ति मानते हैं, जब कि वास्तविक समस्या, इस रूपानुभूति की ही है, जो मीडिया के चलते और भी अधिक कठिन समस्या होती जा रही है, *'क्यों कि आधुनिक संचार-साधन, समाज के साथ किसी नैतिक रिश्ते में नहीं, बल्कि शुद्ध व्यावसायिक*

रिश्ते में बँधे हैं', और इसी लिए इन की भाषा *'केवल ऐंद्रिक आयाम तक सीमित है'*। ऐसे में सर्जनात्मक भाषा-रूप की तलाश, केवल सम्प्रेषण और त्वरित सम्प्रेषण की खोज भर नहीं है। वह मूल्य के स्तर पर भाषा की संवेदनात्मक और वैचारिक सर्जनात्मकता को बनाए रखने की है, क्यों कि व्यापक समाज तक पहुँचने वाली बाजार-भाषा के साथ सार्थक संघर्ष, बाजारू-भाषा के सार्वजनिक रूपों और रूपकों में ही तो नहीं किया जा सकता।

आचार्य के मन में अगर यथार्थ और माध्यम, रूप और अनुभूति, उपभोक्तावाद और मीडिया से जुड़े सवाल लगातार घुमड़ते रहे हैं, तो इस लिए कि सामयिक और सामाजिक समस्याओं पर वह एक स्तम्भ-लेखक की हैसियत से भी काफ़ी गम्भीरता से विचार करते रहे हैं। सच तो यह है कि साहित्य और कला के सम्बन्ध में, उन का यह चिन्तन, समाज और समय के सगुण बोध के साथ निरन्तर जुड़ा रहा है। वह उन बिरले लेखकों में से हैं, जिन्होंने आज से बहुत पहले ग्रामीण पाठकों को ध्यान में रखकर एक ऐसा लेख लिखा था, जो महज लोकरिझाऊ ग्रामोन्मुखता के बदले, ग्रामीण मन की मानसिक-आध्यात्मिक ज़रूरतों को ध्यान में रखकर, कुछ ऐसे प्रस्ताव करता है, जो व्यापक समाज की सार्थक हित-चिन्ता के बिना सोचे भी नहीं जा सकते थे। लेकिन, जैसा कि अब तक के विवेचन से स्पष्ट हो गया होगा, आचार्य का प्रयोजन, दुनिया की और खासकर इस देश की आस्तित्विक समस्याओं और साम्प्रतिक बीमारियों की जड़ों की पहचान की कोशिश है।

और अगर यह एक साभ्यतिक बीमारी है, या कि साभ्यतिक संकट है, तो आत्मचेतना के प्रश्न, निरे राजनीतिक या सामाजिक समीकरण या सम्बन्धों के प्रश्न नहीं हो सकते। इसे पारिभाषिक पहचान देने के लिए, आधुनिक सभ्यता के मुख्य कारक, विज्ञान और टेक्नोलॉजी के द्वारा उत्पन्न की गयी चुनौतियों को तब केवल इस रूप में समझना नाकाफी होगा कि मानवीय प्रगति के असन्तुलित विकास और तज्जन्य विक्षोभ में इन का प्रमुख योगदान है। खासकर इस लिए कि पिछले कुछ वर्षों के वैज्ञानिक-विकास ने ऐसी कुछ परिस्थितियाँ पैदा कर दी हैं, जिन के चलते, चेतना की सर्जनात्मकता का प्रश्न, अब पहले से कहीं बहुत ज्यादा जटिल हो गया है। 'आसन्न चुनौतियाँ और काव्य' नामक अपने निबन्ध में आचार्य, इसी दुःस्वप्नात्मक परिस्थिति की ओर संकेत करते हुए विभिन्न पश्चिमी विद्वानों के मतों का उल्लेख करते हैं। इन चुनौतियों को समझने के लिए, इस निबन्ध के उद्धरणों और लेखकीय वक्तव्य को, किंचित विस्तार से प्रस्तुत करना शायद अधिक प्रासंगिक होगा :

> *"इक्कीसवीं शताब्दी के सन्दर्भ में तकनीकी का यह ज़िक्र इस लिए जरूरी है कि इस शताब्दी में तकनीकी विकास केवल तकनीकी नहीं रह पाएगा, बल्कि जैविक विकास में उस की निर्णायक सहभागिता की अपार सम्भावना है... मेरा इशारा केवल वैतानिकी (साइबरनेटिक्स) की ओर ही नहीं, जैविक तकनीकी*

(बायो टेक्नालॉजी) और आनुवंशिकी (जेनेटिक्स) की तरफ़ भी है।

''यह भी कहा जाने लगा है कि ''डिजिटल डी.एन.ए. भी जीवन की परम्परावादी जीवशास्त्रीय परिभाषा को पूरा करता है और इस लिए एक तरह से सार रूप में वह जीवन ही है। इसी तरह न्यूरोचिप्स की सम्भावना भी दरपेश है जिस का अर्थ है जीवित मस्तिष्क-कोशिका और कम्प्यूटरचिप को संयुक्त कर उस का मस्तिष्क में रोपण।''

''लेकिन इस उत्तर-मानव की अनुभूति प्रक्रिया क्या होगी? क्या वह उसी प्रकार ऐन्द्रिक संवदेनों के माध्यम से अनुभूत और रूपायित होगी जैसा कि अब तक होता रहा है अथवा वह क्रमशः अधिक बौद्धिक होती जाएगी?''

इस विकट परिस्थिति या कि चुनौतियों का कोई अन्तिम समाधान देने की कोशिश आचार्य नहीं करते, पर अपने अनुमान के आधार पर वह एक आशावादी सन्देश ही देते प्रतीत होते हैं। बेशक, उन की उम्मीद और मानवीय भविष्य पर उन की आस्था, हवाई आस्था नहीं है। वर्तमान के वैज्ञानिक-विकास की गति को देखते हुए उन का यह सोचना तर्कसम्मत ही लगता है, कि सम्भव है कि अनुभव और अनुचिन्तन की प्रक्रिया को एकमेक करने के सर्जनात्मक प्रयास, इन चुनौतियों से निपटने का कोई रास्ता सुझा सकें। सम्भव यह भी है कि ऐसी स्थिति में मानवीय-चेतना में ही उत्तर-मानवीय आयामों के विकास की गति लक्षित की जा सके। पर ऐसी सम्भावनापूर्ण उम्मीद से कहीं ज्यादा महत्त्वपूर्ण यह तथ्य है कि एक तरफ भीषण गरीबी से त्रस्त भारत में उपभोक्तावादी वर्ग द्वारा जारी उपभोगवाद की चुनौतियों को वह गहराई से समझते हैं तो, दूसरी तरफ विज्ञान और तकनीकी की उस गतिकी के सन्दर्भ से अपने को लगातार जोड़े रखते हैं जिस की सम्भावनाओं ने 'सृजन' के मूलाधार अनुभूति की प्रक्रिया को ही तकनीकी के अधीनस्थ कर देने का समय रच दिया है। बेशक, यह भी सही है कि जिस अन्तर्निष्ठा के साथ, उन्होंने सर्जनात्मकता को सैद्धान्तिक स्तर पर समझने-समझाने की कोशिश की है, वह अपने मूल रूप में ही, एक तरह की कल्पनाशील अनुभूतिपरकता की सप्राणता से रची गयी है। रूप और अनुभूति के एकमेक होने के सिलसिले में गोविन्दचन्द्र पांडे के हवाले से हर अनुभूति के आत्मानुभूति होने की बात जब वह करते हैं, तब महज एक तर्कसम्मत मनोवैज्ञानिक प्रक्रिया की तरह ही उसे प्रस्तुत नहीं करते, बल्कि सृजन प्रक्रिया में अन्तर्निहित, इस लगभग अनुभवातीत, पर सम्भवतः सर्वसामान्य 'अनुभव' को भी सुझाते हैं कि सृजन का अनुभव किसी न किसी अर्थ में एक आध्यात्मिक अनुभव ही है। ज़ाहिर है कि एक स्तर पर उसे लोक-साहित्य और ग्रामोन्मुख साहित्य की जनोन्मुखता के रूप में, करुणा के भाव की तरह उन के लेखन में सक्रिय पाया जा सकता है, तो दूसरे स्तर पर, उन के ऐसे निबन्धों को लिया जा सकता है, जिन के माध्यम से वह सृजन-प्रक्रिया में ही अन्तर्निहित आध्यात्मिकता, नैतिकता और

धार्मिकता को समझने की कोशिश करते हैं। सृजन की आत्मोपलब्धि, व्यापक और समग्र अन्य से एकात्म के अनुभव से ही सम्पन्न होती है—इस तथ्य को वह कई तरह से व्यक्त करते हैं। लेकिन यह ध्यान में रखना जरूरी है कि, सृजन-प्रक्रिया की इस आध्यात्मिक व्याख्या में, उन्होंने सृजनकर्मी की प्रखर और प्रगट इहलौकिकता को ओझल करने की या उसे दोयम दरजे का साबित करने की कोशिश नहीं की है। अपने एक लेख 'नयी आध्यात्मिकता की तलाश' में वह अनेक भारतीय और विदेशी लेखकों के हवाले से इस नयी धार्मिकता या आध्यात्मिकता की तलाश की दिशाओं पर टिप्पणी करते हुए पॉल टिलिच के वक्तव्य को सविस्तार उद्धृत करते हैं :

> *"यह भी धार्मिक प्रश्न पूछना ही है कि कोई कवि अपनी आत्मा के आसुरी लोकों की बीभत्सता और आकर्षण खोलकर रख दे या वह हमें अपने अस्तित्व के रेगिस्तानी और रिक्त स्थानों में हो कर ले जाए या वह हमें जीवन की सतह के नीचे भौतिक और नैतिक पंक के दर्शन कराए या वह नश्वरता के गीत गाकर हमारे हृदयों में सदा विद्यमान रहने वाली उद्विग्नता को वाणी दे।"*

पॉल टिलिच के इस उद्धरण का ही नहीं, बल्कि सविस्तार प्रस्तुत किए गए उस के सारे उद्धरणों का सार, बीसवीं सदी के साहित्य और कला में प्रखरता के साथ रचा-बसा, आज का यथार्थ ही है। और अगर नयी आध्यात्मिकता की तलाश के सिलसिले में, आचार्य टिलिच के कथन को, रवि ठाकुर के इस कथन के समान्तर रख रहे हैं कि कवि का धर्म *'आलोक के अनन्त का उद्‌घाटन'* है, तो इस लिए कि धार्मिकता से उन का आशय, धर्म के संस्थानबद्ध स्वरूप की पक्षधरता से नहीं है। अगर आचार्य के चिन्तन की समग्रता को ध्यान में रखें तो, शायद यह कहना उन के सर्जक के मन के करीब होना होगा कि धार्मिकता उन के मन में अध्ययन-मनन और ज्ञान के प्रतिफल के रूप में ही नहीं है, बल्कि उस गहन आस्तिक संस्कार के चलते भी है, जिस के रस्ते वे भारतीय जीवन-बोध और विधि में अन्तर्निहित परम्परा को समझने की कोशिश करते हैं। विद्यानिवास मिश्र के उद्धरण के साथ वे परम्परा द्वारा अतीत के नकार का प्रश्न सामने रखते हुए, जब यह कहते हैं कि *"परम्परा की पद्धति नहीं, बल्कि उस का भाव प्रमुख है"*, तब वह केवल रूढ़ि-निर्वाह के लिए जारी परम्परा को नकार ही नहीं रहे होते, बल्कि इस निर्वाह को एक तरह के 'फंडामेंटलिस्ट' दृष्टि के रूप में भी देखते हैं। यह आकस्मिक नहीं है कि 'रंग परम्परा की प्रासंगिकता' की चर्चा करते हुए, उन्होंने परम्परा को उन शक्ति स्रोतों के रूप में देखा है, जिन से हम इतिहास द्वारा प्रस्तुत चुनौतियों का सर्जनात्मक उत्तर दे सकने में सक्षम हो पाते हैं। यह भी गौरतलब है कि इतिहास की चुनौतियों से भिड़ने की शक्ति सँजोने वाली परम्परा के व्यापक प्रामाणिक स्रोत की बात उठाते हुए वह स्पष्ट शब्दों में कहते हैं :

"जो भाव-दृष्टि शास्त्र में है, पर लोक-संवेदना में नहीं है वह परम्परा कहलाने की हकदार नहीं हो सकती—और फिर कलाकारों के लिए तो, शास्त्र के बजाय, संवेदना ही आधारभूत प्रमाण होनी चाहिए।"

एक कलाकार के सृजनात्मक संघर्ष से अन्तर्ग्रथित अनेक प्रश्नों को, सैद्धान्तिक परिप्रेक्ष्य में देखने-समझने की यह कोशिश आत्मचिन्तन और लोक-संवेदना को ही अपने विषय-विवेचन का आधार बनाकर चलती है। उस की मूल्य चेतना में अन्तर्निहित आध्यात्मिकता और नैतिकता की ही नहीं, उस की सामाजिकता और यथार्थबोध की पहचान का रास्ता भी उस के चिन्तन-सृजन के इन दो महत्त्वपूर्ण आधारों को समझें बिना सम्भव नहीं है। परिस्थिति, परिवेश या यथार्थ की उन की चिन्ताओं को, इतिहास, परम्परा, तकनीकी की चुनौती या साहित्य के अध्यात्म जैसे विषयों से काटकर नहीं समझा जा सकता। इन निबन्धों में, कई बातें ऐसी मिलती हैं, जो यह सुझाती हैं कि लगभग सभी विषयों की बुनियादी चिन्ताएँ, एक-दूसरे की कक्षा में आवाजाही करती रहती हैं। यह अनुभव भी होता है, जैसे विषय सिर्फ एक ही हो : मम और ममेतर को, रूपानुभूति और आत्मानुभूति को, विषयी और विषय को एकात्म कर देने वाले सृजन की भाषा की पहचान कैसे करें? और अपने संयत निष्कर्षों के बावजूद, उन के निबन्ध, पाठक को सार्थक, प्रासंगिक और ज़रूरी प्रश्नाकुलता की दिशा ही सुझाते लगते हैं।

जब मैं आचार्य के इन निबन्धों पर सोच रहा था तो मुझे महसूस हो रहा था, जैसे मैं अपने आप से बातचीत कर रहा हूँ। इस आत्मालाप में मैं अपनी स्वयं की सृजनात्मकता से जुड़े प्रश्नों से टकरा रहा था, पर एक दूसरी ही भाषा थी वह। परम्परा, इतिहास, विज्ञान, कला जैसे शब्द भी एक पांडित्यरहित भाषा के स्वर में मुझ से मिल रहे थे। यह सोचना अच्छा लग रहा था कि बाहर भी ऐसे स्वर हैं, जिन्हें हम अपने भीतर हमेशा ही सुनते रहते हैं पर जिन की पहचान अनुभव और अनुचिन्तन की एकमेक भाषा में करने की कोशिश हम नहीं करते। आचार्य इस लिए मुझे पास-पड़ोस के देसी आदमी की तरह करीबी लगे, लगभग सामान्य भारतीय संस्कारों में रचेबसे, ईषत् अन्तर्मुख। दृढ़ और उदार वैचारिकता से जीवन्त है उन की चिन्तनशील भाषा। किसी भी परदेसी चिन्तक के साथ खुला संवाद करने के लिए प्रस्तुत एक खरे भारतीय की सार्थकता की पहचान को अपने सृजनात्मक उपक्रम में खोजने वाले नन्दकिशोर आचार्य के इन निबन्धों को पढ़ना मेरे लिए एक अत्यन्त ही सर्जनात्मक अनुभव था। मुझे इस के पाठ से यह सहज ही अनुभव हो सका था कि इन में उठाए गए मुद्दे, बुनियादी तौर पर, एक सृजनात्मक व्यक्ति के लिए अनिवार्य मुद्दे हैं। शायद शुरू में जब मैंने इन निबन्धों में एक सृजनशील कवि की सक्रिय मौजूदगी

देखी थी, तो वह इसी अनुभव की वजह से कि एक कवि की हैसियत से जिन प्रश्नों-मुद्दों को मैं लगभग बेशिनाख्त लेकिन सतत-सक्रिय अनाकार में देखता-जानता था, उन्हें इस तरह के तर्क-संवलित, और एक स्वस्थ संस्कार में सहज भाव से मौजूद देखना, मेरे लिए लगभग स्वतःस्फूर्त ढंग से, अपने रचने को देखने जैसा ही था। उन की भाषा, मुझे अपनी अस्मिता के बहुआयामी स्वरूप को जानने-समझने के लिए उकसाती है। वह यूरोप की विद्या और उस के गहरे जनतान्त्रिक मूल्यबोध को, अपने सहज सर्वात्म भाव में घोलती-सी लगती है; और हमें याद दिलाती है कि प्रगति और समृद्धि के 'स्वर्ग और नरक' को अपने दहकते अनुभवों में जानती यूरोपीय संस्कृति के साथ ऐसी बातचीत जरूरी है, जिसमें हम अपने होने के विभिन्न आयामों को, आधुनिक विज्ञान के इतिहास की नयी चुनौतियों के बीच पहचान सकें।

यह निश्चय ही संवेदना, विचार और विवेक के स्तर पर एक मूल्यचेतस् अनुभव है, और मुझे यकीन है कि हिन्दी के विचारशील और जिज्ञासु पाठक इस पुस्तक के प्रकाशन का हार्दिक स्वागत करेंगे।

रायगढ़

—प्रभात त्रिपाठी

अनुक्रम

रूप : साहित्य की ज्ञानमीमांसा

साहित्य यथार्थ, सत्य अथवा तत्त्व के अन्वेषण और इसी लिए मूल्यान्वेषण की भी एक विशिष्ट स्वायत्त और वैध प्रक्रिया है। पश्चिम में साहित्य की इस प्रकृति और वृत्ति की पहचान बहुत विलम्ब से—बल्कि आधुनिक दौर में ही सम्भव हो सकने के कारण प्रारम्भ से ही *फिलॉसफि* के साथ उस का रिश्ता लगभग विरोध की हद तक तनावपूर्ण रहा। एकमात्र तर्कबुद्धि को ही प्रामाणिक मानने के कारण फिलॉसफि साहित्य को हेय समझती रही। लेकिन भारतीय परम्परा में *दर्शन* और साहित्य के बीच कभी कोई तनाव नहीं देखा गया। साहित्य द्वारा किए गए तत्त्वान्वेषण और मूल्यान्वेषण का दर्जा न केवल दर्शन के समकक्ष बल्कि व्यवहारतः उस से अधिक प्रभावी भी रहा। *दृश्* धातु से उत्पत्ति की वजह से *दर्शन* विचार से कुछ अधिक है—इस में देखने अर्थात् साक्षात्कार पर आग्रह है और यह *देखना* इंद्रियजन्य भी हो सकता है और अन्तर्दृष्टिजन्य तथा अनुभूतिजन्य भी। ऐन्द्रिक संवेदन तथा प्रत्ययात्मक अनुभूति न केवल एक-दूसरे के विरोध में नहीं हैं बल्कि ऐन्द्रिक संवेदन भी प्रत्ययात्मक अनुभूति का माध्यम हो सकता है और उस की अभिव्यक्ति भी। साहित्य देखने का एक विशिष्ट प्रकार है, भारतीय परम्परा में इस की पहचान प्रारम्भ से ही मिल जाती है। वैदिक परम्परा में ऋषि सत्य का साक्षात्कार या दर्शन करता है—सत्य उस के सम्मुख *उद्घाटित* होता है और इस *उद्घाटन* का वर्णन काव्य है। इस लिए भट्टतौत मानते हैं कि ऋषि ही कवि हो सकता है। लेकिन वास्तव में देखा जाए तो कवि के पास एक अतिरिक्त प्रतिभा भी है—वह केवल *दर्शन* ही नहीं करता *वर्णन* भी करता है, और वह भी रमणीय वर्णन। वर्णन की यह प्रतिभा कवि का शिल्प है।

इसी बात को रघुवीर सहाय दूसरी तरह से कहते हैं :

मेरे पास एक तरह की एक और—एक अतिरिक्त—चेतना है : एक अतिरिक्त व्यथा है जिस से कि मैं हर चीज़ को फिर से उलट-पुलट कर नये ढंग से सजा कर, नये ढंग से दुरुस्त करके और नया बना देने की इच्छा रखता

हूँ। तो वही तो शिल्प है। और मैं यह मानता हूँ कि जितनी देर तक मुझे अहसास है कि यह शिल्प आवश्यक है—मेरे लिए—उतनी देर तो मैं लेखक हूँ, और बाकी जगहों पर मैं लेखक नहीं हूँ—यद्यपि मैं उतना ही महत्त्वपूर्ण काम कर रहा होऊँगा जितना कि लेखक कर सकता है या लेखक को करना चाहिए।

यह *नया कर* देने की इच्छा कवि को *देखने* से आगे *रचने* की ओर ले जाती लगती है, किन्तु तात्त्विक स्तर पर तो *रचना* भी एक तरह का देखना ही है क्यों कि *रचने* के माध्यम से *देखने* का एक नया ढंग ही तो रचा जाता है। भट्टतौत जहाँ यह मानते हैं कि दर्शन का कार्य बाह्य यथार्थ के भीतरी स्वरूप को जान लेना है, वहीं ऋग्वेद में वाणी को यथार्थ के नये रूप प्रकट करने वाली बताया गया है। यह भाषा की अन्तर्निहित सृजनात्मकता का स्वीकार है। इस का निहितार्थ यह है कि भाषा न केवल यथार्थ, सत्य अथवा तत्त्व का वर्णन करती है, वह उस के नये-नये रूपों की रचती भी है। कह सकते हैं कि साहित्य प्रस्तुत यथार्थ का विश्लेषण मात्र नहीं करता बल्कि वह उस में अन्तर्निहित उसी के नये रूपों का दर्शन और प्रकाशन भी करता है। इस लिए साहित्य को *फिलॉसफि* का *भावात्मक समकक्ष* मानना उस की दार्शनिक स्वायत्तता को कम कर देना है। साहित्य की अपनी प्रक्रिया से बरामद यथार्थ और मूल्यों की कसौटी *फिलॉसफि* या किसी अन्य विधा को नहीं बनाया जा सकता। फिलॉसफि, विज्ञान या अन्य किसी शास्त्र से बरामद सत्य अथवा तत्त्व को प्रामाणिक मानते हुए साहित्य से उस के भावात्मक समकक्ष की माँग करना साहित्य की अपनी प्रक्रिया की वैधता पर सन्देह करना है। फिलॉसफि सभी विधाओं के बीच समन्वय सूत्र या सामंजस्य की तलाश तो करती है—बल्कि यह उस का एक कार्य भी है—लेकिन किसी एक प्रक्रिया को दूसरी पर तरजीह देना सामंजस्य की मूल भावना पर ही आघात करना है।

लेकिन साहित्य यदि तत्त्वान्वेषण और मूल्यान्वेषण की एक स्वायत्त दर्शन-प्रक्रिया है तो इस प्रक्रिया और उस के साधनों के सवाल पर भी विचार आवश्यक है। किसी भी दर्शन-प्रक्रिया का प्रयोजन तत्त्वान्वेषण और उस से निस्सृत मूल्यान्वेषण होता है और इस लिए साहित्य में भी तत्त्वानुभूति और मूल्यानुभूति को खारिज नहीं किया जा सकता; लेकिन, तत्त्वमीमांसा भी तो अन्ततः ज्ञान के सिद्धान्त अर्थात् ज्ञानमीमांसा पर निर्भर करती है। आधुनिक युग में ज्ञानमीमांसा का सवाल केन्द्रीय महत्त्व का हो गया है। तत्त्व की पहचान न केवल ज्ञान की प्रक्रिया और साधनों के माध्यम से सम्भव है बल्कि उन से बाधित भी है। ज्ञान की प्रक्रिया और साधन तत्त्व के ज्ञेय स्वरूप का प्रकाशन ही नहीं, उस का निर्धारण बल्कि रूपायन भी सम्भव करते है। इस लिए तत्त्वज्ञान ज्ञान की प्रक्रिया और साधनों से प्रतिविशिष्ट है। यदि हम यह मानते हैं कि उत्पादन के उपकरण और साधन अर्थात् उत्पादन की प्रक्रिया न केवल उत्पादन की गुणवत्ता और उस की मात्रा को बल्कि उत्पादन सम्बन्धों अर्थात्

पूरी समाज व्यवस्था को निर्धारित करती है तो यह स्वयंसिद्ध है कि ज्ञान की प्रक्रिया उस के माध्यम से बरामद ज्ञान को प्रभावित करेगी।

प्रक्रिया के इस बढ़ते महत्त्व के कारण ही दर्शन में ज्ञानमीमांसा का महत्त्व बढ़ता गया है--बल्कि यहाँ तक माना जाने लगा है कि ज्ञानमीमांसा ही वास्तविक दर्शन है क्यों कि अन्ततः तत्त्व और मूल्यों का अन्वेषण ही नहीं, उन का निर्धारण तक उसी पर निर्भर है। *कालिंगवुड* तो दर्शन को परिभाषित करते हुए उसे *चिन्तन* या *विचार प्रक्रिया के बारे में चिन्तन* ही मानते हैं अर्थात् अपनी प्रक्रिया के बारे में चिन्तन ही दर्शन का विषय है। लेकिन जो लोग दर्शन को मनुष्य, जीवन अथवा किसी पराभौतिक तत्त्व आदि के बारे में चिन्तन मानते हैं, वे भी उस की प्रक्रिया के निर्धारक महत्त्व की अनदेखी नहीं कर सकते। यह बात सिर्फ विचार की अमूर्त प्रक्रिया पर ही नहीं, ठोस जगत से सम्बद्ध विज्ञान की मूर्त प्रक्रियाओं पर भी पूरी तरह लागू होती है। हाइजेनबर्ग प्रतिपादित करते हैं कि यथार्थ का तद्वत ज्ञान सम्भव ही नहीं है क्यों कि हम उसे उतना और वैसा ही जान पाते हैं जितना और जैसा हमारा माध्यम यन्त्र हमें बताता है। माध्यम का बीच में होना यथार्थ के हमारे ग्रहण के स्वरूप को निर्धारित करता है। भौतिकी के इस निष्कर्ष के अनुरूप ही *विटगेंस्टाइन* का यह मत है कि हमारी भाषा की संरचना यथार्थ की हमारी संरचना का निर्धारण करती है। अपने पहले ग्रन्थ *ट्रेक्टेटस* में विटगेंस्टाइन की मान्यता थी कि यथार्थ की संरचना हमारी भाषा की संरचना को प्रभावित करती है, लेकिन अपने दूसरे ग्रन्थ *फिलॉसाफिकल इनवेस्टिगेशन्स* में इस मान्यता को उलटते हुए उन का निष्कर्ष था कि हमारी भाषा यथार्थ के प्रति हमारी दृष्टि या बोध को निर्धारित करती है क्यों कि हम उस के माध्यम से ही यथार्थ को पहचानते हैं। ज्ञानमीमांसा किसी भी दर्शन-प्रक्रिया की विशिष्ट शक्ति और सम्भावना है और सीमा भी। *कालिंगवुड* दर्शन की जो व्याख्या करते हैं--कि *वह चिन्तन या विचार-प्रक्रिया के बारे में चिन्तन है*--क्या। वह वाक् के बारे में वृहदारण्यक के इस कथन से मेल नहीं खाती कि यहाँ जो कुछ भी जाना जाता है, सब वाक् का रूप है, वाक् ही जानने वाली भी है तथा वही विभिन्न पदार्थों के रूप में सर्वत्र व्याप्त है! नोवालिस भाषा को आत्मालाप मानते हैं क्यों कि उस की विचित्र विशेषता यह है कि वह केवल अपने ही से सम्बोधित है।

एक विशिष्ट दर्शन-प्रक्रिया होने के कारण साहित्य में भी जानने की प्रक्रिया या ज्ञानमीमांसा का महत्त्व केन्द्रीय है। साहित्य का महत्त्व उस की प्रक्रिया में है, उस के निष्कर्षों में नहीं। यह प्रक्रिया रूपानुभूति की प्रक्रिया है। साहित्य जिस यथार्थ अथवा तत्त्व का अन्वेषण करता है वह एक रूप की हैसियत में प्रकट होता है। भाषा के रूप का प्रकाशन ही साहित्य है। रूप यथार्थ या तत्त्व की अनुभूति या दर्शन का माध्यम भी है और उस के वर्णन, सम्प्रेषण अथवा अभिव्यक्ति का भी। साहित्य में व्यक्त यथार्थ का उस के रूप से अलग अस्तित्व नहीं है। इस लिए रूप साहित्य

की ज्ञानमीमांसा तो है ही, वह एक सीमा तक उस की तत्त्वमीमांसा और मूल्यमीमांसा भी है—क्यों कि ज्ञान की प्रक्रिया ही अन्ततः तत्त्व का स्वरूप निर्धारण और मूल्यव्यंजना सम्भव करती है।

यहाँ रूप की कुछ व्याख्या ज़रूरी है क्यों कि अधिकांशतः उसे बहुत ही स्थूल स्तर पर समझा जाता है। पॉल वैलेरी मानते हैं कि लेखक का दर्शन *सोच के विषयों में नहीं, बल्कि स्वयं सोच की प्रक्रिया या उस के व्यवहार में निहित होता है। सोच की प्रक्रिया और व्यवहार*—रूप की इस से बेहतर परिभाषा सम्भव नहीं है। हम चाहें तो रूप को लेखक के *देखने की प्रक्रिया और व्यवहार* कह सकते हैं क्यों कि साहित्य और इस लिए कोई भी साहित्यिक कृति—सर्वप्रथम देखने का अर्थात् अनुभव करने का एक ढंग है। किसी भी अनुभव का वैशिष्ट्य अनुभव करने के इस ढंग में निहित है। यथार्थ का जो रूप किसी कृति में प्रकाशित होता है, वह अनुभव करने के, देखने के ढंग से प्रतिविशिष्ट है। भाषा की भंगिमाएँ, शब्दप्रयोग, मुहावरा, छन्द-लय, लहजा, चरित्र, घटनाओं की क्रमिकता और उन का अन्तस्सम्बन्ध आदि सभी इस ढंग को उभारने के उपादान हैं, वे अपने में *रूप* नहीं हैं। साहित्यकार दर्शन ही नहीं करता वर्णन भी करता है—लेकिन हम उस वर्णन के माध्यम से ही *दर्शन* तक पहुँचते हैं। इस का सीधा तात्पर्य यह है कि *वर्णन* स्वयं में एक दर्शन है अर्थात् *वर्णन* और *दर्शन* एकमेल हैं और उन्हें अलग किया जाना सम्भव नहीं है। रूप और अन्तर्वस्तु के एकत्व की बात करते हुए कुछ लोग इस बात पर जोर देते हैं कि अन्तर्वस्तु अपना रूप प्राप्त कर लेती है, जबकि हाइडज़ेनबर्ग का सिद्धान्त बताता है कि रूप ही अन्तर्वस्तु का निर्धारक है; *वर्णन* कहने का तरीका भर नहीं है बल्कि वह अपने में दर्शन के एक ढंग की अभिव्यक्ति है। रूप अनुभूति का माध्यम नहीं, अनुभूति की प्रक्रिया होने के कारण स्वयं अनुभूति ही है।

ऐसा नहीं है कि प्रत्येक साहित्यिक कृति देखने का एक नया ढंग, या एक नये प्रकार की ज्ञानमीमांसा का प्रस्ताव करती है। अधिकांश कृतियाँ देखने के प्रचलित ढंग को ही अपनाकर उस के माध्यम से हमें अपने परिचित यथार्थ से ही रू-ब-रू करवाती रहती हैं। कभी-कभी वे प्रचलित ढंग से किसी नये सन्दर्भ या प्रसंग को प्रकाश में ले आती हैं। ऐसी कृतियाँ कुछ उल्लेखनीय हो जाती हैं क्यों कि उन्होंने प्रचलित ढंग से ही सही, लेकिन एक नये सन्दर्भ को उजागर किया। लेकिन साहित्य में वास्तविक और दूरगामी महत्त्व उसी कृति का होता है जो देखने या अनुभव करने के एक नये ढंग अर्थात् एक नयी ज्ञानमीमांसा का आविष्कार करती है। ऐसी कृतियों को ही अग्रगामी हैसियत प्राप्त होती है—चाहे उन्हें लोकप्रियता न भी हासिल हो।

साहित्य के इतिहास का अध्ययन करते हुए हम अक्सर उसे कई युगों में विभाजित कर देते हैं। इन युगों की पहचान के लिए हम उन्हें नाम भी देते हैं जो किसी लेखक या उस युग के साहित्यिक वैशिष्ट्य अथवा युग विशेष की केन्द्रीय

संवेदना पर आधारित होते हैं। नामकरण किसी भी आधार पर हो, हम पायेंगे कि ऐसे प्रत्येक युग में साहित्यिक ज्ञानमीमांसा के एक अलग रूप का केन्द्रीय महत्त्व रहा है और इस लिए प्रत्येक युग की साहित्यिक भाषा और मुहावरे को सरलता से अलग पहचाना जा सकता है, क्यों कि ये साहित्य की ज्ञानमीमांसा में परिवर्तन के सुस्पष्ट बाह्य लक्षण हैं।

इस लिए किसी भी कृति या कृतिकार के मूल्यांकन की प्राथमिक कसौटी उस की ज्ञानमीमांसा ही हो सकती है। ज्ञानमीमांसा की मौलिकता ही किसी लेखक की मौलिकता की असली कसौटी है, क्यों कि उस के बिना तत्त्वमीमांसीय अथवा मूल्यमीमांसीय मौलिकता सम्भव ही नहीं है।

(राजस्थान साहित्य अकादमी द्वारा मुम्बई में आयोजित संगोष्ठी में प्रस्तुत पत्र।)

साहित्य का परम मूल्य

साहित्य को मूल्यान्वेषण और मूल्यप्रतिष्ठा की एक विशिष्ट प्रक्रिया मानने वाले रचनाकारों और विद्वानों के बीच भी मूल्य-निर्धारण के सवाल पर तो मतभेद रहे ही हैं। वे कौन से मूल्य है—और इस में चरम या परम मूल्य का सवाल भी शामिल हैं—जिन की तलाश या प्रतिष्ठा साहित्य करता है? मूल्यों में एक उच्चावच क्रम भी विचार की सुविधा के लिए ही स्वीकार किया जा सकता है क्यों कि अन्ततः चरम मूल्य से जुड़ाव ही किसी अपेक्षाकृत हीन कोटि के मूल्य को भी मूल्य सिद्ध करता है। अर्थ और काम तभी मूल्य हैं जब वे धर्म से अनुप्राणित और मोक्ष की ओर उन्मुख हों, और धर्म भी मूल्य तभी है जब वह मोक्ष की साधना बनता है। इस लिए चतुर्वर्ग पुरुषार्थ के सिद्धान्त को मानने वालों के लिए भी परमार्थ मोक्ष ही है—अन्य त्रिवर्ग यदि मूल्य हैं तो इसी लिए कि वे मोक्ष की साधना में सहायक हों। परमार्थ और व्यवहार में भेद तो है पर यह अपेक्षा की जाती है कि व्यवहार परमार्थ से अनुप्रेरित और उस की ओर ले जाने वाला होगा, उस से विपरीत दिशा में ले जाने वाला नहीं।

सामान्य तौर पर जब चरम मूल्य या परमार्थ की बात की जाती है तो मोक्ष या उस से मिलती-जुलती कोई आध्यात्मिक अवधारणा—निर्वाण, कैवल्य, *सालवेशन* आदि ही ध्यान में आती है। लेकिन, जैसा कि हम जानते हैं, दर्शन में इन सवालों पर मतैक्य नहीं है। एक वर्ग उन भौतिकवादी दार्शनिकों का भी है जो उपर्युक्त प्रकार की किसी भी अवधारणा को एक भ्रम या छलावा और कुछ लोग तो अफीम जैसी कोई नशीली दवा तक मानते हैं। स्पष्ट है कि उन के लिए चरम मूल्य का रूप कुछ भिन्न ही होगा। इन में से कोई स्वतन्त्रता को चरम मूल्य के रूप में स्वीकार करता है तो कोई समानता को। कुछ लोगों के लिए इन मूल्यों से भी ज्यादा महत्त्व इस बात का है कि किन साधनों के द्वारा इन मूल्यों की प्रतिष्ठा की जाती है। साधन और साध्य के एकत्व के सिद्धान्त में आस्था रखने वालों के लिए साध्य-मूल्य का साधन-मूल्य

में प्रतिफलित होना आवश्यक है। इसी तरह प्राकृतिक विज्ञानों को ही ज्ञान का अन्तिम प्रमाण मान कर उन में नीतिनिरपेक्ष आस्था रखने वालों के लिए शक्ति ही मूल्य है क्यों कि *स्ट्रगल फॉर एक्जिसटेंश* और *सर्वाइवल ऑफ दि फिटेस्ट* के माहौल में किसी भी तरह बचे रहने के लिए शक्ति और उस के विभिन्न रूपों का संग्रह ही चरम मूल्य है।

हम यह भी देख सकते हैं कि साहित्य में भी इन्हीं या ऐसे ही किसी न किसी चरम मूल्य की प्रतिष्ठा का प्रयास रहता है। अश्वघोष जैसे रचनाकार अपनी कृति को *मोक्षार्थगर्भा* मानते हैं–सिर्फ़ अपने ही लिए नहीं सारे लोक के लिए। कालिदास भी सज्जनों के मंगल के लिए श्री और सरस्वती के मिलन के साथ मुक्ति की कामना करते हैं। बालचन्द्र ने तो काव्य को ही सब से बड़ा अध्यात्म माना है। मध्यकालीन भक्तिकाव्य का आध्यात्मिक प्रयोजन तो स्पष्ट ही है। लेकिन दूसरी ओर ज्यां पाल सार्त्र जैसे भौतिकवादी विचारक लेखक साहित्य का केन्द्रीय सरोकार *स्वतन्त्रता* को मानते हैं और निश्चय ही यह *स्वतन्त्रता* और अध्यात्मवादियों की *मुक्ति* बिल्कुल अलग हैं। मार्क्सवादी लेखकों की दृष्टि में साहित्य का चरम मूल्य इतिहास ही है और इस लिए उस की सार्थकता वर्ग-संघर्ष की धारा को तीव्र करने में सहयोगी होना है। एक निश्चित उद्देश्य के लिए आन्दोलन करने वालों की दृष्टि में साहित्य का प्रयोजन उन के उद्देश्य विशेष का समर्थन करना है। इसी से राष्ट्रवादी, जनवादी, प्रगतिवादी या दलित साहित्य आदि विशेषण प्रचलन में आते हैं।

लेकिन हम जानते हैं कि इन मूल्यों को लेकर रचनाकारों और दार्शनिकों में किसी प्रकार का मतैक्य नहीं है। हम कह सकते हैं कि वह सम्भव भी नहीं है। लेकिन तब साहित्य किसे चरम मूल्य माने? कहा जा सकता है कि यह साहित्यकार विशेष पर निर्भर करता है कि वह अपनी रचना में किस चरम मूल्य को प्रतिष्ठापित करता है और हम पाते हैं कि भिन्न-भिन्न साहित्यकारों की दृष्टि भिन्न रही है और उसी के अनुसार उन्होंने साहित्य-रचना करने का प्रयास किया है। लेकिन यदि ऐसा है, यदि साहित्य परस्पर विरोधी मूल्यों की प्रतिष्ठा का निरपेक्ष माध्यम मात्र है तो वह स्वयं मूल्यान्वेषण का अधिकारी नहीं कहा जा सकता। तब अधिक से अधिक वह अन्यत्र सिद्ध हुए मूल्यों को समाज के लिए अधिक ग्राह्य बनाने का साधन मात्र रह जाता है। स्पष्ट शब्दों में कहें तो वह विद्या नहीं रहता, प्रचार की एक विधा हो जाता है।

इस लिए साहित्य यदि मूल्यान्वेषण की एक विशिष्ट प्रक्रिया है तो उस के चरम मूल्य की तलाश भी उस से बाहर किसी अन्य दर्शन, राजनीति या विज्ञान या समाज शास्त्र में नहीं बल्कि उस के अन्दर ही करनी होगी–उस के अपने स्वरूप और प्रक्रिया में–फिर इस से भी कोई फ़र्क नहीं पड़ेगा कि किसी साहित्यकार विशेष की अपनी दृष्टि या विचारधारा क्या है! इवान इलिच ने शिक्षा को एक सम्प्रेषण

प्रक्रिया के रूप में देखते हुए उस के दो प्रकार के पाठ्यक्रमों की चर्चा की है—एक वह जो *घोषित* है लेकिन वह असली और प्रभावी पाठ्यक्रम नहीं है क्यों कि वह केवल सूचनाएँ प्रेषित करता है; लेकिन असली और प्रभावी पाठ्यक्रम दूसरा है—वह शिक्षा प्रक्रिया या स्कूलिंग की पद्धति में ही निहित है क्यों कि मूल्य-सम्प्रेषण के स्तर पर वही प्रभावी होता है। इलिच इसे शिक्षा-व्यवस्था का *गुप्त* पाठ्यक्रम कहते हैं। मुझे लगता है कि इलिच का यह सिद्धान्त किसी भी सम्प्रेषण-प्रक्रिया पर, बल्कि रचना-प्रक्रिया पर भी, लागू होता है। एक रचनाकार का घोषित मूल्य कुछ भी हो सकता है, लेकिन वास्तविक मूल्य वह है जो रचना की अपनी प्रक्रिया से प्रसूत होता है। इस लिए एक विद्या के रूप में साहित्य द्वारा चरम मूल्य की तलाश का सवाल किन्हीं अन्य ज़रूरतों या विद्याओं से तो क्या साहित्यकार की अपनी दृष्टि तक से नहीं जुड़ा है—वह जुड़ा है साहित्य के अपने स्वरूप और प्रक्रिया से।

साहित्य को लेकर की जाने वाली अनन्त बहसों में इस सामान्य कथन की निर्विवाद स्वीकृति मिलती है कि वह रचना है, सृजन है। यदि हम इस बहस में न भी पड़ें कि उस का प्राथमिक स्रोत वस्तुजगत् में है या भावजगत् में, या कि वह सामाजिक दबाव से पैदा होता है या अपने ही पूर्व रूपों से, तो भी इतना तो तय है कि सभी स्थितियों में एक सिसृक्षा ही उस के मूल में है। कोई भी साहित्यिक कृति वस्तु-जगत् या भाव-जगत् नहीं होती, वह अपने में उन का अन्यथाकरण करती अर्थात् उन्हें रचती है। यदि वह सामाजिक दबाव से पैदा होती है तो भी एक नया सर्जनात्मक रूप ग्रहण करती है और यदि अपने ही पूर्व रूपों से उस का विकास होता है तब भी वह वही नहीं रहती, एक नया रूप हो जाती है।

साहित्य और कला को देखने का, जानने का एक प्रकार भी कहा गया है जो उचित ही है क्यों कि कला में देखना या जानना रचने से भिन्न नहीं है। साहित्य रचते हुए जानना है, जाने हुए को रचना नहीं—तभी तो वह अन्वेषण है। इस लिए भारतीय कलादृष्टि में दिदृक्षा और *सिसृक्षा* सहजात हैं—बल्कि कह सकते हैं कि एक ही हैं। ग्रीक में कला के लिए जिस *टेक्नी* शब्द का प्रयोग किया गया है उस का मूल अर्थ है *मोड ऑफ नोइंग* अर्थात् जानने का तरीका। आज हम *टेकनीक* शब्द का प्रयोग करने के तरीके के रूप में करते हैं। जानने की प्रक्रिया ही तो फिर करने की और कुछ आगे बढ़ कर कहें तो होने की प्रक्रिया है।

लेकिन वह क्या है जिसे साहित्य में देखा, जाना या रचा जाता है? वह क्या है जो साहित्य के माध्यम से अपने होने को सम्भव करता है? साहित्य और कलाओं को अनुभूति की अभिव्यक्ति कहा गया है और डॉ. गोविन्दचन्द्र पांडे उचित ही प्रत्येक अनुभूति को मूलतः आत्मानुभूति मानते हैं। लेकिन यदि प्रत्येक अनुभूति आत्मानुभूति है तो अनुभूति की प्रत्येक अभिव्यक्ति आत्माभिव्यक्ति है। इस का तात्पर्य यह हुआ कि साहित्य या कला में किसी भी अभिव्यक्ति-रूप की सर्जना—और वही तो साहित्यकार

का केन्द्रीय प्रयोजन है—मूलतः और अन्ततः आत्मसर्जना है। लेखकीय चेतना विभिन्न रूपों में अपना ही सृजन करती है—बल्कि कह सकते हैं इस आत्म-सृजन के माध्यम से ही वह अपने को जान पाती है। साहित्य अनिवार्यतः रूप है, अतः कह सकते हैं कि इस के सभी रूप आत्म के ही रूप हैं। इस लिए साहित्य नित-नये रूपों की सर्जना के माध्यम से एक सनातन या शाश्वत रूपातीत आत्म की पहचान की साधना हो जाता है।

यह केवल लेखकीय साधना नहीं है। साहित्य रचना है, साथ ही सम्प्रेषण भी—बल्कि रचनात्मक सम्प्रेषण क्यों कि साहित्य का गृहीता या पाठक, आवश्यक तौर पर रचना को लेखक के मन्तव्य के अनुकूल ही ग्रहण नहीं करता। इस ग्रहण-प्रक्रिया में उस के अपने चित्त का साझा भी होता है, और उस का भी *गुप्त* या वास्तविक प्रयोजन रचना के माध्यम से रचनाकार को नहीं बल्कि अपने को जानना होता है; अतः रचना, जो एक आत्मसर्जना या आत्माभिव्यक्ति है, गृहीता के लिए आत्मानुभूति में रूपान्तरित हो जाती है। उस रचना के माध्यम से गृहीता अपनी ही एक नयी अनुभूति सम्भव करता है। यही उस की आत्मसर्जना है। भिन्न-भिन्न प्रकार के रचना-रूप गृहीता को उस के वास्तविक रूपातीत या शाश्वत आत्म के भिन्न-भिन्न रूपों से साक्षात्कार करवाते हैं। इस लिए रचना के घोषित उद्देश्य कुछ भी हों, उस का वास्तविक प्रक्रियागत उद्देश्य आत्मसृजन के माध्यम से आत्म की अनुभूति है। कोई अध्यात्मवादी कह सकता है कि अनन्त रूपों की सृष्टि के माध्यम से परम चेतना अन्ततः अपने होने की अनुभूति ही तो करती है।

लेकिन आध्यात्मिक पदावली के प्रयोग से उत्पन्न आशंकाओं या आपत्तियों के निराकरण के लिए इसे दरकिनार कर सीधे यही पूछा जाना चाहिए कि क्या उपर्युक्त विश्लेषण साहित्य के चरम मूल्य या परमार्थ को जानने में हमारी सहायता करता है? क्या है अन्ततः साहित्य का अपना चरम मूल्य? हाइडेग्गर का यह कथन सर्वथा संगत है जो उन्होंने *आरिज़िन ऑफ दि वर्क ऑफ आर्ट* नामक निबन्ध में लिखा है कि किसी भी वस्तु का मूल ही उस के सार तत्त्व का स्रोत है। साहित्य का मूल सिसृक्षा है और उस की सारी प्रक्रिया सर्जनात्मक है, इस लिए निर्विवाद रूप से कहा जा सकता है कि साहित्य की अपनी प्रक्रिया से प्रसूत चरम मूल्य सृजनात्मकता है—न केवल लेखकीय दृष्टि से बल्कि गृहीता के पक्ष से भी। और इस लिए लेखक-पाठक या यह कहना शायद ज्यादा सही होगा कि पाठ-पाठक सम्बन्ध भी मूलतः एक सृजनात्मक सम्बन्ध होने की वजह से सृजनात्मकता को ही एक चरम मूल्य के रूप में प्रतिष्ठित करता है। साहित्य की रचनात्मक और सम्प्रेषणात्मक प्रक्रियाएँ इसी सृजनात्मकता के विविध रूपों और आयामों का अन्वेषण हैं—और यह सृजनात्मकता है अपने होने की अनुभूति और उस के मूल स्रोत की निरन्तर तलाश। यह सृजनशील चेतना ही वह शाश्वत रूपातीत आत्म है जो भिन्न-भिन्न रूपों में निरन्तर अपने को

अभिव्यक्त करता है। तभी तो कवि कह पाता है :

> **रूपों में एक अरूप सदा खिलता है**
> **गोचर में एक अगोचर, अप्रमेय,**
> **अनुभव में एक अतीन्द्रिय,**
> **पुरुषों के हर वैभव में ओझल**
> **अपौरुषेय मिलता है।**

लेकिन शाश्वत या रूपातीत जैसी पदावली फिर कुछ भ्रान्ति पैदा कर सकती है कि इस में इतिहास या समय का नकार है। निश्चय ही जब हम शाश्वत या रूपातीत जैसे पदों का प्रयोग करते हैं तो समय और किसी रूप के अतिक्रमण का मन्तव्य तो रहता है, लेकिन समय या रूप के बहिष्कार या नकार का नहीं। शाश्वत का अर्थ समय से बाहर ही नहीं है क्यों कि यदि वह शाश्वत है तो समय के भीतर भी है–हाँ, *समय के भीतर ही* नहीं है। यह साहित्य और कलाओं की अपनी विशिष्टता है कि यहाँ नश्वरता के भीतर शाश्वत की अभिव्यक्ति होती है, रूप में रूपातीत झलकता होता है। इस लिए शाश्वत आत्म की खोज में लगे साहित्य का इस नश्वर जीवन के साथ, इस इतिहास और समय के साथ गहरा सम्बन्ध है क्यों कि यही उस की रचना-सामग्री है जिस में वह शाश्वत और रूपातीत को रूपायित करता है। साहित्य वह हिकमत है जो नश्वर जीवन को भी अपनी सृजनात्मकता से शाश्वत में रूपान्तरित कर देती है। सच तो यह है कि समय के भीतर हो सकने पर ही इस सृजनात्मकता का शाश्वत होना, परम मूल्य होना सिद्ध होता है। इस लिए जिसे हम उत्कृष्ट या क्लासिक साहित्य कहते हैं उस में इस क्षण-भंगुर और नश्वर जीवन तथा उस की विविध छवियों के प्रति ही नहीं, उस की दुर्बलताओं, आकांक्षाओं और असफलताओं के प्रति भी गहरा लगाव मिलता है। यह लगाव वस्तुतः दुर्बलताओं या असफलताओं के लिए नहीं होता। साहित्य में वर्णित दुर्बलताएँ या असफलताएँ भी प्रकारान्तर से अन्ततः मानवीय सृजनशीनलता के प्रति हमारे लगाव को ही उत्प्रेरित करती है जैसे दुखान्तिका अच्छे का पराभव बताते हुए भी अन्ततः अच्छे के प्रति हम में एक सहानुभूति पैदा करती है। इस लिए साहित्य की घोषित विषय-वस्तु या मूल्य कुछ भी हो, उस की वास्तविक या *गुप्त* वस्तु अथवा मूल्य उस की प्रक्रिया में ही अन्वेषित और प्रतिष्ठित होता है। वही उस का चरम मूल्य है और उस के सभी घोषित मूल्य उच्चावच क्रम में उस से न केवल हीन रहते हैं, बल्कि वास्तविक अर्थों में साहित्य से प्रसूत मूल्य होने की हैसियत भी तभी प्राप्त करते हैं जब वे इस परमार्थ से, चरम मूल्य से प्रेरित और उस की सिद्धि के लिए उन्मुख हों।

लेकिन जब हम सृजनात्मकता की परम मूल्य के रूप में बात करते हैं तो उस के सहजात गुणों *स्वतन्त्रता* अर्थात् *कर्तृत्व की स्वतन्त्रता* और *अहं का विलयन* की

भी अनदेखी नहीं की जा सकती। दरअस्ल, किसी भी प्रकार का सृजन स्वतन्त्रता और अहं के विलयन के बिना सम्भव ही नहीं है। इस लिए ये दोनों मूल्य सर्जनात्मकता की पूर्व शर्तें हैं। इन दोनों शर्तों को मिला कर देखने पर कर्तृत्व तो रहता है पर कर्ता भाव मिट जाता है अर्थात् अपने कर्तृत्व के प्रति भी केवल साक्षी भाव ही रहता है, कर्ता भाव नहीं। यही अहं का विलयन है। इसी को टी.एस. इलियट जैसे रचनाकार ने भोगने वाले प्राणी और रचने वाली मनीषा का अलगाव कहा है और मुंडक उपनिषद् ने *द्वा सुपर्णा सयुजा सखाया* कह कर व्यक्त किया है। एक पक्षी कर्ता है, दूसरा केवल देखता है, साक्षी है। यह दिदृक्षा ही सिसृक्षा है। यही साहित्य का ही नहीं, सृजन मात्र का चरम मूल्य है। साहित्य की साधना इस लिए मूलतः साक्षी भाव की साधना है–स्वयं का और स्वयं के अनन्त रूपों में ढलते जाने का साक्षी हो सकने की साधना। और यह साधना समय से बाहर नहीं समय के भीतर ही सम्भव है क्यों कि समय से बाहर न कर्ता है, न कर्तृत्व। वहाँ तो शुद्ध अस्तित्व है, जहाँ साहित्य क्या किसी भी चीज़ की जरुरत नहीं रहती। साहित्य इस लिए समय के भीतर रहते हुए शाश्वत का अर्थात् समय का अतिक्रमण करने या उस से मुक्त हो सकने की साधना है। इसी अर्थ में शायद वह मोक्षार्थगर्भा है।

(इलाहाबाद संग्रहालय और गोविन्दवल्लभ पन्त समाजविज्ञान संस्थान द्वारा 'सृजनात्मकता' पर आयोजित राष्ट्रीय संगोठी में प्रस्तुत पत्र।)

साहित्य : पारदर्शिता की साधना

संस्कृति मानवीय अनुभूति की गहराई, व्यापकता और पारदर्शिता है। साहित्य और अन्य किसी भी कला को—यदि सांस्कृतिक प्रक्रिया कहा जाता है तो इसी लिए कि साहित्य मानवीय अनुभूति के लिए, मानव के अनुभव यन्त्र की संवेदनशीलता के लिए व्यापकता, गहराई और पारदर्शिता अर्जित करने की साधना होता है। अनुभूति की व्यापकता, गहराई और पारदर्शिता के क्या मानी हैं? दरअस्ल, ये तीनों बातें एक-दूसरे से अलग नहीं हैं—ये एक-दूसरे में गुँथी हुई हैं। प्रत्येक मानवीय अनुभूति सत्य के किसी न किसी रूप की ओर ले जाती है। लेकिन सत्य के कई स्तर और रूप होते हैं और साहित्यकार किसी एक स्तर या रूप का आधार की तरह इस्तेमाल करता हुआ जो रचना करता है, वह इतनी संश्लिष्ट होती है कि सत्य के कई स्तर और आयाम उस में एक साथ झिलमिलाते हैं। कई स्तरों का यह एक साथ झिलमिला सकना ही साहित्य का सौन्दर्य है, यही साहित्यकार की कला है, इसी में उसकी सर्जन-प्रतिभा के दर्शन होते हैं। लेकिन ऐसा तभी हो सकता है जब किसी भी अनुभव को उस की समग्रता में, उस के हर आयाम में ग्रहण किया जा सके। प्रत्येक अनुभव समग्रता की ओर ले जा सकता है, यदि ग्रहण करने वाला मन इतना निर्मल, इतना स्वच्छ हो कि वह उस अनुभव को बिना किसी पूर्वग्रह के ग्रहण कर सके। ग्रहण करने वाले मन की अपनी सलवटें और परतें उस अनुभव को एकायामी या विकृत कर सकती हैं, इस लिए साहित्यकार-कलाकार मात्र के लिए साधना का पहला चरण यही होता है कि वह अपने मन, अपने संवेदन-यन्त्र में आ रही सलवटों और परतों को इस प्रकार हटाये कि कोई भी मानवीय अनुभव अपनी समग्र संश्लिष्टता के साथ उस में इस प्रकार बिम्बित हो कि उस में निहित सभी आयाम और स्तर पर एक साथ उद्घाटित हो सकें। अनुभव की पारदर्शिता का तात्पर्य यही है।

यह पारदर्शिता श्रेष्ठ साहित्य का एक अन्यतम गुण है। साहित्य की उत्तमता के, उस के कलात्मक उत्कर्ष के भी कई स्तर होते हैं, जिन का निर्धारण

इसी आधार पर हो सकता है कि साहित्यकार के ग्रहण-यन्त्र ने यह पारदर्शिता किस सीमा तक अर्जित की है। श्रेष्ठतम समझे जाने वाले साहित्य में यह गुण अपने श्रेष्ठतम रूप में पाया जाता है। यही कारण है कि श्रेष्ठ साहित्य में सामान्य तौर पर बुरे से बुरे समझे जाने वाले चरित्र को भी इस तरह प्रस्तुत किया जाता है कि उस की बुराई के तत्त्व को ठीक-ठीक तरीके से पहचान सकने के बावजूद उस चरित्र के प्रति हमारे मन में घृणा नहीं बल्कि करुणा उपजती है। करुणा का यह भाव किसी गलदश्रु भावुकता का पर्याय नहीं बल्कि उस निस्संग आत्मान्वेषण का ठोस प्रतिफल है जो उस कृति को पढ़ने पर हम में उद्भूत होता है। हम चरित्र की बुराई को ही नहीं पहचानते बल्कि अपने मन में कहीं गहरे दबे बुराई के तत्त्व को भी जान लेते हैं और साथ ही यह भी पहचान लेते हैं कि मनुष्य मात्र के मन में ऐसी कितनी बुराइयाँ न जाने कैसे-कैसे रूपों में छुपी होंगी। यह पहचान हमारे मन की, हमारे अपने अनुभव-यन्त्र की पारदर्शिता के बिना सम्भव नहीं है। यदि हम साहित्य पढ़कर यह पहचान कर पाते हैं तो यह न केवल साहित्यकार की अनुभव-क्षमता और सर्जन-प्रतिभा का ही प्रमाण है बल्कि इस बात का भी प्रमाण है कि साहित्य हमारे, हम पाठकों-श्रोताओं के मन को उन के अनुभव-यन्त्र को भी अधिक संवेदनशील और अधिक पारदर्शी बना सका है। महान साहित्य पढ़ते हुए हम इसी कारण अच्छे-बुरे को पहचानते हुए भी उस से ऊपर उठ जाते हैं—नैतिक स्तर से भी ऊपर उठ कर एक आध्यात्मिक स्तर तक पहुँच जाते हैं और वही सर्वोच्च शुभ है क्यों कि वहाँ बुरे के लिए भी न केवल घृणा नहीं है, बल्कि शुभ की आकांक्षा है।

कभी-कभी मुझे लगता है कि हमारे प्राचीन साहित्य में कई स्थलों पर ईश्वर द्वारा बुरे के संहार और इस कारण उस के मोक्ष प्राप्त कर लेने की जो कथाएँ मिलती है, वे अन्य बातों के साथ इस सत्य को भी रेखांकित करती हैं कि चेतना के उच्चतम स्तर पर घृणा का अस्तित्व नहीं है, वहाँ बुरे के प्रति भी शुभ की आकांक्षा है—बल्कि शायद उस के प्रति करुणा का भाव अधिक है। वह अच्छे चरित्र की तुलना में मानसिक-आध्यात्मिक स्तर पर कमजोर है। अतः, उसे सहानुभूति और करुणा की आवश्यकता शायद अधिक है और इसी कारण वह ईश्वरीय कृपा से मोक्ष की उपलब्धि करता है। मेरा मन्तव्य किसी धार्मिकता की भावना की ओर ध्यान आकर्षित करना नहीं है—वह काम सन्तों का है। यहाँ सिर्फ़ इसी बात की ओर ध्यान आकर्षित करने की कोशिश है कि धार्मिक भावना के बिना भी जीवन-मात्र के लिए एक किस्म के एकत्व की, और इस लिए सभी के लिए करुणा और सहानुभूति की अनुभूति हो सकती है और वह भी एक किस्म की आध्यात्मिकता है—चाहें तो उसे धर्म-निरपेक्ष आध्यात्मिकता कह सकते हैं। यह तय है कि इस आध्यात्मिकता के बिना न दूसरों में स्वयं को देखा जा सकता है और न अपने में दूसरों को पहचाना जा सकता है। इस के बिना अपने से ऊपर उठकर दूसरे के कल्याण की, समष्टि के कल्याण की

भावना अंकुरित तक भी नहीं हो सकती। महान क्रान्तियाँ भी क्या इस प्रकार की धर्म-निरपेक्ष आध्यात्मिकता के बिना सम्भव हो सकती हैं?

यह आध्यात्मिकता प्रकारान्तर से मानवीय अनुभूति की गहराई, व्यापकता और पारदर्शिता ही है क्यों कि इन तीनों गुणों के उत्कर्ष के बिना इसकी कल्पना भी नहीं की जा सकती। निश्चय ही इन गुणों के उत्कर्ष की साधना का एक श्रेष्ठ रूप साहित्य है। सन्तों और कलाकारों को इसी दृष्टि से कई बार एक ही कोटि में रखा जा सकता है और इस लिए आश्चर्य नहीं होना चाहिए कि सार्त्र ने ज्यां जेने को (जिनके व्यक्तिगत जीवन को शायद किसी भी प्रचलित नैतिक मापदंड से वांछनीय नहीं माना जा सकता था) 'सन्त जेने' का दर्जा दिया है। रामायण, महाभारत, प्राचीन यूनानी नाटकों या शेक्सपियर, टॉलस्टॉय और दॉस्तोएव्स्की जैसे लेखकों की कृतियों को पढ़ते हुए कई बार ऐसी पारदर्शिता की अनुभूति होती है और तब किसी के प्रति घृणा शेष नहीं रहती—एक व्यापक करुणा से मन भर आता है। इस करुणा को, दया के अर्थ में नहीं, जीवन-मात्र के बोध की कृतज्ञता के एक भाव के रूप में समझा जाना चाहिए।

इस पारदर्शिता को अर्जित करने के लिए पाठक को भी कुछ-न-कुछ श्रम तो करना ही होता है—यद्यपि श्रेष्ठ साहित्य को नियमित पढ़ते रहना और उस पर चिन्तन करते रहना अपने-आप में इसी दिशा की ओर ले जाने वाली एक साधना ही है। लेकिन पाठक में इस गुण का उत्कर्ष तभी सम्भव है जब साहित्यकार ने स्वयं इस स्तर को अर्जित कर लिया हो। तब यह विचार करने की बात हो जाती है कि क्या आज का लेखक इस ओर सचेष्ट है? क्या वह इस तरह की निस्संगता अर्जित करने की ओर सजग है, जो किसी भी अनुभव की, चरित्र के प्रति अच्छे और बुरे की उसकी पहचान को बनाये रखते हुए भी इस तरह की शुभाकांक्षा का उत्कर्ष कर सके? क्या वह अपने अनुभव-यन्त्र को इतना समर्थ बनाने के लिए प्रयासरत है कि अपने मन के सभी पूर्वग्रहों को पहचानते हुए उस से ऊपर उठकर किसी भी अनुभव को एक अनुभव की तरह—व्याख्या की तरह नहीं—ग्रहण कर सके? तभी वह अपने माध्यम में—भाषा में अपनी अभिव्यक्ति में—भी वह सामर्थ्य उजागर कर पायेगा जो शब्द और अर्थ की, रूप और अनुभूति की एक-दूसरे में अपरिहार्य गुँथे होने की, एक संश्लिष्ट कृति की रचना कर सके।

यदि साहित्यकार को इस स्तर पर पहुँचना है तो उसे इस पारदर्शिता में बाधक सभी पूर्वग्रहों से मुक्त होने की साधना करनी होगी। इस में यह भी सम्भव है कि उस का अधिकांश साहित्य इस साधना-प्रक्रिया में से गुजरने का ही साहित्य होकर रह जाए—लेकिन वह भी सार्थक होगा क्यों कि उस की प्रवृत्ति ठीक दिशा की ओर अग्रसर होगी। लेकिन संकीर्ण मतवादिता, अन्धी आस्था और व्यक्तिगत राग-द्वेष से ऊपर उठे बिना इस ओर बढ़ना सम्भव नहीं है। किसी भी प्रकार का आग्रह सत्य को, यथार्थ को और उस की अनुभूति को दूषित और उस की अभिव्यक्ति को कम

प्रभावी कर सकता है। सत्य का—चाहें तो कह लीजिए यथार्थ का—निराग्रह ग्रहण श्रेष्ठ साहित्य की पहली शर्त है। सन्त और कलाकार यदि एक कोटि में रखे जा सकते हैं तो इसी अर्थ में कि वे दोनों ही निराग्रह होने की साधना करते हैं और इसी के फलस्वरूप अपने में पारदर्शिता और करुणा का उत्कर्ष अर्जित कर पाते हैं और इस लिए दोनों में विनय और ऋजुता पायी जाती है। जब वे यह निराग्रहशीलता छोड़ देते हैं तो एक कट्टर साम्प्रदायिक हो जाता है और दूसरा मतवादी प्रचारक और इस लिए दोनों में एक प्रकार की असहिष्णुता और घृणा का विकास होने लगता है जिस का चरम विकास हिंसा में, और कभी-कभी—आत्म-हिंसा में भी हो सकता है। यह शुभ है कि तब भी उन का मन्तव्य तो अच्छा ही होता है क्यों कि नीयत का बदलना मुश्किल होता है, उस के ठीक रहने पर समझ के विकास की सम्भावना तो बनी ही रहती है।

वाक् और आत्म का संयोग

साहित्य भाषा की सर्जनात्मक आत्मानुभूति है अर्थात् वह भाषा का अपने ही माध्यम से अपने होने को, होते रहने को अनुभव करना है। सामान्य तौर पर भाषा को अनुभव या विचार तथा उन की अभिव्यक्ति का माध्यम समझा जाता है। लेकिन किस का अनुभव और किस की अभिव्यक्ति? साथ ही, जब उसे एक रचनात्मक कर्म माना जाता है तो यह सवाल भी उठना चाहिए कि वह किस चीज़ की रचना है। वह किसी भाव, अनुभव, विचार या संवेदनात्मक परिस्थिति की रचना है या इन के माध्यम से भाषा द्वारा स्वयं अपनी रचना? हम जानते हैं कि कोई भी भाव, विचार या संवेदनात्मक परिस्थिति जब साहित्येतर कलाओं में ही नहीं बल्कि स्वयं साहित्य की विभिन्न विधाओं में रची जाती है तो उस का अनुभव हर बार एक अलग एवं विशिष्ट अनुभव होता है। स्पष्ट है कि एक ही भाव या संवेदनात्मक परिस्थिति के माध्यम से भाषा अपने को अलग-अलग तरह से रचती है। तो क्या भाषा माध्यम नहीं बल्कि एक कर्ता या रचयिता चेतना है जो किसी भाव या परिस्थिति से उत्प्रेरित होकर अपना नवरूपायन सम्भव करती अर्थात् अपने ही एक नये रूप को अनुभव और अभिव्यक्त करती है! इसी लिए तो *वृहदारण्यक उपनिषद्* में कहा गया है कि *यहाँ जो कुछ भी जाना जाता है, सब वाक् का रूप है और वाक् ही जानने वाली भी है।* *अज्ञेय की एक कविता चिड़िया ने ही कहा* में तब तक कुछ घटित नहीं होता जब तक कवि चिड़िया को *चिड़िया* कहता रहता है, लेकिन जब–

शब्द गये थे बिखर, फटी छीमी से जैसे
फट कर खो जाते हैं बीज
अनयना रवहीना धरती में
होने को अंकुरित अजाने–
तब–जाने कब–

चिड़िया ने ही कहा
कि 'चिड़िया',
चिड़िया ने ही देखा
वह चिड़िया थी।
चिड़िया चिड़िया नहीं रही है तब से
मैं भी नहीं रहा मैं
कवि हूँ!
कहना सब सुनना है, स्वर केवल सन्नाटा।
कहीं बड़े गहरे में सभी स्वैर हैं नियम
सब सर्जन केवल
आँचल पसार कर लेना।

कहना सब सुनना है का तात्पर्य क्या यही नहीं है कि साहित्यकार का असली काम भाषा को अनुभव करते हुए, उसे एक रचनात्मक आत्मानुभव से गुजरते हुए अनुभव करना है! डॉ. गोविन्दचन्द्र पांडे हमारा ध्यान इस ओर दिलाते हैं कि *प्रत्येक अनुभूति मूलतः आत्मानुभूति होती है* क्यों कि *अनुभव मात्र में एक दोहरी सांकेतिकता निहित है, आदर्श सत्ता की और आत्मचेतना की। आत्मप्रतीति ही उस का मूल है और विषय-निर्धारण के माध्यम से वह अपने को ही उस मूल आदर्श और प्रयोजन के रूप में खोजती है।* इस लिए न केवल भाषा प्रत्येक अनुभूति के माध्यम से अपनी ही अनुभूति करती है, बल्कि लेखक और पाठक भी अनुभव करती हुई भाषा के अनुभव से अपने भाषिक आत्म का अनुभव कर पाता है। इस लिए पुले यह आग्रह करते हैं कि किसी भी साहित्यिक कृति से मुलाकात करते हुए हमें यह स्मरण रहना चाहिए कि हम एक स्वतन्त्र चेतना से मुलाकात कर रहे हैं क्यों कि तभी हम यह पाते हैं कि वह रचना एक *मानव-व्यक्तित्त्व या एक स्वचेतन चित्त होकर मुझ में स्वयं को अपने विषयों के एक विषयी के रूप में ढालने लगती है।* किसी साहित्यिक कृति को पढ़ते हुए यदि हम उसे एक स्वतन्त्र चेतना के रूप में अनुभव करते हैं तो उस के माध्यम से स्वयं के एक स्वतन्त्र चेतना होने का अनुभव भी सम्भव हो पाता है। अगर हम यह भी मानें कि साहित्य भाषा का आत्मानुभव नहीं बल्कि भाषा के माध्यग से भाषाबद्ध संसार का अनुभव है तो भी यह तो ज़ाहिर ही है कि भाषा की अपनी दृष्टि से तो वह उस का आत्मानुभव ही है क्यों कि *प्रत्येक अनुभूति मूलतः आत्मानुभूति है।* दूसरी ओर, जब हम भाषा को अनुभव करते हैं तो यह केवल भाषा की नहीं, अपनी अनुभूति भी है—उस चेतना की अनुभूति जो भाषा को अनुभव करती है और उस के माध्यम से अपने को भी। इसी स्तर पर वाक् और आत्म एक हो जाते हैं।

यदि *प्रत्येक अनुभूति मूलतः आत्मानुभूति है* तो इस से कहीं यह भी निकलता

है कि प्रत्येक सर्जन मूलतः आत्मसर्जन है। अनुभूति अनिवार्यतः सर्जनात्मक होती है। प्रत्येक अनुभव क्यों कि अद्वितीय और विशिष्ट होता है—तभी तो वह अनुभूति हो पाता है—इस लिए यह स्वाभाविक है कि भाषा भी अपने हर अनुभव में अपने को नये सिरे से रचती और इस प्रकार अपने होने की विशिष्ट अनुभूति सम्भव करती है। यह लेखक के ही लिए नहीं, पाठक के लिए भी उतना ही सच है क्यों कि भाषा के इन नव-नवरूपों को अनुभव करते हुए वह अपने को भी नये सिरे से, नये रूप में अनुभव कर पाता है। इसी अर्थ में साहित्य पढ़ना भी एक सर्जनात्मक कर्म है। तभी यह कहा जा सकता है कि पाठक तक पहुँचने पर ही कृति सम्पन्न हो पाती है।

जब हम यह कहते हैं कि साहित्य भाषा की सृजनात्मक आत्मानुभूति है तो इस से कहीं यह भी ध्वनित होता लगता है कि वह कहीं न कहीं देशकाल से भी सम्बद्ध है। कुछ लोग कह सकते हैं कि भाषा द्वारा अपने को ही अनुभव करने में या आत्म की पहचान में देशकाल का विचार कहाँ आता है। अपने सार रूप में वाक् या आत्म देशकाल-निरपेक्ष हो सकता है, लेकिन, उस का अनुभव और रूपायन एक घटना होने के कारण देशकाल में ही सम्भव है। आधुनिक विज्ञान भी यह मानता है कि यथार्थ के वास्तविक स्वरूप तक हम कभी नहीं पहुँच सकते क्यों कि हम तक वह हमारे ग्रहण यन्त्र से रूपान्तरित होकर ही पहुँच पाता है। हमारी चेतना और यथार्थ बीच किसी ग्रहण-यन्त्र का होना ही हमारे लिए उस का रूपान्तरित हो जाना है। भाषा और इस लिए आत्म भी देशकाल के माध्यम से ही अपने होने की अनुभूति सम्भव करते हैं, अतः इस अनुभूति का रूपायन देशकाल से मुक्त नहीं हो सकता। इस में इस बात का संकेत तो है कि वाक् या आत्म सनातन है, क्यों कि वही हर देशकाल में नया रूप ग्रहण करता है, लेकिन साथ ही यह भी ध्वनित है कि उस का हर रूप देशकालप्रसूत है। आत्म के एक नये रूप का ज्ञान एक नये देशकाल का ज्ञान है और एक अर्थ में उन का अतिक्रमण भी। सनातनता देशकाल का बहिष्कार नहीं है। सनातन का अर्थ *समय से बाहर* ही नहीं है क्यों कि यदि वह सनातन है तो समय के भीतर भी है—तभी वह सनातन है। समय के भीतर होते हुए समयातीत की अनुभूति। इसी अर्थ में काव्य को *मोक्षार्थगर्भा* कहा गया है। साहित्य की सभी विधाएँ यदि हर दौर में भाषा के नये रूप और भंगिमा का आविष्कार करती हैं तो यह समयातीत भाषा द्वारा समय के भीतर अपने होने का और उस होने के माध्यम से समय की सत्ता का अतिक्रमण करना है।

साहित्य मूलतः भाषिक रूप है। लेकिन दर्शन एवं अन्य अनुशासन भी भाषिक रूप ही हैं। तब वह क्या बात है जो साहित्य को अन्य अनुशासनों से अलग या विशिष्ट बनाती है। यह कहना गलत होगा कि अन्य भाषिक रूप सर्जनात्मक नहीं होते। सूचना और विश्लेषण भी सर्जनात्मक हो सकते हैं, यदि वे नये तथ्यों, नयी

तर्क प्रणाली या एक नयी अवधारणा की ओर ले जाते हैं। गणित की एक पहेली को हल करना उतना ही सर्जनात्मक आनन्द दे सकता है जितना एक नये राग का सृजन। विज्ञान का हर आविष्कार एक सर्जनात्मक घटना है क्यों कि उस से न केवल हम प्रकृति के बारे में कुछ नया जानते हैं बल्कि हमारी चेतना का भी एक नया रूप प्रकट होता है। इस लिए आजकल बहुत से चिन्तक साहित्य को भी अन्य अनुशासनों की तरह एक प्रवचन—डिस्कोर्स—मानने लगे हैं। लेकिन अन्य भाषिक रूपों और साहित्य में बुनियादी फ़र्क़ यही है कि जहाँ अन्य भाषिक प्रवचनों की प्रक्रिया तर्काश्रित और तथ्याश्रित होती है, वहीं साहित्य मूलतः और अन्ततः अनुभूतिपरक है। भाषा साहित्य के लिए एक जीवन्त अस्तित्व है जिसे वह अनुभव करता है, सुनता है, देखता है, सूँघता है, स्पर्श करता और चखता है, उस के सम्पूर्ण अस्तित्व को आत्मगत करता है। इस लिए साहित्य यदि एक प्रवचन है भी तो वह मूलतः एक अनुभूत्यात्मक प्रवचन है जबकि अन्य भाषिक रूप तर्काश्रित या तथ्यात्मक हैं। इसी लिए अन्य अनुशासनों को साहित्य की कसौटी नहीं माना जा सकता है जैसे कि साहित्य को भी अन्य अनुशासनों की कसौटी की तरह स्वीकार नहीं किया जा सकता क्यों कि उन की प्रक्रियाएँ एक-दूसरे से अलग और स्वायत्त हैं। साहित्य इस लिए भाषा में अपना और अपने में भाषा का सर्जनात्मक अनुभव है। वह भाषा और आत्म के एकत्व की अनुभूति है। *साहित्य* की व्युत्पत्ति की व्याख्या करते हुए सभी मीमांसकों का बल *सहित के भाव* पर है। पंडित पट्टाभिराम शास्त्री *सहित में रस के सहित* होना देखते हैं और *हित* की भी कई अर्थच्छटाओं में जाते हैं। पंडित विद्यानिवास मिश्र *हित* में *विहित* को देखते हुए *शब्दार्थ रूप में संसार के रूपान्तर* को साहित्य कहते हैं। इन मनीषियों की सभी व्याख्याओं को समुचित सम्मान देते हुए भी एक छोटे-से लेखक के रूप में मुझे तो यही लगता है कि भाषा और आत्म के सहित होने के भाव से ही साहित्य होता है। वाक् और आत्म के संयोग की यह चरम अनुभूति ही साहित्य है।

कहना सब सुनना है

तुम कविता क्यों लिखना चाहते हो? ऑडेन कहते हैं कि इस सवाल के जवाब में यदि कवियशःप्रार्थी कहता है : *मुझे कुछ महत्त्वपूर्ण बातें कहनी हैं* तो वह कवि नहीं है। यदि वह कहता है : *मैं शब्दों के इर्द-गिर्द मँडराते रह कर जो वे कहते हैं उसे सुनते रहना चाहता हूँ* तो सम्भव है कि वह *एक दिन कवि हो जाए।*

शब्दों के इर्द-गिर्द मँडराते हुए उन्हें सुनते रहना—कविकर्म की इस परिभाषा से हमारे समय के एक अत्यन्त महत्त्वपूर्ण कवि ऑडेन का आशय क्या है? कविता को सामान्य तौर पर भावों या अनुभूति की अभिव्यक्ति कहा जाता रहा है। लेकिन ऑडेन तो कुछ दूसरी ही बात कहते हैं। वहाँ कविता का प्राथमिक कर्म कुछ अभिव्यक्त करना नहीं, बल्कि सुनना है। दूसरे शब्दों में, कविता बल्कि कह सकते हैं कि भाषा, ऑडेन के लिए, अभिव्यक्ति से पूर्व कुछ जानने का एक स्रोत है अर्थात् ज्ञान का एक प्रकार। निश्चय ही भाषा के भिन्न-भिन्न रूपों में तब ज्ञान के अलग-अलग रूप निहित होंगे। कविता या भाषा का काव्यरूप उन सब रूपों से अलग उस का अनुभूत्यात्मक रूप है—और यहाँ यह बराबर स्मरणीय है कि अनुभूति भी ज्ञान का एक वैध प्रकार है—बल्कि सच तो यह है कि ज्ञान भी अनुभूतिगत होने पर ही वास्तविक ज्ञान है; अन्यथा वह केवल सूचना है।

लेकिन, जैसा डा. गोविन्दचन्द्र पांडे कहते हैं, *प्रत्येक अनुभूति मूलतः आत्मानुभूति होती है* क्यों कि *अनुभव मात्र में एक दोहरी सांकेतिकता निहित है, आदर्श सत्ता की और आत्मचेतना की। आत्मप्रतीति ही उस का मूल है और विषय-निर्धारण के माध्यम से वह अपने को ही उस मूल आदर्श और प्रयोजन के रूप में खोजती है।* यदि अनुभूति ज्ञान है और प्रत्येक अनुभूति मूलतः आत्मानुभूति तो क्या इस से यह ध्वनित नहीं होता कि आत्मज्ञान ही वास्तविक ज्ञान है! प्रसिद्ध दार्शनिक डीन इंगे जब ज्ञाता और ज्ञात के पूर्ण एकत्व को ही पूर्ण ज्ञान कहते हैं तो वह भी कहीं आत्मानुभूति को ही ज्ञान

का वास्तविक स्रोत और रूप मानने का आग्रह कर रहे होते हैं।

तो क्या हम यह कहना चाहते हैं कि शब्द या भाषा ज्ञान का एक माध्यम या स्रोत ही नहीं, स्वयं ज्ञाता और ज्ञेय भी है? यानी शब्द, अनुभूति का वाहक ही नहीं, स्वयं अनुभूति रूप और उस का स्रोत भी है। इस दृष्टि से विचार करें तो कविता शब्द के माध्यम से शब्द की अनुभूति है। ऋग्वेद के कवि ने जिस वाक् को *आत्मा और मन के स्तरों से उद्गत हो कर काव्य में अभिव्यक्त होने वाली* कहा है, उसे ही समस्त पृथ्वी की देह बताते हुए वृहदारण्यक उपनिषद् कहता है, *यहाँ जो कुछ भी जाना जाता है, सब वाक् का रूप है और वाक् ही जानने वाली है।* कवि अज्ञेय की एक कविता *चिड़िया ने ही कहा* में जब तक कवि का *मैं* चिड़िया को चिड़िया कहता रहता है तब तक कुछ घटित नहीं होता लेकिन जब–

> **शब्द गए थे बिखर, फटी छीमी से जैसे**
> **फट कर खो जाते हैं बीज**
> **अनयना रवहीना धरती में**
> **होने को अंकुरित अजाने–**
> **तब–जाने कब–**
> **चिड़िया ने ही कहा**
> **कि 'चिड़िया'।**
> **चिड़िया ने ही देखा**
> **वह चिड़िया थी।**
> **चिड़िया चिड़िया नहीं रही है तब से**
> **मैं भी नहीं रहा मैं।**
> **कबि हूँ!**
> **कहना सब सुनना है, स्वर केवल सन्नाटा।**
> **कहीं बड़े गहरे में**
> **सभी स्वैर हैं नियम**
> **सब सर्जन केवल**
> **आँचल पसार कर लेना।**

इस लिए हाइडेग्गर नोवालिस के इस मन्तव्य से सहमति प्रकट करते हैं कि भाषा वस्तुतः आत्मालाप या स्वगत कथन है क्यों कि भाषा की एक विचित्र विशेषता यह है कि वह केवल अपने ही से सम्बोधित है। किसी भी वस्तु की अनुभूति का तात्पर्य चेतना का स्वयं वह वस्तु हो जाने जैसा है। इस लिए शब्द की अनुभूति का तात्पर्य है स्वयं शब्द हो जाना :

मैं ही तो हो गया होता हूँ शब्द
फुफकारते समुद्र में लील लिया जा कर भी
सुबह के फूल-सा खिल आता हुआ।

फूल में फूट कर
अपने को ही तो रच रहा होता पेड़।

अरे!
तो क्या तुम भी
मुझे रच कर ही
खुद को रच पाते हो!

कविता और उस के माध्यम से कवि को रच कर ही शब्द अपने को रच पाता है। टी.एस. इलियट जब कहते हैं कि *कवि के पास अभिव्यक्ति के लिए कोई व्यक्तित्व नहीं केवल माध्यम होता है* तो उस से कहीं यह भी ध्वनित होता लगता है कि अपने माध्यम से भाषा स्वयं को अभिव्यक्त करती है। ऋग्वेद में कहा गया है कि किसी भाग्यशाली के ही सम्मुख वाक् अपने को उस तरह खोलती है जैसे उत्कंठित वधू अपने को प्रियतम के सम्मुख। शब्द को सुनने के लिए, उसे देखने के लिए कवि के उत्कंठित होने पर ही तो वाक् स्वयं को खोलने के लिए, बोलने के लिए उत्कंठित होती है। जब हम उसे केवल बरतना चाहते हैं या उस के माध्यम से किसी और लक्ष्य तक पहुँचना चाहते हैं तो वह हमारा वास्तविक प्रिय पात्र नहीं होती, हमारी उत्कंठा वास्तव में तब उस के लिए नहीं होती—और तब यदि वह भी हमारे सम्मुख स्वयं को खोलने के लिए उत्कंठित न हो तो किम् आश्चर्यम्।

कहना सब सुनना है—यह वही कवि जान पाता है जो शब्द से कुछ सुनने के लिए उत्कंठित है, जिस के लिए शब्द केवल अपनी बात कहने का माध्यम भर नहीं है—जो शायद उस का सर्वाधिक स्थूल रूप है—अन्यथा ऑडेन यह कैसे अनुभव कर पाते : *मैं कैसे जान सकता हूँ कि मैं क्या सोच रहा हूँ जब तक मैं देख नहीं लेता कि मैं क्या कहता हूँ?* और यह कहना कहने से पूर्व सुनना है। शब्द के स्थूलतम रूप, उस के उच्चारण को भी करने से पूर्व हम सुन लेते हैं और जब नहीं सुन पाते तो यही कहना पड़ता है कि हमें फिलवक्त वह सब कहने के लिए ठीक शब्द नहीं मिल रहे जो हम कहना चाहते हैं। ये शब्द हमें भाषा तभी देती है जब हम उसे सुनने के लिए प्रस्तुत हों। भाषा को जिन और जितने गहरे स्तरों पर हम सुन पाते हैं, उन और उतने ही गहरे स्तरों का अनुभूति जगत् हमारे सम्मुख खुलता जाता है जिस में हम अन्ततः भाषा की और भाषा के माध्यम से अपने होने की अनुभूति

कर पाते हैं क्यों कि, जैसा पूर्व में संकेतित है, अनुभूति तदात्मता है और प्रत्येक अनुभूति मूलतः आत्मानुभूति है। तो क्या भाषा और आत्म दोनों सारतः एक हैं और भाषा के विभिन्न स्तर और रूप ही आत्म के भी स्तर और रूप हैं! कहीं इसी अर्थ में तो यह नहीं कहा गया है कि प्रारम्भ में केवल शब्द था। इस शब्द को जानना वस्तुतः सृष्टि के सार को जानना है और जान लेना मुक्त हो जाना। शायद इस लिए काव्य को *मोक्षार्थगर्भा* कहा गया है।

कविता को ज्ञान का एक प्रकार मानने का तात्पर्य उसे एक चिन्तन विधि मान लेना भी है। इस लिए हाइडेग्गर कविता को ही नहीं, चिन्तनमात्र को सुनने पर आधारित मानते हैं। हाइडेग्गर की इस मान्यता की व्याख्या करते हुए प्रसिद्ध भारतीय दर्शनशास्त्री जड़ावलाल मेहता कहते हैं कि *प्रश्न शून्य में तो उठते नहीं, उन्हें उठाने के लिए कुछ कहे हुए की पृष्ठभूमि होनी चाहिए। इस लिए चिन्तन की प्रथम चेष्टा पूछना नहीं, सुनना है। कुछ सुन कर ही उस में से सवाल उठता है, जो कान लगा कर सुन नहीं सकता, कहे हुए में अनकहे की ध्वनि के लिए जो संवेदनशील नहीं है, वह प्रश्नों को उछाल कर केवल अपनी दर्पान्धिता का ही प्रदर्शन करता है। न सुनने वाला बोल भी नहीं सकता*। यूनान के आदि चिन्तक हेराक्लिटस ने कहा था, *मेरी बात नहीं, मेरे कहने में जो बात बोल रही है, उसे सुनो*। हेराक्लिटस की यह बात क्या काव्य पर भी पूरी तरह लागू नहीं होती? शब्दों के बीच के अन्तराल को जब कविता का आवास बताया जाता है तो उस का एक आशय यह भी तो है कि हमें शब्दों को नहीं, उन अन्तरालों को समझना चाहिए जिन्हें वे घेरते हैं। जब हम किसी पेड़ या पहाड़ या स्थापत्य या मूर्तिशिल्प को देखते हैं तो लय वस्तुतः स्वयं उन में नहीं उस दिक् में होती है जो उन आकारों के माध्यम से व्यंजित होता है और उन आकारों के माध्यम से उस लय की अनुभूति में ही सम्बन्धित वस्तु या कलाकृति का वास्तविक आस्वाद या अनुभूति सम्भव होती है।

नहीं, पेड़ का नहीं है आकार
न चट्टान या पर्वत शिखर का है
वह आकाश का ही है–
उन से उजागर है।
इस लिए शिल्पी ने तराशा है जो बुत
वह भी तो पत्थर की कहाँ
आकाश की लय है।

तब यह जो असीम में फैलती है
छोटी हथेली मेरी

वह भी क्या आकाश की ही है?
—कि उस का होना ही
आकाश की लय है!

शब्द भी अन्ततः आकाश की इस लय को ही उजागर करते हैं और ऐसा करके ही उस ज्ञान का स्रोत बन पाते हैं जो उन के बीच के मौन में बहता है। इसी स्तर पर शब्द और आत्म एक हो पाते हैं :

मैं हुआ वह बजी
इस लिए यह मान भी लें यदि
कि वह गूँज/काँसे की थाली से नहीं
मुझ से निसरती है
तो जिस में गूँजता हूँ मैं
जिसे भरता हूँ
वह आकाश क्या तुम ही नहीं हो?

इस लिए चिन्तन की यह विधि तर्काश्रित या तथ्याश्रित चिन्तन-विधि से बहुत अलग है। कविता ज्ञान का एक वैध और स्वायत स्रोत और प्रकार है क्यों कि ज्ञान के अन्य प्रकारों या विधियों से यह बिल्कुल अलग है और इसी लिए कविता की कसौटी उस की अपनी विधि ही हो सकती है। ज्ञान के अन्य प्रकारों के निष्कर्षों को उस के निष्कर्षों के सम्मुख रख कर तो देखा जा सकता है कि उन में कोई साम्य है या नहीं—लेकिन किसी अन्य प्रकार को कविता की प्रामाणिकता, प्रासंगिकता या परख की कसौटी के रूप में स्वीकार नहीं किया जा सकता। जब कविता या कलामात्र की स्वायत्तता का आग्रह किया जाता है तो उस का आशय अन्य ज्ञानानुशासनों या जीवन के यथार्थ का निषेध नहीं बल्कि ज्ञान और जीवन को भी कविता के रास्ते जानने का होता है क्यों कि यदि कविता ज्ञान का एक वैध माध्यम नहीं है तो एक विधा के रूप में भी उस की कोई प्रामाणिकता नहीं है और तब वह केवल एक उपयोगी युक्ति भर रह जाती है जिस के माध्यम से हम अन्य अनुशासनों से प्राप्त ज्ञान को लोगों के गले उतार सकें। वैसे यह भी स्मरणीय है कि कोई भी युक्ति या टेकनीक भी पहले जानने का *माध्यम* होती है। *टेक्नी* शब्द का मूल अर्थ है *मोड ऑफ नोइंग*, वही फिर *मोड ऑफ डूइंग* बन जाता है।

कविता को चिन्तन का एक स्वायत्त शब्दाश्रित प्रकार मानने को लेकर यह आपत्ति की जा सकती है कि तब इस का यथार्थ जीवन और समाज से, देशकाल से या इतिहास से कोई सरोकार नहीं रहता। लेकिन तब हमें यह भी विचार करना चाहिए कि जब हम आत्मज्ञान, आत्मानुभूति या आत्मसाक्षात्कार की बात करते हैं तो उस का भी क्या देशकाल से कोई रिश्ता नहीं होता? क्या आत्म देशकाल में

अभिव्यक्ति नहीं होता—और यह भी कि क्या वह केवल देशकाल ही है? जब हम कविता को शब्दाश्रित करते हैं तो क्या उस का तात्पर्य यह है कि शब्द का समाज या देशकाल से कोई रिश्ता नहीं है? यदि समूची सृष्टि वाक् का शरीर है तो समकालीन या किसी भी काल की दुनिया उस से परे कैसे है? अज्ञेय जब कहते हैं कि *काव्य सब से पहले शब्द है। और सब से अन्त में भी यही बात बच जाती है कि काव्य शब्द है। सारे कविधर्म इसी परिभाषा से निसृत होते हैं*। तो वह केवल ध्वनि, लय, छन्द आदि की बात ही नहीं करते बल्कि एक ही साँस में यह भी जोड़ देते हैं: *इतना ही नहीं सारे सामाजिक सन्दर्भ भी यहीं से निकलते हैं। इसी में युग-सम्पृक्ति का और कृतिकार के सामाजिक उत्तरदायित्व का हल मिलता है या मिल सकता है*। अपनी बात को और स्पष्ट करते हुए वह *शब्द की अर्थवता की खोज* में उस की ऐतिहासिक और सामाजिक परख को निहित मानते हुए घोषित करते हैं कि अर्थवान शब्द का सम्प्रेषण बिना युग-सम्पृक्ति के सम्भव ही नहीं है। अज्ञेय की इस बात को ऑक्टोवियो पॉज के एक वक्तव्य के सहारे सही परिप्रेक्ष्य में समझा जा सकता है। पॉज के अनुसार प्रत्येक कविता, कविता के लाभ के लिए *कविता और इतिहास के सामंजस्य का एक प्रयास है।* लेकिन स्मरणीय है कि यह सामंजस्य कविता के लाभ के लिए है और वस्तुतः इसी में इतिहास का लाभ भी है—वह लाभ, जो कविता से सम्भव है। पॉज तो यहाँ तक कह देते हैं कि इतिहास के बिना कविता सम्भव ही नहीं है क्योंकि इतिहास का तत्त्वान्तरण या रूपान्तरण ही कविता का मुख्य प्रयोजन है। लेकिन विचारणीय यह है कि कविता इस प्रयोजन को पूरा कैसे करती हैं? उस में इतिहास का तत्त्वान्तरण किस प्रकार होता है? क्या वह इतिहास पर एक सीधी टिप्पणी मात्र है? पॉज कहते है कि कविता की रचना इतिहास और समाज के सारतत्त्व भाषा से होती है। उन का यह कथन बहुत महत्त्वपूर्ण है क्यों कि एक कवि के लिए जब तक इतिहास और समाज भाषा नहीं बनते तब तक एक कवि के रूप में उन से उस का कोई सर्जनात्मक रिश्ता नहीं बन पाता। कविता इस भाषा की ही पुनर्रचना है।

जब यह कहा जाता है कि कविता भाषा की पुनर्रचना है तो क्या वह केवल भाषा की पुनर्रचना है या उस संसार की, उस इतिहास और समाज की भी, जो कवि के सम्मुख भाषा बन कर ही आ पाता है? कविता का सारा इतिहास मूलतः एक नयी भाषा रचते रहने का, शब्द को एक नया संस्कार देते रहने के निरन्तर प्रयासों का ही इतिहास है—या कहें कि शब्द से कुछ नया सुनने का और इस प्रकार अपने आत्म के नये रूपों से साक्षात्कार का इतिहास है। हर दौर की कविता अपने लिए नयी भाषा की खोज करती है। नयी भाषा की यह खोज वस्तुतः नये मानव-सम्बन्धों की, नये यथार्थ की और कुछ अधिक गहरे जाकर देखें तो स्वयं भाषा से एक नये सम्बन्ध की खोज हो जाती है। लेकिन यह एक वैध खोज तभी मानी जा सकती

है जब हम इसे शब्द के माध्यम से करें–किसी अन्य अनुशासन के माध्यम से नहीं। यह तभी सम्भव है जब एक कवि के रूप में हमारा पहला और अन्तिम प्रेम कविता हो और जब अन्य सारे ज्ञान-विज्ञान की हमारी जानकारी हमारी कविता की सेवा में प्रस्तुत हो। ज्ञान का एक वैध और स्वायत्त स्रोत हुए बिना इतिहास और समाज के लिए भी कविता का कोई वास्तविक महत्त्व नहीं हो सकेगा। जब हम कहते हैं कि शब्द का प्रत्येक समर्थ उपयोक्ता उसे नया संस्कार देता है तो इस का एक निहितार्थ यह भी है कि ऐसा करते हुए वह यथार्थ का एक नया रूप या एक नया यथार्थ खोजता है और इस प्रकार अपने ही एक नये रूप से साक्षात्कार अर्थात् अपने होने की एक नयी अनुभूति सम्भव करता है। आत्म के एक नये रूप का ज्ञान एक नये देशकाल का ज्ञान है और एक अर्थ में देशकाल के अतिक्रमण की अनुभूति भी। भाषा के विविध रूपों में व्याप्त वाक् के माध्यम से ही हम देशकाल के विविध रूपों में व्याप्त आत्म का साक्षात्कार कर पाते हैं। सनातनता देशकाल का बहिष्कार नहीं बल्कि देशकाल में ही उस की अनुभूति सम्भव है–यद्यपि वह उस से बाधित नहीं। सनातन का अर्थ *समय से बाहर* ही नहीं है क्यों कि यदि वह सनातन है तो समय के भीतर भी है–समय के भीतर भी शाश्वत की अभिव्यक्ति–तभी वह सनातन है। इसी तरह सनातन वाक् की अभिव्यक्ति चाहे कालप्रसूत भाषा में होती हो, पर वह भी कालबाधित नहीं रहती–बल्कि अपने होने में ही वह मुक्त होती है क्यों कि यह होना काल में होते हुए भी एक सनातन तत्त्व होना है। जब मुक्तिबोध कहते हैं : *कहीं भी खत्म कविता नहीं होती/ कि वह आवेग-त्वरित कालयात्री है* तो उन का जितना बल काल पर है उस से अधिक उस के यात्री होने और आवेग-त्वरा पर है क्यों कि यही वह सनातन तत्त्व है जो यात्रा को जारी रखे हुए है, क्यों कि यह यात्रा काल में बद्ध हो जाने की नहीं, उस का निरन्तर अतिक्रमण करते रहने वाली यात्रा है।

अंग्रेजी में आधुनिक हंगारी कविता के अनुवाद के एक संग्रह की भूमिका में मिकोश वाएदा ने कहा था कि जब कविता सीधे इतिहास की सेवा में लग जाती है तो यह खतरा बना रहता है कि वह कला रचना के बजाय उपदेशात्मकता का रास्ता अख्तियार कर ले, लेकिन जो वास्तव में महान कवि होते हैं वे इतिहास के इस बोध को भी एक सार्वभौमिक मानवीय अनुभव में रूपान्तरित कर देते हैं और इस रूपान्तरण में भी उतनी ही तात्कालिकता होती है जितनी इतिहास के बोझ में। तभी लॉयोश तॉमाशी जैसा कवि जान पाता है :

रोटी नहीं, रोटी से भी अधिक अब ज़रूरत है शब्द की।
एक माँ-सा एक स्मृति-सा
हमारे रक्त और आँसुओं के तीखे आस्वाद में लिपटा।

अर्जेंटीनी कवि राबर्तो हुआरोज जब काव्य दृष्टि को शाब्दिक दृष्टि कहते हैं तो उन का आशय भी यही है कि *वह किसी अन्य दृष्टि के बाद नहीं उपजती : वह शब्दों से देखती है* और इसी लिए वह कविता को *भाषा के तल में अस्तित्व का विस्फोट* कहते हैं क्यों कि कविता उन के लिए *मौलिक यथार्थ का वह आकस्मिक विस्तार है जो शाब्दिक अभिव्यक्ति के तल में छुपी सम्भावनाओं से भी उत्पन्न होता है।* हम गौर करें तो पायेंगे कि तॉमाशी और हुआरोज की दृष्टि वाक् को वाक् के माध्यम से ही आविष्कृत करने वाली दृष्टि का ही आधुनिक देशकाल और आधुनिक भाषा में रूपान्तरण है। वस्तुतः, यह काव्य-दृष्टि वही है जो वाक् को काव्य और भाषा की ही नहीं, विश्व की जननी मानती है। एक ओर ऋग्वेद का कवि वाक् को ही *वह मूल स्रोत* मानता है जहाँ से *सभी पदार्थों का गुप्त, श्रेष्ठ और परिपूर्ण भाव प्रकट होता है : यदेषां श्रेष्ठं यदरिप्रभासीत प्रेना तदेषां निहितं गुहाविः।* तो दूसरी ओर हाइडेग्गर जैसे आधुनिक दार्शनिक भी इस मन्तव्य की पुष्टि करते दीखते हैं जब वह कहते हैं कि *यह भाषा ही है जो किसी भी चीज़ के स्वभाव के बारे में हमें बताती है बशर्ते हम भाषा के अपने स्वभाव का सम्मान करते हों।*

(राजस्थान साहित्य अकादमी द्वारा जोधपुर में आयोजित कविता-शिविर में प्रस्तुत उद्घाटन व्याख्यान।)

काल-चेतना और साहित्य-सृष्टि

'अहं नारायणो ब्रह्मन् सर्वभूः सर्वनाशनः।
अहमिन्द्रपदे शक्रो वर्षानां परिवत्सरः॥
अहं योगी युगाख्यश्य युगान्तावर्त एव च।
कृतान्तः सर्वभूतानां विश्वेषां कालसंज्ञितः॥'

—मत्स्यपुराण

(मैं ब्रह्मा हूँ, नारायण हूँ। मैं सब का जनक और संहारकर्ता हूँ। इन्द्र के रूप में मैं देवराज शक्र हूँ। मैं कालचक्र हूँ। मैं वह योगी हूँ जो युगों को चलाता है और फिर उन का अन्त कर देता है। मैं विश्व के सभी पदार्थों को समाप्त कर देता हूँ। मेरा नाम काल है....)

'Ah, happy, happy boughs! that cannot shed
your leaves, nor ever bid the spring adieu;
And happy melodist, unwearied,
For ever piping songs for ever new :
More happy Love! more happy, happy Love!
For ever warm and still to be enjoyed,
For ever panting, and for ever young;
All breathing human passion for above,
That leaves a heart high sorrowful and cloyed,
A burning forehead, and a parching tongue.'

—जॉन कीट्स

काल-चेतना और साहित्य अथवा कला के सम्बन्ध पर विचार करते हुए सामान्यतः यही अपेक्षित होता है कि किसी समाज या संस्कृति के काल-बोध को परिभाषित-व्याख्यायित किया जाए और तब यह देखा जाए कि साहित्य-रूपों

या कला-रूपों में उस का प्रतिफलन किस प्रकार सम्भव हुआ है तथा लेखक या कलाकार की जीवनदृष्टि के निरूपण में काल-बोध के उस विशिष्ट स्वरूप की क्या भूमिका रही है। लेकिन, इस प्रक्रिया में स्वयं साहित्य की अपनी प्रक्रिया की कुछ अनेदखी हो जाती है क्यों कि काल की अवधारणा को समझने के लिए हम उस समाज की दार्शनिक या धार्मिक मान्यताओं को आधार बनाते हैं—या कि आधुनिक समाजों में वैज्ञानिक मान्यताओं को—और तब यह देखते हैं कि साहित्य या कला में उन मान्यताओं का अनुसरण किस प्रकार हुआ है अर्थात् साहित्य या कला की भूमिका दार्शनिक या वैज्ञानिक मान्यताओं का उदाहरण प्रस्तुत कर देने भर की हो जाती है। इस पद्धति में उन की अपनी स्वायत्त भूमिका की यदि पूरी तरह अवहेलना न भी हो तो कम-से-कम उस की केन्द्रीयता तो नहीं ही रहती। मानवीय अस्तित्व के एक दिक्काल में अवस्थित या सम्भव होने के क़ारण उस के बोध की मानवीय जीवन-दृष्टि और समाज-व्यवस्था के विकास में निर्णायक भूमिका रहती है। लेकिन साहित्य की भूमिका इस बोध के सम्प्रेषक होने तक ही सीमित मानना एक स्वायत्त ज्ञान-प्रक्रिया के रूप में साहित्य या कला की हैसियत को कमतर आँकना है। सभी मानवीय क्रियाशीलताएँ अपनी-अपनी प्रक्रियाओं के माध्यम से सत्य का अनुसन्धान या अनुधावन करने की ओर उन्मुख एवं सक्रिय होती हैं। इस लिए सत्य की पहचान के इन प्रयत्नों में साहित्य या कला के विभिन्न रूपों के अपने-अपने माध्यम से प्रतिविशिष्ट स्वायत्त प्रक्रिया की भी उतनी ही महत्त्वपूर्ण भूमिका रहती है, जितनी अन्य ज्ञानानुशासनों या प्रक्रियाओं की। इस लिए साहित्य या कला तथा काल-चेतना के अन्तस्सम्बन्धों के निरूपण में भी यह तलाश करना अधिक संगत होगा कि कला की अपनी प्रक्रिया में काल को किस तरह ग्रहण किया जाता है और उस से क्या जीवन-दृष्टि निरूपित होती है तथा इस प्रक्रिया में गृहीत काल के विशिष्ट बोध तथा उस से बरामद जीवन-दृष्टि का सम्प्रेषण किस प्रकार सम्भव होता है।

इस प्रस्तुति के प्रारम्भ में मत्स्यपुराण के श्लोक और कीट्स के कवितांश के उद्धरण मोटे-तौर पर क्रमशः काल और कला की मूल अभिवृत्ति को व्यंजित कर देते हैं। मत्स्यपुराण का श्लोक काल की सर्वोच्चता अथवा परमता का आख्यान करता है जिस के अनुसार काल ही समस्त अस्तित्व का कर्ता और संहारक है। सभी-कुछ काल में उत्पन्न होता और उसी में लय हो जाता है। सभी-कुछ कालबद्ध है—दूसरे शब्दों में, सारा अस्तित्व काल के अधीन है, इस लिए मनुष्य भी। यह उल्लेखनीय है कि हम चाहे काल की रेखीय कल्पना करें अथवा चक्रावर्ती कल्पना—दोनों ही में जन्म और मृत्यु अर्थात् जीवन कालबद्ध रहता है। एकरेखीय बोध में जन्म-मृत्यु की सम्भावना एक ही बार रहती है, जब कि चक्रावर्ती काल-बोध में पुनर्जन्म और इस लिए पुनर्मृत्यु की सम्भावना भी हो सकती है—लेकिन उस का कारण काल ही है। इस लिए यह केवल संयोग नहीं है कि काल की रेखीय अवधारणा वाले समाजों में

भी *साल्वेशन* एक प्रकार की कालमुक्ति है—सावधि काल से पुनः निरवधि काल में प्रवेश—मसीही समाजों में स्वर्ग की पुनरुपलब्धि या ईश्वरीय राज्य में पुनः प्रवेश काल-मुक्ति का ही एक प्रकार है। इसी प्रकार, आवर्ती काल-बोध या पुनर्जन्म को मानने वाले समाजों में भी इस चक्र से मुक्ति ही जीवन का लक्ष्य है। कह सकते हैं कि दोनों ही प्रकार की परम्पराएँ बहुत-सी भिन्नताओं के बावजूद इस बात पर एकमत हैं कि काल एक बन्धन है और इस बन्धन से स्वतन्त्रता ही वास्तविक मुक्ति है। पूर्णतया भौतिकवादी मान्यताओं वाले दर्शन या विचारधाराएँ भी जब एक द्वन्द्वहीन, लगभग स्थिर समाज को इतिहास अर्थात् काल का चरम प्रयोजन मानती हैं, तब वह भी क्या प्रकटतः भौतिकवादी आग्रहों को स्वीकार करते हुए भी प्रकारान्तर से काल की द्वन्द्वात्मकता से मुक्ति की ही लालसा की कुछ तिर्यक अभिव्यक्ति नहीं है? इस लिए कम-से-कम इतना तो कहा ही जा सकता है कि स्वतन्त्रता मानवीय अस्तित्व का सार है और इसी कारण मनुष्य अपने अस्तित्व के कालबद्ध होने को भी एक बन्धन महसूस करता तथा उस के अतिक्रमण में ही अपनी वास्तविक स्वतन्त्रता का बोध करता है।

इस काल-मुक्ति के धार्मिक-आध्यात्मिक आयामों और तत्सम्बन्धी प्रयासों का अपना एक अलग इतिहास है, जिस में उन की काल की अपनी-अपनी अवधारणा और बोध का निर्धारण भी सम्मिलित है। लेकिन स्वतन्त्रता मानवीय अस्तित्व का सार है और साहित्य तथा कला के अपने सभी रूपों और प्रक्रियाओं के इस सार-तत्त्व के अन्वेषी होने की वजह से काल-बन्धन से मुक्ति का प्रयोजन उन में भी अन्तर्भूत रहता ही है। कहा जा सकता है कि काल-बोध के भेद एवं किसी भी विषय अथवा भाव को आलम्बन के रूप में स्वीकार करते हुए भी साहित्य या कला की प्रक्रिया कालातीत होने की प्रक्रिया है। जॉन कीट्स की कविता *ओड टू ग्रीसियन अर्न* में जिन अंकित दृश्यों की शाश्वतता की बात की गयी है, वह केवल उन दृश्यांकनों की ही नहीं, कलात्मक अनुभूति मात्र की शाश्वतता की बात है जो इस ओर संकेत करती है कि अनिवार्यतः काल में घटित होने वाली किसी घटना को भी कला किस तरह कालातीत बना देती है। कला या साहित्य का केन्द्रीय आधार अनुभूति है और चाहे वह किसी भी विषय की हो—अनुभूति का तात्पर्य है विषय और विषयी का अभेद। प्रत्येक अनुभूति अन्ततः आत्मानुभूति की ही प्रक्रिया है—विषय के माध्यम से विषयी की अनुभूति। अनुभूति का क्षण इस लिए कालमुक्त क्षण है। काल एक प्रवाह है; एकरेखीय हो या चक्रवर्ती, उस में एक गति रहती ही है। इसी तरह यह भी सच है कि प्रत्येक अनुभूति इस काल-प्रवाह के बीच ही कहीं घटित होती है क्यों कि दिक्काल के अभाव में कोई घटना सम्भव ही नहीं है। लेकिन साहित्य या कला में यह *कालबद्ध अनुभूति* एक कालातीत आयाम ग्रहण कर लेती है। जो कुछ काल में घटित है, वह साहित्य या कला के रूप में प्रकट होने के साथ ही काल-मुक्त

हो जाता है। इस लिए साहित्य या कला काल-सम्भवा होते हुए भी काल-बाधित नहीं होती। न केवल यह कि अनुभूति का प्रत्येक क्षण अपने में काल-मुक्त क्षण है—अपने किसी काल-प्रवाह में होने की अनुभूति का क्षण भी—बल्कि अपने अभिव्यक्ति रूप में भी वह काल की अयथार्थता या उस की अनुपस्थिति का बोध करवाता है—क्यों कि जो जैसा है वह सदैव वैसा ही है और कोई कभी भी उसे उसी रूप में देख और अनुभव कर सकता है। इसी तरह चेतना का एक विषय होने के कारण काल की कोई भी अनुभूति अन्ततः विषयी या आत्म की अनुभूति हो जाती है, जहाँ विषय अर्थात् काल अन्ततः अनुपस्थित हो जाता है और एक आत्म-चेतना ही शेष रह जाती है जैसे सभी विभावानुभाव आदि अन्ततः एक रसानुभूति हो जाते हैं—और यहाँ यह स्मरणीय है कि रसानुभूति भी आत्मानुभूति का ही कलात्मक रूप है। वाल्टर बेंजामिन का कथन है कि जब किसी भी स्तर पर कला *सुन्दर* को अपना लक्ष्य मानती और उस की *पुनर्रचना* करती है तो वह उसे काल के गर्भ से बाहर निकालने का जादू दिखाती है। इस में यह भी जोड़ा जा सकता है कि *सुन्दर* की अनुभूति भी अन्ततः आत्मानुभूति ही होती है, इस लिए कला जिस चीज़ को काल के गर्भ से बाहर निकाल ले आती है, वह आत्म ही है।

इस का तात्पर्य यह नहीं है कि कला का काल से कोई वास्ता नहीं है। यहाँ मन्तव्य केवल यह संकेत करना है कि कला और साहित्य की अपनी एक काल-चेतना है, जो उन पर किसी दर्शन या अन्य ज्ञानानुशासन द्वारा आरोपित नहीं, बल्कि स्वयं उन की अपनी प्रक्रिया के माध्यम से ही निरूपित एवं गृहीत होती है। कला और साहित्य की प्रक्रिया में एक स्तर पर काल के अयथार्थ हो जाने पर भी एक अन्य स्तर पर काल से उन का गहरा सम्बन्ध बना रहता है—बल्कि उसी के माध्यम से कालातीत या कालमुक्त क्षण तक पहुँचना सम्भव हो पाता है। अद्वैत वेदान्त की शब्दावली में कहें तो, काल-चेतना साहित्य अथवा कला का व्यावहारिक सत्य है जब कि कालातीत या कालमुक्त क्षण उन का पारमार्थिक सत्य। इस के लिए साहित्य से कई उदाहरण लिए जा सकते हैं—और ये उदाहरण उन कृतियों के भी हो सकते हैं जो एकरेखीय काल-चेतना से सम्बन्धित हैं और उन के भी जिन का आधार चक्रावर्ती काल की अवधारणा रहा है।

किसी साहित्यिक कृति में वर्ण्य विषय का काल-विस्तार चाहे कितना भी लम्बा रहा हो, लेकिन जब वह रूपायित होता है तो उस की सुदीर्घता की अनुभूति भी एक सघन केन्द्र या बिन्दु या वृत्त के रूप में होती है, अन्यथा उस का एक कृति के रूप में संघटित होना सम्भव ही नहीं हो पाता। काल-प्रवाह के बीच सघन अनुभूति के किसी एक क्षण को या कभी-कभी दीर्घ अवधि को भी एक सघनता के साथ मूर्त किया जा सकता है और साहित्य में इस के ढेरों उदाहरण मिल सकते हैं। हम ऐसी साहित्यिक कृतियों से भी परिचित हैं ही जिन में एक या अनेक चरित्रों के पूरे

जीवन को एक संहत सघन अनुभूति के रूप में प्रस्तुत किया गया है। लेकिन, उन्हें भी किसी एक या एकाधिक केन्द्रीय चरित्रों के माध्यम से एक संहत रूप दे दिया जाता है। आधुनिक काल में तो हमें ऐसी बहुत-सी कृतियाँ उपलब्ध हैं जिन में एक पूरे युग या दौर को ही एक संश्लिष्ट अनुभूति के रूप में प्रस्तुत किया जाता है। यह क्या काल के विस्तार के अनुभूति के क्षण में रूपान्तरण के माध्यम से उसे संकेन्द्रित, संपुंजित या कहें कि कालमुक्त कर देना ही नहीं है? इवो आन्द्रिच का उपन्यास *द्रीना नदी का पुल* इस प्रवृत्ति का एक अत्युत्तम उदाहरण हो सकता है। यह उपन्यास किन्हीं दो-चार चरित्रों या चालीस-पचास वर्षों को नहीं, चार शताब्दियों को अपने घेरे में लेता है—चार शताब्दियों के बनते-बिगड़ते इतिहास को—बल्कि इतिहास को नहीं, इतिहास की अनुभूति को—क्यों कि चार शताब्दियों के काल-विस्तार को उस के कई सारे विवरणों के साथ एक सघन अनुभूति में केन्द्रित कर पाने में ही उपन्यासकार का वह जादू है जो वाल्टर बेंजामिन के शब्दों में *सुन्दर* को काल के गर्भ से बरामद करता है। दरअस्ल, यह सम्भव होता है काल के विस्तार में विन्यस्त उस लयात्मकता की प्रतीति के माध्यम से, जो चार शताब्दियों की एकरेखीयता को भी आरोह-अवरोह के क्रम में बुनकर एक संहति दे देती है, उसे एक इकाई में रूपान्तरित कर देती है। यहाँ काल का कोई गणितीय माप नहीं रहता, बल्कि अनुभूति ही एक माप बन जाती है। यह अनुभूति काल के जितने भी विस्तार को अपने घेरे में लेती है, वह एक क्षण ही है, अनुभूति का क्षण—चाहे उस का स्थूल विस्तार गणितीय माप की दृष्टि से कितने ही कालखंडों में बँटा हो। इसे यों ही कहा जा सकता है कि यह चेतना में काल का प्रवेश नहीं, बल्कि काल में से गुज़रते हुए चेतना का अनवरत आत्म-विमर्श है जो इस पूरे विस्तार को अनुभूति के एक क्षण में बदल देता है।

लेकिन, अनुभूति के इस क्षण के रूपायन और सम्प्रेषण की प्रक्रियाओं में भी काल-सम्बन्धी कई समस्याएँ पैदा होती हैं। इस क्षण को लिखने या उस के रूपायन में लगने वाला काल वही और उतना ही नहीं होता जितना अनुभूति का क्षण। *शेखर : एक जीवनी* एक रात में देखे गए *विजन* का रूपायन है, लेकिन, ज़ाहिर है कि वह एक रात में नहीं लिखा गया और न ही लिखा जा सकता था। तो क्या यह माना जाय कि उस एक रात की अनुभूति का रूपायन-काल भी एक क्षण ही है—चाहे वह स्थूल विस्तार की दृष्टि से कितना भी फैला हुआ क्यों न हो? और यह तो तय ही है कि एक पूरे जीवन, बल्कि चार शताब्दियों या कहें कि कभी उस से भी अधिक समय तक फैले जीवन की गाथा को पढ़ने में लगने वाला समय तो शायद कुछ ही घंटों का होता है—और उसी, अल्पावधि में कई वर्षों में लिखी गयी चार शताब्दियों के इतिहास की एक अनुभूति पाठक तक सम्प्रेषित होती या कहें कि उसे भी होती है। ठीक यही बात जुजे सरामागो के उपन्यास *लिस्बन की घेराबन्दी का इतिहास* के बारे में भी कही जा सकती है जिस में एक प्रूफरीडर द्वारा जान-बूझ कर की

गयी भूल का परिणाम यह होता है कि उसे इस घेराबन्दी के इतिहास को अपनी दृष्टि से पुनः लिखना पड़ता है और उस की प्रेरक होती है किताब की प्रकाशन-संस्था की प्रबन्धक, जो अन्ततः उस की प्रेमिका हो जाती है। कई सौ वर्ष पूर्व की लिस्बन की घेराबन्दी की कहानी प्रूफरीडर की प्रेम-कहानी के साथ-साथ इस तरह गूँथी गयी है कि दो भिन्न कालों को हम एक साथ, एक आवयविक अनुभूति की तरह महसूस कर सकते हैं।

इससे भी क्या यह संकेत नहीं मिलता कि हमारी चेतना काल के किसी एक ही बोध से बँधी नहीं रहती, बल्कि काल के एक स्थूल या व्यावहारिक स्तर को स्वीकार कर लेने के बाद और उस का उपयोग करती हुई भी वह काल के अनेक स्तरों पर एक साथ सक्रिय रहती है। इस का क्या तात्पर्य है? क्या यह इस बात की प्रस्तावना नहीं है कि काल का अस्तित्व अन्ततः चेतना पर अर्थात् मनुष्य पर निर्भर है? स्थूल रूप से काल यह दावा कर सकता है कि वही सभी कुछ का आदि और अन्त है, लेकिन मानवीय चेतना के लिए यह सम्भव है कि वह अपने अनुभव में काल का संकुचन अथवा विस्तरण अथवा अभाव कर सके और इस प्रकार उस के बन्धन को अयथार्थ करते हुए अपनी अन्तर्भूत स्वतन्त्रता की अनुभूति कर सके। स्वतन्त्रता की इस अनुभूति के लिए मानवीय चेतना कई रास्ते और रूप आविष्कृत करती है और इस अर्थ में भी साहित्य या कला-सर्जना मानव-मुक्ति की—काल से भी मुक्ति की—प्रक्रिया या साधना है। भारतीय परम्परा में जब काव्य को *मोक्षार्थगर्भा* कहा गया तो उस का एक आशय कदाचित् यह भी रहा होगा क्यों कि काल का बन्धन ही सबसे कठोर बन्धन है और उस से मोक्ष ही वास्तविक मोक्ष।

इस से यह भी ध्वनित होता है कि हमारी चेतना में काल की प्रतीति के कई स्तर एक साथ रहते हैं। चाहें तो इसे यों भी कहा जा सकता है कि हमारी चेतना में अनेक कालों का सहवर्तित्व रहता है अर्थात् एक ही साथ काल की भिन्न-भिन्न प्रतीतियाँ सम्भव हैं। भारतीय कल्पना में तो यह प्रतीति सदैव बनी रही है, जिस के अनगिन उदाहरण पौराणिक और लोक-कथाओं में मिल सकते हैं। उदाहरणार्थ, राजा रेवत की पौराणिक कहानी को लिया जा सकता है। रेवत की पुत्री रेवती जब विवाह योग्य हुई और रेवत को उस के अनुरूप कोई वर सम्पूर्ण पृथ्वी पर नहीं दिखायी दिया तो वह उसे लेकर ब्रह्मा के पास गये कि वह उस के लिए उपयुक्त वर बता सकेंगे। जब रेवत ब्रह्मा की सभा में पहुँचे तो वहाँ नृत्य चल रहा था। नृत्य के समाप्त होने पर जब रेवत ने अपनी समस्या ब्रह्मा के सम्मुख रखी, तो ब्रह्मा ने कहा कि रेवती का विवाह मथुरा के वसुदेव के पुत्र बलराम के साथ होना है। रेवत ने कहा कि इस नाम का कोई राजकुमार पृथ्वी पर नहीं है, तो ब्रह्मा का उत्तर था कि उन के आने के समय नहीं था, लेकिन, जब वह लौटेंगे तो उन्हें मिलेगा। रेवत को आश्चर्य हुआ क्यों कि उन्हें वहाँ आए मुश्किल से दो घड़ी ही हुई थी। ब्रह्मा ने कहा कि

पृथ्वी का काल ब्रह्म-लोक के काल से भिन्न है और वहाँ अब तक दो युग बीत चुके हैं। कहा जा सकता है कि यह कल्पना मात्र है, लेकिन, यह नहीं भूलना चाहिए कि इस कथा की रचना करने वाले समाज का इस में विश्वास था और वह काल के अनेक स्तरों के ऐसे सहवर्तित्व को स्वीकार भी करता था। इन अनेक स्तरों की एक साथ प्रतीति और काल के एक स्तर से दूसरे स्तर में—और काल ही क्यों, एक भुवन से दूसरे भुवन में भी आवाजाही की यह स्वतन्त्रता काल के बन्धन को अयथार्थ कर देती है। इस कथा में दिक् और काल का अनिवार्य अन्तर्ग्रथन भी व्यंजित होता है क्यों कि प्रत्येक भुवन की अपनी सापेक्ष काल-प्रतीति है जो अन्य भुवन की काल-प्रतीति से भिन्न है। लेकिन, जब हम समग्र ब्रह्मांड की बात करते हैं तो उस में काल के विभिन्न प्रकारों वाले ये सभी भुवन सम्मिलित होते हैं, जिस का तात्पर्य है कि एक ही ब्रह्मांड में काल के अनेक रूप या संरचनाएँ हैं और हमारी चेतना का विस्तार उन्हें अपने में समा सकता है। दूसरे शब्दों में, चेतना में कालातीत होने का सामर्थ्य है और वह सारतः कालबद्ध नहीं है। यह स्मरणीय है कि काल की अनुभूति भी हमारे चेतन मन में ही रहती है। अवचेतन में सभी कुछ का सहवर्तित्व रहता है जिस में कोई क्रमिकता नहीं होती। क्रमिकता की आवश्यकता तभी होती है, जब हम उस का वर्णन करना चाहते हैं। अवचेतन में कोई क्रमिकता नहीं होती, इसे फ्रायड, जुंग आदि मनोवैज्ञानिकों ने भी स्वीकार किया है और उन्होंने इस के आविष्कार का श्रेय साहित्यकारों को देते हुए अपना दावा उस के अध्ययन की वैज्ञानिक पद्धति तक सीमित रखा है। क्रमिकता न होने का अर्थ काल का न होना है। साहित्य की दृष्टि से कहें तो क्रमिकता अर्थात् काल-बोध अनुभूति या दर्शन की ही नहीं, वर्णन की भी समस्या है। ऋषि कालातीत हो सकता है क्यों कि वह केवल दर्शन करता है, लेकिन कवि क्यों कि वर्णन भी करता है, इस लिए उसे एक क्रमिकता की या कहें कि काल की समस्या से सामना करना पड़ता है।

साहित्यकार द्वारा विभिन्न कालों के सहवर्तित्व का बोध इस क्रमिकता के बन्धन से मुक्ति की ही युक्ति है। एक काल कथा कहने का काल है। एक दूसरा काल उस कथा में जो कुछ वर्णित है, उस के घटित होने का काल है, जिस का सम्प्रेषण कथा के पाठक या श्रोता को होना है। लेकिन कथा के क्रम में कई अन्तःकथाएँ—बल्कि प्रत्यन्तर कथाएँ भी आती हैं जिन में से प्रत्येक में वर्णित काल कोई और ही होता है और वे घटनाएँ उसी क्रम में घटित नहीं होतीं जिस में वे कही जाती हैं। कथा कहने की यह पद्धति अपनी युक्तियों से काल के विभिन्न रूपों और स्तरों का अन्तर्भेदन करती और इस प्रकार पूरी कथानुभूति को एक कालातीत आयाम में रख देती है जहाँ एक कालातीत आत्म के वृत्त में ही सब-कुछ अवस्थित होता है—स्वयं काल भी। कोई भी अस्तित्व किसी-न किसी के द्वारा उस के अनुभव किये जाने पर ही सिद्ध होता है। काल भी अपने अस्तित्व के लिए उसे अनुभव किये जाने वाले पर

निर्भर है और कोई भी अनुभूति सारतः आत्मनुभूति है, इस लिए काल की अनुभूति भी उसे अनुभव करने वाले आत्म की अनुभूति होने के कारण उस का बन्धन नहीं, बल्कि उस के स्वयं को अनुभव करने का माध्यम बन जाती है—वह आत्म, जो कई प्रकार के काल-क्रमों से गुजरते हुए भी सारतः क्रमहीन और कालातीत है।

यह आश्चर्यजनक है कि एक ओर जहाँ घटना का अर्थ ही काल में गति है, वहीं दूसरी ओर अवचेतन में घटनाएँ तो हैं, पर काल नहीं है क्यों कि क्रमिकता नहीं है—जहाँ सदैव सब-कुछ क्रमहीन घटित होता रहता है। इस के उदाहरण प्राचीन साहित्य की शैलियों में ही नहीं, आधुनिक साहित्य में भी मिल जाते हैं। हिन्दी में ही अज्ञेय का *शेखर : एक जीवनी* स्वयं को एक जीवनी कहते हुए भी काल की एकरेखीय यथार्थता से अपने को मुक्त करने की विधि अपनाता है। कृष्ण बलदेव वैद के *काला कोलाज* या *मायालोक* जैसे उपन्यासों में तो जैसे एक चेतना है जो सब-कुछ में से गुज़रती है। उपन्यास में इस गुज़रने को एक क्रम में रखा गया है, लेकिन वास्तव में वहाँ कोई क्रम है नहीं क्यों कि उस वर्णन में कोई पूर्वापर सम्बन्ध नहीं है। किसी भी अध्याय को आगे-पीछे पढ़ा जा सकता है—जैसे एक चित्र में सब-कुछ एक पट पर एक साथ चित्रित हो, जिसे आप जिस तरह और तरफ से चाहें, देख सकते हैं। विनोदकुमार शुक्ल के *दीवार में एक खिड़की रहती थी* में भी खिड़की की युक्ति के माध्यम से दूसरे काल और दुनिया में प्रवेश सम्भव होता है—बल्कि यह भी कह सकते हैं कि खिड़की के माध्यम से हम कालबद्धता से निकल कर कालातीत में प्रवेश कर जाते हैं।

प्रभात त्रिपाठी का *अनात्मकथा* भी काल-बोध की दृष्टि से एक अभिनव प्रयोग है—भारतीय काल-बोध और उस से प्रसूत कथा-युक्ति में आधुनिक जीवन को कहने वाला एक कथा-प्रयोग। आम तौर पर ऐसे प्रयोगों में पारम्परिक कथा-शैली के औपचारिक ढाँचे के भीतर आधुनिक स्थितियों को घटाने की कोशिश होती है, जो अधिकांशतः इस लिए असफल हो जाती हैं कि वह या तो एक शैल्पिक युक्ति को अलग से अपना प्रयोजन बना लेती है या शिल्प का इस्तेमाल-भर करती है, उसे अनुभव नहीं होने देती। प्रभात त्रिपाठी यदि अपने प्रयोग में सफल होते दीखते हैं तो इस लिए कि *अनात्मकथा* में रूप और अन्तर्वस्तु वस्तुतः एक समग्र अनुभव की शक्ल ले रहे हैं। आधुनिक जीवन कोई एकायामी जीवन नहीं है, उस की भी कई परतें हैं और प्रभात *कथा के भीतर कथा के भीतर कथा* के रूप में न केवल काल के कई आयामों को एक साथ सँजोने, बल्कि समकालीन यथार्थ और हमारे मन की भी कई परतों को एक साथ झलकाने की कोशिश करते हैं। एक काल में दिक् के कई स्तरों और एक दिक् में काल के कई आयामों को एक साथ पिरोने का यह प्रयास भारतीय कथा-परम्परा का एक सहज आधुनिक संस्करण लगता है।

यह कहा जाता रहा है कि किसी भी जाति या समाज या संस्कृति का काल-बोध

उसके साहित्य-रूपों या वर्णन-शैलियों के निर्धारण में केन्द्रीय भूमिका निभाता है—और एक स्तर पर यह सच भी है। लेकिन इस से भी बड़ा सच शायद यह है कि मनुष्य सारतः एक स्वतन्त्र चेतना है जो काल के बन्धन को भी स्वीकार करना नहीं चाहती। इस लिए जैसे वह अन्य क्षेत्रों में अपनी स्वतन्त्रता को अर्जित और प्रतिष्ठित करना चाहती है, उसी तरह काल के बन्धन का अतिक्रमण कर अपने कालातीत होने की अनुभूति उस के साहित्यिक और कलात्मक उद्यमों का भी मूल प्रयोजन है। अपने इस उद्यम में मानवीय सर्जनात्मकता काल की अवहेलना नहीं करती, बल्कि उस की प्रकृति को ठीक तरह से समझती और उस समझ के आधार पर ऐसी प्रक्रियाओं का आविष्कार करती है जिन के माध्यम से काल की व्यावहारिक सत्ता को स्वीकार करते हुए भी पारमार्थिक अर्थ में वह उस के पार जा सकने—अपने कालातीत आत्म होने की अनुभूति को सम्भव कर सके। इस लिए सिर्फ़ आवर्ती काल की परिकल्पना ही काल के पार नहीं ले जाती, बल्कि एकरेखीय काल-बोध के आधार पर विकसित वर्णन-शैली भी काल के पार ले जा सकती है, यदि वह उस रेखीयता को एक सघन अनुभूति के क्षण में रूपान्तरित कर सके—जिस प्रकार चार शताब्दियों के इतिहास को इवो आन्द्रिच कर देते हैं। काल रचता है, पर संहार भी करता है। साहित्य केवल रचता है, और इस रचने में काल का संहार नहीं करता बल्कि उसे उस आत्म में रूपान्तरित कर देता है जो उस का मूल स्रोत है और जैसा हाइडेग्गर कहते हैं *स्रोत ही तो गन्तव्य* है।

(इलाहाबाद संग्रहालय की 'बीज से वृक्ष' व्याख्यान-माला के अन्तर्गत प्रस्तुत व्याख्यान।)

आसन्न चुनौतियाँ और काव्य

> आगामी शताब्दी का सर्वाधिक महत्त्वपूर्ण राजनीतिक और दार्शनिक सवाल 'हम कौन है' को परिभाषित करना होगा।
>
> —*रे कुर्जवील*
>
> (बीसवीं सदी के अंतिम वर्ष में)
>
> जीवन, मशीनों, जटिल तंत्रों और हमारे बीच एकसूत्रीय एकता है... अन्ततः हमारी प्रकृति एक है।
>
> —*केविन केली*
>
> बुद्धि का निराशावाद, इच्छा का आशावाद...
>
> —*एंटोनियो ग्राम्शी*

इक्कीसवीं सदी और कविता पर विचार करने का तात्पर्य कविता के सम्मुख इस सदी की परिस्थिति और समस्याओं द्वारा प्रस्तुत सामाजिक और सौन्दर्यशास्त्रीय चुनौतियों और कविता में उन के सर्जनात्मक प्रत्युत्तर की सम्भावनाओं पर विचार करना है। कविता—बल्कि कलामात्र का प्राथमिक प्रयोजन एक परिवेश विशेष में आत्मानुभूति अर्थात् मानवीय स्व का अनुभूतिपरक बोध है। इस बोध की प्रामाणिकता समय और परिवेश से गुजरने की प्रक्रिया में ही बरामद होती है। समय और परिवेश का बदलाव इस लिए कविता के सम्मुख नयी-नयी चुनौतियाँ प्रस्तुत करता रहता है। यह कविता की प्रक्रिया में इतिहास का हस्तेक्षप है। लेकिन प्रत्येक चुनौती, मूलतः, एक सर्जनात्मक सम्भावना होती है और उस की सम्यक् पहचान में ही कविता के सर्जनात्मक सामर्थ्य का, आक्तोवियो पॉज़ के शब्दों में, नया रूपायन सम्भव होता है। इसी तरह, कविता *इतिहास का सेवक* बनने के बजाय उसे अपने सामर्थ्य और सर्जनात्मकता के लिए इस्तेमाल करती है।

हम कौन हैं को परिभाषित करना कविता सहित सभी विधाओं का प्रयोजन रहा है। लेकिन, जब रे कुर्जवील जैसा वैज्ञानिक चिन्तक इस सवाल

को सदी का सर्वाधिक महत्त्वपूर्ण सवाल कहता है तो उस के विशेष सन्दर्भ को थोड़ा गहराई से जाँचने-समझने की आवश्यकता अनुभव होना स्वाभाविक और अनिवार्य है।

मनुष्य जीवन की विकास-प्रक्रिया का अद्यतन सर्वोत्कृष्ट रूप है। यदि विकास जीवन का अनिवार्य गुणधर्म अर्थात् एक वैज्ञानिक नियम है तो, बहुत से दार्शनिकों के मतानुसार, यह मानने का कोई कारण नहीं है कि जीवन के मनुष्य-रूप में प्रकट होने के बाद यह प्रक्रिया रुक गयी है। मनुष्य के रूप में जीवन के विकसित होने का एक तात्पर्य अन्य बहुत-सी जैविक विशिष्टताओं के साथ-साथ जीवन की आत्मचेतना का विकास भी है। इस का एक निहितार्थ यह होता है कि अब जीवन का विकास केवल एक जैविक या प्राकृतिक प्रक्रिया नहीं रहता बल्कि एक आत्मचेतन तत्त्व भी उस में हस्तक्षेप करने का सामर्थ्य पा लेता है। कह सकते हैं कि मनुष्य रूप में जीवन के प्रकट होने का एक अर्थ यह भी है कि अब जीवन स्वयं को जानना—और सिर्फ़ जानना ही नहीं, अपने को रचना भी चाहता है। इस तरह जीवन के विकास का अर्थ है आत्म-सृजन के सामर्थ्य का विकास।

मनुष्य अनिवार्यतः एक परिवेश में भी होता है, इस लिए अपने को रचने का अर्थ अपने परिवेश से अपने रिश्ते को रचना भी हो जाता है और इस प्रक्रिया में वह अपने परिवेश को भी जानता-रचता अर्थात् उसे भी बदलता है। मनुष्य के जीवन में तकनीकी का आविष्कार मनुष्य और परिवेश के रिश्तों को समझने-रचने की प्रक्रिया में ही हुआ है। जब बहुत-से समाजशास्त्री मनुष्य की सभ्यता के इतिहास को तकनीकी के इतिहास के साथ अन्तर्ग्रथित देखते हैं तो वे हमें इतिहास को और प्रकारान्तर से मानवीय भविष्य को भी समझने की एक ऐसी अन्तर्दृष्टि देते हैं जिस के दावों को झुठलाया नहीं जा सकता। इस बात को लेकर तो मत-वैभिन्न्य सम्भव है कि तकनीकी का विकास मात्र तकनीकी कारणों से होता है या उस में मनुष्य की मूल्य-चेतना की भी एक कारक भूमिका है—लेकिन इस से इनकार नहीं किया जा सकता कि एक बार अस्तित्व में आने के बाद कोई भी तकनीकी आविष्कार मनुष्य के परिवेश को ही नहीं, एक हद तक स्वयं मनुष्य को बदलने की प्रक्रिया में भी प्रभावी भूमिका निभाता है। तकनीकी केवल परिवेश को ही नहीं बदलती, वह मनुष्य और परिवेश के रिश्ते को और उस रिश्ते के माध्यम से व्यंजित मनुष्य के *आत्म* को भी बदलती है—उस *आत्म* को, जिस की अनुभूत्यात्मक पहचान काव्य का प्राथमिक कार्य माना जाता रहा है।

कार्ल मार्क्स की एक बुनियादी मान्यता यह है कि तकनीकी के माध्यम से ही मानव जाति अपने संसार की रचना-पुनर्रचना करती रहती है—लेकिन इस में यह भी अन्तर्निहित है कि इस प्रक्रिया में मनुष्य केवल अपने संसार की ही नहीं, अपनी भी रचना-पुनर्रचना करता रहता है—व्यक्ति और समाज, दोनों ही स्तरों पर। मार्शल

मैक्लूहन जब *मीडिया इज द मैसेज* की बात करते हैं तो उस में भी यह अन्तर्निहित है कि तकनीकी ही हमारे विचार और व्यवहार का निर्धारक तत्त्व हो जाती है। जब महात्मा गाँधी जैसे विचारक *स्वदेशी* तकनीकी और शुमाकर जैसे अर्थशास्त्री *स्माल इज ब्यूटीफुल* की ओर हमारा ध्यान आकर्षित करने का प्रयास करते हैं तो उस में भी कहीं इस बात का स्वीकार प्रकट होता है कि तकनीकी स्वयं में एक विचारधारा होती है, कि वह परिवेश को ही नहीं, हमें भी बदल देती है। इसी लिए जिलेस डेल्यूज (Gilles Deleuge) का यह कथन पूर्णतया संगत लगता है कि *मशीनें, तकनीकी होने के पहले सामाजिक होती हैं–बल्कि, भौतिक तकनीकी से पूर्व एक मानवीय तकनीकी अस्तित्वमान होती हैं*–और अगर गाँधीजी की मानें तो लालच भी, क्योंकि इक्कीसवीं सदी में भी तकनीकी का विकास पूँजी के खेल से जुड़ा ही रहेगा।

इक्कीसवीं शताब्दी के सन्दर्भ में तकनीकी का यह जिक्र इस लिए जरूरी है कि इस शताब्दी में तकनीकी विकास केवल तकनीकी नहीं रह पायेगा–बल्कि जैविक विकास में उस की निर्णायक सहभागिता की अपार सम्भावना है जिस की ओर विज्ञान कथाओं के लेखकों के अतिरिक्त अन्य लेखकों या विचारकों का ध्यान उचित मात्रा में नहीं जा रहा है। बीसवीं शताब्दी में जिन समस्याओं ने मानवता को लगातार घेरे रखा, वे इस शताब्दी में वास्तविक अर्थों में सुलझ पायेंगी, इसकी सम्भावना कम-से-कम अभी तो नहीं दिखायी देती–लेकिन वे समस्याएँ तो पहले से ही हैं और उन के होने से कविता या साहित्य के सम्मुख कोई नयी चुनौती नहीं होगी। लेकिन एक नयी दिशा में तकनीकी का विकास, जिस की ध्वनि बीती शताब्दी के अन्तिम दौर में भी सुन पड़ रही थी, नयी शताब्दी में कुछ ऐसी चुनौतियाँ प्रस्तुत करने की प्रस्तावना कर रहा है, जिन की ओर पहले ध्यान भी नहीं जा सका था। मेरा इशारा केवल वैतानिकी (साइबरनेटिक्स) की ओर ही नहीं, जैविक तकनीकी (बायोटेक्नोलॉजी) और आनुवंशिकी (जेनेटिक्स) की तरफ भी है। वैतानिकी ने *कृत्रिम बुद्धि* को प्राकृतिक बुद्धि से भी बड़ा बना दिया है और अब तो बहुत-से वैतानिकीविद् यह प्रस्ताव करने लगे हैं कि इस कृत्रिम बुद्धि–आर्टिफिशियल इण्टेलीजेंस–का आगामी विकास स्वयं उसी के निर्णय के अनुसार होना चाहिए। वैतानिकी के एक प्रसिद्ध प्रोफेसर केविन वारविक ने अपनी बाँह की त्वचा के अन्दर एक ऐसा *इलैक्ट्रॉनिक ग्लास कैप्सूल* लगा लिया था जिस के कारण रीडिंग विश्वविद्यालय में उन के प्रवेश के साथ उन के भवन के द्वार खुल जाते, बत्तियाँ जल जातीं और उन का कम्प्यूटर काम करने लगता। कुछ दिनों तक इस प्रयोग के बाद वह अपने में एक बदलाव महसूस करने लगे। उन्होंने लिखा है : *कुछ दिनों के बाद मैं कम्प्यूटर से एक नजदीकी अनुभव करने लगा। जब आप अपने दिमाग को इस तरह सम्बद्ध कर देते हैं, तो आप स्वयं बदलने लगते हैं। आप एक साइबोर्ग हो जाते हैं। आप तकनीकी से जुड़े मात्र एक मनुष्य नहीं रहते, आप कुछ भिन्न हो जाते हैं और तब आप के मूल्य और निर्णय*

बदलने लगे जायेंगे। इसी लिए केविन वारविक ने सवाल उठाया है कि एक बार जब मानवीय दिमाग मशीन का उपग्रह बन जायेगा तो मनुष्य होने का क्या अर्थ रह जायेगा।

इसी तरह का एक और सवाल स्टेलार्क ने उठाया है। उस का कहना है कि मनुष्य का स्नायु-संस्थान सूचना-क्रान्ति की तेजी और विस्तार का बोझ सँभालने में असमर्थ है। उसी के शब्दों में, *वह अपने इस नये अपार्थिव (एक्सट्राटैरेस्ट्रियल) परिवेश की समकक्षता के लिए जैविक स्तर पर अक्षम है।* उस का कहना है कि इस लिए भावी तकनीकी विकास के लिए इस जैविक अस्तित्व का ही तकनीकी विकास करना होगा। सवाल यह है कि क्या तब यह जैविक अस्तित्व तकनीकी के सम्मुख अनुपयोगी या अधिक-से-अधिक उस का उपग्रह बन कर ही नहीं रह जायेगा?

इस परिप्रेक्ष्य में यह अस्वाभाविक नहीं लगता कि अब वैज्ञानिक *डी.एन.ए. चिप* और कृत्रिम जीवन की बात करने लगे हैं। लेवी जैसे कुछ कृत्रिम जीवनवादी तो प्रतीयमान (वर्चुअल) को ही वास्तविक (रियल) मानने लगे हैं जिस का निहितार्थ यह है कि तकनीकी और जैविक में कोई फ़र्क़ नहीं रह जाता। इस लिए आजकल जैविकी के तकनीकीकरण का ही नहीं तकनीकी के जैविकीकरण का चर्चा भी होने लगा है। न केवल क्लोनिंग—बल्कि मानव की क्लोनिंग कई तरह की आशंकाओं और सम्भावनाओं से भरा प्रस्ताव है। यह भी कहा जाने लगा है कि *डिजिटल डी.एन.ए.* भी जीवन की परम्परावादी जीवशास्त्रीय परिभाषा की शर्तों को पूरा करता है और इस लिए एक तरह से सार रूप में वह जीवन ही है। इसी तरह न्यूरोचिप्स की सम्भावना भी दरपेश है जिस का अर्थ है जीवित मस्तिष्क-कोशिका और कम्प्यूटरचिप को संयुक्त कर उस का मस्तिष्क में रोपण। यह उल्लेखनीय है कि इस समय जनन-विज्ञान से सम्बन्धित लगभग बहत्तर हजार प्रयोग दुनिया-भर में हो रहे हैं और यह स्पष्ट दिखने लगा है कि अगले कुछ वर्षों में जनन-तकनीकी ऐसा सामर्थ्य विकसित कर लेगी कि हम अपनी इच्छानुसार सन्तान उत्पन्न कर सकेंगे—केवल उस के लिंग का चयन नहीं, बल्कि उस की दैहिक-मानसिक संरचना और सामर्थ्य भी।

सवाल यह है कि क्या यह मानव का वही विकास है जिस की कल्पना श्री अरविन्द जैसे कवि-दार्शनिकों ने की है? क्या यह वही चेतना है जिस का आग्रह जे. कृष्णमूर्ति जैसे चिन्तक करते रहे हैं? उपनिषदों में जीवन के विभिन्न स्तरों का वर्गीकरण करते हुए उन्हें अन्नमय कोश, प्राणमय कोश, मनोमय कोश, विज्ञानमय कोश और आनन्दमय कोश का स्तर बताया गया है। आज का मनुष्य मनोमय कोश के स्तर पर माना जा सकता है। जिसे श्री अरविन्द सुप्रामेण्टल और विनोबा विज्ञानमय कोश की अवस्था कहते हैं, क्या उस तक जैविक तकनीकी के माध्यम से पहुँचा जायेगा? कवि किस पक्ष में खड़ा होता है, यह तो उस के दृष्टिकोण और आस्था पर निर्भर करता है। मुख्य सवाल इस *उत्तर-मानव* की सम्भावना की पहचान का

है। अगर विज्ञान और तकनीकी के विकास की गति और दिशा यथावत् रहती है तो यह सोचना निराधार नहीं होगा कि इक्कीसवीं सदी जीवन के विकास की प्रक्रिया में एक क्रान्तिकारी छलाँग की साक्षी होगी। सवाल केवल यह है कि यह छलाँग तकनीकी नियतिवाद की प्रक्रिया के तहत होगी अथवा विवेकशील मानवीय स्वतन्त्रता अर्थात् आत्म-चेतस जीवन की अपनी सृजनात्मकता की प्रक्रिया के आधार पर? जीवन के विकास की दिशा चेतना के विकास की दिशा है और मानवीय चेतना में आत्म-चेतना अनिवार्यतः उपस्थित रहती है। विज्ञान का विकास एक *उत्तर-मानव* (पोस्टह्यूमन) के विकास की दिशा की ओर संकेत करता दिखता है। क्या कविता या कला इस संकेत को पहचान पा रही है? क्या वह इस *उत्तर-मानव* के आत्म के स्वरूप का बोध कर सकने में सक्षम भाषा और अपने अन्य उपकरणों के नये सर्जनात्मक रूपों का विकास कर सकेगी? काव्य या कला का मुख्य आधार मानवीय अनुभूति है। लेकिन इस उत्तर-मानव की अनुभूति प्रक्रिया क्या होगी? क्या वह उसी प्रकार ऐन्द्रिक संवेदनों के माध्यम से अनुभूत और रूपायित होगी जैसा कि अब तक होता रहा है अथवा वह क्रमशः अधिक बौद्धिक होती जायेगी? क्या उस की स्मृति की संरचना उसी प्रकार की होगी जैसी जीवन के मानव-स्तर पर पायी जाती है? तकनीकी के कारण, वाल्टर बेंजामिन कहते हैं, *अनुभव के प्रामाणिक रूप विघटन के शिकार* हो गये हैं।

यहाँ इस तथ्य की भी अनेदखी नहीं की जा सकती कि तकनीकी के अन्य रूपों के साथ-साथ सम्प्रेषण तकनीकी में भी क्रान्तिकारी परिवर्तन होंगे। *न्यूरोचिप्स* जैसी तकनीकी का आविष्कार दो व्यक्तियों के बीच बिना किसी स्थूल माध्यम के भी सम्प्रेषण सम्भव कर सकता है। तकनीकी यथार्थ को तो रचती ही है, वह यथार्थ के ग्रहण और सम्प्रेषण की प्रक्रिया को भी रचती है। यथार्थ को हम कैसे ग्रहण करते हैं, यह बड़ी हद तक हमारे माध्यम के स्वरूप और प्रक्रिया पर भी निर्भर करता है। साइबरनेटिक्स ने देश-काल के हमारे बोध और उस बोध को अभिव्यक्त करने वाली भाषा को बुनियादी रूप से प्रभावित किया है। यह ठीक ही कहा गया है कि तकनीकी की ताक़त, गतिशीलता और त्वरा के कारण हमें स्थिर वस्तुएँ भी गतिशील दिखायी देने लगती हैं। तकनीकी परिचित को अपरिचित और अपरिचित को तीव्रता से परिचित बना सकती है। दरअस्ल, वह केवल परिवेश को ही नहीं, परिवेश के हमारे बोध को भी बदल देती है। श्रव्य से पठ्य या मुद्रित सम्प्रेषण की स्थिति में आने के कारण कविता और कथा-साहित्य में भी बुनियादी परिवर्तन घटित हुए हैं। लेकिन अब उत्तर-आधुनिक संचार-माध्यमों और साइबरनेटिक्स ने सम्प्रेषण परिस्थिति में नये परिवर्तन सम्भव किये हैं, जिन का प्रभाव आने वाली सभी सम्प्रेषण प्रक्रियाओं पर पड़ना लाज़िमी है और इस लिए भाषिक सम्प्रेषण पर भी। कविता अनिवार्यतः एक ग्रहण-सम्प्रेषण प्रक्रिया भी है, अतः उस की संरचना और स्वरूप पर भी भाषिक

सम्प्रेषण की नयी परिस्थिति का प्रभाव पड़ना स्वाभाविक है। कुछ अरसा पहले वत्सल निधि द्वारा आयोजित एक लेखक शिविर में *कविता और भविष्य* विषय पर विचार करते हुए मैंने कहा था और यहाँ मैं उसे दोहराना चाहता हूँ कि इस नयी परिस्थिति में कविता के सम्मुख एक चुनौती यह भी आती है कि उसे भाषा को एक साथ ऐन्द्रिक और बौद्धिक, दोनों स्तरों पर साधना होगा। ऐन्द्रिक से तात्पर्य किसी अनुभव के घटित होने की मूर्त प्रक्रिया से है और बौद्धिक से तात्पर्य उस पर अनुचिन्तन से। इस लिए कविता के सम्मुख चुनौती यह आती है कि वह मूर्त अनुभव और अनुचिन्तन को एकमेक कर दे। ऐसा अनुचिन्तन के अनुभूतीकरण से हो सकता है और अनुभव को ही अनुचिन्तन की तरह ग्रहण करने से भी। कविता देखने का, अनुभव करने का एक ढंग है—अनुभव से पहले अनुभव करने का ढंग। इस लिए अनुभव का नया ढंग शायद यह होगा कि कविता में अनुभव और अनुचिन्तन में भेद किया जाना असंगत होता चला जाएगा अर्थात् या तो अनुचिन्तन अनुभव के रूप के रेशे-रेशे में व्यंजित हो रहा होगा अथवा अनुचिन्तन स्वयं ही अनुभूति की तीव्रता के कारण ऐन्द्रिक अनुभव की तरह महसूस होने लगेगा।

इस अनुमान की पुष्टि में यह तर्क भी दिया जा सकता है कि भविष्य में तकनीकी और विज्ञान के ही नहीं, चेतना के उत्तरमानवीय आयाम भी खुल सकते हैं और उस से कविता की संरचना में कोई ऐसा परिवर्तन सम्भव है जो विचार और संवेदन के अन्तर को मिटा दे। मानवीय अनुभव को किसी एक वैचारिक निष्कर्ष तक ले जाने की प्रवृत्ति आज की मानवीय चेतना का एक गुण है, लेकिन, अब इस प्रक्रिया के अधूरेपन के ज्ञान के साथ-साथ यह भी स्पष्ट होता जा रहा है कि अनुभव को किसी वैचारिक चौखटे में रख कर देखना या उसे किसी एक वैचारिक निष्कर्ष तक ले जाने का प्रयास उस की अनन्त आयामिता को सीमित कर देना है। यह कविता की सम्भावना और ताक़त को कम करना है। इस ताक़त को तभी बढ़ाया जा सकता है जब ज्ञान और संवेदना में फ़र्क़ न रहे—वह फ़र्क़ भी नहीं, जो *ज्ञानात्मक संवेदन* या *संवेदनात्मक ज्ञान* जैसे पदों के प्रयोग में झलकता रहता है। वाल्टर बेंजामिन ने लिखा है कि तकनीकी ने मानवीय संवेदन-क्षेत्र को एक संश्लिष्ट प्रक्रिया में दीक्षित कर दिया है—*टेक्नोलॉजी हैज सब्जेक्टेड दि ह्यूमन सेंसोरियम टू ए कॉम्पलेक्स काइंड ऑफ ट्रेनिंग*—और इस संश्लिष्टता का काव्य-भाषा और काव्य-संरचना में रूपायन आगामी कविता के सम्मुख एक बड़ी सम्भावनापूर्ण चुनौती है। आगामी कवि परिवेश और तकनीकी द्वारा कविता के सम्मुख प्रस्तुत चुनौती का सर्जनात्मक प्रत्युत्तर किस प्रकार रचते हैं, यह अभी नहीं कहा जा सकता—लेकिन आगामी कविता यदि इन चुनौतियों की पहचान का सम्यक् साक्ष्य भी देती है तो माना जा सकता है कि वह चेतना के नये रूपों के आविष्कार की प्रक्रिया में बराबर की हिस्सेदार होना चाहती है। चेतना के नये आयामों और रूपों का प्राकट्य ही जीवन की विकास यात्रा का आगे बढ़ना है और इन का

साक्षात्कार ही कविता का प्रयोजन और उस की सार्थकता। जीवन में अन्तर्निहित सर्जनात्मकता की चरितार्थता का अनुभव ही जीवन का आत्मानुभवन है क्योंकि—मूलतः और इस लिए अन्ततः भी—सर्जनात्मकता ही जीवन का आत्म है। अन्त में, श्री अरविन्द के इस कथन के साथ मैं अपने वक्तव्य का समापन करना चाहूँगा : *सबसे महत्त्वपूर्ण है आने वाले युग की सम्भावना—क्यों कि वह ऐसा युग होगा जिस में सारे संसार मनुष्य की सृष्टि और अनुभव को आमन्त्रित कर रहे होंगे और वह उस आत्मा के अधिक करीब हो सकेगा, जिस का अवगुंठन, प्रतीक और रूप अथवा पारदर्शी परिधान यह संसार है।*

(भारत भवन, भोपाल में *इक्कीसवीं सदी और कविता* विषय पर सर्वभाषी *कवि-भारती* में प्रस्तुत व्याख्यान।)

परम्परा-बोध और समकालीन साहित्य

साहित्य के सन्दर्भ में जब भी परम्परा की बात होती है तो सामान्यतया हम उस की पहचान के लिए इतर ज्ञान-प्रकारों–धर्म, दर्शन, सामाजिक अध्ययन या अब विज्ञान आदि–का सहारा लेते हैं और यह देखने की कोशिश करते हैं कि इन साहित्येतर ज्ञान-प्रकारों में रूपायित परम्परा साहित्य में किस हद तक और किस प्रकार प्रतिबिम्बित हुई है। लेकिन इस पद्धति में एक ज्ञान-प्रक्रिया के रूप में साहित्य की हैसियत कुछ हेठी हो जाती है क्यों कि इस रूप में वह सत्य का अन्वेषक नहीं, बल्कि सम्प्रेषक मात्र हो कर रह जाता है। किसी भी समाज की सत्य की अवधारणा कैसे रूपायित हुई है, इसी से उस की परम्परा का रूप आकार लेता है और यदि साहित्य के माध्यम से सम्प्रेषित सत्य उस की अपनी प्रक्रिया से प्रसूत होने के बजाय ज्ञान की अन्यान्य प्रक्रियाओं के माध्यम से पाया गया है और साहित्य से उसी को सम्प्रेषित करने की अपेक्षा की जाती है तो यह साहित्य को अन्य ज्ञानानुशासनों का *ग़रीब बिरादर* बना देना होगा। प्रत्येक संस्कृति की सत्य की अपनी पहचान होती है, लेकिन उस के विकसित होने में साहित्य की अपनी स्वायत्त प्रक्रिया की भी उतनी ही भूमिका रहती है जितनी अन्य ज्ञान-प्रकारों की। इस लिए साहित्य और परम्परा के सम्बन्ध की तलाश में यह अधिक संगत होगा कि हम साहित्य की अपनी स्वायत्त प्रक्रिया से अन्वेषित सत्य के बोध को केन्द्र में रख कर विचार करें और यह देखें कि संस्कृति की सत्य की अवधारणा और उस के विकास में साहित्य की क्या भूमिका रही है।

साहित्य की परम्परा क्या है–इस पर दो तरह से विचार किया जा सकता है। पहला तो यह कि किसी विशेष संस्कृति का साहित्य अपना प्रयोजन क्या मानता है–क्यों कि प्रयोजन में सत्य ही प्रतिफलित होता है–और दूसरा यह कि उस साहित्य में यह प्रयोजन रचनात्मक परम्परा के रूप में किस हद तक उभरता है।

भारतीय साहित्य-दृष्टि रस-निष्पत्ति या रसानुभूति को साहित्य का चरम

प्रयोजन मानती है—अन्य सभी साहित्य-शास्त्रीय सम्प्रदाय अन्ततः उसी में समाहित हो जाते हैं। लेकिन साथ ही वह *शिवेतरक्षतये* को भी उतना ही महत्त्व देती जान पड़ती है। इस लिए सवाल उठता है कि साहित्य का चरम प्रयोजन रसानुभूति का आनन्द अर्थात् सौन्दर्यशास्त्रीय है या कोई नैतिक अर्थवता? क्या रस और *शिवेतरक्षतये* अर्थात् नैतिक चेतना में कोई आस्तित्विक सम्बन्ध है?

रस का आधार अनुभूति है और अनुभूति का तात्पर्य है विषयी और विषय का अभेद। सम्भवतः इसी लिए डॉ. गोविन्दचन्द्र पांडे प्रत्येक अनुभूति को सारतः आत्मानुभूति मानते हैं। किसी विशेष विभाव में विन्यस्त भाव के माध्यम से आत्म की यह अनुभूति ही रसनिष्पत्ति या रसानुभूति को सम्भव करती है। इस लिए यह ठीक ही कहा गया है कि रस आत्मप्रतीति है। पूछा जा सकता है कि इस आत्मप्रतीति में नैतिकता की बात कहाँ आती है। लेकिन उल्लेखनीय है कि आत्मानुभूति की यह प्रक्रिया अन्यत्व का निषेध करती हुई किसी परम आत्म की व्यंजना भी करती है क्यों कि अन्य का *आत्म* विषयी के लिए विषय न रहकर *विषयी* में रूपान्तरित हो जाता है। प्रत्येक *विषयी* के लिए अन्य या विषय का विषयी में रूपान्तरित हो जाना किसी परम आत्म का व्यंजक नहीं तो और क्या है, कह सकते हैं कि इस प्रकार साहित्य की यह प्रक्रिया अपने-आप में एक आध्यात्मिक प्रक्रिया हो जाती है जिस में *शिवेतरक्षतये* का प्रयोजन भी सहज समाविष्ट हो जाता है। मेरे *आत्म* से अन्य के *आत्म* के मूलतः अभिन्न होने के बोध में ही तो सभी मूल्यों का स्रोत है और इस अभिन्नता को न पहचान पाना ही मूल अविद्या अर्थात् सारे *शिवेतर* का मूल। इस लिए भारतीय साहित्य-दृष्टि जब रस की बात करती है तो उस में आत्मानुभूति ही नहीं, मूल्यानुभूति भी समाहित है। इस दृष्टि से रस केवल सौन्दर्यशास्त्रीय अवधारणा नहीं, बल्कि एक नैतिक प्रत्यय भी हो जाता है। पं. विद्यानिवास मिश्र रस की व्याख्या सख्य भाव के आधार पर करते हैं और रस को *सकल होने की, अखंड होने की प्रवणता* बताते हुए *समदुःख भाव की विराट् अनुभूति* का आधार सख्य को मानते हैं। प्राचीन संस्कृत साहित्य और विशेष रूप से कालिदास के काव्य-मर्म को समझाते हुए उन का निष्कर्ष है कि सृष्टिव्यापी साहचर्य या सख्य का आमन्त्रण ही साहित्य का चरम प्रयोजन है। जो पारमार्थिक स्तर पर अद्वैत है, वही व्यावहारिक स्तर पर सख्य या साहचर्य के रूप में प्रतिफलित होता है।

हमारे साहित्य की सृजन-परम्परा इस दृष्टि का ही आख्यान है—बल्कि यह कहना अधिक संगत होगा कि इस सृजन-परम्परा से ही यह साहित्य-दृष्टि विकसित हुई होगी। साहित्य लौकिक-व्यावहारिक जीवन के अनुभवों से गुजरते हुए ही परमार्थ की सिद्धि करता है। पारमार्थिक स्तर पर अभिन्न आत्म व्यावहारिक स्तर पर *मम* और *ममेतर* के विविध सम्बन्धों में अभिव्यक्त होता है। इस लिए पारमार्थिक स्तर पर *आत्म* की अभिन्नता व्यावहारिक स्तर पर *मम* और *ममेतर* अर्थात् शेष सृष्टि के बीच संलग्नता

और उस के प्रति अपने कर्त्तव्य-बोध में व्यंजित होती है। इस दृष्टि से जो व्यावहारिक स्तर पर नैतिक है, वही पारमार्थिक स्तर पर आध्यात्मिक है। महात्मा गाँधी जब नैतिक को ही आध्यात्मिक मानने का आग्रह करते हैं तो उसे इसी दृष्टि से समझा जाना चाहिए। वैदिक काव्य में *ऋत* का बोध इसी लिए आध्यात्मिक ही नहीं, नैतिक भी है।

लेकिन जिसे लौकिक साहित्य माना जाता है, उस में भी नैतिक अनुभूति ही जीवन को पवित्र और सार्थक करती है। कह सकते हैं कि वहाँ आत्मानुभूति और मूल्यानुभूति का एकत्व प्रदर्शित है। महाभारत और रामायण, दोनों ही मूल्यानुसंधान की नैतिक साधना के सम्प्रेषण के माध्यम से आत्मानुभूति की रस दशा तक ले जाते हैं। लौकिक कवियों में सर्वोत्कृष्ट माने जाने वाले कालिदास में जीवन का भरपूर उपभोग तो है, पर जैसा श्री अरविन्द कहते हैं, वह तप द्वारा पवित्र किया गया है। जीवन का यह पवित्रीकरण, कर्म और नैतिकता का यह समन्वय ही भारतीय साहित्य से प्रसूत बोध है जो सामाजिक जीवन में कर्मयोग की परम्परा—डॉ. गोविन्दचन्द्र पांडे के शब्दों में *भारतीय सामाजिक जीवन की वास्तविक थाती*—के रूप में दिखायी देता है।

इस लिए यह केवल संयोग ही नहीं है कि विजयदेव नारायण साही जैसे समाजवादी लेखक भी इस परम्परा को, हिंदुस्तान की ज़िन्दगी की इस लय को *कालिदासीय लय* की संज्ञा देते हैं, जिस का तात्पर्य यह है कि वह न केवल अपनी परम्परा को साहित्य की अपनी सृजन-परम्परा के माध्यम से पहचानते बल्कि साहित्य-बाह्य जीवन तक भी उस की व्याप्ति देखते हैं। उन के लिए भारतीय जीवन की लय एक ओर *कालिदासीय लय* है तो दूसरी ओर यह लय अपनी पूर्ण अभिव्यक्ति महात्मा गाँधी में पाती है—वही महात्मा गाँधी, जिन के लिए भारत का स्वाधीनता-संघर्ष एक तरह की आध्यात्मिक साधना है और जो नैतिक को ही आध्यात्मिक मानते हैं।

जीवन का यह नैतिक बोध—या साही के शब्दों का प्रयोग करें तो *नैतिकता में शक्ति का विलयन*—हमारी साहित्य-परम्परा का केन्द्रीय सरोकार रहा है। ऐतिहासिक कारणों से वैयक्तिक और सामाजिक संवेदना तथा अभिव्यक्ति-रूपों में आये बुनियादी परिवर्तनों के बावजूद आधुनिक काल का हिन्दी साहित्य इसी परम्परा का सृजनात्मक आख्यान है। इतिवृत्तात्मक काव्य के नैतिक आग्रह तो काफ़ी स्थूल स्तर पर स्पष्ट हैं ही, पर छायावादी काव्य में उस की व्यंजना बहुत सूक्ष्म और कलात्मक दृष्टि से उत्कृष्ट है। *राम की शक्तिपूजा* को उस के सर्वोत्कृष्ट उदाहरण के रूप में लिया जा सकता है, जहाँ यह पूजा वस्तुतः किसी निरपेक्ष शक्ति की नहीं बल्कि उस के कल्याणकारी रूप की है। शक्ति का कल्याणकारी रूपान्तरण ही तो आत्मोत्सर्ग की माँग करता है। अन्याय के विरुद्ध संघर्ष का भी अपनी प्रक्रिया में नैतिक होना अनिवार्य है, यह भाव प्रसाद के नाटकों में भी पर्याप्त मुखरित है। प्रसाद के चरित्रों में एक

भावात्मक प्रामाणिकता या प्रामाणिक भावात्मकता है जो भावनात्मकता के नैतिक आयाम को प्रतिबिम्बित करती है। *आकाशदीप* की चम्पा हो या *पुरस्कार* की मधूलिका–दोनों में वैयक्तिक भावना और कर्तव्य का द्वन्द्व है और वैयक्तिक भावनात्मकता की व्यथा को स्वीकार करते हुए भी कर्तव्य का पूरा निर्वाह है। प्रेमचन्द के नैतिक आग्रह उन के प्रारम्भिक रचना-संसार में तो स्पष्ट ही हैं–जैसे पंच *परमेश्वर* या *नमक का दारोगा* या *रंगभूमि* और *सेवासदन* में–लेकिन *पूस की रात, कफ़न* या *गोदान* के यथार्थवादी चित्रण की पृष्ठभूमि में भी एक नैतिक चेतना बराबर सक्रिय है। यह नैतिक चेतना किन्हीं स्थूल घटनाओं या चरित्रों में नहीं, बल्कि प्रेमचन्द के वर्णन-कौशल में, उन के भाषिक व्यवहार से सम्प्रेषित होती है जिस के बिना इन रचनाओं में व्यक्त यथार्थ हमें प्रभावित नहीं कर पाता। इस वर्णन में केवल यथार्थ ही सम्प्रेषित नहीं होता, उस के प्रति एक विरोध या उसे बदले जाने की आवश्यकता भी अनकहे ही सम्प्रेषित हो जाती है।

स्वतन्त्रता और समानता दो बुनियादी आधुनिक मूल्य हैं जो आधुनिक हिन्दी लेखक के भी केन्द्रीय सरोकार हैं। जैनेन्द्र और अज्ञेय, दोनों ही स्वतन्त्रता को एक मूल्य की तरह स्वीकार करते हैं, लेकिन यह स्वतन्त्रता अमर्यादित नहीं बल्कि एक गहरे नैतिक बोध से परिचालित है। इस लिए स्वतन्त्रता दोनों के यहाँ अधिकार से अधिक दायित्व है। जैनेन्द्र के मृणाल, सुनीता, कल्याणी आदि सब जीवन्त चरित्र हैं–प्रामाणिक जीवन्त चरित्र–लेकिन उन की प्रामाणिकता उस नैतिक द्वन्द्व में से उपजती है जो किसी एक व्यक्ति का नहीं, समूचे भारतीय समाज का द्वन्द्व है। जैनेन्द्र के नारी-चरित्र स्वाधीन हैं, लेकिन इस स्वाधीनता में एक गहरी मूल्य-चेतना है। उन के पात्र विद्रोही हैं, पर उन का विद्रोह एक नैतिक बोध से प्रसूत है, वह किसी स्वच्छन्दतावादी या रोमांटिक दृष्टि का प्रतिफलन नहीं है। यही कारण है कि उन की विद्रोह भावना में एक प्रकार के आत्म-संयम की, बल्कि कहना चाहिए एक प्रकार के तप की, अभिव्यक्ति हो जाती है। तप का विद्रोह या विद्रोह का तप हो जाना–यह क्या उस गाँधी का भी सारसूत्र नहीं है जिसे साही हिंदुस्तान की ज़िन्दगी की लय कहते हैं?

अज्ञेय का शेखर तो है ही एक विद्रोही चरित्र–सभी प्रकार के बन्धनों से परे स्वतन्त्रता जिस का चरम लक्ष्य है। स्वतन्त्रता की उस की धारणा भी बड़ी स्पष्ट है, *जो मैं हूँ वह मैं हो सकूँ*–अपने वास्तविक आत्म की सिद्धि। लेकिन यह उल्लेखनीय है कि स्वतन्त्रता की इस तलाश में शेखर निरन्तर अपने सीमित *स्व* से बाहर निकलता और बृहत्तर समाज से जुड़ता चला जाता है। पहले भाग के अन्तिम खंड में वह *एण्टीगोनम क्लब* बनाता और दलित वर्ग से जुड़ने का प्रयत्न करता दिखायी देता है, तो दूसरे भाग के अन्त में वह क्रान्तिकारी आन्दोलन के माध्यम से एक व्यापक समाज और राष्ट्रीय उद्देश्य से जुड़ता है। स्पष्ट है कि यहाँ भी स्वतन्त्रता की यह

तलाश व्यक्ति-केन्द्रित नहीं बल्कि मूल्यप्रेरित है। हम नहीं जानते कि शेखर की यह तलाश आगे क्या रूप लेती। लेकिन, *अपने-अपने अजनबी* में स्वतन्त्रता की यह तलाश ही केन्द्रीय सवाल है और उपन्यासकार की दृष्टि को व्यंजित करती हुई सेल्मा सभी प्रकार के अहंकार से मुक्ति को ही वास्तविक स्वतन्त्रता मानती है। यहाँ भी जीवन के द्वन्द्वात्मक अनुभव और कष्टसहन हैं जिन में से गुजरने पर ही सेल्मा को यह अन्तर्दृष्टि प्राप्त होती है, जो नैतिक और आध्यात्मिक के भेद को मिटाती-सी लगती है। अज्ञेय की *असाध्य वीणा* में भी अहं का विसर्जन करने और समग्र *ममेतर* के प्रति समर्पित हो पाने पर ही वीणा का संगीत मुखरित होता या प्रियंवद की सृजनात्मकता अभिव्यक्ति पाती है। इन अर्थों में यह कविता भी एक गहरी नैतिक-आध्यात्मिक चेतना से अनुप्राणित है।

यह उल्लेखनीय है कि *संलग्नता का सर्वव्यापी बोध* निर्मल वर्मा के लिए भी भारतीय चित्त का मुख्य कारक है जिसे वह *संस्कृति का स्वप्न* कहते हैं—यद्यपि वह मानते हैं कि ऐतिहासिक परिस्थिति के कारण इस बोध में दरार आयी है। लेकिन वह इस द्विभाजन का हल न तो *आत्महनन* में मानते हैं और न अन्य के हनन में। अन्य को नष्ट करना भी अपने को ही नष्ट करना है क्यों कि उन्हीं के शब्दों में, *यहाँ आत्म की शक्ति परम से स्खलित हो कर निरे अहम् में सिकुड़ जाती है।* वास्तविक विकल्प *अहम् के हनन* का है जिस का प्रतिनिधित्व निर्मल की दृष्टि में भी महात्मा गाँधी ही करते हैं। निर्मल के उपन्यास भी व्यक्ति के अकेलेपन के आख्यान हैं, लेकिन उन के पिछले उपन्यास *अंतिम अरण्य* में अकेलापन तो है ही, पर अपने को पाना भी है और यह पाना अन्य के माध्यम से है। अन्ततः मेहरा साहब से जुड़ कर ही *अंतिम अरण्य* का नैरेटर स्वयं को पा लेने का अनुभव करता है, उन के पिंडदान और अस्थिविसर्जन में अपने एक हिस्से के साथ बहता हुआ खुद को बहुत हलका महसूस करता है और इसे ही अपने पुनर्जन्म जैसा मानता है।

स्वतन्त्रता का ही एक आयाम समता है क्यों कि उस के बिना व्यावहारिक अर्थों में स्वतन्त्रता अपूर्ण रहती है। समकालीन साहित्य में स्त्री-पुरुष असमानता, दलित वर्ग के दमन-शोषण और सामन्तवादी-पूँजीवादी व्यवस्था द्वारा आर्थिक-सामाजिक शोषण और अन्याय के चित्र बिखरे पड़े हैं। यथार्थवाद के बढ़ते आग्रह के कारण आदर्श चरित्रों की सृष्टि से भावात्मक विश्वसनीयता पैदा नहीं हो पाती और वे चरित्र और स्थितियाँ कृत्रिम लगने के कारण प्रभावहीन हो जाती हैं—कहना चाहिए कि ठीक तरह से रसनिष्पत्ति नहीं कर पातीं। इसी कारण आदर्श चित्रण का रास्ता छोड़कर साहित्यकार को यथार्थ के दबाव को स्वीकार करना पड़ा। लेकिन, समकालीन साहित्य की उल्लेखनीय विशेषता यह है कि यथार्थ के इस चित्रण की पृष्ठभूमि में एक नैतिक संवेदन निरन्तर सक्रिय रहता है। विचारधारात्मक आग्रह कृती साहित्य में एक सीमा के बाद महत्त्वपूर्ण नहीं रहते—महत्त्वपूर्ण होती है वह संवेदना, जो उन वर्णनों से गुजरते

हुए पाठक में जाग्रत होती है क्यों कि वही नैतिक बोध की संवाहक है। यदि विचारधारात्मक आग्रह इस नैतिक बोध पर वरीयता पाते हैं तो यह कलात्मक शिथिल समाधि की वजह से होता है। रघुवीर सहाय जैसे कवियों और रेणु जैसे कथाकार की कलात्मक सजगता उन की समाधि को शिथिल नहीं होने देती। यह भी उल्लेखनीय है कि कई बार स्वतन्त्रता या समता का यह बोध बहुत अप्रत्यक्ष तरीके से व्यंजित होता है, जैसे शमशेर में। शमशेर की कविता *टूटी हुई बिखरी हुई* का विश्लेषण करते हुए रघुवीर सहाय कहते हैं : *शमशेर ने व्यक्ति की अपूर्णता की बेचैनी और पूर्ण होने की बैचैनी को एक ही व्यक्ति में समो दिया है। इस से अधिक गहरी, गाढ़ी, अँधेरी शान्ति और हो नहीं सकती। साधारण लोग इसी को प्रेम की पीड़ा कहते हैं। परन्तु यह एक नया इंसान पैदा होने की पीड़ा है, जिसे असाधारण रूप से ताक़तवर कवि ही झेल सकता है जिस ने सब लाल-हरी शक्लों और आवाज़ों को एक में मिला लिया हो।* इसी लिए रघुवीर सहाय यह मानते लगते हैं कि विषय कोई भी हो, लेकिन कोई भी कविता सदैव व्यक्ति की स्वाधीनता के पक्ष में और सत्ता के खिलाफ़ होती है। किसी भी तरह के अन्याय का चित्रण एक नैतिक चित्रण है और इस प्रकार उस की कड़ी उस नैतिक बोध से जुड़ जाती है जो हमारी साहित्य-परम्परा की थाती है। यह भी स्मरणीय है कि इस तरह का साहित्य अपने भौतिकवादी आग्रहों के बावजूद यदि *आत्म* के सीमित घेरे का अतिक्रमण कर व्यापक आत्म से जुड़ने की संवेदना पैदा कर पाता है तो वह अपनी प्रक्रिया और संवेदनात्मक प्रभाव में आध्यात्मिक हो जाता है।

हिन्दी में विज्ञान सम्बन्धी मौलिक चिन्तन और लेखन के अभाव की शिकायत सही होने के बावजूद वैज्ञानिक शोधों और तकनीकी आविष्कारों के साथ हिन्दी साहित्य का रिश्ता सर्जनात्मक रहा है। मुद्रण-तकनीक के कारण गद्य के विकास की बात तो आचार्य रामचन्द्र शुक्ल ने भी की थी, लेकिन इस से भी अधिक सूक्ष्म और महत्त्वपूर्ण बात यह है कि इस तकनीक के कारण ही कथा और कविता लिखने के नये रूपों की रचना सम्भव हो सकी और इस से नयी अन्तर्वस्तु उद्घाटित हो सकी। इस का सटीक विश्लेषण अज्ञेय के *कविता : श्रव्य से पठ्य तक* तथा कथा-भाषा से सम्बन्धित लेखों में मिल जाता है—सिर्फ़ मुद्रण-तकनीक का ही नहीं, बल्कि फिल्म की तकनीक का भी। भौतिक विज्ञान की नयी शोधों ने दिक्काल की नयी कल्पना हमारे सम्मुख प्रस्तुत करते हुए सभी कालों और भुवनों के सहवर्तित्व की जो उद्भावना की, उस ने भी हिन्दी लेखक की सृजनात्मक कल्पना को गहराई से प्रेरित किया है। अज्ञेय के यथार्थ के *क्रमहीन सहवर्तित्व* की अवधारणा तथा निर्मल वर्मा, विनोदकुमार शुक्ल और कृष्णबलदेव वैद जैसे लेखकों के कथालोक को इस प्रवृत्ति के उदाहरण के रूप में लिया जा सकता है। *काला कोलाज़* और *मायालोक* जैसे उपन्यासों का विन्यास भौतिक विज्ञान की दिक्काल सम्बन्धी नयी शोधों के बिना सम्भव ही नहीं था। इस

सन्दर्भ में यह भी उल्लेखनीय है कि यथार्थ के ग्रहण और सम्प्रेषण की इन नयी विधियों, इस नये काल-बोध के अन्तस्सूत्र पारम्परिक भारतीय काल-बोध—काल की वर्तुल कल्पना या कई प्रकार के कालों के एक साथ होने की कल्पना से जुड़ जाते हैं और उन के आधार पर विकसित सम्प्रेषण-रूप ही नये रूपों का आधार बनते हैं। इस प्रकार रूप का सवाल केवल शिल्प या प्रविधि का सवाल नहीं रहता—वह एक सांस्कृतिक-दार्शनिक आयाम ग्रहण कर लेता है। समकालीन साहित्य और विज्ञान के इस रिश्ते पर अभी हिन्दी की साहित्यालोचना में अपेक्षित ध्यान नहीं दिया गया है। वह अधिकांशतः घोषित मन्तव्यों तक ही सीमित रही है।

अन्त में, इस बात का उल्लेख भी किया जाना चाहिए कि वैज्ञानिक शोधों के प्रति सजगता तथा स्वतन्त्रता और समानता जैसे आधुनिक मूल्यों का पैरोकार होने के बावजूद अधिकांश आधुनिक साहित्य आधुनिक कही जाने वाली सभ्यता को स्वीकार नहीं पाया है। आधुनिक तकनीकी, औद्योगीकरण, नगरीकरण, पूँजी और सत्ता के केन्द्रीयकरण के सम्मुख व्यक्ति के अकिंचनीकरण, परिवार के विखंडन और आधुनिक जीवनशैली के दबावों-तनावों का जो बहुविध वर्णन आधुनिक साहित्य में प्राप्त होता है, वह अधिकांशतः आधुनिक सभ्यता से ग्रस्त मनुष्य की पीड़ा व्यक्त करता है और इस सभ्यता के प्रति एक वितृष्णा का भाव जगाता है। इस प्रकार हमारा आधुनिक साहित्य आधुनिक सभ्यता के सम्मुख एक प्रकार का संवेदनात्मक सत्याग्रह हो जाता है। पारिवारिक और सामाजिक आत्मीयता के प्रति ललक और *ममेतर* के प्रति कर्तव्य-बोध में *आत्म का साक्षात्कार* आदि भाव इस सत्याग्रह की पृष्ठभूमि में हैं जो इसे पुनः हमारी साहित्य-परम्परा और उस के माध्यम से सांस्कृतिक परम्परा से संवेदनात्मक स्तर पर जोड़ते हैं। पं. विद्यानिवास मिश्र आत्मीयता के लिए इस ललक को सख्य भाव का ही आधुनिक रूपान्तरण कहते हैं। संवेदनात्मक स्तर पर समग्र के साथ न जुड़ पाने और आत्मीयता के अभाव की पीड़ा प्रकारान्तर से आत्मीयता की तलाश की ही अभिव्यक्ति है। आधुनिक साहित्य में जो लोग संघर्ष के भाव पर बल देते हैं, उन्हें भी विद्यानिवासजी की इस बात को तो स्मरण रखना ही होगा कि संघर्ष वीर-भाव है और वास्तविक वीर वही है जो *अहंशून्य ममता* से प्रेरित है। अहं से मुक्ति में ही वास्तविक आत्मानुभूति है जो रसानुभूति की प्रक्रिया है और मूल्यानुभूति की भी। यही नैतिकता में शक्ति का विलयन है, और रस में नैतिकता का भी।

(इलाहाबाद संग्रहालय द्वारा हिन्दी की दार्शनिक और सांस्कृतिक परम्परा विषय पर आयोजित राष्ट्रीय संगोष्ठी में प्रस्तुत व्याख्यान।)

नयी आध्यात्मिकता की तलाश

कविता—बल्कि कला मात्र—अपने-आप में एक आध्यात्मिक प्रक्रिया है—चाहे उस की विषय-वस्तु कुछ भी हो। इवान इलिच शिक्षा को मूलतः एक सम्प्रेषण-प्रक्रिया मानते हुए उस के पाठ्यक्रम के दो प्रकार बताते हैं : घोषित पाठ्यक्रम और अन्तर्निहित या गुप्त पाठ्यक्रम। यह अन्तर्निहित या गुप्त पाठ्यक्रम शिक्षा की प्रक्रिया से तय होता है और वही उस का असली पाठ्यक्रम है—चाहे घोषित पाठ्यक्रम कुछ भी हो—क्यों कि शिक्षा की प्रक्रिया ही अब वास्तविक शिक्षा है। इस लिए शिक्षाविद् वे कहलाते हैं जो शिक्षा के तरीकों और प्रक्रिया पर विचार करते हैं, न कि वे, जो किसी विषय के विशेषज्ञ हैं।

कविता भी एक सम्प्रेषण-प्रक्रिया है, अतः इलिच का *गुप्त पाठ्यक्रम* अर्थात् प्रक्रिया को केन्द्रीय मानने का आग्रह कविता पर भी लागू होता है। कविता—और अन्य कोई भी कला—मूलतः अनुभूति पर आधारित होती है। माध्यम की भिन्नता के बावजूद अनुभूति की प्रक्रिया सभी कलाओं का केन्द्रीय आधार है। अनुभूति का सम्प्रेषण भी पाठक या ग्रहीता के लिए अनुभूति की प्रक्रिया से गुज़रना ही है। अनुभूति की प्रक्रिया—चाहे उस का विषय या आलम्बन कुछ भी हो—अपने में एक आध्यात्मिक प्रक्रिया है। अनुभूति का अर्थ है विषय और विषय में अभेद, ज्ञाता और ज्ञेय का एकत्व—एक कदम आगे बढ़ कर कहें तो *आत्म* और *अन्य* के अद्वैत का बोध जहाँ विषय अर्थात् *अन्य* विषयी यानी *आत्म* में रूपान्तरित हो जाता है। इस अर्थ में प्रत्येक कविता अपनी रचना और सम्प्रेषण, दोनों प्रक्रियाओं में एक आध्यात्मिक प्रक्रिया हो जाती है। ज़ेन कविता और कला के विविध प्रकार तो साधना की प्रक्रिया माने ही गये हैं, भारतीय कला-चिन्तन में भी ध्यान को केन्द्रीय कारक माना गया है—और ध्यान का अर्थ है विषय के साथ विषयी का तादात्म्य। अज्ञेय की कविता *असाध्य वीणा* ध्यान की वास्तविक अनुभूति का काव्यात्मक रूपायन है जो यह दर्शाती है कि विषय और विषयी के अभेद का असल तात्पर्य क्या है। प्रक्रिया के रूप में यह बात जितनी स्वयं *असाध्य वीणा* पर लागू होती है,

उतनी ही निराला की *तोड़ती पत्थर* पर। इस दृष्टि से *राम की शक्तिपूजा* और *भिक्षुक* अथवा *असाध्य वीणा* और *हिरोशिमा* की मूल प्रक्रिया—इलिच के शब्द इस्तेमाल करें तो उन का गुप्त पाठ्यक्रम—एक ही है। अनुभूति के स्वरूप और स्वभाव पर विचार करते हुए डॉ. गोविन्दचन्द्र पांडे का यह कथन सर्वथा संगत है कि *अनुभूति मूलतः आत्मानुभूति होती है* क्यों कि *अनुभव मात्र में एक दोहरी सांकेतिकता निहित है, आदर्श सत्ता की और आत्मचेतना की। आत्मप्रतीति ही उस का मूल है और विषय-निर्धारण के माध्यम से वह अपने को ही उस मूल आदर्श और प्रयोजन के रूप में खोजती है।* इस नज़रिए से देखने पर ही पुले का यह आग्रह समझ में आता है कि प्रत्येक साहित्यिक रचना एक प्रकार का मानव-व्यक्तित्व है या एक स्वचेतन चित्त, जो पाठक में स्वयं को अपने विषयों के एक विषयी के रूप में ढालने लगती है।

कविता की इस प्रक्रियागत मौलिक आध्यात्मिकता की अचूक पहचान ही के कारण मैथ्यू आर्नाल्ड उसे आधुनिक युग में धर्म का स्थानापन्न मान लेते हैं जब कि टी.एस. एलियट विषयवस्तु अर्थात् घोषित पाठ्यक्रम को केन्द्रीय महत्त्व देने की वजह से आधुनिक साहित्य को धर्मनिरपेक्षता या लौकिकता से भ्रष्ट हो गया कह देते हैं।

आर्नाल्ड का कथन है : *आने वाले युगों में कविता की अवश्यम्भावी नियति यही है कि वह मानव मात्र को जोड़ने वाली और जीवन को अर्थ प्रदान करने वाली भूमिका का निर्वाह करे, जो अब तक धर्म निबाहता आया था और जिसे अब विज्ञान ने (धर्म को पदच्युत करते हुए) असम्भव बना दिया है।* यह भी उल्लेखनीय है कि आर्नाल्ड एक ओर कविता को जीवन की आलोचना कहते हैं और दूसरी ओर उसे धर्म का स्थानापन्न मानते हैं।

इस का सीधा तात्पर्य यही है कि कविता किसी लौकिक विषय पर केन्द्रित होते हुए भी धार्मिक या आध्यात्मिक अनुभूति सम्भव कर सकती है, यदि उस की प्रक्रिया का—विषय के विषयी में रूपान्तरित होने की प्रक्रिया का—निर्वाह संगत ढंग से हुआ हो। लेकिन एलियट विषयवस्तु-केन्द्रित होने के कारण कविता ही नहीं, सम्पूर्ण आधुनिक साहित्य को *धर्मनिरपेक्षता द्वारा भ्रष्ट* मानते हैं क्यों कि वह *प्राकृतिक जीवन के ऊपर अधिप्राकृतिक की प्राथमिकता के प्रति असावधान और उसे समझने में असमर्थ है जो कि मेरी राय में हमारा प्रमुख सरोकार है।*

स्पष्ट है कि एलियट के लिए धर्म किसी *अधिप्राकृतिक सत्ता में विश्वास* करना है जब कि आर्नाल्ड के लिए वह मानवमात्र को जोड़ने और जीवन को अर्थ प्रदान करने वाली चीज़ है—बल्कि कह सकते हैं कि मानव मात्र के जुड़ाव का, संलग्नता का या अद्वैत का यह अनुभव ही जीवन को अर्थ देने वाली चीज़ है। इसी लिए *जीवन की आलोचना* होने पर भी—बल्कि एक प्रकार से तो शायद उसी के कारण—कविता

आर्नाल्ड के लिए धर्म का स्थानापन्न हो जाती है। इस लिए हिन्दी में अज्ञेय *मानव-केन्द्रित या मानवतावादी आध्यात्मिकता* का प्रस्ताव करते हैं तो उस के अन्तस्सूत्र जहाँ हमारी जैन और बोद्ध परम्परा से जुड़ते हैं, वहीं आर्नाल्ड की धर्म की मानवमात्र को जोड़ने वाली भूमिका से भी। मानव केन्द्रित आध्यात्मिकता वह भाव है जिस में सृष्टि के एकत्व या अद्वैत का स्वीकार तो है और इस लिए उस से जुड़ाव में ही वास्तविक मुक्ति का बोध भी, लेकिन इस प्रक्रिया में मानव-व्यक्तित्व का महत्त्व बना रहता है—ईश्वर जैसी किसी अधिप्राकृतिक सत्ता को स्वीकार करने के बावजूद मनुष्य के भौतिक या दैहिक अस्तित्व की सार्थकता बनी रहती है और ईश्वर से उस का सम्बन्ध मात्र उस के लिए ही नहीं स्वयं ईश्वर के लिए केन्द्रीय महत्त्व का हो जाता है। इस लिए रिल्के जैसा कवि कह पाता है :

जब मेरा अस्तित्व न रहेगा, प्रभु, तब तुम क्या करोगे?
जब मैं—तुम्हारा जलपात्र, टूट कर बिखर जाऊँगा
जब मैं—तुम्हारी मदिरा, सूख जाऊँगा या स्वादहीन हो जाऊँगा?
मैं तुम्हारा वेश हूँ, तुम्हारी वृत्ति हूँ
मुझे खो कर तुम अपना अर्थ खो बैठोगे?

मेरे बिना तुम गृहहीन निर्वासित होगे, स्वागतविहीन
मैं तुम्हारी पादुका हूँ, मेरे बिना तुम्हारे
चरणों में छाले पड़ जाएँगे, वे भटकेंगे लहूलुहान!
..
..
प्रभु, प्रभु मुझे आशंका होती है
मेरे बिना तुम क्या करोगे?

(रूपान्तर : धर्मवीर भारती)

अपनी *तुमिओ आमि* कविता में रवीन्द्रनाथ टैगोर भी मानव-सत्ता को ही केन्द्रीय हैसियत देते हैं :

जब तुम अकेले थे तो तुम अपने-आप को नहीं जान सके थे।
उस दिन कहीं किसी के लिए कोई प्रतीक्षा न थी;
इस पार से उस पार तक कोई क्रन्दन-भरी बन्धनहीन हवा
नहीं चलती थी।
मैं आया और तुम्हारी नींद टूटी,
सारे आकाश में आलोक के आनन्द-कुसुम खिल उठे।

मुझे तुम ने मृत्यु में छिपा कर
बार-बार नये सिरे से प्राप्त किया।
....
....
ओ मेरे प्रभु, मैं जानता हूँ
मुझे देखने का तुम्हें असीम कौतूहल है
अन्यथा ये सूर्य-तारे सभी निष्फल हैं।

(रूपान्तर : नेमिचन्द्र जैन)

अज्ञेय के यहाँ प्रभु की जगह एक *निस्संग ममेतर* है जो कवि का सहतितीर्षु है:

ओ मेरी सह-तितीर्षु,
हमीं तो सागर हैं
जिस के हम किनारे हैं क्यों कि जिसे हमने
पार कर लिया है।

ओ मेरी सहयामिनी,
हमीं वह निर्मल तलदर्शी वापी हैं
जिसे हम ओक-भर पीते हैं–
बार-बार तृषा से, तृप्ति से, आमोद से, कौतुक से,
क्यों कि हमीं छिपा वह उत्स हैं जो उसे
पूरित किए रहता है।
....
....
....
ओ मेरी अतृप्त, दुःशक्य धधक, मेरी होता,
ओ मेरी हविष्यान्न,
आ तू, मुझे खा
जैसे मैं ने तुझे खाया है
प्रसादवत्।
हम परस्पराशी हैं क्यों कि परस्परपोषी हैं,
परस्परजीवी हैं।

(ओ निस्संग ममेतर : कितनी नावों में कितनी बार)

रिल्के, टैगोर और अज्ञेय के ये कवितांश गहरी धार्मिक अनुभूतियों के रूपायन

हैं—लेकिन उन्हें किसी धर्म-विशेष या कहें कि सम्प्रदाय की सीमाओं में नहीं बाँधा जा सकता। यहाँ धर्म संस्थान नहीं, बल्कि अनुभूति है, इस लिए आध्यात्मिक है। टैगोर जब अपने धर्म को *मूलतः एक कवि का धर्म* कहते हैं तो उस के अन्तस्सूत्र कहीं-न-कहीं आर्नाल्ड की उस मान्यता से जुड़ जाते हैं जिस के अनुसार कविता की नियति *मानव मात्र को जोड़ने वाली और जीवन को अर्थ प्रदान करने वाली भूमिका* का निर्वाह करना है। टैगोर जब धर्म और कवि के धर्म में फ़र्क़ करते हैं तब वह धार्मिक अनुभूति की स्वतन्त्रता का आग्रह कर रहे होते हैं। वह कहते भी हैं : *रूढ़िवादी धर्म में सब प्रश्नों का निश्चित उत्तर मौजूद रहता है। पर कवि का धर्म तरल होता है, पृथ्वी के चारों ओर के वायुमंडल की भाँति...वह किसी को चरम निष्कर्ष की ओर ले जाने का दावा नहीं करता। पर वह आलोक के अनन्त को उद्घाटित करता है।*

आलोक के अनन्त का उद्घाटन—किसी भी धार्मिक-आध्यात्मिक अनुभव की केन्द्रीय अन्तर्वस्तु यही है। उस उद्घाटन का आलम्बन कोई वैयक्तिक ईश्वर है या कोई निर्वैयक्तिक सत्ता अथवा सम्पूर्णतः भौतिक जगत् के अन्तर्भूत एकत्व का बोध—इस से अनुभूति की गहराई में कोई फ़र्क़ नहीं पड़ता यदि वह कवि-कलाकार की अनुभूति है, न कि किसी सम्प्रदाय-विशेष की अवधारणाओं की काव्यात्मक-सी लगने वाली अभिव्यक्ति। लेकिन ऐतिहासिक धर्मों में एक अलग वर्ग उन धर्मों या सम्प्रदायों का भी है जो ईश्वर या उस जैसी किसी अधिप्राकृतिक सत्ता में विश्वास नहीं करते और एक आस्तित्विक अद्वैत के बोध या करुणा और अनुकम्पा ज़ैसे समग्र अस्तित्व के साथ एकत्व या लगाव के अनुभव को ही वास्तविक धर्म मानते हैं। अद्वैत वेदान्त ही नहीं, जैन या बौद्ध जैसे ऐतिहासिक और मसीहाई धर्म भी अस्तित्व मात्र में निष्काम और निर्वैयक्तिक प्रेम की इस अनुभूति को ही केन्द्रस्थ करते हैं। ऐसे में कविता या कला मात्र स्वयं एक साधना-प्रकिया हो जाती है—वह साधना, जिस का साध्य उसी में अन्तर्निहित है। इस लिए यह सुखद आश्चर्य है कि केवल जैन या बौद्ध जैसे पारम्परिक अनीश्वरवादी धर्म ही नहीं, पॉल टिलिच जैसे आधुनिक धर्मशास्त्री भी धार्मिक अनुभूति को इस आस्तित्विक एकत्व अथवा लगाव की शब्दावली में ही व्यक्त करते हैं। अपने प्रसिद्ध निबन्ध *धर्म का लुप्त आयाम* में गहराई के आयाम को मनुष्य के स्वभाव का धार्मिक आयाम कहते हुए टिलिच धार्मिकता को परिभाषित-व्याख्यायित करते हैं : *धार्मिक होने का अर्थ है अपने अस्तित्व के अर्थ का प्रश्न भावावेगपूर्वक पूछना और उत्तर प्राप्त करने के लिए प्रस्तुत रहना, चाहे वे उत्तर चोट ही क्यों न पहुँचाएँ। धर्म की ऐसी परिकल्पना धर्म को सार्वभौमिक रूप में मानवीय बना देती है, किन्तु साधारणतया जिसे धर्म कहा जाता है उस से वह निश्चित रूप से भिन्न है। उस में देवताओं अथवा एक ईश्वर में विश्वास करने को धर्म नहीं बताया गया है, और न यह कहा गया है कि इन सत्ताओं के साथ*

विचार, भक्ति और आज्ञाकारिता द्वारा सम्बन्ध जोड़ने के लिए नाना प्रकार की क्रियाओं और संस्थाओं का नाम धर्म है। इस बात से कोई इनकार नहीं कर सकता कि इतिहास में जितने धर्म प्रकट हुए हैं, वे इसी अर्थ में धार्मिक हैं। फिर भी अपने आन्तरिक स्वरूप में धर्म इस संकीर्ण अर्थ वाले धर्म से कहीं अधिक कुछ है। वह स्वयं अपने अस्तित्व और सार्वभौमिक अस्तित्व से लगाव की अवस्था का नाम है। यह स्पष्ट करने की ज़रूरत नहीं होनी चाहिए कि टैगोर के आलोक के अनन्त के उद्घाटन और पॉल टिलिच के *सार्वभौमिक अस्तित्व से लगाव की अवस्था* का फ़र्क़ एक कवि-कलाकार और एक धर्मशास्त्री की शब्दावली का फ़र्क़ है—कोई आत्यन्तिक भेद नहीं।

वास्तविक आध्यात्मिक अनुभूति और काव्यानुभूति का यह रिश्ता कोई आर्नाल्ड, टैगोर या पॉल टिलिच अर्थात् आधुनिक संवदेना और चिन्तन का ही आविष्कार नहीं है। भारतीय काव्यशास्त्र में जब रसानुभूति को ब्रह्मानन्द सहोदर कहा गया तो उस का प्रयोजन धार्मिक अनुभव और काव्यानुभूति की समकक्षता को ही नहीं, बल्कि दोनों के एक ही मूलस्रोत की ओर संकेत करना भी था। इसे स्पष्ट करते हुए भारतीय कलाविद् नीहाररंजन राय लिखते हैं : *माना यह जाता है कि दोनों के लिए प्रवृत्ति और प्रेरणा मनुष्य की आध्यात्मिक प्रकृति से निकलते हैं और वह प्रकृति है विश्व के साथ मनुष्य का घनिष्ठ और अविलम्ब सम्पर्क अनुभव करना; दूसरे शब्दों में, अस्तित्व के एक सार तत्त्व में सम्मिलित होना। ....धर्म का यह उतना ही लक्ष्य या प्रयोजन है जितना कला का। दोनों मनुष्य की उन्हीं सांकल्पिक, आत्मिक और भावात्मक शक्तियों का उपयोग करती हैं और दोनों के कतिपय साधन भी समान हैं, जैसे ध्यान अथवा तीव्र एकाग्रता का अभ्यास, मन की शान्ति और प्रयोजन की अनन्यता, जिन का शिल्पशास्त्रों या अलंकारशास्त्रों में उल्लेख है।* पॉल टिलिच जिसे *सार्वभौमिक अस्तित्व से लगाव की अवस्था* कहते हैं, उसी को नीहाररंजन राय *अस्तित्व के एक सार तत्व में सम्मिलित* होने का नाम देते हैं।

भारतीय परम्परा में वाल्मीकि के जिस श्लोक को आदि काव्य की हैसियत प्राप्त है वह जिस हद तक काव्यानुभूति है, उसी हद तक धार्मिक अनुभूति भी। जो करुणा और वेदना उसे काव्यानुभूति बनाते हैं, स्वयं उन का होना भी अस्तित्व मात्र के साथ एकात्मबोध या लगाव की तीव्र अनुभूति के बिना कहाँ सम्भव है? महाभारत की त्रासदी की जड़ पाँडु को मिले शाप में है और उस शाप की जड़ लगभग उसी स्थिति में है जिस में वाल्मीकि का श्लोक फूटता है। भवभूति जब कहते हैं कि सभी भावनाएँ वस्तुतः एक ही भाव करुणा के ही विविध रूप हैं, तो क्या वह वस्तुतः करुणा के माध्यम से अस्तित्व मात्र की एकसारता के बोध को ही व्यंजित नहीं कर रहे होते हैं? एकत्व के इस अनुभव के बिना करुणा या तज्जन्य वेदना का कोई मनोवैज्ञानिक औचित्य ही कहाँ बनता है?

सवाल यह है कि क्या हमारे समय में मनुष्य में अस्तित्व के साथ एकसारता का बोध अथवा लगाव की तीव्र अनुभूति सम्भव हो रही है? समकालीन जीवन की बेतहाशा रफ्तार और आपाधापी में क्या मनुष्य को ठहर कर जीवन के बुनियादी प्रश्नों पर जिये जा रहे जीवन के वास्तविक अर्थ का सवाल पूछने और उस पर विचार करने का अवकाश है? क्या वह ऐसा जीवन जीने के लिए बाध्य नहीं है जिस में एक भी पल उस का अपना नहीं है—एक ऐसा पल जिस में वह अपने *स्व* में स्थित हो सके, वास्तविक अर्थों में *स्वस्थ* हो सके! पाल टिलिच का कहना है कि आधुनिक मनुष्य ने *गहराई का आयाम* गँवा दिया है और वह इसे ही धर्म का लुप्त आयाम कहते हैं। स्मरणीय है कि हर्बट मारक्यूज जैसा मार्क्सवादी विचारक भी समकालीन मनुष्य को *एकायामी मनुष्य* कहता है जो आधुनिक कही जाने वाली औद्योगिक सभ्यता में अपने *स्व* और *स्वतन्त्रता* को गँवा बैठा है। मारक्यूज इस परिस्थिति को *डेमोक्रेटिक अनफ्रीडम—लोकतान्त्रिक अस्वतन्त्रता*—कहता है क्यों कि जब *स्व* ही नहीं तो *स्वस्थ* या स्वतन्त्र हो पाना कैसे सम्भव हो।

इस लिए यह स्वाभाविक ही है कि औद्योगिक सभ्यता के प्रसार के साथ-साथ मनोरोगियों की संख्या में तीव्र बढ़ोतरी होती गयी है। *स्व* से विचलन का अनिवार्य परिणाम *अस्वस्थ* होना है। धर्म के आयाम का खो जाना इस अस्वस्थता का मुख्य कारण है। प्रसिद्ध मनश्चिकित्सक सी.जी. जुंग बताते हैं कि आधुनिक मनुष्य की वास्तविक तलाश उस के खोये हुए *आत्म* की तलाश है। उन का कहना है : *मेरे जीवन के उत्तरार्ध में मेरे पास जितने रोगी आये उन में से एक भी ऐसा नहीं था जिस की समस्या, अन्तिम निष्कर्ष में, अपने जीवन के लिए एक धार्मिक दृष्टिकोण की प्राप्ति न रही हो। यह कहना ठीक होगा कि उन में से हरेक केवल इस लिए बीमार पड़ा कि जीवन्त धर्म प्रत्येक युग में अपने अनुयायियों को जो चीज़ देते हैं, उसे वह खो चुका था और जिन लोगों ने अपना धार्मिक दृष्टिकोण पुनः प्राप्त नहीं किया, उन में से एक भी यथार्थतः नीरोग नहीं किया जा सका।* समकालीन मनुष्य की इस स्थिति के कारणों के विस्तार में जाने का अवकाश और प्रयोजन यहाँ नहीं है, लेकिन बर्दिएव ने जो बात कभी यूरोप के लिए कही थी, वह आज सम्पूर्ण मानवता पर लागू होती है कि *...मानव एक भयानक शून्यता के बीच खड़ा है। अब वह नहीं जानता कि उस के जीवन की कुंजी कहाँ मिल सकती है, अपने पाँवों के नीचे वह किसी ठोस गहराई का अनुभव नहीं करता।* यह आश्चर्यजनक है कि टिलिच जैसे धर्मशास्त्रियों, मारक्यूज जैसे दार्शनिकों और जुंग जैसे मनश्चिकित्सकों के सुर में सुर मिलाते हुए शुमाकर जैसे अर्थशास्त्री भी कहते हैं : *हम, दरअस्ल, एक तत्त्वमीमांसीय रोग के शिकार हैं, इस लिए इस का इलाज भी तत्त्वमीमांसीय होना चाहिए।* हिन्दी के प्रसिद्ध कवि-आलोचक विजयदेव नारायण साही जब कहते हैं कि *वस्तुतः आज विश्व-मानस के सामने गहरा प्रश्न यही है कि कैसे त्रासजनित विवेक को पावनताजनित*

विवेक में बदल दिया जाय तो वह प्रकारान्तर से इस तत्त्वमीमांसीय रोग का ही निदान और उस के उपचार का संकेत कर रहे होते हैं। टिलिच जिसे *गहराई के आयाम का लोप*, मारक्यूज *एकायामिता* और जुंग *जीवन के धार्मिक दृष्टिकोण का खो जाना कहते हैं*, साही उसे ही *अन्तः सत्य* और *बाह्य सत्य* के अलग-अलग हो जाने की विडम्बना के रूप में देखते हैं और इसे दर्शन की नहीं, मूलतः अनुभूति की समस्या बताते हुए इस की पहचान को ही हिन्दी की नयी कविता का आरम्भ स्थल मानते हैं। नयी कविता के पुरोधा कवि अज्ञेय का महत्त्व उन की दृष्टि में इसी कारण है कि उन्होंने *इस को सूत्रबद्ध किया और पुरानी परम्परा से जोड़ा।* हिन्दी की नयी कविता यहाँ आर्नाल्ड द्वारा प्रस्तावित भूमिका का निर्वहन करने की दिशा में ही सचेष्ट होती दिखायी देती है।

पॉल टिलिच भी आर्नाल्ड की तरह यह मानते हैं कि आधुनिक सभ्यता ने जिस *गहराई के आयाम* को खो दिया है, उस के पुनरान्वेषण की ललक सब से अधिक साहित्य और कला में ही दिखायी देती है—यद्यपि उस की अभिव्यक्ति बहुत सूक्ष्म और तिर्यक् है। मैं यहाँ टिलिच के एक किंचित् लम्बे उद्धरण के लिए क्षमा चाहूँगा, लेकिन बात को स्पष्ट करने के लिए वह आवश्यक है। टिलिच लिखते हैं : *इन रचनाओं की विषय-वस्तु और शैली, दोनों ही में आज, मनुष्य द्वारा गहराई का आयाम गँवा देने के युग में, जीवन के अर्थ के लिए आवेगपूर्ण और प्रायः दुखद संघर्ष दिखायी पड़ता है। यह कला, साहित्य और दर्शन संकुचित अर्थ में धार्मिक नहीं हैं, पर उन में धार्मिक प्रश्न हमारे युग की प्रत्यक्ष धार्मिक अभिव्यक्तियों से कहीं अधिक तीव्रता और गहनता के साथ पूछा जाता है।*

यह धार्मिक प्रश्न पूछना ही है कि कोई उपन्यासकार ऐसे आदमी का चित्रण करे जो ऐसी एकमात्र जगह पहुँचने का निष्फल प्रयत्न करे, जहाँ उस के जीवन की समस्या सुलझ सकती है, अथवा ऐसे व्यक्ति का चित्रण, जो उसे पीड़ित करने वाले किसी अपराध की स्मृति के भार से विघटित होता जाये, अथवा ऐसे व्यक्ति का चित्रण, जिस के पास कभी कोई वास्तविक आत्मा न रही हो पर जिसे भाग्य बिना किसी प्रतिरोध के मृत्यु की ओर धकेल दे, या ऐसे आदमी का चित्रण, जो प्रत्येक वस्तु से गहरी वितृष्णा का अनुभव करता है।

यह भी धार्मिक प्रश्न पूछना ही है कि कोई कवि अपनी आत्मा के आसुरी लोकों की वीभत्सता और आकर्षण खोल कर रख दे, या वह हमें अपने अस्तित्व के रेगिस्तानी और रिक्त स्थानों में हो कर ले जाय, या वह हमें जीवन की सतह के नीचे भौतिक और नैतिक पंक के दर्शन कराये, या वह नश्वरता के गीत गाकर हमारे हृदयों में सदा विद्यमान रहने वाली उद्विग्नता को वाणी दे।

यह धार्मिक प्रश्न पूछना ही है कि नाटककार किसी हास्यास्पद प्रतीक द्वारा जीवन की भ्रान्ति प्रकट करे, अथवा वह किसी के जीवन-भर के काम का अन्त

उस की रिक्तता के कारण आत्म-विनाश में होते दिखाये, अथवा वह परस्पर घृणा और अपराध के अपरिहार्य बन्धन से हमारा सामना करा दे, अथवा वह हमें भग्न आशाओं और क्रमशः विनाश के अँधेरे तहखानों में से ले जाये।

यह धार्मिक प्रश्न पूछना ही है कि कोई चित्रकार दृश्य-तल को तोड़ कर टुकड़े-टुकड़े करे और फिर उन्हें जोड़ कर ऐसा महान चित्र बनाये जिस का हमें साधारणतः दिखायी देने वाले जगत् से कोई सादृश्य नहीं, पर जो हमारी व्यग्रता और यथार्थ का सामना करने के लिए हमारे साहस को अभिव्यक्त करता हो।

प्रश्नों और कलाओं की यह सूची और लम्बी हो सकती है, लेकिन उपर्युक्त उद्धरण यह जताने के लिए काफ़ी हैं कि धार्मिक या आध्यात्मिक अनुभव का अर्थ अपने अस्तित्व के अर्थ की तलाश है। इस के लिए ईश्वर जैसी किसी अधिप्राकृतिक सत्ता में विश्वास की अनिवार्यता नहीं है। जिस प्रकार विरह-काव्य अथवा वियोग-शृंगार भी प्रेम-काव्य ही है, उसी प्रकार जीवन का अर्थ खो देने की पीड़ा और उसे पाने की विकलता भी प्रकारान्तर से धार्मिक-आध्यात्मिक अनुभव ही हैं। पॉल टिलिच के ही शब्दों में, *जो यह अनुभव करता है कि वह अर्थ के चरम स्रोत से विलग हो गया है, वह अपनी इस प्रतीति द्वारा यह प्रकट करता है कि वह केवल विलग ही नहीं है, वह फिर से संयुक्त हो चुका है।* लेकिन यह संयुक्ति किसी सरल और रूढ़िबद्ध धार्मिक विश्वास से नहीं होती, वह उस वेदना में से उपजती है जिसे कार्ल जैस्पर्स *ईश्वर के लिए ईश्वर से भावोद्वेगपूर्ण संघर्ष* कहता है। इस लिए आधुनिक कविता या कला जो सवाल पूछती है, उस का कोई निश्चित समाधान उस के पास नहीं होता—बल्कि उस की वेदना ही उस का समाधान हो जाती है। कविता और दर्शन में शायद यही सब से महत्त्वपूर्ण अन्तर है कि दर्शन पीड़ा का समाधान किसी अवधारणा में तलाश करता है जब कि कविता—बल्कि कला-मात्र—मैं पीड़ा की अनुभूति में ही समाधान अन्तर्निहित है। होल्डरलिन ने कहा भी है : *संकट स्वयं ही/सँजोए रहता है उद्धार।*

× × ×

आधुनिक हिन्दी कविता की आध्यात्मिक संवेदना इन्हीं अर्थों में रूपायित होती है—और इसी लिए वह छायावादी आध्यात्मिकता से भिन्न है। छायावादी कविता में अस्तित्व के अर्थ की तलाश एक विराट् से जुड़ने में सम्भव होती है—लेकिन इस जुड़ने में कोई संशय या प्रश्नाकुलता नहीं है और न आस्था का अर्जन ही। वहाँ एक पूर्वप्रदत्त आस्था है जो एक विस्मय-बोध से पोषित है। यह अकारण नहीं है कि छायावादी आध्यात्मिकता का ज़िक्र आते ही एक कुहासे-भरा रहस्यवाद उभर आता है जबकि आधुनिक आध्यात्मिक संवेदना की कविता का प्रस्थान-बिन्दु ही संशय और प्रश्नाकुलता है। आस्था और संशय, विश्वास और अनिश्चय, विराट् और लघु, समर्पण और संकोच के द्वन्द्व इस कविता में निरन्तर रूपायित हैं। अस्तित्व के अर्थ की खोज,

जीवन-मृत्यु के सवालों से टकराहट और अपने *स्व* या *आत्म* का एक वृहत्तर सत्ता के साथ जुड़ाव आधुनिक मनुष्य की भी ज़रूरतें हैं, किन्तु संशय और विराट् से जुड़ते हुए भी अपने को खो देने के भय से उत्पन्न दुश्चिन्ता उस की स्थितिजन्य विवशता। वह किसी आकांक्षा की कल्पित पूर्ति में अपनी स्थिति को भुला नहीं देता। आधुनिक हिन्दी कविता का अध्यात्म-बोध यथार्थ से पलायन नहीं, बल्कि उस के स्वीकार और उस में से गुज़र कर ही सम्भव हो पाता है। अज्ञेय जब एक जाने-पहचाने तथा संयति, संहति, स्वीकृति वाले अन्धकार में दीप जलाते हैं तो जो सामने आता है वह है *निरर्थकता का संकुल, अर्थहीन आकारों की अर्थहीनतर भीड़* तथा *नकारों का निर्जल पारावार*—और तब कवि के मन में विस्मय नहीं, संशय पैदा होता है :

कहाँ गया वह
जिसने सब-कुछ को
ऋत के ढाँचे में था बैठाया?

(—अन्धकार में दीप)

और जब द्वैध, संशय, अनास्था और आधुनिक जीवन की अर्थहीनता से गुजर कर कविता अपनी आस्था अर्जित करती भी है तो वह किसी पूर्वप्रदत्त आस्था की तरह मासूम नहीं रह पाती—वह एक आधुनिक मनुष्य के संशय से तो ग्रस्त रहती ही है। इस लिए कवि जराव्याध के मिथक का आलम्बन लेते हुए कहता है :

यों मुझे मिले वह
खुला गिरा मोर पंख का किरीट,
वैजयन्ती-माल स्रस्त
छूटी पड़ी बाँसुरी,
मलिनाते पैरों के सूक्ष्म घाव से निकल रेंग रहा
सृपी शुभ्र, आयु-शेष :
आह, मुझे इस भेस मिले
नारायण :
मेरे ही बाण से विद्ध!

(—का जाने कहि भेस : अज्ञेय)

हिन्दी की आधुनिक कविता की संवेदना में मनुष्य का स्थान केन्द्रीय है और उस का अध्यात्म-बोध भी इस का अपवाद नहीं है। यहाँ मानव और किसी बृहत्तर सत्ता के सम्बन्ध-विधान में दोनों समकक्ष सहभागी है क्यों कि यह रिश्ता दोनों की समान आवश्यकता है। इस लिए रघुवीर सहाय स्पष्ट कह पाते हैं :

वह बड़ा है मुझ से पर वह मुझ से इतना ज्यादा बड़ा रहे
यह रिश्ता देर तक चल नहीं सकता है।

(—ईश्वर)

यहाँ आध्यात्मिक रिश्ता भी एक लोकतान्त्रिक रिश्ता है। कह सकते हैं कि यह समता और स्वतन्त्रता जैसे सामाजिक मूल्यों का आध्यात्मिक-धार्मिक आयाम है। यह अपने समय के एहसास का अध्यात्म-बोध में सर्जनात्मक रूपान्तरण है।

समय के एहसास का यह दबाव ही आधुनिक कवि को यह सवाल पूछने के लिए बाध्य करता है :

अगर यह निखिल सृष्टि
मेरा लीलातन है
तुम्हारे आस्वादन के लिए
तो यह जो भयभीत है—वह छायातन
किसका है?
किसलिए है—मेरे मित्र?

(आदिम भय : धर्मवीर भारती)

यह भय नश्वरता का भय है और इस से मुक्ति की तलाश में ही अशोक वाजपेयी जैसे कवि के यहाँ शरीर अमरता की आकांक्षा नहीं सँजोता, बल्कि *आत्मा शरीर का अनन्त स्वप्न देखती हैं*, जहाँ अनन्त समय को अर्थहीन नहीं करता, बल्कि समय अनन्त में प्रवेश कर उसे सार्थकता देता है। यही दिव्य के पार्थिव होने, रोजमर्रा की मैली जिंदगी में से व्यंजित होने की प्रक्रिया है और इसी में उस की दिव्यता की कसौटी भी :

दिव्य यदि
वह है तो

मैला हो
सकता है क्या

छूने-भरे से?

(—दिव्य यदि : गगन गिल)

आधुनिक हिन्दी कविता में इस नयी आध्यात्मिकता की अभिव्यक्ति ईश्वर, आत्मा या अनन्त जैसे प्रत्ययों के आलम्बन से ही नहीं, बल्कि अप्रत्यक्ष तरीके से

भी हुई है। *अन्तःसत्य* और *बाह्यसत्य* के जिस विलगाव का जिक्र साही के हवाले से किया गया है, उस का तीखा एहसास गिरधर राठी जैसे कवि में बड़ी गहराई के साथ व्यक्त होता है :

सच वह कम न था
नींद उखड़ी जिस से;
न ही यह कम है–
उखड़ी हुई नींद
जो अब सपना नहीं बुन सकती।
अँधेरे में
या रोशनी जला कर
जो भी एहसास है
सच वह भी कम नहीं
पर नींद वह क्या नींद
जो बुन न सके सपने
कैसी वह भाषा
जो कह न सके
देखो।

(–उखड़ी हुई नींद)

श्रीकांत वर्मा के यहाँ भी *मृत्यु, संहार और नैतिक क्षय* के अनुभव इसी लिए एक आध्यात्मिक आयाम में प्रवेश कर जाते हैं क्यों कि अपने लहजे के कारण वे हमें अपनी नियति के सम्मुख खड़ा कर देते हैं–बिना किसी कृत्रिम आस्था के आरोपण के। कृत्रिम आस्था आध्यात्मिक संवेदन को भोथरा बनाती है, जब कि अपने अस्तित्व के निरर्थक होते चले जाने की पहचान–वह चाहे जितनी सिनिकल हो–अन्ततः एक आध्यात्मिक वेदना में पर्यवसित होती है।

लेकिन, यह उल्लेखनीय है कि इस नयी आध्यात्मिकता में विराट् का बोध बहुत कम मिलता है। हमारी पीढ़ी के कवियों का संवेदन कम गहरा और कम सूक्ष्म नहीं है, लेकिन उस में विराट् का वह बोध नहीं दिखायी देता जो उस की कविता को एक बारगी ही सम्पूर्ण सृष्टि के, अस्तित्व-मात्र के साथ जोड़ दे सके। छोटे-छोटे चित्र अत्यन्त प्रभावी और गहरे होते हैं और निश्चय ही वे हम में अस्तित्व मात्र के प्रति एकात्म भाव जाग्रत करते ही हैं, लेकिन उन में पूरी सृष्टि को, अस्तित्व-मात्र को बाँध लेने वाली सक्रियता नहीं दिखायी देती। विराट् का यह बोध छायावादी काव्य में तो था ही, आधुनिक कविता में भी अज्ञेय, नरेश मेहता, वीरेन्द्रकुमार जैन, भारती आदि में भी प्रचुर है–नरेश मेहता के लिए तो पूरी पृथ्वी ही एक भागवत कथा है।

साही और कुँवरनारायण शायद आखिरी कवि हैं जिन में विराट् का यह बोध अपने समय की विडम्बना के तीखे एहसास के साथ रूपायित होता दीखता है। यह तो ठीक है कि आज की पीढ़ी में विराट् के बोध का स्वरूप और प्रक्रिया ठीक वही नहीं होगी जो पूर्ववर्ती कविता में मिलती है—पर उस में यह बोध विरल होता चला जाय, यह क्या स्वयं उस पीढ़ी के कवियों के लिए विचारणीय नहीं है?

साहित्य और इतिहास

साहित्य और इतिहास ज्ञान के दो प्रकार अथवा सत्य की तलाश की दो भिन्न विधियाँ हैं और इसी कारण दो भिन्न और स्वतन्त्र विधाएँ। दोनों सत्य का साक्षात्कार भिन्न रूपों में करती हैं और इस लिए स्वाभाविक है कि दोनों के सत्य भी भिन्न हों। तो क्या सत्य भी भिन्न-भिन्न हो सकता है? फिर वह सत्य कैसे है? लेकिन यदि दोनों विधाओं की विधियाँ भिन्न हैं तो उन से प्रसूत सत्य का रूप एक कैसे हो सकता है? इसें यों भी कहा जा सकता है कि दोनों की ज्ञान की भाषा के भिन्न होने पर उन की तत्त्व की भाषा एक कैसे हो सकती है?

यह कहा जा सकता है कि सत्य तो एक ही है किन्तु उस के रूप अनेक हैं, इस लिए भिन्न-भिन्न रूपों के माध्यम से हम एक ही सत्य तक पहुँचते हैं। लेकिन सत्य का साक्षात्कार किसी-न-किसी रूप में होता है। सभी विधाएँ अपनी-अपनी विधि से सत्य का साक्षात्कार करती हैं और इस तरह साक्षात्कृत सत्य उस विधि से प्रतिविशिष्ट होता है। उसे उस के रूप से अलग नहीं किया जा सकता। रूप एवं अन्तर्वस्तु के अद्वैत की अवधारणा केवल कला व साहित्य के क्षेत्र की अवधारणा ही नहीं है, वह ज्ञान की किसी भी विधि, सत्य की तलाश की किसी भी प्रक्रिया पर भी उसी तरह लागू होती है, जिस तरह किसी कलाकृति पर। यह नहीं कि विभिन्न विधियों या प्रक्रियाओं से प्रसूत रूप एक-दूसरे के अनिवार्यतः विरोधी होते हैं, किन्तु वे अपने में विशिष्ट तो होते ही हैं। इस लिए यदि किसी एक विधा की विधि या प्रक्रिया किसी दूसरी विधा से कुछ लाभ लेती भी है तो अपने वैशिष्ट्य के साथ, अपनी शर्तों पर—और इस प्रक्रिया में जो सत्य वह प्राप्त करती है, वह न तो दूसरी विधा से प्राप्त किया जा सकता है, न ही वह उस का अभिप्रेत होता है। प्रसिद्ध भौतिकीविद् हाइज़ेनबर्ग का निष्कर्ष है कि हम जिस माध्यम से वस्तु का पर्यवेक्षण करते हैं, उस का बीच में होना ही हमारे लिए उस वस्तु के ग्रहण को रूपान्तरित कर देता है : अर्थात् हमारे द्वारा ग्रहण किया गया उस

वस्तु का रूप वस्तुतः माध्यम, यानी हमारी प्रक्रिया द्वारा रूपान्तरित रूप होता है, उस का *वास्तविक* रूप नहीं। प्रसिद्ध दार्शनिक विटगेन्स्टाइन की मान्यता है कि यथार्थ हमारी भाषा का निर्धारण नहीं करता बल्कि भाषा हमारे यथार्थ का निर्धारण करती है। इस आधार पर कहा जा सकता है कि साहित्य और इतिहास, दोनों की का माध्यम भाषा है, इस लिए उन में एक रिश्ता तो है, लेकिन दोनों क्यों कि भाषा के दो भिन्न प्रकार हैं, इस लिए उन के माध्यम से सत्य के भी भिन्न रूप हमें प्राप्त होते हैं। इस लिए साहित्य और इतिहास के सम्बन्धों का अनुसन्धान यह जानने के लिए सार्थक हो सकता है कि कैसे दो विधियाँ एक-दूसरे से जुड़ती हुईं, और कभी एक-दूसरे को अपनी आधार-सामग्री की तरह उपयोग में लेती हुईं भी, अपने-अपने विशिष्ट सत्य तक पहुँचती हैं।

साहित्य और इतिहास का यह सम्बन्ध क्या है और किस प्रकार घटित होता है? उस से प्राप्त सत्य कैसे भिन्न हो जाते हैं? इन सवालों तथा साहित्य और इतिहास के सम्बन्धों पर साहित्य की दृष्टि से भी विचार किया जाना चाहिए, और इतिहास की दृष्टि से भी।

पहले हम यह देखें कि इतिहास इस सम्बन्ध को कैसे लेता है। इतिहास के बारे में स्वयं इतिहासकार भी एकमत नहीं हैं और उसे देखने-समझने की कई दृष्टियाँ सक्रिय हैं। लेकिन मोटे तौर पर इस बात पर सब सहमत हो सकते हैं कि इतिहास उपलब्ध साक्ष्यों के आधार पर अतीत की पुनर्रचना है और साहित्य भी एक महत्त्वपूर्ण साक्ष्य है। वैसे तो सम्पूर्ण वाङ्मय ही इतिहास के लिए साक्ष्य सामग्री है, लेकिन यहाँ हमारा अभिप्राय मुख्यतया सर्जनात्मक या ललित साहित्य से है। लेकिन उल्लेखनीय है कि कभी-कभी स्वयं साहित्य की ओर से भी अपने को इतिहास की आधार-सामग्री के रूप में प्रस्तुत करने का आग्रह भी होता रहता है। *साहित्य समाज का दर्पण है* जैसी उक्तियाँ साहित्य के ऐतिहासिक सामग्री होने की अवधारणा को पुष्ट करती प्रतीत होती हैं। ऑस्टिन वारेन तो साहित्यिक कृतियों को सामाजिक दस्तावेज़ मान कर उन का अध्ययन करने की अनुशंसा भी करते हैं। साहित्य-रचना में क्यों कि कल्पना की भी महत्त्वपूर्ण भूमिका रहती है, इस लिए राजनीतिक इतिहास के साक्ष्य के रूप में वह चाहे कुछ सन्दिग्ध भी हो, पर सामाजिक-सांस्कृतिक इतिहास के लेखन के लिए तो उस का महत्त्व केन्द्रीय है। किसी भी देश-काल के समाज की मानसिकता और उस की परम्पराओं की जानकारी के लिए उस देश-काल के साहित्य को ही सर्वाधिक विश्वसनीय आधार-सामग्री माना जाता है। इसी कारण हडसन जैसे साहित्यालोचक तो साहित्य को किसी जाति का मनोवैज्ञानिक इतिहास तक कह देते हैं। स्वयं साहित्य के इतिहासकार भी अधिकांशतः साहित्य को किसी जाति के मनोवैज्ञानिक अध्ययन के लिए उपयुक्त दस्तावेज मानने की ओर ही उन्मुख दिखाई देते हैं।

लेकिन इतिहास अतीत की घटनाओं का कालक्रमानुसार विवरण मात्र नहीं

है। यदि केवल इतना ही होता तो वह शास्त्र, विद्या या विज्ञान—जो भी कहें, नहीं माना जा सकता। वह शास्त्र, विद्या या विज्ञान इस लिए है कि वह अतीत की घटनाओं की पृष्ठभूमि में सक्रिय नियमों की खोज करता और उन्हीं के सन्दर्भ में मानवीय क्रियाओं के विकास को समझना चाहता है। यदि वह केवल घटनाओं का वर्णन मात्र करता तो उसे डॉ. गोविन्दचन्द्र पाण्डे के शब्दों में, *शास्त्र या विचार कहा ही नहीं जा सकता। किसी भी शास्त्र को अपनी विषय-वस्तु के नियम के सूत्र खोजने ही होंगे।* (भारतीय परम्परा के मूल स्वर, पृ. 7)। प्रो. पाण्डे यह भी कहते हैं कि इन नियमों को घटनावत् यथार्थ नहीं कहा जा सकता और न उन्हें मानवीय स्वभाव और सामाजिकता के एक स्थिर सन्दर्भ के बिना खोजा जा सकता है। स्पष्ट है कि इतिहास का तात्पर्य तथ्यों की पृष्ठभूमि में सक्रिय नियमों को खोजना होता है। ये नियम ही इतिहास का स्थिर सत्य हैं क्यों कि वे अतीत और वर्तमान को ही नहीं, भविष्य की सम्भावनाओं को भी चरितार्थ करते हैं। ये नियम क्या हैं अर्थात् इतिहास की परिचालक शक्ति क्या है, इसे ले कर इतिहासकारों में मतभेद हो सकता है, है भी, लेकिन इतना तो सर्वस्वीकृत है कि कुछ-न-कुछ नियम हैं जो इतिहास की गति को परिचालित करते और परिवर्तनों को सम्भव बनाते हैं!

इस दृष्टि से विचार करने पर प्रत्येक मानवीय क्रियाशीलता किसी ऐसे अमूर्त सिद्धान्त से परिचालित जान पड़ती है जिसे तोल्स्तोय ने अनिवार्यता का नियम कहा है—इस बात से फिर कोई फ़र्क़ नहीं पड़ता कि यह अनिवार्यता दैवी है अथवा भौतिक। यह दृष्टि साहित्य को भी अनिवार्यता के नियमों के अन्तर्गत ला देती है। साहित्य तब केवल इतिहास की आधार-सामग्री ही नहीं रहता, बल्कि उस की सन्तान भी हो जाता है। तेन जैसे साहित्य के इतिहासकार मानते भी हैं कि साहित्य जाति (रेस), परिवेश (मिल्यू) और क्षण (मोमेण्ट) अर्थात् युग के संयोग से उत्पन्न होता है। इतिहास के नियम इस प्रकार न केवल साहित्य, वरन् मानवीय चेतना की स्वतन्त्रता और सर्जनात्मकता की अनदेखी करते हुए प्रत्येक चीज़ को किसी केन्द्रीय धारा के अन्तर्गत देखना-समझना चाहते हैं, और अपनी परिधि में न आने वाली साहित्यिकता को अप्रासंगिक या ठहरी हुई कह कर उस की उसी तरह उपेक्षा करने लग जाते हैं जिस तरह मानव-सभ्यता का इतिहास अपनी केन्द्रीय धारा में न अँट सकने वाले समाजों को *आदिम* या *पिछड़ा* मान कर, अपने अध्ययन के क्षेत्र से बाहर कर देता है। यदि तोल्स्तोय की शब्दावली का प्रयोग करें तो कह सकते हैं कि अनिवार्यता का नियम उस स्वतन्त्रता को नियन्त्रित करने लग जाता है, जिस का सार चेतना है। तोल्स्तोय मानते हैं कि *विवेक अनिर्वायता के नियम को व्यक्त करता है। चेतना स्वतन्त्रता के सार को व्यक्त करती है।* (युद्ध और शान्ति, भाग 4, पृ. 478, रादुगा प्रकाशन, मास्को)। विश्व और इतिहास में जो हमें ज्ञात है, हम उसे *अनिवार्यता का नियम* कहते हैं, जो अज्ञात है—उसे *स्वतन्त्रता* (वही, पृ. 480) और तोल्स्तोय के इस वक्तव्य

में हम यह जोड़ दे सकते हैं कि साहित्य इसी अज्ञात की, इस स्वतन्त्रता की अनुभूति का ही एक प्रकार है।

साहित्य एक सर्जनात्मक अनुभूति है, और सर्जनात्मक होने का अर्थ ही है सभी नियमों का अतिक्रमण कर पाने का सामर्थ्य। साहित्य-शास्त्र में साहित्य और उस की विभिन्न विधाओं के नियमों की भी चर्चा होती है, लेकिन वास्तविक सर्जन अपूर्वानुमेयता में ही सम्भव होता है, किन्हीं नियमों के पूर्वानुमेय अनुसरण में नहीं। यही कारण है कि प्रत्येक साहित्यिक कृति अपने में स्वायत्त एक विशिष्ट रूपरचना है जिस से व्यंजित सत्य किसी अन्य विधा, अथवा साहित्य की किसी अन्य विधा, या एक ही विधा की किसी अन्य कृति से भी व्यंजित नहीं हो सकता—चाहे दोनों कृतियों का रचनाकार भी एक ही हो। यही कारण है कि इतिहास को अपनी आधार-सामग्री की तरह लेते हुए भी साहित्य जिस सत्य की अनुभूति और सम्प्रेषण करता है, वह इतिहास का नहीं, बल्कि उस का अतिक्रमण करने वाला सत्य होता है। किसी भी पूर्वयुग में लिखी गयी कृति को जब हम आज पढ़ते हैं तो उस से जिस सत्य के साक्षात्कार का अनुभव होता है, वह उस युग का ही सत्य नहीं होता जिस में वह कृति रची गयी थी, बल्कि उस कृति का विशिष्ट सत्य होता है जो युग बदल जाने पर भी न केवल प्रासंगिक, बल्कि जीवन्त और अनुभूतिपरक बना रहता है। इस अर्थ में साहित्य इतिहास का अर्थात् अनिवार्यता के नियम का अतिक्रमण करता हुआ अपनी सर्जनात्मकता को अर्जित एवं सिद्ध करता है। किसी साहित्यिक कृति से व्यंजित यह सत्य अपने में इतना अनूठा और विशिष्ट होता है कि उसे कृति से गुज़रते हुए ही अनुभव किया जा सकता है; उस का अलग से किसी विचार या अवधारणा की तरह कथन नहीं किया जा सकता। ज्ञान की अन्य भाषिक विधाओं से साहित्य इसी बात में भिन्न है कि उस की प्रक्रिया से व्यंजित सत्य अवधारणात्मक नहीं, बल्कि रूपानुभूत्यात्मक होता है। कोई साहित्यालोचक चाहे तो उस के आधार पर किसी अवधारणा की निर्मिति कर भी सकता है, लेकिन यह काम आलोचनात्मक प्रक्रिया का होगा, रचनाप्रक्रिया का नहीं।

सम्भवतः, यही कारण है कि इतिहास जहाँ मूलतः महानायकों, सफलताओं और मानव सभ्यता के विकास का आख्यान है, वहीं साहित्य असफलताओं, निराशाओं और साधारण जन की गौरवगाथा है—बल्कि जब वह महापुरुषों को अपना आलम्बन बनाता है तो उन के अलौकिक से लगते व्यक्तित्त्व को भी साधारण मानवत्व प्रदान कर देता है। कर्बला की शहादत एक ऐतिहासिक घटना है। इतिहास भी उस का विश्लेषण करता है और हुसैन के पक्ष की असफलता के कारणों की व्याख्या भी कर सकता है, लेकिन उस दर्द की, उस मानवीय वेदना की, उस सत्य की व्यंजना नहीं कर सकता जो अनीस का मर्सिया करता है। इतिहासकार रूसी क्रान्ति के कारणों और उस की सफलता के गौरवगान में उस वेदना को अनिवार्य न मानते हुए उस

की अवहेलना कर सकता है जो बोरिस पास्तरनाक के उपन्यास *डॉ. जिवागो* के केन्द्र में है। इतिहास रूस पर नेपोलियन के आक्रमण, उस की असफलता के कारणों और यूरोप के इतिहास पर पड़े उस के प्रभावों की विस्तृत व्याख्या कर सकता है, लेकिन उस अनुभव का किंचित् भी रूपायन नहीं कर सकता जिसे तोल्स्तोय *युद्ध* और *शान्ति* में रूपायित करते हैं। *हर्ष चरित* का लेखक एक इतिहासकार के रूप में जहाँ हर्ष की गौरवगाथा का गान करता है, वहीं एक साहित्यकार के रूप में वह उस वेदना को भी अनुभव करने से नहीं चूकता जो युद्धोन्मत्त सेनाओं के ग़रीब किसानों के खेतों को रौंदते हुए चले जाने से महसूस होती है।

इतिहास के सत्य और साहित्य के सत्य की भिन्नता सब से अधिक ऐसी कृतियों में पहचानी जा सकती है जो इतिहास से प्राप्त तथ्यों को अपनी आधार सामग्री की तरह इस्तेमाल करती हैं। किसी घटना के इतिहास का सत्य और उस पर आधृत ऐतिहासिक उपन्यास, नाटक या काव्य का सत्य अलग-अलग होता है। एक ऐतिहासिक उपन्यास का सत्य न केवल इतिहास से भिन्न होता है, बल्कि उसी घटना या चरित्र पर आधारित नाटक, कविता अथवा किसी अन्य साहित्यिक रूप से भी। इस का मूल कारण यही है कि साहित्य मूलतः रूपानुभूत्यात्मक है और प्रत्येक कृति अपने में अलग एक रूप, अतः उस से व्यंजित सत्य भी अपने में अनूठा। साहित्य और इतिहास के अलग स्वभावों के बावजूद दोनों एक-दूसरे का इस्तेमाल अपने लिए करते आये हैं। कवि-विद्वान ओक्तावियो पाज़ कविता की दृष्टि से दोनों के सम्बन्धों पर विचार करते हुए कहते हैं : *प्रत्येक कविता अपने लाभ के लिए कविता और इतिहास के सामंजस्य का प्रयास है। इतिहास के बिना कविता सम्भव नहीं है, लेकिन इतिहास का तत्त्वान्तरण ही कविता का लक्ष्य है। इस लिए सच्ची कविता सदैव भविष्योद्घाटक होती है।* (ओक्तावियो पाज़, सेलेक्टेड पोएम्स, पृ. 15, पेंगुइन, पेपर बैक)। वह कहना यह चाहते हैं कि कविता इतिहास का शाश्वतता में रूपान्तरण कर देती है क्यों कि जो सत्य कविता रूपायित करती है, वह भाषा पर आधारित होने के कारण इतिहासबद्ध होता है, लेकिन भाषा के गहरे अन्तरालों में ले जा कर वह उस का तत्त्वान्तरण कर देती है।

लेकिन, यदि एक और दृष्टि से विचार किया जाय तो इतिहास भी साहित्य का सगोत्र ही ठहरता है। तथ्यों पर आधारित होने के बावजूद इतिहासकार अतीत की पुनर्रचना करता और इस प्रकार वास्तविक अतीत के अभाव में भी उस का अनुभव सम्भव करता है। कालिंगवुड के शब्दों में *इतिहासकार जिस अतीत का अध्ययन करता है, वह मृत अतीत नहीं, बल्कि इतिहासकार के दिमाग में किसी-न-किसी अर्थ में सजीव अतीत होता है।* इतिहास यदि केवल तथ्यों का विवरण नहीं बल्कि उन की व्याख्या भी है, तो स्पष्ट है कि इस व्याख्या में इतिहासकार की अपनी परिकल्पना का महत्त्वपूर्ण योगदान है। यही कारण है कि तथ्यों की व्याख्या अलग-अलग होती

है, क्यों कि इतिहासकारों की परिकल्पना उन्हें तथ्यों के बीच के अलग-अलग अन्तरालों में ले जाती है। यदि यह भी मान लिया जाय कि इतिहास केवल तथ्यों का विवरण है, तब भी यह विवरण इतिहासकार की दृष्टि-विशेष से निरपेक्ष नहीं रह सकता। उस की दृष्टि तथ्यों के चयन और उन के विवरण की शैली में व्यंजित होने लगती है। तथ्य असंख्य होते हैं। उन सब का विवरण सम्भव ही नहीं है। इस लिए इतिहासकार कुछ तथ्यों को छोड़ता और कुछ का चयन करता है। इस चयन में उस की दृष्टि अनिवार्यतः सक्रिय रहती है। अतः केवल विवरण भी निरपेक्ष नहीं रहता, वह इतिहासकार की परिकल्पना का रूपायन बन जाता है। इतिहास-लेखन इस प्रकार एक सर्जनात्मक दर्जा हासिल कर लेता है और साहित्य का सगोत्र बन जाता है। दरअस्ल, किसी साहित्यिक कृति की तरह इतिहास भी एक पाठ है जिस का सदैव पुनर्पाठ होता रहता है—कभी-कभी कुपाठ भी—और क्यों कि उस का कोई केन्द्रीय अर्थ नहीं है, इस लिए हर इतिहासकार अर्थात् उस का हर पाठक अपने पाठ में उस का अलग अर्थ बरामद कर सकता है।

हर चेहरे के पीछे कोई सच है

साहित्य के सरोकार क्या हैं? इस सवाल को जब हम, चाहे विश्लेषण की सुविधा के लिए ही सही, कला, समाज और सम्प्रेषण के अलग-अलग खानों में रख कर विचार करते हैं तो कहीं न कहीं जाने-अनजाने साहित्य की संश्लिष्ट समग्रता को खंडित कर रहे होते है। यदि कोई भी कलाकृति एक अविभाज्य समग्र इकाई होती है तो उस की सार्थकता का वास्तविक बोध यह पहचानने में है कि उस के अवयव किस प्रकार अपनी अपृथकता में एक समग्र इकाई की रचना सम्भव करते हैं और वह क्या चीज़ है जो उन की अपृथकता को–जुड़ाव को नहीं, अपृथकता को सम्भव करती है–क्यों कि इस तत्त्व की पहचान ही कला के मूल स्वभाव की, उस सारतत्त्व की पहचान है जिस से उस का अपने अस्तित्व और सम्प्रेषण में एक समग्र रचना होना सम्भव होता है। जब हम एक रचना की कलात्मक और मानवीय अर्थवत्ता पर अलग-अलग विचार करते हैं तब न केवल यह मान लेते हैं कि एक रचना कलात्मक निकृष्टता के बावजूद मानवीय उत्कृष्टता की वाहक हो सकती है बल्कि कहीं न कहीं यह भी स्वीकार कर रहे होते हैं कि अपने आप में कला की कोई मानवीय अर्थवत्ता नहीं है। इस लिए जब हम साहित्य के सरोकारों पर मानवीय सन्दर्भों से अलग केवल कला-मूल्यों के सन्दर्भ में विचार करते हैं तो भ्रमवश शैल्पिक युक्तियों या उपकरणों को ही कला के मानदंड के रूप में स्थापित करते हुए कला को अनिवार्यतः रूप और वस्तु के खानों में बाँट कर उस की समग्रता को नष्ट कर रहे होते हैं।

साहित्य के सरोकारों का सवाल, चाहे हम उस पर विचार की शुरुआत किसी भी सन्दर्भ में करें, अन्ततः 'साहित्य क्या' और 'साहित्य क्यों' का सवाल हो जाता है। साहित्य की मूल प्रेरणा और स्वभाव क्या हैं–इसी से यह तय हो जाता है कि साहित्य के मूल सरोकार क्या हैं, क्यों कि जैसा हाइडेगर कहते हैं–किसी भी वस्तु का मूल ही उसके सारतत्त्व का स्रोत है। साहित्य की विभिन्न व्याख्याओं में मतभेद हो सकता है, पर इतना निर्विवाद है कि साहित्य मूलतः

रचना या सर्जन है। साहित्यकार सर्जक है। यहाँ तक तो सभी मान लेते हैं—पर झंझट अगले सवाल से शुरू होता है जो कि पहली बात से जुड़ा हुआ ही है। किस चीज़ की रचना? वह क्या चीज़ है जो साहित्यकार द्वारा रची जाती है? और फिर यह रचना अनुकृति-मूलक है या उस का स्रोत किसी मौलिक उद्भावना में है?

साहित्य पर विचार करने वालों का एक वर्ग है जो यह मानता है कि साहित्यकार रूप की रचना करता है क्यों कि प्रत्येक रचना अनिर्वायतः एक रूप होती है। और इस लिए न केवल साहित्य का प्रयोजन रूप की रचना करना है बल्कि रूप की उत्कृष्टता ही साहित्य रचना की श्रेष्ठिता की कसौटी होनी चाहिए। आश्चर्य यह है कि इस दृष्टि को रूपवादी कहकर खारिज कर देने वालों का मन्तव्य भी इस से कुछ भिन्न नहीं है। स्वयं को अन्तर्वस्तुवादी या यथार्थवादी मानने वाले ये साहित्यक चिन्तक भी साहित्यकार को किसी मौलिक सत्य का उद्घाटक नहीं बल्कि एक कुशल रूपस्रष्टा ही मान पाते हैं—क्यों कि जब सत्य या यथार्थ के निर्धारण की ज़िम्मेदारी विज्ञान या अधिक से अधिक किसी दर्शन पर आ जाती है तो वैज्ञानिकता या तर्कसम्मतता के आधार पर किसी दर्शन या विचारधारा को अपनी दृष्टि की तरह स्वीकार कर लेने के बाद साहित्यकार के लिए यही बच रहता है कि वह उस दृष्टि-विशेष द्वारा प्रतिपादित सत्य या यथार्थ को नित-नये रूपों के माध्यम से सम्प्रेषित करता रहे।

तो क्या साहित्य का काम सिर्फ़ यही है कि वह अन्य विद्याओं द्वारा प्रदत्त सत्य को नये रूपों में व्यक्त करता रहे? लेकिन जब सत्य या यथार्थ को एक नये रूप में व्यक्त किया जाता है तो क्या वह वही बना रहता है जो उस से पहले किसी अन्य रूप में था? क्या नये रूप का सर्जन अनिवार्यतः एक नये सत्य का भी सर्जन नहीं है? और यदि ऐसा नहीं है तो यह कहने का क्या तात्पर्य है कि रूप का निर्धारण अन्ततः अन्तर्वस्तु के आधार पर होता है जैसा कि रूपवाद को खारिज कर देने वाले सभी साहित्यिक विचारक आग्रह करते हैं? क्या अन्ततः प्रत्येक साहित्यकार के पास कोई ऐसी निरन्तर परिवर्तनशील अन्तर्वस्तु नहीं है जो उस से नित-नये रूपों का सर्जन करवाती है? और यह अन्तर्वस्तु यदि अन्य विद्याओं द्वारा निर्धारित नहीं है तो साहित्यकार के पास उस तक पहुँचने का ज़रिया क्या है?

लेकिन यदि साहित्य रचना है तो वह केवल रूप की रचना क्यों है और वह उस अन्तर्वस्तु की भी रचना क्यों नहीं है जो अनिवार्यतः रूप से अपृथक है? साहित्य विज्ञान, दर्शन या अन्य विद्याओं पर आश्रित शिल्पविधि नहीं है। वह एक स्वतन्त्र चिन्तन शैली है—एक रूपाश्रित संवेदनात्मक चिन्तन शैली और इस लिए साहित्य में एक नये रूप के सर्जन का वही महत्त्व है जो दर्शन में एक नये तर्क या विज्ञान में एक नये नियम के आविष्कार का। रूपाश्रित होने के कारण इस चिन्तन शैली के जरिए प्राप्त सत्य को उस की विधि अर्थात् उस के रूप से पृथक किया जाना सम्भव नहीं है। इन्हीं अर्थों में साहित्य एक स्वायत्त विद्या भी है क्यों कि एक स्वतन्त्र

चिन्तन शैली होने के नाते वह जिस सत्य को पहचानता है उस तक किसी दूसरी चिन्तन शैली के माध्यम से पहुँचना सम्भव नहीं है। प्रत्येक साहित्यिक रचना इसी अर्थ में स्वायत्त और एक विशिष्ट सत्य का बोध है—सत्य का माध्यम नहीं, उस का बोध। दर्शन की शब्दावली में कहें तो साहित्य अपने आप में एक ज्ञान-मीमांसा भी है। इस लिए उस से प्राप्त तत्त्वबोध अनिवार्यतः इस ज्ञान-मीमांसा की विधि से निर्धारित एवं प्रतिविशिष्ट है। आधुनिक लेखक जब कविता को अनुभव करने का, देखने का एक ढंग कहते हैं या जब वे लेखक के दर्शन को सोच के विषय में नहीं बल्कि स्वयं सोच की प्रक्रिया और व्यवहार में निहित मानते हैं तो वे उस भारतीय धारणा का ही समर्थन कर रहे होते हैं जिस में साहित्यकार को कवि अर्थात् द्रष्टा कहा गया है। इस का तात्पर्य क्या यही नहीं है कि काव्य अपने में एक विशिष्ट दृष्टि, एक विशिष्ट 'विजन' है जिसे अपने अस्तित्व के लिए ज्ञान के किसी अन्य प्रकार—विज्ञान, दर्शन या समाजशास्त्र आदि—पर निर्भर रहने की आवश्यकता नहीं है! ज्ञान के अन्य प्रकार जहाँ विश्लेषण-प्रधान और सत्य को युक्तिसत्य की तरह प्रस्तुत करने की ओर उन्मुख होते हैं, वहीं साहित्य और अन्य कला-प्रकार सत्य को एक संश्लिष्ट एवं समग्र रचनानुभव, एक संवेदनात्मक रूप की तरह प्रस्तुत करते हैं। साहित्य का सत्य इसी अर्थ में रचनात्मक सत्य है क्यों कि वह एक रचनात्मक अनुभव है। साहित्य इस लिए सत्य का संवाहक नहीं, सत्य की रचना है। तो क्या सत्य भी रचा जाता है? सत्य को देखना, सत्य का अनुभव और सत्य की रचना क्या एक ही बात है? हाइडेगर शायद इसी अर्थ में कला को 'सत्य का सम्भवन और घटना' मानते हैं। यहाँ यह भी स्मरणीय है कि जिसे हम सामान्यतः टेक्नीक कह कर खारिज कर देते हैं, उस के मूल ग्रीक शब्द 'टेक्नी' का तात्पर्य भी देखने का, जानने का एक ढंग या विधि है, और जानने का सार है 'एलीथिया' अर्थात् अस्तित्व का, सत्ता का प्रकाशन।

तो क्या जानना और रचना एक ही बात है? साहित्य को जब हम एक स्वतन्त्र चिन्तन शैली, एक रचनात्मक और रूपाश्रयी चिन्तन शैली के रूप में देखते हैं तो जानने और रचने में कोई भेद नहीं रह जाता। इस लिए प्रत्येक रचना एक विशिष्ट रूपात्मक सत्य हो जाती है—एक ऐसा सत्य जो सिवाय उस रूप के कहीं सम्भव नहीं होता। इस लिए साहित्य का केन्द्रीय सरोकार साहित्य स्वयं ही है—उस की रचनात्मकता की, रूपसत्य की सिद्धि ही उस का प्रयोजन है। वह किसी सत्य का रूपग्रहण नहीं, बल्कि रूपसत्य का रचनात्मक चिन्तन है जिस में रूप, सत्य और रचनात्मकता को एक-दूसरे से पृथक किया जाना असम्भव है।

सवाल उठना चाहिए कि चिन्तन की इस रचनात्मक शैली की आवश्यकता क्या है? ज्ञान का अर्थ अगर प्रकृति और परिवेश को समझना है तो उस के लिए विश्लेषणात्मक चिन्तन-पद्धति ही क्या पर्याप्त नहीं है? साहित्य अन्ततः एक कल्पना

है—चाहे यथार्थ पर आश्रित कल्पना ही सही—तो यथार्थ के ज्ञान के लिए उस की क्या ज़रूरत है? सत्य की निरन्तर रचनात्मकता पर आग्रह करके साहित्य आखिर सत्य के किस परम रूप तक पहुँचना चाहता है? सत्य को जानने की वैज्ञानिक विधियों के बावजूद क्यों हम साहित्य से—एक अयथार्थ विधि से—सत्य को जानना और न केवल जानना बल्कि रचना चाहते हैं? क्या सत्य के स्वभाव में ही कुछ ऐसा है कि वह केवल यथार्थ की परिधि में नहीं समा पाता और उस की पहचान के लिए कल्पना का सहारा लेते रहना आवश्यक हो जाता है।

मानवीय चित्त का यह स्वभाव है कि वह यथार्थ को केवल वैज्ञानिक नियमों के सहारे, एक तथ्याश्रित युक्तिसत्य की तरह ही नहीं समझना चाहता, वह उस का अनुभव करना और उस से एक रिश्ते का बोध भी करना चाहता है। अगर केवल तथ्याश्रित वैज्ञानिक नियम की तरह समझा जाय तो यह सृष्टि परमाणुओं का एक अराजक समूह है जो घोर अव्यवस्थित और तर्कहीन है। विट्गेन्स्टाइन जैसे आधुनिक दार्शनिक भी यह स्वीकार करते हैं कि पदार्थ विज्ञान अन्तिम या सनातन मूल्यों का प्रदर्शन कर सकने में असमर्थ है : "*हम अनुभव करते हैं कि सम्पूर्ण सम्भव वैज्ञानिक प्रश्नों के उत्तर दे दिए जायें तो भी हमारी जीवन्त समस्याएँ अस्पृश्य ही रह जाती हैं।* जेम्स जींस और एड्गिटन जैसे भौतिक वैज्ञानिक के विचारों के विश्लेषण के बाद बर्टेंड रसेल इस निष्कर्ष पर पहुँचते हैं कि "*यह संसार विशृंखल है, इस में कोई एकता नहीं है, कोई निरन्तरता नहीं है, कोई सम्बद्धता और व्यवस्था अथवा ऐसा कोई गुण नहीं है जिसे अध्यापिकाएँ बहुत पसन्द करती हों।...व्यवस्था, एकता और निरन्तरता तो मनुष्य के आविष्कार हैं।*"

ये उद्धरण केवल यह इंगित करने के लिए है कि यथार्थ का वैज्ञानिक ज्ञान वस्तुओं और अन्य मनुष्यों के साथ हम में किसी रिश्ते का अहसास नहीं जगाता और इस लिए वह एक अधूरा ज्ञान है जो मनुष्य में भी एक अधूरेपन का अहसास पैदा करता है। अधूरेपन का यह अहसास ही मनुष्य को एक पूर्णता की तलाश के लिए प्रेरित करता है। यह पूर्णता ही वह परम सत्य है जिसे मनुष्य जानना चाहता है, लेकिन जिसे केवल निरन्तर रचनात्मकता द्वारा ही जाना जा सकता है क्यों कि पूर्णता का कोई पूर्वनिश्चित स्थिर प्रतिमान या रूप नहीं है। सभी सामाजिक विज्ञान अपने सारे विश्लेषण में विज्ञानाश्रित होने का दावा करने के बावजूद एक पूर्ण समाज का चित्र प्रस्तुत करने के लिए अन्ततः कल्पनात्मक चिन्तन का ही सहारा लेते हैं और इसी कल्पनाशीलता में सम्बन्धित सामाजिक विज्ञानों और नीतिशास्त्र की रचनात्मकता का स्रोत छुपा रहता है जो समाज को एक पूर्णता की ओर प्रेरित करता रहता है। मनुष्य से नैतिक व्यवहार की माँग इसी लिए की जाती है कि उस की चेतना में पूर्णता की ओर एक ललक है जिस की आचरणगत सिद्धि भी हम उस में देखना चाहते है। हिरयन्ना ने इसी दृष्टि से कला और नैतिकता को, उन की

भिन्नताओं को स्वीकार करते हुए, एक समान भूमि पर रखकर देखने का प्रयास किया है। वह कहते है कि, *"कला और नैतिकता दोनों ही वस्तुओं की वर्तमान अवस्था के प्रति अपूर्णता के बोध से पैदा होती है।...अगर सामाजिक और प्राकृतिक तौर पर मनुष्य एक समग्र और सम्पूर्ण अस्तित्व के साथ सम्पूर्ण और समग्र परिवेश के बीच उपस्थित होता तब न तो कला और न ही नैतिकता की कोई आवश्यकता होती।"*

इस लिए यह आश्चर्यजनक नहीं लगता कि भारतीय कलाचिन्तन कला और साहित्य को पूर्णता की ओर बढ़ने की साधना मानता है। कुमारस्वामी के कलाचिन्तन की व्याख्या करते हुए विद्यानिवास जी ने उचित ही इस ओर इंगित किया है कि *"भारतीय कला दर्शन अलंकार का दर्शन है। अलंकार का अर्थ पर्याप्तीकरण है जो अपर्याप्त है, अयथेष्ट है, नाकाफ़ी है, उस को पर्याप्त बनाना। मूल अर्थ अलंकार का वही है। और इस अर्थ में जीवन में जितनी अयथेष्टता है, जितनी रिक्तता है, जहाँ-जहाँ खालीपन है, उस को भरना और भरते रहना ही कलाकार का काम है।"*

यहाँ अगर मैं इस बात की ओर भी ध्यान आकर्षित करूँ तो अनुचित नहीं होगा कि साहित्य में अलंकार की सार्थकता किसी सजावट के तौर पर नहीं बल्कि रूपात्मक चिन्तन की एक शैली की तरह ही है। आचार्य रामचंद्र शुक्ल ने अलंकारों को 'वर्णन शैलियाँ' कहा है, लेकिन रूप और कथ्य को अपृथक मानने के कारण अलंकार को वर्णन शैली के बजाय चिन्तन शैली बल्कि चिन्तनरूप कहना ही अधिक समीचीन है क्यों कि यह सत्य को जानने की एक प्रक्रिया का रूपात्मक अनुभव बन जाता है।

साहित्य की यह पूर्णता की तलाश ही उसे नित-नये रूपों के सर्जन की ओर प्रेरित करती है और, जैसा मैंने कहा, पूर्णता का कोई पूर्व निर्धारित प्रतिमान या आदर्श हमारे सम्मुख नहीं है। अतः, एक निरन्तर रचनात्मकता का बोध ही पूर्णता की ओर अग्रसर होते जाने का प्रमाण बच रहता है। इस लिए प्रत्येक रूप अपने में पूर्ण होते हुए भी हमारी रचनात्मक तलाश को और प्रेरित करता है। किसी भी रूप की सार्थकता इस लिए इसी बात में है कि वह हमें पूर्णता के अनुभव की ओर कितना ले जाता है। उपनिषद के ऋषि ने जब परम सत्य को 'नेति-नेति' कहकर व्यक्त करना चाहा तो उस का आशय किसी के रूप की अवमानना नहीं बल्कि इस सत्य की ओर संकेत करना था कि परम सत्य को किसी भी एक रूप में समग्रतः और सम्पूर्णतः नहीं बाँधा जा सकता—कि वह अन्ततः अरूप है। लेकिन यह भी इतना ही तय है कि उस का व्यक्त होना भी किसी न किसी रूप में ही सम्भव है। साहित्य के सभी रूप अन्ततः इसी अरूप के ही रूप हैं। साहित्य का सरोकार इस लिए उस पूर्णता की रूपात्मक साधना है जो मनुष्य को अपने अधूरेपन का अतिक्रमण करने के लिए निरन्तर प्रेरित करती रहती है; और इस लिए उस की कलात्मक उत्कृष्टता की पहचान भी इसी में है कि वह किस हद तक पूर्णता की हमारी इस ललक को रूपायित करते

हुए उसे तुष्ट और अनुप्रेरित करता है। यही वह रचनात्मक सत्य है जो साहित्य का सार और उस की श्रेष्ठता की कसौटी माना जा सकता है। इसी अर्थ में साहित्य अपने समय में से गुज़रता और उस का अतिक्रमण करता है। साहित्य अरूप की रूपात्मक साधना है। हर रूप इसी लिए सत्य है कि वह झूठ हो जाकर भी सत्य का बोध सम्भव करता है :

हर चेहरा एक झूठ है
पर वह ज़रूरी है,
उसी से होता है अहसास सच का
सच–जिस का कोई चेहरा नहीं होता
गो कि हर चेहरे के पीछे कोई सच है
अपने को चेहरे में छुपा लेता हुआ।

(राज. साहित्य अकादमी द्वारा 'साहित्य के सरोकार' विषय पर खेतड़ीनगर में आयोजित लेखक-सम्मेलन में दिया गया वक्तव्य।)

साहित्य की प्रामाणिकता का सवाल

साहित्य और अन्य अनुशासनों के अन्तस्सम्बन्धों को लेकर की जाने वाली बहस में आजकल एक उदार भंगिमा के साथ अक्सर यह तो स्वीकार किया जाने लगा है कि साहित्य की अपनी एक स्वायत्तता है, लेकिन साथ ही यह भी तुरन्त जोड़ दिया जाता है कि यह स्वायत्तता सापेक्ष है क्यों कि साहित्य का काम अन्ततः यथार्थ की प्रस्तुति है और इस लिए उस के माध्यम से प्रस्तुत यथार्थ की प्रामाणिकता की जाँच साहित्य से बाहर के यथार्थ की कसौटी पर ही हो सकती है। इस सम्बन्ध में मुक्तिबोध का यह कथन उल्लेखनीय है कि 'कला का अपना स्वायत्त स्वतन्त्र राज्य है किन्तु उस की यह स्वायत्तता और स्वतन्त्रता सापेक्ष है। वह अपने अस्तित्व के ही लिए, अपने जीवन-तत्त्वों के लिए, प्राण-वैभव के लिए कलाबाह्य यह जो अपार विस्तृत जीवन है, उस पर निर्भर है।'

सामान्य तौर पर इस कथन को लेकर कोई आपत्ति नहीं दिखायी देगी क्यों कि मानवीय चेतना का एक विशिष्ट रूप होने के नाते मानवीय जीवन, संवेदना और परिस्थितियों से साहित्य का सम्बन्ध सर्वमान्य है और साहित्य रचना के माध्यम से मानवीय जीवन के ही नये रूप और आयाम हमारे सम्मुख प्रस्तुत होते हैं। लेकिन थोड़ा गहराई से देखने पर इस प्रकार के आपत्तिहीन लगने वाले कथन साहित्य की स्वायत्तता या स्वतन्त्रता को सीमित ही नहीं, नष्ट कर रहे होते हैं क्यों कि ये साहित्य को ज्ञान के अन्य प्रकारों के मुकाबले ओछा और कम प्रामाणिक मानते और इस प्रकार साहित्य को अन्य अनुशासनों का पिछलग्गू बना कर उस की अपनी विश्वसनीयता की परख उन अनुशासनों के आधार पर करना चाहते हैं।

साहित्य और यथार्थ को लेकर की जाने वाली बहस में एक वर्ग है जो बहुत उदार होकर सोचने और साहित्यगत यथार्थ के महत्त्व को स्वीकार करने का दावा करते हुए भी यह तो मानता ही है कि यथार्थ और यथार्थ-बोध अलग-अलग होते हैं। कुछ लोग साहित्य-रचना के यथार्थोन्मुख होने की

अनिवार्यता को वांछनीय न मानते हुए भी इस पर बल देना ज़रूरी समझते हैं कि 'यथार्थ' तो 'दिया हुआ' ही होता है, रचनाकार उस का सर्जन नहीं करता। इस लिए जब साहित्यकार यथार्थ की प्रस्तुति का दावा करता है तो उस की जाँच बाहरी यथार्थ की कसौटी पर ही की जा सकती है।

लेकिन इस विचार में, यानी 'यथार्थ' और 'यथार्थ-बोध' को अलग मानने में अक्सर इस बात की अनेदखी कर दी जाती है कि हमारे लिए यथार्थ का अस्तित्व तभी है जब वह हमारी चेतना में समाता है। मानवीय चेतना से बाहर भी कोई यथार्थ होता होगा लेकिन जब तक हमारी चेतना की उस तक पहुँच नहीं है, जब तक वह हमारे अनुभव का, विचार का हिस्सा नहीं है तब तक हमारे लिए उस का अस्तित्व कोई अर्थ नहीं रखता। इस दृष्टि से यथार्थ और यथार्थ-बोध एक ही चीज़ हो जाते हैं, क्योंकि हमारे लिए यथार्थ का अस्तित्व उस के बोध पर निर्भर रहता है। साहित्य में जो यथार्थ प्रस्तुत किया जाता है, वह मानवीय चेतना की परिधि में आने वाला यथार्थ है, अनुभूत यथार्थ है, जो हमारे बोध का हिस्सा है। इस लिए एक साहित्यकार के रूप में ही नहीं एक मानव के रूप में भी हमारे लिए यथार्थ और यथार्थ-बोध को अलग करना सम्भव नहीं है क्यों कि यथार्थ का बोध ही हमारा यथार्थ हो पाता है और हमारे बोध के बाहर जो कुछ भी है—यदि है—तो उस की कोई परख या कसौटी हमारे पास नहीं है।

मानवीय चेतना की परिधि में आने वाले यथार्थ को जाँचने-परखने का काम भी बहुत जटिल है और उस की कोई एक कसौटी नहीं बनायी जा सकती। सभी प्रकार की विधाएँ और कलारूप उस यथार्थ तक पहुँचने की विविध पद्धतियाँ और रास्ते हैं, जिन की अपनी वैधता और औचित्य है। लेकिन इन सभी की वैधता और औचित्य को स्वीकार करने पर एक जटिल समस्या आ खड़ी होती है और वह यह कि क्या इन पद्धतियों में कोई उच्चावच क्रम है और क्या एक की वैधता की पुष्टि किसी अन्य विधा या कलारूप से की जा सकती है। क्या विज्ञान के द्वारा जाने गये यथार्थ की पुष्टि साहित्य या कला या अन्य विधाओं से की जानी चाहिए और उस के बिना विज्ञानगत यथार्थ को प्रामाणिक नहीं मानना चाहिए? ज़ाहिर है कि इस का उत्तर निषेधात्मक होगा क्यों कि विज्ञान की अपनी पद्धतियाँ और प्रक्रियाएँ हैं तथा इन्हें छोड़ देने पर उन के माध्यम से जाने गये यथार्थ की पुष्टि नहीं की जा सकती। साहित्य के बारे में भी यही सच है कि उस के माध्यम से—बल्कि साहित्य की विभिन्न विधाओं के माध्यम से भी—जाने गये यथार्थ या सच की पुष्टि विज्ञान या अन्य प्रकार के अनुशासनों के माध्यम से नहीं की जा सकती क्योंकि साहित्य की पद्धति या प्रक्रिया विज्ञान या अन्य अनुशासनों की पद्धतियों और प्रक्रियाओं से भिन्न है और इस लिए, उन के माध्यम से जाना गया यथार्थ भी भिन्न है। दूसरे शब्दों में, क्यों कि विभिन्न माध्यमों का यथार्थ-बोध भिन्न है, अतः उसके द्वारा जाने

गए यथार्थ की संरचना और स्वरूप भी भिन्न हैं। वे एक-दूसरे के विरोधी नहीं पूरक हैं क्यों कि वे एक ही यथार्थ के बोध की विभिन्न स्वायत्त प्रक्रियाएँ है जिन की अपनी-अपनी वैधता और औचित्य है और जिनमें से किसी एक को दूसरे पर वरीयता नहीं दी जा सकती।

इसी अर्थ में साहित्य का संसार और उस का यथार्थ स्वायत्त और स्वतन्त्र है और क्यों कि यह स्वायत्तता और स्वतन्त्रता यथार्थ को जानने की किसी अन्य साहित्येतर प्रक्रिया से बाधित अथवा नियन्त्रित-निर्देशित नहीं है, इस लिए साहित्यगत यथार्थ की जाँच की कसौटी साहित्य से बाहर का यथार्थ नहीं हो सकता। दूसरे शब्दों में, साहित्य के यथार्थ-बोध को किसी अन्य अनुशासन का—विज्ञान का भी—यथार्थ-बोध नियन्त्रित-निर्देशित नहीं कर सकता। विभिन्न अनुशासनों के माध्यम से जाना गया यथार्थ एक-दूसरे के लिए सहायक हो सकता है, लेकिन वह उस की स्वायत्त प्रक्रिया में बाधा नहीं हो सकता और न उसे निर्देशित कर सकता है। एक-दूसरे के माध्यम से जाने गये यथार्थ से लाभ उठाते हुए भी प्रत्येक अनुशासन की अपनी प्रक्रिया की स्वायत्तता बनी रहती है और इसी अर्थ में जो कुछ एक अनुशासन के माध्यम से जाना जाता है, वह उस का अपना विशिष्ट यथार्थ होता है। साहित्य या अन्य कलारूप भी इस का अपवाद नहीं है।

लेकिन तब ऐसी स्थिति में इस बात का क्या मतलब रह जाता है कि साहित्य के माध्यम से जाने गए यथार्थ यानी साहित्यगत यथार्थ की जाँच या प्रामाणिकता की कसौटी बाह्य यथार्थ ही हो सकता है? यह बाह्य यथार्थ क्या है और उसे हम किस तरह जान पाते हैं? और इस जानने की अपनी प्रामाणिकता आखिर क्या है? जिसे हम बाह्य यथार्थ कहते हैं वह किसी न किसी अन्य विद्या के माध्यम से जाना गया यथार्थ होता है, यानी वह किसी न किसी अनुशासन का यथार्थ-बोध होता है, चाहे वह अनुशासन भौतिक विज्ञान हो, मनोविज्ञान या दर्शन, अर्थशास्त्र अथवा इतिहास या अन्य कुछ। यथार्थ को जानने की जितनी पद्धतियाँ और प्रक्रियाएँ हैं, उतनी ही विधाएँ या अनुशासन है और यथार्थ के हर स्वरूप का हमारा बोध इनमें से किसी न किसी प्रक्रिया या पद्धति से नियन्त्रित है। इस लिए किसी प्रक्रिया या पद्धति से बाहर का यथार्थ भी किसी न किसी दूसरी पद्धति या प्रक्रिया का यथार्थ है। जिसे हम साहित्य से बाहर का यथार्थ कहते हैं, वह भी किसी न किसी अन्य अनुशासन के माध्यम से जाना गया यथार्थ है और उसे साहित्यगत यथार्थ पर वरीयता देने का सीधा तात्पर्य किसी अन्य अनुशासन की प्रक्रिया को साहित्य की प्रक्रिया की कसौटी बनाने की कोशिश करना है, जो न केवल साहित्य-विरोधी बल्कि एक ग़लत कोशिश भी है क्यों कि यह कहीं सिद्ध नहीं हो सका है कि कोई एक अनुशासन केन्द्रीय अनुशासन है और बाकी सारी विधाएँ उस की अनुवर्ती या उससे नियन्त्रित-निर्देशित हैं। इतिहास के किसी दौर में सामाजिक-आर्थिक परिस्थितियों के दबाव या कभी-कभी

हमारे किसी मानसिक स्खलन की वजह से हम किसी एक अनुशासन को हमारे जीवन में उस की स्थूल उपयोगिता के कारण अधिक महत्त्व दे रहे हो सकते हैं—जैसा कि आजकल प्राकृतिक विज्ञानों या तकनीकी को दिया जा रहा है—लेकिन इस स्थूल उपयोगिता के कारण ज्ञान की प्रक्रिया के रूप में उस का महत्त्व ज्ञान की अन्य प्रक्रियाओं के नियन्त्रक-निर्देशक के रूप में स्वीकार किया जाना किसी भी दृष्टि से न तो उचित है और न श्रेयस्कर ही।

हाइजेनबर्ग के हवाले से यह बात मैं पहले भी निवेदित करता रहा हूँ कि यथार्थ का तद्वत् ज्ञान या बोध सम्भव ही नहीं है। किसी भी वस्तु का हमारा ज्ञान उस यन्त्र से यानी उस प्रक्रिया से अनिवार्यतः प्रभावित होता है जिस के माध्यम से हम उसे देखने-जानने की कोशिश कर रहे होते हैं। इस लिए हम जो कुछ जान पाते हैं वह कोई निरपेक्ष यथार्थ नहीं बल्कि हमारे माध्यम की प्रकृति से रूपान्तरित यथार्थ होता है और इसी अर्थ में, *'यथार्थ की पहचान की हमारी प्रक्रिया ही हमारा यथार्थ हो जाती है, बल्कि तब वह यथार्थ की पहचान की नहीं, यथार्थ के सर्जन की प्रक्रिया हो जाती है और हम उसी का सम्प्रेषण कर रहे होते हैं। इस लिए जब भी हम यथार्थ की कोई नयी पहचान, यथार्थ के प्रति किसी नयी दृष्टि का अनुभव करते हैं तो वास्तव में समूचे यथार्थ का, यथार्थ के हमारे समूचे बोध का नया सर्जन कर रहे होते हैं।'* और ज़ाहिर है कि यथार्थ के इस नये सर्जन की कसौटी उस की अपनी स्वायत्त प्रक्रिया ही हो सकती है। किसी अन्य प्रक्रिया या पद्धति को उस की कसौटी के रूप में स्वीकार नहीं किया जा सकता। आधुनिक दर्शन-शास्त्री इसी लिए प्रक्रिया और पद्धति को विशेष महत्त्व देते हैं और उसी को ज्ञान की हैसियत दे देते हैं जिस प्रकार पुराने दर्शन-शास्त्री तत्त्व-मीमांसा से पूर्व ज्ञान-मीमांसा को स्थिर करना आवश्यक मानते थे क्यों कि ज्ञान-मीमांसा ही अन्ततः तत्त्व का निरूपण करती है।

इस लिए साहित्यगत यथार्थ की जाँच या परख की कसौटी के रूप में किसी साहित्यबाह्य यथार्थ को स्वीकार नहीं किया जा सकता, क्यों कि वह अनिवार्यतः किसी न किसी साहित्येतर प्रक्रिया के माध्यम से जाना हुआ यथार्थ है जिस की अपनी विशिष्ट उपयोगिता हो सकती है, लेकिन वह साहित्य की प्रक्रिया को निर्देशित-नियन्त्रित नहीं कर सकती। दरअस्ल, जब हम यथार्थ या तथ्यों को जानने की किसी नयी पद्धति या शैली का नया आविष्कार करते हैं तो वह वस्तुतः हमारी अर्थात् मानवीय चेतना की किसी अब तक अजानी एवं जटिल प्रक्रिया का ही आविष्कार होता है जिस से हम यथार्थ को नयी दृष्टि से देख पाते हैं और उस का अपने लिए नया सर्जन कर पाते हैं। इस लिए ज्ञान की प्रक्रिया के रूप में विज्ञान के क्षेत्र का एक नया आविष्कार जिस तरह महत्त्वपूर्ण है, उसी तरह साहित्य या कला के क्षेत्र में भी नये रूपों और शैलियों की खोज भी उतनी ही महत्त्वपूर्ण है और इन खोजों की प्रामाणिकता की परख साहित्य या कलाओं की अपनी प्रक्रियाओं, उन की अपनी ज्ञान-मीमांसा के

आधार पर ही हो सकती है। किसी साहित्यिक कृति में प्रस्तुत यथार्थ यदि कलात्मक विश्वसनीयता अर्जित कर पाता है तो फिर उसे अपना औचित्य या महत्त्व सिद्ध करने के लिए किसी बाह्य प्रमाण की ज़रूरत नहीं रहती। इसी तरह बाह्य प्रामाणिकता की दृष्टि से किसी रचना की विश्वसनीयता चाहे कितनी भी हो, कलात्मक औचित्य के बिना एक कलाकृति या साहित्य-रचना में वह एक बाधा ही बनी रहती है। जब हम सामान्य तौर पर अन्धविश्वास मानी जाने वाली बहुत-सी बातों या अवैज्ञानिक मान्यताओं और फैंटेसी के आधार पर रचे गए साहित्यिक यथार्थ को स्वीकार करते और उस से वास्तविकता की हमारी समझ का विस्तार कर रहे होते हैं तो क्या यह स्पष्ट नहीं हो जाता कि साहित्यगत यथार्थ की परख किसी बाह्य यथार्थ के आधार पर नहीं की जाती बल्कि साहित्यगत यथार्थ का हमारा बोध यथार्थ के हमारे समूचे बोध का विस्तार करता और इस प्रकार मानवीय चेतना के अनुद्घाटित आयामों को उजागर करता है? इस लिए साहित्य स्वयंप्रमाण है और उस की अपनी प्रक्रिया ही उस की परख की एकमात्र कसौटी हो सकती है।

साहित्य और नैतिकता

महात्मा गाँधी की स्मृति में हिन्दी संस्कृति के उन्नयन के लिए स्थापित अन्तर्राष्ट्रीय विश्वविद्यालय द्वारा जैनेन्द्रजी की स्मृति में आयोजित व्याख़्यान का विषय *साहित्य और नैतिकता* हो, यह केवल संयोग नहीं है—और यदि संयोग है भी तो मानीख़ेज संयोग। महात्मा गाँधी की जीवनगाथा मूलतः नैतिक अनुभूति का एक बहुवर्णी आख्यान कही जा सकती है क्यों कि वैयक्तिक और सामाजिक जीवन का प्रत्येक पहलू और कर्म उन के लिए एक आध्यात्मिक साधना है—भारत की स्वतन्त्रता का संघर्ष भी—और नैतिक ही आध्यात्मिक है। नैतिक नियम और ईश्वर अथवा सत्य महात्मा गाँधी के लिए अभिन्न हैं। इसी तरह जैनेन्द्र के रचना-लोक का केन्द्रीय सरोकार भी मूल नैतिक संवेदना का रूपायन है। महात्मा गाँधी और जैनेन्द्र दोनों ही अपने-अपने क्षेत्रों के सत्याग्रही हैं और इस विषय पर विचार करने का प्रस्ताव रख कर इन दोनों सत्याग्रहियों के ऋषिऋण से आंशिक ऋणमुक्ति का जो सुअवसर मुझे दिया गया है, उस के लिए आयोजकों का आभार स्वीकार करना कोरी औपचारिकता नहीं है—यद्यपि यह अहसास मुझे है कि इस व्याख्यान के बाद वे अपने चयन के औचित्य पर सन्देह करने लगेंगे।

साहित्य और नैतिकता के अन्तस्सम्बन्धों पर विमर्श में अधिकांशतः नीतिशास्त्र की दृष्टि से ही विचार किया जाता रहा है और इस में नीतिशास्त्री ही नहीं स्वयं साहित्यकार और कलाकार भी सहभागी रहे हैं। साहित्य पर विचार के प्रारम्भ से ही यह अपेक्षा की जाती रही है कि उसे नैतिक मूल्यों का पोषक होना चाहिए—लेकिन नैतिक *मूल्य* क्या हैं, इस का निर्णय साहित्य या कला से बाहर ही किया जाता रहा है। जहाँ भारतीय साहित्य चिन्तन में अन्य बातों के साथ *शिवेतरक्षतये* को काव्य-प्रयोजनों में महत्त्वपूर्ण स्थान दिया गया है, वहीं प्राचीन यूनानी विचारकों के लिए भी साहित्य की उत्कृष्टता इसी में है कि वह निर्धारित नैतिक मूल्यों का समर्थक हो। प्लेटो अपने *आदर्श राज्य* से कवियों को निर्वासित करना चाहते हैं तो इस लिए कि उन्हें कवियों पर

विश्वास नहीं है कि वे एक आदर्श राज्य के लिए उन के द्वारा आवश्यक समझे जाने वाले व्यवहार का समर्थन करेंगे ही–बल्कि भय है कि वे जो कुछ लिखते हैं, उस का प्रभाव अधिकांशतः बुरा ही पड़ेगा। यहाँ सवाल यह नहीं है कि प्लेटो का यह विचार सही था या गलत? देखना यह है कि साहित्य से एक नीतिशास्त्री की अपेक्षा क्या है–उस नीतिशास्त्री की जो यह भी मानता है कि काव्य आनन्द का माध्यम है और सौन्दर्य इन्द्रियगोचर विश्व और मनोगत विश्व के सत्व को जोड़ता है। इस से कहीं यह भी ध्वनित होता लगता है कि न केवल नैतिक का सहज रूप से सुन्दर होना सम्भव नहीं है बल्कि जो अनैतिक है वह भी सुन्दर हो सकता है और जैसा कि प्लेटो कहते हैं कि इस सौन्दर्य का सामाजिक प्रभाव लोगों को अनैतिक का अनुकरण करने के लिए प्रेरित कर सकता है।

अरस्तू प्लेटो के आक्षेपों का प्रकारान्तर से उत्तर देते हैं, और विरेचन के माध्यम से प्राप्त आनन्द को त्रासदी का परिणाम बताते हैं, लेकिन उन का साहित्य-चिन्तन भी नैतिक अपेक्षाओं से पूर्णतः मुक्त नहीं कहा जा सकता। अरस्तू के विचारों का विश्लेषण करते हुए एस.एच. बुचर की यह टिप्पणी संगत लगती है कि त्रासदी में न केवल हम मानवीय नियति के सवालों से साक्षात्कार करते हैं बल्कि उस के परिणाम की नैतिक अपरिहार्यता से भी और उस के कारण एक श्रद्धायुक्त विस्मय से रोमांचित हो उठते हैं।

मध्यकाल में जब सिडनी ने प्लेटो के आक्षेपों का उत्तर देने की पेशकश की तो उन का भी गन्तव्य साहित्य की नैतिक उपयोगिता को सिद्ध करना ही था। सिडनी साहित्यकार को एक *नैतिक शिक्षक* के रूप में देखते हैं। लेकिन जो साहित्य स्पष्टता नीतिपोषक की भूमिका नहीं निबाहता, उस का कोई बचाव सिडनी के पास भी नहीं है।

लेकिन, जैसा मैंने प्रारम्भ में कहा, नीतिशास्त्री या साहित्य-चिन्तक ही नहीं, स्वयं कई साहित्यकार भी साहित्यिक उत्कृष्टता की कसौटी नैतिक मूल्यों को ही मानते हैं। इस के सब से बड़े उदाहरण टॉलस्टॉय हैं। टॉलस्टॉय यह तो मानते हैं कि कला भावना-सम्प्रेषण का माध्यम है, लेकिन भावना दुर्भावना भी हो सकती है और सद्‌भावना भी। टॉलस्टॉय सद्‌भावना का स्रोत धार्मिक दृष्टिकोण या निष्ठा में मानते हैं क्यों कि ईश्वर में विश्वास और सब के ईश्वर का पुत्र होने का भाव ही सब के प्रति बन्धुत्व और सद्‌भाव पैदा करने का कारण बन सकता है। इस दृष्टि से देखें तो टॉलस्टॉय न केवल साहित्य की उत्कृष्टता को नैतिक कसौटी पर जाँचने का आग्रह करते हैं, बल्कि नैतिक को भी धार्मिक आस्था के साथ जोड़ देते हैं। यह अवश्य है कि इस के साथ ही वे सम्प्रेषण की व्याप्ति को भी साहित्यिक उत्कृष्टता के एक लक्षण की तरह स्थापित करने की कोशिश करते हैं और उसे एक कला-मूल्य की तरह प्रस्तावित करते हैं। लेकिन, साथ ही, यह जोड़ना भी नहीं भूलते कि सद्‌भावनाओं

के सम्प्रेषण की ही व्याप्ति व्यापक समूह तक होती है, अतः इस दृष्टि से भी सद्भावना ही उत्कृष्ट कला की कसौटी है। सम्प्रेषण के सवाल से सद्भावना को जोड़ने की टॉलस्टॉय की यह कोशिश नैतिक को सौन्दर्य या *इस्थेटिक* से जोड़ने की कोशिश है, लेकिन इस में भी सुन्दरत्व और नैतिक का भेद मिटता नहीं क्यों कि *नैतिक क्या* है का निर्णय कलाकृति नहीं बल्कि एक गहरी धार्मिक आस्था से प्रसूत मूल्य-चेतना ही करती है।

आधुनिक काल में मार्क्सवाद और अस्तित्ववाद से प्रेरित साहित्य-चिन्तन नैतिकता को साहित्य की कसौटी के रूप में स्वीकार करता है—यद्यपि नैतिक की परिभाषा और स्वरूप को ले कर उन में मतभेद हो सकते हैं। मार्क्सवादी साहित्य चिन्तन के लिए नैतिक का तात्पर्य इतिहास की दिशा व गति के साथ होना है—वह दिशा और वह गति, जिस का निश्चय मार्क्सवादी चिन्तन-प्रक्रिया के अनुसार हुआ हो। इसी तरह अस्तित्ववादी दृष्टि भी प्रत्येक लेखन को एक *वरण* मानती है और प्रत्येक *वरण* एक मूल्य-निर्णय अर्थात् एक नैतिक कर्म है। इस दृष्टि से देखा जाए तो मार्क्सवाद और अस्तित्ववाद दोनों ही साहित्य को एक नैतिक कर्म तो मानते हैं, लेकिन *नैतिक क्या* है के निर्णय पर एकमत नहीं हैं। दरअस्ल, साहित्य को नैतिक कसौटी के आधार पर परखने का आग्रह अन्ततः साहित्य का नहीं, नीतिशास्त्र का सवाल हो जाता है जिस पर भिन्न-भिन्न मतावलंबियों की दृष्टि न केवल भिन्न बल्कि परस्पर विरोधी भी हो सकती है। क्या टॉलस्टॉय की नैतिक कसौटी और एक मार्क्सवादी की नैतिक कसौटी एक ही होगी? *साध्य ही साधन का औचित्य निर्धारण करता है* और *साधन ही साध्य* है में क्या कोई वास्तविक मूल्यगत भेद नहीं है? यदि *सत्य* के स्वरूप को ले कर मतैक्य नहीं हो पाता तो नैतिक मूल्यों को लेकर मतैक्य कैसे सम्भव है? यदि अहिंसा भी नैतिक है और हिंसा भी, यदि सत्याग्रह में भी छल-कपट और गोपनीयता उचित है तो किस नैतिकता को साहित्य की प्रेरणा और कसौटी के रूप में स्वीकार किया जाए?

यह भी उल्लेखनीय है कि नैतिकता का यह आग्रह साहित्य की अपनी प्रक्रिया और मूल्यों के प्रति न्याय नहीं कर पाता तथा नैतिक और सुन्दर के बीच एक खाई सदैव बनी रहती है। यहाँ मुझे हिन्दी के दो आलोचकों के अन्तर्विरोधपूर्ण वक्तव्यों का स्मरण हो आता है। हमारे समय के हिन्दी के एक अत्यन्त मेधावी और प्रभावशाली कवि आलोचक विजयदेवनारायण साही *तीसरा सप्तक* के अपने वक्तव्य में नीत्शे के बारे में टिप्पणी करते हुए कहते हैं *नीत्थे का 'जरथुस्त्र उवाच' सामाजिक यथार्थ की दृष्टि से जला देने लायक है, पर कविता की दृष्टि से महान् कृतियों में से एक है। उस की एक प्रति पास रखता हूँ और आप से भी सिफारिश करता हूँ।* साही अपने इसी वक्तव्य में अन्यत्र यह भी कहते हैं कि *हर कलाकृति ठोस, विशिष्ट अनुभूति से उपजती है और उस का उद्देश्य अनुभूति की सामान्य कोटियों को नये सिरे से*

परिभाषित करना होता है। परिभाषा विशिष्ट और सामान्य में सामंजस्य का नाम है। बिना सामंजस्य के भोगने में समर्थ होना असम्भव है। सवाल यह उठता है कि तब नीत्शे की कविता जला देने योग्य क्यों है? क्या यह *महान् कृति* किसी *ठोस, विशिष्ट अनुभूति* से नहीं उपजी है और अनुभूति की सामान्य कोटियों को नये सिरे से परिभाषित नहीं करती? और यदि करती है अर्थात् *विशिष्ट और सामान्य में सामंजस्य* बिठा पाती है तो सामाजिक यथार्थ की दृष्टि से जला देने लायक क्यों है? सुन्दर और नैतिक के बीच इस असामंजस्य का क्या कोई हल नहीं है?

दूसरा ऐसा ही उदाहरण भगवतशरण उपाध्याय की अज्ञेय के *नदी के द्वीप* पर की गयी टिप्पणी है। उन की समीक्षा का निष्कर्ष है कि *'नदी के द्वीप' की कला, जैसा पहले कह चुका हूँ, सफल है, उस का सिद्धान्त समाजविरोधी, ग़लत। उपन्यास के रूप में उस का-सा अपने साहित्य में कुछ नहीं है। मैं उसे हिन्दी के छह सर्वश्रेष्ठ उपन्यासों में गिनता हूँ, जिन में दो अज्ञेय के ही हैं। व्यंजना और बौद्धिक बारीकी उस में गहरी है। भावों की बारीकी, उस का सहज विन्यास साहित्य की सुईकारी है। पर अफ़सोस कि उपन्यास पढ़ कर 'सत्यनारायण' की कथा याद आ जाती है—सुन्दर पके फल में कीड़े।* यह उल्लेखनीय है कि इस उपन्यास को पढ़ कर स्वयं जैनेन्द्र जी की टिप्पणी थी : *बड़ी उस में बारीकी है, बड़ी ज्ञानवत्ता। और भी बड़ी-बड़ी दक्षताएँ होंगी...सोचता हूँ कि पढ़ते हुए कहीं मैं भीगा क्यों नहीं? उपन्यास को सुन्दर पके फल में कीड़े* कहते हुए भी भगवतशरण उपाध्याय जैनेन्द्र जी की इसी टिप्पणी पर प्रतिक्रिया करते हुए कहते हैं : *मैं भीगा, गहरा भीगा*। भगवतशरण जी ने उपन्यास दो बार पढ़ा—एक साल के अन्तराल से—और दोनों बार भीगने का यह अहसास एक सरीखा रहा। सवाल यह है कि यदि उपन्यास में उपाध्याय जी को भिगोने की इतनी ताक़त है और उन्हें वैसा कोई दूसरा कलात्मक उपन्यास हिन्दी में नहीं दिखायी देता तो सैद्धांतिक आधार पर उस की निन्दा करने का क्या औचित्य हो सकता है? अन्तर्वस्तु और रूप का अद्वैत साहित्यिक कृति की उत्कृष्टता की प्रामाणिक कसौटी माना गया है। कलात्मक उत्कृष्टता का तात्पर्य ही रूप और अन्तर्वस्तु का अभिन्न होना है। यदि भगवतशरण उपाध्याय की दृष्टि में *नदी के द्वीप* यह कलात्मक उत्कृष्टता अर्जित कर लेता है तो जिस सिद्धान्त के आधार पर वे उपन्यास के सिद्धान्त पक्ष की आलोचना करते हैं, वह कृति से निस्सृत होने के बजाय कोई कृतिबाह्य सिद्धान्त ही होगा। यह भी स्मरणीय है कि यदि कृति की अन्तर्वस्तु गलत है तो उस से एक उत्कृष्ट रूप की रचना कैसे सम्भव है? स्पष्ट है कि जो नैतिकता कृतिप्रसूत अथवा रचना प्रक्रिया से न उपजती हो, उसे साहित्य की प्रेरणा या कसौटी के रूप में स्वीकार करने का औचित्य प्रमाणित हो सकना सम्भव नहीं है।

चिन्तकों और साहित्यकारों का एक वर्ग ऐसा भी है जो मानता है कि कलात्मक मूल्यों और नैतिक मूल्यों का अन्तस्सम्बन्ध साहित्य में होता ही है। जो सुन्दर है,

वह नैतिक भी है क्यों कि दोनों का स्रोत मानव-विवेक है। इस मत को मानने वालों में सम्भवतः अज्ञेय का नाम सर्वप्रथम लिया जा सकता है। *सौन्दर्य-बोध और शिवत्व-बोध* नामक अपने एक निबन्ध में अज्ञेय लिखते हैं : *वास्तव में उच्चकोटि का नैतिक-बोध और उच्चकोटि का सौन्दर्य-बोध, कम से कम कृतिकार में प्रायः साथ-साथ चलते हैं। क्यों? क्यों कि दोनों बोध मूलतः बुद्धि के व्यापार हैं, मानव का विवेक ही दोनों के मूल्यों का स्रोत है और दोनों के प्रतिमानों या मानदंडों का आधार। विवेकशील मानव की—विशेषकर उस विवेकशील मानव की, जिस में सृजनात्मक शक्ति या प्रतिभा भी है—ग्राहकता दोनों को ही पहचानती है। बुद्धि, और जिस पर बुद्धि आधारित है वह अनुभव—निरन्तर विकासशील और संस्कारशील है। निरन्तर सूक्ष्मतर होती हुई संवेदना एकांगी भी हो सकती है, पर जहाँ सर्जनात्मक शक्ति है वहाँ एकांगिता की सम्भावना कम है और पुष्ट सौन्दर्य-बोध के साथ पुष्ट नैतिक-बोध होता ही है।*

लेकिन यहाँ यह भी उल्लेखनीय है कि अज्ञेय नैतिक-बोध को विचारों से नहीं बल्कि अन्तर्दृष्टि से जोड़ कर देखते हैं। उन के उपर्युक्त कथन के सन्दर्भ में जब मैंने उन से एक साक्षात्कार में साहीजी के नीत्शे सम्बन्धी वक्तव्य का जिक्र किया तो उन का उत्तर था : *मैं भी यह बात मान सकता हूँ कि मैं इन विचारों से सहमत नहीं हूँ लेकिन विचारों से असहमति प्रकट करते हुए भी मैं यह कहना चाहूँगा कि नीत्शे की रचनाओं में एक अन्तर्दृष्टि भी है जिस का कि मूल्य है। उस अन्तर्दृष्टि को तो मैं स्वीकार करता हूँ, उस से बहुत गहराई में उन चीज़ों को देखा और पहचाना गया है, जिन चीजों को लोगों ने उन से पहले नहीं देखा था।* इसी बात को और स्पष्ट करते हुए इसी साक्षात्कार में आगे उन्होंने कहा, *नीत्शे का ही एक उदाहरण सामने रखें तो उस ने पूरी पश्चिमी सभ्यता के ही एक बहुत बड़े रोग को पहचाना। वह स्वयं भी स्वस्थ नहीं था।....लेकिन वह पहचान उस ने की जो पहले नहीं थी। तो हम उस को रोगी तो मानते हैं, लेकिन उस पहचान का महत्त्व स्वीकार करते हैं। क्यों कि वह पहचान मनुष्य के मानव मात्र के स्वास्थ्य में योग दे सकती है।* अज्ञेय यह मानने लगते हैं कि वास्तविक अन्तर्वस्तु यह अन्तर्दृष्टि ही है और इस लिए नैतिकता का सवाल भी विचार से नहीं बल्कि अन्तर्दृष्टि से जुड़ा है। रूप और अन्तर्वस्तु का एकत्व तभी सम्भव है जब उन का केन्द्रीय आधार इस अन्तर्दृष्टि को स्वीकार किया जाए। इस लिए यह स्वाभाविक लगता है कि अज्ञेय मूल्यान्वेषण को भी रूप के अन्तर्गत मानते हैं। उन्हीं के शब्दों में *रूप का एक पहलू यह है कि कविता जब एक चीज़ बन कर लिखे हुए या छपे हुए रूप में पृष्ठ पर आती है तो एक रूप तो वह है जो आप देख सकते हैं। एक उस का मानस बिम्ब है। एक उस के बाद ऐसा भी बिम्ब है जिस में उस के चाक्षुष-बिम्बों का एक प्रतिरूप होता है और मूल्य दृष्टि की भी छाप उस में होती है। रूप जो बनता है वह मूल्य-दृष्टि*

को छोड़ कर नहीं है, उस को सम्मिलित कर के ही है।

रूप की परिधि में ही मूल्य-दृष्टि को समेट लेने का अज्ञेय का यह विश्लेषण सूक्ष्म तो है, लेकिन मूल्यों की भिन्नता से उत्पन्न सवाल इस से हल नहीं होता। प्रत्येक लेखक की मूल्य-दृष्टि भिन्न हो सकती है। उस की मूल्यदृष्टि और रूपरचना में तो एकत्व सम्भव है। लेकिन यदि रूप में मूल्यदृष्टि को भी सम्मिलित कर लिया जाए तो साहित्यिक उत्कृष्टता का आधार उस रूप में सन्निहित मूल्यदृष्टि ही हो जाएगा। यदि दो भिन्न कृतियों में विपरीत मूल्यबोध अपने-अपने ढंग से उत्कृष्ट रूपाकार में सन्निहित हों तो उन दोनों के बीच श्रेष्ठता की कसौटी मूल्यबोध ही होगा और तब फिर साहित्यिक या कलात्मक मूल्यों के बजाय हम दर्शन या नीतिशास्त्र की बहस में उलझने को बाध्य हो जाएँगे। साहित्य का आदर्श तब साहित्यिक अथवा सौन्दर्यशास्त्रीय मूल्य नहीं बल्कि नैतिक मूल्य ही होंगे—वे नैतिक मूल्य जिन की वांछनीयता का निर्धारण साहित्य बाह्य आधारों पर हुआ होगा।

साहित्य और नैतिकता की समान्तरता का एक महत्त्वपूर्ण संकेत प्रसिद्ध दर्शनशास्त्री हिरियन्ना भी करते हैं। अपने अत्यन्त विचारोत्तेजक ग्रन्थ *कला अनुभव* में कला के भारतीय आदर्श की चर्चा करते हुए वह कला और नैतिकता की समान्तरता पर ऐसी टिप्पणी करते हैं, जिस की गहरी मीमांसा की ज़रूरत है। हिरियन्ना कहते हैं : *कला और नैतिकता दोनों ही वस्तुओं की वर्तमान अवस्था के प्रति अपूर्णता के बोध से पैदा होती हैं। नैतिकता उन वस्तुओं की अवस्था में परिवर्तन कर के उन अपूर्णताओं को दूर करने का प्रयत्न करती है, जबकि कला एक आदर्शीकृत संसार को प्रस्तुत कर के उन वस्तुओं से पलायन के द्वारा यह कार्य करती है। अगर सामाजिक और प्राकृतिक तौर पर मनुष्य एक सम्पूर्ण और समग्र अस्तित्व के साथ सम्पूर्ण और समग्र परिवेश के बीच उपस्थित होता तब न तो कला और न ही नैतिकता की कोई आवश्यकता पड़ती।*

इसी लिए भारतीय कलाचिन्तन कला और साहित्य को पूर्णता की ओर बढ़ने की साधना मानता है। कुमारस्वामी के कलाचिन्तन की व्याख्या करते हुए विद्यानिवासजी ने उचित ही इस ओर इंगित किया है कि *भारतीय कला-दर्शन अलंकार का दर्शन है। अलंकार का अर्थ पर्याप्तीकरण है। जो अपर्याप्त है, अयथेष्ट है, नाकाफी है, उस को पर्याप्त बनाना, मूल अर्थ अलंकार का वही है। और इस अर्थ में जीवन में जितनी अयथेष्टता है, जितनी रिक्तता है, जहाँ-जहाँ खालीपन है उस को भरना और भरते रहना ही कलाकार का काम है।*

यहाँ अगर मैं इस बात की ओर भी ध्यान आकर्षित करूँ तो अनुचित नहीं होगा कि साहित्य में अलंकार की सार्थकता किसी सजावट के तौर पर नहीं बल्कि रूपात्मक चिन्तन की एक शैली की तरह ही है। आचार्य रामचन्द्र शुक्ल ने अलंकारों को *वर्णन शैलियाँ* कहा है, लेकिन रूप और अन्तर्वस्तु, वर्णन और दर्शन को अपृथक्

मानने के कारण अलंकार को वर्णन शैली के बजाय चिन्तन शैली बल्कि चिन्तन रूप कहना ही अधिक समीचीन है क्योंकि यह सत्य को जानने की एक प्रक्रिया का रूपात्मक अनुभव बन जाता है।

इस लिए कला और नैतिकता में एक साम्य तो देखा जा सकता है लेकिन दोनों की प्रक्रिया अलग है—चाहे मोटे तौर पर उन का लक्ष्य एक जैसा दीख पड़ता हो। साहित्य के जरिए प्राप्त सत्य को उस की विधि अर्थात् उस के रूप से पृथक् किया जाना सम्भव नहीं है। इन्हीं अर्थों में साहित्य एक स्वायत्त विद्या भी है क्यों कि एक स्वतन्त्र चिन्तनशैली होने के नाते वह जिस सत्य को पहचानता है, उस तक किसी दूसरी चिन्तनशैली के माध्यम से पहुँचना सम्भव नहीं है। दर्शन की शब्दावली में कहें तो साहित्य अपने आप में एक ज्ञानमीमांसा भी है। इस लिए उस से प्राप्त तत्त्वबोध—और मूल्यबोध भी—अनिवार्यतः इस ज्ञानमीमांसा की विधि से निर्धारित एवं प्रतिविशिष्ट हैं। आधुनिक लेखक जब कविता को अनुभव करने का, देखने का एक ढंग कहते हैं या जब वे लेखक के दर्शन को सोच के विषय में नहीं बल्कि स्वयं सोच की प्रक्रिया और व्यवहार में निहित मानते हैं तो वे उस भारतीय धारणा का ही समर्थन कर रहे होते हैं जिस में साहित्यकार को द्रष्टा अर्थात् कवि कहा गया है। इस का तात्पर्य क्या यही नहीं है कि काव्य अपने में एक विशिष्ट दृष्टि, एक विशिष्ट *विज़न* है जिसे अपने अस्तित्व के लिए ज्ञान के किसी अन्य प्रकार—विज्ञान, दर्शन, समाजशास्त्र या नीतिशास्त्र—पर निर्भर रहने की आवश्यकता नहीं है? ज्ञान के अन्य प्रकार जहाँ विश्लेषण प्रधान और सत्य को युक्तिसत्य की तरह प्रस्तुत करने की ओर उन्मुख होते हैं, वहीं साहित्य और अन्य कलाप्रकार सत्य को एक संश्लिष्ट एवं समग्र रचनानुभव, एक संवेदनात्मक रूप की तरह प्रस्तुत करते हैं। साहित्य का सत्य इसी अर्थ में रचनात्मक सत्य है क्यों कि वह एक रचनात्मक अनुभव है। *साहित्य* इस लिए किसी पूर्वज्ञात सत्य का संवाहक नहीं, सत्य की रचना है। तो क्या सत्य भी रचा जाता है? सत्य को देखना, सत्य का अनुभव और सत्य की *रचना* क्या एक ही बात है? हाइडेग्गर शायद इसी अर्थ में कला को *सत्य का सम्भवन और घटना* मानते हैं। यहाँ यह स्मरणीय है कि जिसे हम सामान्यतः *टेक्नीक* कह कर खारिज कर देते हैं, उस के मूल ग्रीक शब्द *टेक्नी* का तात्पर्य भी देखने का, जानने का एक ढंग या विधि है, और जानने का सार है। *एलीथिया* अर्थात् अस्तित्व का, सत्ता का प्रकाशन।

इस का अर्थ यह है कि साहित्य में नैतिकता की तलाश भी उस की अपनी विधि या प्रक्रिया में ही करनी होगी। हिरियन्ना का कला और नैतिकता की समान्तरता का संकेत उल्लेखनीय है क्यों कि वे दोनों का लक्ष्य एक मानते हैं। हिरियन्ना मानते हैं कि नैतिक कर्म भी वास्तव में तभी नैतिक है जब वह *संघर्ष और तनाव* के बजाय आनन्द और उल्लास प्रदान करे, जिस तरह सौन्दर्यानुभव करता है। हिरियन्ना के

अनुसार यह *आनन्दमूलक और निर्वैयक्तिक अनुभव* कला और नैतिकता दोनों का लक्ष्य है। उन्हीं के शब्दों में : *इस तरह सौन्दर्यबोधी और नैतिक प्रवृत्तियाँ एक-दूसरे के साथ इतनी घनिष्ठता के साथ जुड़ी हुई हैं, जिसकी हम कल्पना भी नहीं करते। ये दोनों परम चैतन्यानुभव की केवल आंशिक और तात्कालिक अभिव्यक्तियाँ मात्र हैं। इस तरह कला और नैतिकता का अर्थ उस से कहीं बृहत्तर है जैसा अमूमन समझा जाता है।*

लेकिन हिरियन्ना जिस निर्वैयक्तिक आनन्द की बात कला और नैतिकता के सामान्य लक्ष्य के रूप में करते हैं, उस के अनुभव की प्रक्रिया दोनों में अलग और विशिष्ट होगी। इस लिए यह प्रश्न उठना स्वाभाविक है कि क्या साहित्य की अपनी कोई नैतिक चेतना सम्भव है जो उस की अपनी रचना-प्रक्रिया से ही उपजती हो। क्या साहित्य एक गहरे और बुनियादी अर्थों में अपनी प्रक्रिया में ही एक नैतिक कर्म नहीं है?

इस नैतिकता की नींव साहित्य की बुनियादी प्रतिज्ञा है और वह है एक सृजनात्मक स्वतन्त्र चेतना द्वारा सम्प्रेषण या साझे की ललक। यह स्मरणीय है कि मेरा प्रस्ताव साहित्य की नैतिकता का है, साहित्यकार की दृष्टि का नहीं क्यों कि साहित्यकारों की दृष्टियाँ एक-दूसरे से भिन्न या मुखालिफ़ भी हो सकती हैं—और तब नैतिक प्रतिमानों को लेकर सदैव असहमति बनी रहेगी। लेकिन जब हम साहित्य को सत्य अर्थात् नैतिक प्रतिमानों के एक प्रामाणिक स्रोत के रूप में स्वीकार कर लेते हैं तो हमें उस की अपनी नैतिकता को भी मानना होगा जो उस के साहित्य होने की प्रक्रिया से ही प्रसूत है—चाहे साहित्यकार की घोषित दृष्टि उस से भिन्न दिशा की ओर भी जाती हो। इवान इलिच ने शिक्षा पर विचार करते हुए दो प्रकार के पाठ्यक्रमों का उल्लेख किया है। एक है उस का घोषित पाठ्यक्रम जो पाठ्य-पुस्तकों के माध्यम से संप्रेषित किया जाता है और दूसरा है उस का गुप्त या वास्तविक पाठ्यक्रम जो शिक्षा की प्रक्रिया के माध्यम से संप्रेषित होता है अर्थात् शिक्षा की यह प्रक्रिया ही वास्तविक पाठ्यक्रम है। इलिच की यह अवधारणा कम से कम समूचे सम्प्रेषण कर्म के लिए तो सच है ही—यद्यपि अन्य क्षेत्रों में भी उसे पहचाना जा सकता है। साहित्य क्यों कि अनिवार्यतः सम्प्रेषण भी है, अतः उस की रचना एवं सम्प्रेषण प्रक्रिया ही उस का वास्तविक पाठ्यक्रम, मूल्यबोध अथवा नैतिकता है, चाहे उस की घोषित नैतिकता का स्वरूप कुछ भिन्न भी रहता हो। यहाँ यह उल्लेखनीय है कि रचना की प्रक्रिया ही सम्प्रेषण-प्रक्रिया का निर्धारण करती है क्यों कि दर्शन ही वर्णन है। जानने के ढंग के कहने का ढंग हो जाने में ही रूप और अन्तर्वस्तु का एकत्व सम्भव होता है।

अपने घोषित उद्देश्यों और प्रेरणाओं में भिन्नता के बावजूद सभी साहित्यकारों बल्कि सम्पूर्ण कलाकर्म में एक सृजनात्मक स्वतन्त्र चेतना द्वारा सम्प्रेषण या साझे की प्रतिज्ञा समान है। जब हम स्वतन्त्र सृजनात्मक चेतना द्वारा सम्प्रेषण, संवाद या साझे की ललक की बात करते हैं तो इस में दूसरे पक्ष अर्थात् पाठक या गृहीता

के उस स्वतन्त्र और सृजनात्मक व्यक्तित्त्व की अवधारणा भी सम्मिलित है जो स्वयं सम्प्रेषण और सृजनात्मक संवाद के लिए उत्सुक है। लेखक और पाठक के बीच का रिश्ता भी एक सृजनात्मक रिश्ता है क्यों कि पाठक केवल ग्रहण नहीं करता बल्कि ग्रहण करने की प्रक्रिया में रचता भी है या कह सकते हैं कि रचते हुए ग्रहण करता है। कोई भी सार्थक या न्यायपूर्ण सम्प्रेषण, संवाद या साझा बराबरी के भाव के साथ ही सम्भव होता है। एक स्वतन्त्र चेतना का दूसरी स्वतन्त्र चेतना से सृजनात्मक सम्बन्ध साहित्य की एक मूल नैतिक प्रतिज्ञा है। अतः साहित्य की दृष्टि से यदि एक समूह के आपसी सम्बन्धों पर विचार किया जाए तो उस में भी स्वभावतः इस सृजनात्मकता की प्रतिष्ठा अन्तर्निहित रहती है। स्वतन्त्रता, समानता और सृजनात्मकता इस लिए किसी नीतिशास्त्र, दर्शन या विचारधारा द्वारा उस पर आरोपित नहीं, बल्कि साहित्य की अपनी प्रक्रिया और मूल प्रतिज्ञा से प्रसूत मूल्य हैं। इस पंक्ति में अहिंसा भी स्वाभाविक रूप से आ जाती है क्यों कि साहित्य के सम्प्रेषण-ग्रहण की प्रक्रिया सारतः अहिंसक प्रक्रिया है जो किसी भी तरह के दबाव के बजाय मानवीय संवेदन और विवेक पर भरोसा करती है। एक अच्छी कृति से साक्षात्कार के बाद यदि हम ठीक वही नहीं रह जाते जो उस से पूर्व थे तो यह क्या *हृदय परिवर्तन* की अहिंसक प्रक्रिया का ही कलात्मक प्रतिफलन नहीं है?

इस लिए साहित्य की नैतिकता अनुप्रेरित और अनुप्राणित है स्वयं अपनी ही सृजनात्मकता से, उस मानवीय संवेदना से जो सर्जनात्मकता में अपने होने को अनुभव करती और उसी में अपनी सार्थकता का बोध करती है। समाज के आपसी सम्बन्धों में इस सृजनात्मकता की प्रतिष्ठा ही साहित्य का नैतिक कर्म है जो वह अपने होने के माध्यम से ही करता है। यह नैतिकता किसी दर्शन या विचारधारा से नहीं, स्वयं साहित्य की अपनी प्रक्रिया से उपजी मूल्य-संवेदना से प्रेरित और संचालित है। इसी अर्थ में साहित्य एक स्वायत्त कर्म है जिसे अपने नैतिक बोध में अपने से बाहर की किसी सत्ता या प्रक्रिया से अनुशासित होने की ज़रूरत नहीं है। इस लिए साहित्य अपने समय और समाज के बोध के लिए किसी विचारक या संगठन के विश्लेषण की प्रतीक्षा नहीं करता—वह अपनी प्रक्रिया के माध्यम से ही नैतिक-अनैतिक अथवा न्याय-अन्याय का बोध करता है।

यह बोध स्थूल रूप में विषय-वस्तु के रूप में भी प्रकट होता है, लेकिन भाषिक और सूक्ष्म रूपगत स्तरों पर साहित्य अपने होने की प्रक्रिया में ही एक नैतिक साधना—या चाहें तो कह लें संघर्ष—हो जाता है। हिन्दी में छायावाद को यूरोप के रोमांटिक आन्दोलनों से प्रेरित माना जाता है। लेकिन यूरोप के रोमांटिक आन्दोलनों का झुकाव तो आमफ़हम भाषा की ओर रहा जबकि हिन्दी में यह रुझान संस्कृत-प्रेरित रहा। यह केवल सूक्ष्म और कोमल भावनाओं को अभिव्यक्त करने के लिए ही नहीं था—क्यों कि कोई भी जीवित भाषा अपने समय और समाज के सभी भावों को

व्यक्त करती ही है—बल्कि इस लिए था कि इस तरह की भाषा के माध्यम से हम में वे जातीय स्मृतियाँ जागती थीं जिन से हम एक समाज होने का अनुभव करते, अपनी अस्मिता को पहचान पाते थे। इस प्रकार यह भाषा उपनिवेशवाद के सम्मुख एक सत्याग्रह हो जाती थी—चाहे कविता का सीधे तौर पर राजनीति से सम्बन्ध न भी रहा हो। इस प्रकार भाषा की इस संरचना का एक नैतिक—बल्कि राजनीतिक आयाम भी था। कह सकते हैं कि साहित्य यहाँ रूपगत स्तर पर अपनी संरचना से, अपने होने मात्र से एक नैतिक संघर्ष कर रहा था—क्यों कि मानवीय स्वतन्त्रता केन्द्रीय नैतिक मूल्य है। यहीं आकर विक्टर सर्जी का यह कथन समझ में आता है कि एक प्रेम कविता भी आतंक के विरुद्ध एक सार्थक संघर्ष हो सकती है।

सत्ता के विविध रूपों ने आज साहित्य के सम्मुख सब से बड़ा खतरा यह खड़ा किया है कि उन के कार्यकलापों का भी माध्यम भाषा होने के कारण साहित्य की अपने नैतिक अस्तित्व की प्रामाणिकता छीजती जा रही है। भाषा की भावात्मक विश्वसनीयता साहित्य की नैतिक ताक़त है जिस का क्षरण सब ओर दिखायी दे रहा है। इस विश्वसनीयता को पुनः अर्जित करने का संघर्ष सौन्दर्यशास्त्रीय या रचना-प्रक्रिया से सम्बन्धित होने के साथ-साथ नैतिक व्याप्ति भी रखता है। इस अर्थ में साहित्य और नैतिकता का रिश्ता एक नन्दतिक रिश्ता हो जाता है। भाषा की भावात्मक विश्वसनीयता को पुनः अर्जित करने के प्रयोजन से ही साहित्य अपनी रूढ़ और विश्वास खो चुकी संरचनाओं को तोड़ता और निरन्तर नयी संरचनाओं की सृष्टि में रत रहता है जो प्रकारान्तर से साहित्य के नैतिक प्रयोजन और कलात्मक प्रयोजन का ऐसा प्रतिफलन है जिस में साध्य और साधन एक हो जाते हैं और न केवल प्रसिद्ध रूसी सौन्दर्यशास्त्री लोतमान के इस कथन का औचित्य सिद्ध हो जाता है कि *रचना का विचारात्मक सार उस की संरचना है*—बल्कि साथ ही निर्मल वर्मा के इस वक्तव्य का मर्म भी स्पष्ट होने लगता है : *लेखक का शब्द न यंत्र है, न माध्यम, न ही तर्कसंगत विचार पद्धति, वह सिर्फ़ है—और उस का होना ही तीव्र ढंग से आलोचनात्मक हो जाता है। शब्द किसी विचार का वाहक नहीं, जब शब्द पीछे मुड़ कर अपनी तरफ़ देखता है तो खुद विचार बन जाता है। हम 'विचार' को बौद्धिकता तथा 'कल्पना' को सृजन के साथ नत्थी करने के इतने आदी हो चुके हैं कि यह सोचना असम्भव लगता है कि शब्द से जुड़ कर हर कल्पना वैचारिक, हर सृजन-प्रक्रिया आलोचनात्मक हो सकती है। शब्द का यह चयन मनमाना, रहस्यमय, अलौकिक नहीं है, इस चयन के पीछे लेखक का समूचा नैतिक संघर्ष छिपा होता है, बल्कि यों कहें कि अगर लेखक की प्रतिबद्धता जैसी कोई चीज़ है, तो वह लेखक और शब्द के बीच के सम्बन्ध में ही प्रतिध्वनित हो सकती है।*

सवाल यह भी है कि साहित्य की अपनी प्रक्रिया के प्रति लेखक का कोई उत्तरदायित्व होता है या नहीं? यह दायित्व सौन्दर्यशास्त्रीय ही है या नैतिक भी? क्या सौन्दर्यशास्त्रीय और नैतिक दायित्व यहाँ अभिन्न नहीं हो जाते हैं? इस लिए

सृजनात्मकता के विश्लेषण में सौन्दर्य-मूल्यों और नैतिक मूल्यों को अलग-अलग विश्लेषित करने की ज़रूरत नहीं होनी चाहिए। सृजनात्मकता की एक अनिवार्य शर्त किसी अनुभव को उस की समग्रता में देख पाना है। किसी भाव या अनुभूति की एकांगिता रूप को भी अधूरा बनाती है क्यों कि उस में उस अन्तर्दृष्टि का अभाव रहता है जो उसे समग्रता में देख सके। सूसन लेंगर एक कलाकृति को *भावना में हमारी अन्तर्दृष्टि का प्रतीकात्मक रूपायन* (Symbolic projection of our insights into feeling) कहती हैं। यशदेव शल्य कला को *भावना का आत्मविमर्श या आत्मनिरूपण* कहते हैं। लेंगर रूप में मूर्त भाव की तर्कसंगति अनिवार्य मानती हैं क्यों कि उस के बिना मूर्तीकरण सम्भव नहीं है लेकिन तर्कसंगति का तात्पर्य वहाँ भाव की आंतरिक संगति की पहचान है। इसी तरह शल्यजी मानते हैं कि *कला में तर्क भावना के आत्मविवेचन के रूप में रहता है जो कलाकृतियों में उन की आवयविकता अथवा कहें संरचनात्मकता के रूप में लक्षित होता है और उन अवयवों की संवादिता, अन्तःसंगति और आत्मविवेचन की सफलता की मात्रा के रूप में चरितार्थ होता है।* अतः सूसन लेंगर और शल्यजी दोनों ही के अनुसार हम कह सकते हैं कि रूप की पूर्णता भावना के आत्मनिरूपण या आत्मविमर्श की पूर्णता का प्रमाण है और इसी लिए नैतिक अन्तर्दृष्टि का भी क्यों कि अन्तर्दृष्टि से देखे जाने पर ही अपनी समग्रता में किसी अनुभव को देखा जा सकेगा और इस लिए वह किसी नैतिक संवेदन अथवा नैतिक अन्तर्दृष्टि को भी संप्रेषित करेगा ही।

सम्भवतः इसी लिए साहित्य मूलतः नैतिक संवेदन अथवा अन्तर्दृष्टि होता है, नैतिक संहिता नहीं। संहिताएँ नैतिकता को रूढ़ करती और संवेदन की उपेक्षा करती हैं। श्रेष्ठ साहित्य इस लिए नीतिशास्त्रीय जड़ता के विरुद्ध एक सत्याग्रह हो जाता है—लेकिन ऐसा तभी सम्भव होता है जब किसी भाव को उस की तात्कालिकता और पूर्णता में एक साथ देखा जा सके। तब लेखक को अपनी नैतिकता की घोषणा नहीं करनी पड़ेगी बल्कि वह रचना के माध्यम से स्वयं व्यंजित होगी और पाठकों को भी संवेदित करेगी। उदाहरण के रूप में महाभारत के द्रौपदी के चीरहरण वाले प्रसंग को लिया जा सकता है। संहिताबद्ध नैतिकता की दृष्टि से तो कुरुसभा में युधिष्ठिर द्वारा द्रौपदी को दाँव पर लगा देने को धर्मसम्मत ही मान लिया गया था। लेकिन यहीं साहित्य की दृष्टि और संहिताओं की दृष्टि का फर्क समझ में आता है। साहित्य की दृष्टि में आर्त के प्रति संवेदना के बिना धर्मनिर्णय एक पाखंड है जो कुरुसभा के बौद्धिक कर रहे थे। लेकिन एक भी ऐसे पाठक की कल्पना मुश्किल है जो इस प्रसंग में द्रौपदी के साथ न हो—और अन्ततः पाठक का नैतिक संवेदन ही सब संहिताबद्ध बौद्धिकों पर भारी पड़ता है क्यों कि कृष्ण—जो महाभारत में धर्म का मूर्त रूप कहे गए हैं—द्रौपदी की सहायता में दिखायी देते हैं। महामुनि व्यास के अनुसार जहाँ कृष्ण है वहीं धर्म है। इस प्रकार महाभारत का रचनाकार अपनी एक रूपगत युक्ति से यह सिद्ध कर देता

है कि इस प्रसंग में धर्म यानी नैतिकता द्रौपदी अर्थात् पीड़ित स्त्री के साथ है। लेकिन धर्म का यह निर्णय भीष्म या किसी धर्मपंडित से करवा लिया गया होता तो यह काव्य-सत्य सम्प्रेषित नहीं हो सकता था और न लोकमानस पर उस का इतना गहरा प्रभाव ही पड़ता जो अन्यथा पड़ता रहा है।

किसी भाव या परिस्थिति को उस की समग्रता में देखने पर ही यह नैतिक अन्तर्दृष्टि जाग्रत होती है, इस का एक उल्लेखनीय उदाहरण टॉलस्टॉय का *अन्ना केरेनिना* है। यह सभी जानते हैं कि टॉलस्टॉय एक निष्ठावान ईसाई थे और *अन्ना केरिनिना* को लिखना शुरू करने से पहले दाम्पत्य से सम्बन्धित प्रचलित ईसाई नैतिकता को समाज में प्रतिष्ठित करना ही उन का प्रयोजन था। लेकिन एक लेखक की सृजनात्मक जिम्मेदारी ने उन्हें अन्ना के भावजगत् और परिस्थिति को समग्रता में देखने के लिए विवश कर दिया और इस का परिणाम यह हुआ कि *अन्ना केरेनिना* एक उत्कृष्ट साहित्यिक कृति तो हुआ ही, साथ ही लेखकीय नैतिकता और संवेदन द्वारा संहिताबद्ध नैतिकता के अतिक्रमण का रूपायन भी हो गया। दरअस्ल, साहित्य की नैतिकता का स्रोत उस के नन्दतिक (इस्थेटिक) संवेदन से अभिन्न है। उस की व्यंजना, पहचान और परख के लिए नन्दतिक प्रक्रिया ही प्रमाण है। सम्भवतः *अन्ना केरेनिना* के रचनाकार की कोटि के लेखकों को ध्यान में रखते हुए ही अंग्रेजी कवि ब्लेक ने कहा होगा : *जो व्यक्ति कलाकार नहीं है, वह ईसाई भी नहीं है।*

श्रेष्ठ साहित्य में सामान्य तौर पर बुरे-से-बुरे समझे जाने वाले चरित्र को भी इस तरह प्रस्तुत किया जाता है कि उस की बुराई के तत्त्व को ठीक-ठीक तरीके से पहचान सकने के बावजूद उस चरित्र के प्रति हमारे मन में घृणा नहीं बल्कि करुणा उपजती है। करुणा का यह भाव किसी गलदश्रु भावुकता का पर्याय नहीं बल्कि उस निस्संग आत्मान्वेषण का प्रतिफल है जो उस कृति को पढ़ने पर उद्भूत होता है। हम चरित्र की बुराई को ही नहीं पहचानते बल्कि अपने मन में कहीं गहरे दबे बुराई के तत्त्व को भी जान लेते हैं। यह पहचान हमारे मन की, हमारे अपने अनुभव यंत्र की पारदर्शिता के बिना सम्भव नहीं है। यदि हम साहित्य पढ़ कर यह पहचान कर पाते हैं तो यह न केवल साहित्यकार की सर्जन-प्रतिभा का ही प्रमाण है—बल्कि इस बात का भी कि साहित्य हमारे, हम पाठकों-गृहीताओं के मन को भी—उन के अनुभव यंत्र को भी अधिक पारदर्शी और संवेदनशील बना सका है। महान साहित्य पढ़ते हुए हम इसी कारण अच्छे-बुरे को पहचानते हुए भी उस से ऊपर उठ जाते हैं—कह सकते हैं कि सामान्य तौर पर नैतिक निर्णय के स्तर से ऊपर उठ कर एक आध्यात्मिक स्तर पर पहुँच जाते हैं और वही सर्वोच्च शुभ है क्यों कि वहाँ बुरे के लिए भी न केवल घृणा नहीं है बल्कि शुभ की आकांक्षा भी है।

कभी-कभी मुझे लगता है कि हमारे प्राचीन साहित्य में कई स्थलों पर ईश्वर द्वारा बुरे के संहार और इस कारण उस के मोक्ष प्राप्त कर लेने की जो कथाएँ मिलती

हैं वे अन्य बातों के साथ इस बात को भी रेखांकित करती हैं कि चेतना के उच्चतम स्तर पर घृणा का अस्तित्व नहीं है, वहाँ बुरे के प्रति भी शुभ की आकांक्षा है—बल्कि उस के प्रति करुणा का भाव शायद अधिक है। वह अच्छे चरित्र की तुलना में मानसिक आध्यात्मिक स्तर पर कमज़ोर है। अतः उसे सहानुभूति और करुणा की आवश्यकता शायद अधिक है और इसी कारण वह ईश्वरीय कृपा से मोक्ष की प्राप्ति करता है। मेरा मन्तव्य किसी धार्मिकता की भावना की ओर ध्यान आकर्षित करना नहीं है। सिर्फ़ इस बात की ओर ध्यान दिलाने की कोशिश है कि धार्मिक भावना के बिना भी जीवनमात्र के लिए एक किस्म के एकत्व का, आत्मीयता का और इस लिए सभी के लिए करुणा और सहानुभूति का भाव हो सकता है और वह भी एक क़िस्म की आध्यात्मिकता है—चाहें तो अज्ञेय के शब्दों में उसे ईश्वरविहीन या मानवकेंद्रित आध्यात्मिकता भी कह सकते हैं। यह तय है कि इस आध्यात्मिक संवेदन के बिना न अन्य में स्वयं को देखा जा सकता है और न अपने में अन्य को पहचाना जा सकता है। इस के बिना अपने से उठ कर दूसरे के कल्याण की समष्टि के कल्याण की भावना तक अंकुरित नहीं हो सकती। इस प्रकार की आध्यात्मिकता के बिना महान क्रांतियाँ भी सम्भव और सार्थक नहीं हो सकतीं।

यह आध्यात्मिकता मानवीय संवेदन की गहराई, व्यापकता और पारदर्शिता एवं करुणा के रूप में व्यक्त होती है। निश्चय ही साहित्य इन गुणों की साधना का एक स्वायत्त प्रकार है—स्वायत्त इस लिए कि इन के बिना वह निस्संग करुणा सम्भव नहीं है जो अच्छे-बुरे सब कुछ को उस की समग्रता में सहानुभूति के साथ देख और अनुभव कर सके। संतों और कलाकारों को इसी दृष्टि से कई बार एक ही कोटि में रखा जाता है और इसलिए, आश्चर्य नहीं होना चाहिए कि सार्त्र ने ज्यां जेने को *संत जेने* का दर्जा दिया। रामायण, महाभारत, प्राचीन यूनानी साहित्य या शेक्सपियर, कालिदास, भवभूति, भक्तिकालीन साहित्य, टॉलस्टॉय, दोस्तोएव्स्की या अन्य इन्हीं सरीखे लेखकों को पढ़ते हुए कई बार ऐसी पारदर्शिता की अनुभूति होती है और तब किसी के प्रति घृणा नहीं शेष रहती—एक व्यापक करुणा से मन भर आता है। इस करुणा को दया के अर्थ में नहीं, जीवनमात्र के अद्वैतबोध की कृतज्ञता के एक भाव के रूप में समझा जाना चाहिए।

लेकिन यह स्मरणीय है कि साहित्य में इस पारदर्शिता को अर्जित करने की साधना मूलतः एक नन्दतिक साधना है, एक कलात्मक साधना है जिस के परिणाम जितने कलात्मक होते हैं, उतने ही नैतिक भी। रूप की पूर्णता ही साहित्य में नैतिक अन्तर्दृष्टि या संवेदन की पूर्णता की व्यंजक है।

(महात्मा गाँधी अन्तर्राष्ट्रीय हिन्दी विश्वविद्यालय द्वारा दिल्ली में आयोजित जैनेन्द्र स्मृति व्याख्यान माला के अन्तर्गत प्रस्तुत व्याख्यान।)

धर्म, मत और साहित्य

'आने वाले युगों में कविता की अवश्यम्भावी नियति यही है कि यह उस मानवमात्र को जोड़ने वाली और जीवन को अर्थ-प्रदान करने वाली भूमिका का निर्वाह करे जो कि अब तक धर्म निबाहता आया था और जिसे अब विज्ञान ने (धर्म को पदच्युत करते हुए) असम्भव बना दिया है।'

—मैथ्यू आर्नाल्ड

'मैं जिस बात पर बल देना चाहता हूँ वह यह है कि सारा आधुनिक साहित्य धर्मनिरपेक्षता से भ्रष्ट है, कि यह प्राकृतिक जीवन के ऊपर अधिप्राकृतिक की प्राथमिकता के प्रति असावधान और उसे समझने में असमर्थ है जो कि मेरी राय में हमारा प्रमुख सरोकार है।'

—टी.एस. एलियट

आर्नाल्ड और एलियट के ये वक्तव्य न केवल धर्म बल्कि साहित्य को भी भिन्न-भिन्न दृष्टियों से परिभाषित करते हुए दोनों के रिश्ते की व्याख्या भी कर देते हैं—बल्कि कह सकते हैं कि यदि दो अत्यन्त महत्त्वपूर्ण लेखकों की राय एक-दूसरे से भिन्न ही नहीं बिल्कुल विपरीत है तो उस का कारण केवल धर्म को लेकर उन का मतवैभिन्न्य ही नहीं बल्कि साहित्य की अपनी हैसियत के प्रति दोनों के आग्रह की भिन्नता भी है। आर्नाल्ड के लिए धर्म मूलतः मानवमात्र को जोड़ने और जीवन को अर्थ प्रदान करने वाली चीज़ है। जब कि एलियट के लिए वह प्रमुखतः किसी अधिप्राकृतिक सत्ता में विश्वास है। किसी अधिप्राकृतिक सत्ता में विश्वास न करना एलियट की राय में केवल सेकुलर होना ही नहीं, बल्कि भ्रष्ट हो जाना भी है जब कि आर्नाल्ड का धर्म मानवमात्र से लगाव का बोध और जीवन को सार्थक बनाने की कोशिश है—फिर इस बात से कोई अधिक फ़र्क़ नहीं पड़ता कि इस कोशिश की पृष्ठभूमि में

कोई अधिप्राकृतिक सत्ता है या नहीं। यही कारण है कि आर्नाल्ड की दृष्टि में साहित्य स्वयं धर्म का स्थानापन्न हो सकता है क्यों कि वह न केवल मानवमात्र की एकता का बोध करता बल्कि उसी बोध में जीवन के अर्थ की तलाश भी करता है और इस अर्थ में अपनी कसौटी आप ही हो जाता है, जब कि एलियट न केवल धर्म को—अधिप्राकृतिक सत्ता में विश्वास वाले धर्म को—साहित्य पर वरीयता देता बल्कि उसी को साहित्य की उत्कृष्टता की कसौटी मान लेता है।

एलियट, दरअस्ल, काव्यानुभूति या कलानुभूति की ही नहीं, धार्मिक अनुभूति की भी स्वयंपर्याप्तता में विश्वास नहीं करता। उसके लिए किसी अधिप्राकृतिक सत्ता में विश्वास रखने वाले सम्प्रदाय विशेष से प्रमाणीकरण आवश्यक है। इस लिए एलियट के लिए धर्म अनिवार्यता कोई न कोई ऐतिहासिक धर्म है और साहित्य उस का अनुचर। लेकिन, दूसरी ओर, ऐतिहासिक धर्मों में भी एक अलग-वर्ग उन धर्ममतों का भी है जो ईश्वर या उस जैसी किसी अधिप्राकृतिक नियन्ता सत्ता में विश्वास नहीं करते और एक आस्तित्विक अद्वैत के बोध या करुणा और अनुकम्पा जैसे सम्पूर्ण सृष्टि के साथ एकत्व के अनुभव को ही धर्म मानते हैं। अद्वैत वेदान्त ही नहीं, जैन या बौद्ध धर्म जैसे ऐतिहासिक और मसीहाई धर्म भी अस्तित्व मात्र के लिए निष्काम और निर्वैयक्तिक प्रेम की इस अनुभूति को ही वास्तविक धर्म मानते हैं। ऐसे में साहित्य भी किसी सम्प्रदाय विशेष का अनुचर नहीं बल्कि स्वयं एक साधना-प्रक्रिया हो जाता है—वह साधना जिस का साध्य उसी से उद्भूत है—और यह सुखद आश्चर्य है कि केवल जैन और बौद्ध जैसे पारम्परिक धर्म ही नहीं, पॉल टिलिच जैसे आधुनिक धर्मशास्त्री भी धार्मिक अनुभूति को इस आस्तित्विक एकत्व या लगाव की शब्दावली में ही व्यक्त करते हैं। अपने प्रसिद्ध निबन्ध 'धर्म का लुप्त आयाम' में गहराई के आयाग को मनुष्य के स्वभाव का धार्मिक आयाम कहते हुए टिलिच धार्मिक होने को परिभाषित करते हैं : "धार्मिक होने का अर्थ है अपने अस्तित्व के अर्थ का प्रश्न भावावेगपूर्वक पूछना और उत्तर प्राप्त करने के लिए प्रस्तुत रहना, चाहे वे उत्तर चोट ही क्यों न पहुँचाएँ। धर्म की ऐसी परिकल्पना धर्म को सार्वभौमिक रूप में मानवीय बना देती है, किन्तु साधारणतया जिसे धर्म कहा जाता है उस से वह निश्चित रूप से भिन्न है। उस में देवताओं के अथवा एक ईश्वर के अस्तित्व में विश्वारा करने को धर्म नहीं बताया गया है, और न यह कहा गया है कि इन सत्ताओं के साथ विचार, भक्ति और आज्ञाकारिता द्वारा सम्बन्ध जोड़ने के लिए नाना प्रकार की क्रियाओं और संस्थाओं का नाम धर्म है। इस बात से कोई इनकार नहीं कर सकता कि इतिहास में जितने भी धर्म प्रकट हुए हैं, वे इसी अर्थ में धार्मिक हैं। फिर भी अपने आन्तरिक स्वरूप में धर्म इस संकीर्ण अर्थ वाले धर्म से कहीं अधिक कुछ है। वह स्वयं अपने अस्तित्व और सार्वभौमिक अस्तित्व से लगाव की अवस्था का नाम है।"

स्पष्ट है कि पॉल टिलिच का बल धर्म-व्यवस्था या धार्मिक अनुशासन पर

नहीं बल्कि धार्मिक अनुभूति पर है और इसी कारण वह आधुनिक साहित्य और कला में व्यक्त जीवन के अर्थशून्य होते चले जाने के अनुभव को एक धार्मिक अनुभव की संज्ञा देते हुए उन में उठाए गए सवालों को धार्मिक सवाल मानते हैं : ''इन रचनाओं की विषयवस्तु और शैली दोनों ही में आज, मनुष्य द्वारा गहराई का आयाम गँवा देने के युग में, जीवन के अर्थ के लिए आवेगपूर्ण और प्रायः दुःखद संघर्ष दिखायी पड़ता है। यह कला, साहित्य और दर्शन संकुचित अर्थ में धार्मिक नहीं हैं, पर उन में धार्मिक प्रश्न हमारे युग की अधिकांश प्रत्यक्ष धार्मिक अभिव्यक्तियों से कहीं अधिक तीव्रता और गहनता के साथ पूछा जाता है।'' हम एक बार दोस्तोयेवस्की या काफ्का जैसे लेखकों की बात छोड़ भी दें तो हमारे प्रेमचन्द जैसे बिल्कुल दूसरी तरह के लेखकों द्वारा उठाए गए प्रश्न भी अपनी प्रतीकात्मकता के कारण एक धार्मिक आयाम ग्रहण कर लेते हैं। 'गोदान' या 'कफ़न' यदि एक गहरी त्रासद अनुभूति को जगा पाते हैं तो उस का कारण वर्णित स्थितियों का एक धार्मिक आयाम है जो उन्हें गहराई का एक और आयाम दे देता है।

धार्मिक अनुभूति और काव्यानुभूति का यह रिश्ता कोई मैथ्यू आर्नाल्ड या पॉल टिलिच अर्थात् केवल आधुनिक संवेदना का ही आविष्कार नहीं है। भारतीय नाट्यशास्त्र में जब रसानुभूति को ब्रह्मानन्द सहोदर कहा गया तब उस का प्रयोजन धार्मिक अनुभव और काव्यानुभूति की समकक्षता को ही नहीं बल्कि दोनों के एक ही मूलस्रोत की ओर संकेत करना भी था। इसे स्पष्ट करते हुए नीहाररंजन राय लिखते हैं : ''माना यह जाता है कि दोनों के लिए प्रवृत्ति और प्रेरणा मनुष्य की आध्यात्मिक प्रकृति से निकलती है और वह प्रकृति है विश्व के साथ मनुष्य का घनिष्ठ और अविलम्ब सम्पर्क अनुभव करना; दूसरे शब्दों में, अस्तित्व के एक सारतत्व में सम्मिलित होना। ...धर्म का यह उतना ही लक्ष्य या प्रयोजन है जितना कला का। दोनों मनुष्य की उन्हीं सांकल्पिक, आत्मिक और भावात्मक शक्तियों का उपयोग करती हैं और दोनों के कतिपय साधन भी समान हैं, जैसे ध्यान अथवा तीव्र एकाग्रता का अभ्यास, मन की शांति और प्रयोजन की अनन्यता जिन का शिल्पशास्त्रों या अलंकारशास्त्रों में उल्लेख है।''

भारतीय परम्परा में वाल्मीकि के जिस श्लोक को आदिकाव्य की हैसियत प्राप्त है वह जिस हद तक काव्यानुभूति है, उसी हद तक धार्मिक अनुभूति भी। जो करुणा और वेदना उसे काव्यानुभूति बनाते हैं स्वयं उन का होना भी अस्तित्व मात्र के साथ एकात्मबोध की तीव्र अनुभूति के बिना कहाँ सम्भव है? महाभारत की त्रासदी की एक जड़ पाण्डु को मिले शाप में है और उस शाप की जड़ लगभग उसी स्थिति में है जिस में वाल्मीकि का श्लोक फूटता है। भवभूति जब कहते हैं कि सभी भावनाएँ वस्तुतः एक ही तत्त्व करुणा के ही विविध रूप हैं, तब क्या वह वस्तुतः करुणा पर बल देकर उस के माध्यम से अस्तित्व मात्र की एकता को ही व्यंजित नहीं कर

रहे होते हैं? एकता के इस अनुभव के बिना करुणा या तज्जन्य वेदना का कोई दार्शनिक और मनोवैज्ञानिक औचित्य ही कहाँ बनता है? उत्कृष्ट साहित्य की यह एक विशेषता मानी जाती है कि वह बुरे से बुरे चरित्रों के प्रति भी हमारे मन में घृणा नहीं बल्कि सहानुभूति उपजाता है। इस का एक कारण यह है कि उन की बुराइयाँ या कमजोरियाँ हमारी अपनी दबी या छिपी हुई बुराइयों का तीव्र और सघन रूप होती हैं, इस लिए हम उन के माध्यम से अपने को ही पहचान रहे होते हैं; और दूसरा यह कि मम और ममेतर तत्त्वतः एक ही हैं और उत्कृष्ट साहित्य एकत्व की इस भावना को और पुष्ट करता है।

यद्यपि काव्य की तरह धर्म भी मूलतः अनुभूतिमूलक है, लेकिन कविता की चर्चा करते समय जिस तरह काव्य-सम्प्रदायों का ज़िक्र सहज और अनिवार्य है, उसी तरह धर्मचर्चा में ऐतिहासिक धर्मों या धार्मिक मतों या सम्प्रदायों का ज़िक भी। मानवीय इतिहास में धर्म अपने को भिन्न-भिन्न ऐतिहासिक धर्मों, सम्प्रदायों या मतों के रूप में प्रकट करता है। धर्म एक मूल्याभूति है तो ऐतिहासिक धर्म या सम्प्रदाय उस के आधार पर विकसित एक विचारधारा। साहित्य के इतिहास में ऐसे अनेक रचनाकार हुए हैं जिन का रचनाकर्म ऐसी किसी धार्मिक विचारधारा से प्रेरित रहा है पर इस से उन के साहित्य की कलात्मक गरिमा या सार्वभौमिक प्रभावोत्पादकता पर अनिवार्यतया कोई अनुचित असर नहीं पड़ता। कृष्णभक्ति सम्प्रदाय के बिना सूर और मीरा, रामभक्ति के बिना तुलसी, निर्गुण पन्थ के बिना कबीर या ईसाइयत के बिना मिल्टन या दान्ते की कल्पना नहीं की जा सकती। आधुनिक काल में भी एलियट, कजानजाकिस या जोसेफ ब्रॉदस्की जैसे लेखकों की ईसाइयत के बिना और इक़बाल जैसे लेखकों की इस्लाम के बिना कल्पना नहीं की जा सकती है। इस लिए यह सवाल उठना स्वाभाविक है कि क्या ऐतिहासिक धर्मों से जुड़ाव एक लेखक की रचनाशीलता को अनिवार्यतया बाधित तथा उस के प्रभाव को सीमित करता है क्यों कि जैसा कि पॉल टिलिच ने कहा है कि ये ''ऐतिहासिक धर्म संकीर्ण अर्थ में ही धर्म हैं और अपने आन्तरिक स्वरूप में धर्म इस संकीर्ण अर्थ वाले धर्म से कहीं अधिक कुछ है।''

दरअस्ल, इस सवाल का उत्तर लेखकों से ही नहीं, साहित्य के गृहीता समुदाय से भी पूछा जाना चाहिए। क्या जयदेव, विद्यापति, सूर और मीरा के काव्य का आस्वाद लेने के लिए किसी कृष्णभक्ति सम्प्रदाय में दीक्षित होना अनिवार्य है? क्या इस्लाम में दीक्षित हुए बिना हम इक़बाल की रचनाओं का आनन्द नहीं लेते? क्या यूरोपीय साहित्य के आस्वादन के लिए हमारा ईसाई न होना एक दुर्भेद्य बाधा है? आखिर वह क्या चीज़ है जो एक धर्ममत की सीमाओं का अतिक्रमण कर सार्वजनीन हो जाती है?

प्रत्येक लेखक की एक भाषा और एक परिवेश होते हैं जो उस की अनुभूति के प्रेरक ही नहीं अभिव्यक्ति के माध्यम भी होते हैं। लेकिन एक भाषा और एक

परिवेश से बद्ध होने पर भी एक श्रेष्ठ लेखक उन के माध्यम से पूरी मानवीय नियति से सम्बन्धित सवालों को उठाता और इस प्रकार अपनी भाषा और परिवेश को अभिव्यक्त करने के साथ-साथ उन का अतिक्रमण भी करता है। इसी तरह प्रत्येक लेखक किसी न किसी धार्मिक परिवेश में रहता और किसी न किसी तरह की धार्मिक विचारधारा में जन्मतः दीक्षित होता है। एक धार्मिक प्रतीक-व्यवस्था से प्रेरित होने और उसी में अपने को अभिव्यक्त करते रहने पर भी उस की अनुभूति अन्ततः सम्पूर्ण मानवीय नियति से जुड़ती है क्यों कि धर्म तभी धर्म है जब वह सम्पूर्ण मानव जाति के लिए, बल्कि सम्पूर्ण अस्तित्व के लिए है। इस लिए श्रेष्ठ साहित्य अपनी भाषा की ही तरह अपनी धार्मिक प्रतीक-व्यवस्था से जुड़ा रह कर भी उस के माध्यम से मानवमात्र से जुड़ता है—बल्कि कह सकते हैं कि एक श्रेष्ठ लेखक की कसौटी ही यही है कि वह किस सीमा तक अपने सीमित संसार में सम्पूर्ण मानवीय नियति से साक्षात्कार कर पाता है।

इस लिए महत्त्वपूर्ण यह नहीं है कि एक लेखक किसी ऐतिहासिक धर्म या मत से प्रेरित होता है या नहीं। महत्त्वपूर्ण यह है कि एक रचनाकार का अपने धर्ममत से रिश्ता किस प्रकार का है। क्या यह रिश्ता एक रचनात्मक रिश्ता है जो रचनाकार को अन्ततः एक ऐसी धार्मिक अनुभूति की ओर ले जाता है जहाँ सभी मतों सम्प्रदायों के भेद मिट जाते हैं और साम्प्रदायिक या मतवादी अनुशासन भी एक ऐसा अध्याय बन कर रह जाता है जिस का अतिक्रमण किए बिना वास्तविक मुक्ति—वास्तविक धार्मिक अनुभूति—सम्भव नहीं है? सूर और मीरा जैसे रचनाकार इसी अर्थ में अपनी प्रेरणा, अभिव्यक्ति और प्रतीकात्मकता में सम्प्रदायगत लगते हुए भी सम्प्रदायमुक्त हो जाते हैं। कजानजाकिस और स्वयं टी.एस. एलियट का साहित्य अपनी ईसाइयत के बावजूद सम्पूर्ण मानवीय नियति से साक्षात्कार का साहित्य हो जाता है। लेकिन यदि एक रचनाकार अपने रचनाकर्म के दौरान भी अपनी अनुभूति से अधिक महत्त्व धर्ममत के अनुशासन को देता है, उस का अनुयायी ही बना रहता है और एक रचनाकार की मुक्त भूमिका में नहीं आ पाता तो निश्चय ही वह अधिकाशंत एक प्रचारक और कभी-कभी एक औसत रचनाकार बन कर ही रह जाता है।

रामायण और महाभारत ऐसी कृतियाँ हैं जिन से भारतीय समाज और रचनाकार निरन्तर प्रेरित होते रहे हैं। लेकिन इन कृतियों की साहित्यिक महानता इन के शास्त्रानुकूल होने में नहीं बल्कि एक हद तक शास्त्र के अतिक्रमण में है—शास्त्र का अतिक्रमण ही वहाँ मूल्यबोध को, धर्मानुभूति को पुष्ट करता है। शबरी के जूठे बेर खाना शास्त्रानुकूल आचरण नहीं है, पर वह एक गहरी धार्मिक अनुभूति को व्यंजित करने वाला स्थल है जहाँ शास्त्र अपना अर्थ खो देता है। कर्ण और एकलव्य के प्रति हमारी सहानुभूति शास्त्रों का अतिक्रमण करती है और कौरव राजसभा में द्रौपदी के प्रति हो रहे अन्याय का निर्णय करने में जब शास्त्रबुद्धि असमर्थ सिद्ध होती है

तो स्वयं कृष्ण—जो धर्म के मूर्तिमन्त रूप हैं—द्रौपदी के पक्ष में उपस्थित होकर शास्त्र को झुठलाते हैं। टॉल्सटॉय एक आस्थावान ईसाई लेखक हैं—बल्कि ऐसे लेखक जो साहित्य की श्रेष्ठता की कसौटी नैतिक मूल्यों में देखते हैं—लेकिन उनके द्वारा रचित अन्ना कैरेनिना का चरित्र ईसाई नैतिकता से परे जा कर भी न केवल हमारी सहानुभूति अर्जित करता है बल्कि अन्ना की अपनी यातना एक धार्मिक अनुभव की हैसियत ग्रहण कर लेती है। जैनेन्द्र के 'त्यागपत्र' की मृणाल की वेदना भी अपने बुनियादी अर्थों में धार्मिक वेदना का ही एक रूप है। दया पवार के अछूत को पढ़ते हुए हम जिस पीड़ा के संसार से गुज़रते हैं, उसका एक धार्मिक आयाम भी है—शायद वही उस की बुनियाद है।

धर्म सत्य की साधना है और साहित्य भी और सत्य के कई रूप और स्तर होते हैं। साहित्यकार किसी एक रूप या स्तर को आधार की तरह इस्तेमाल करता हुआ जो रचना करता है वह इतनी संश्लिष्ट होती है कि सत्य के कई स्तर और रूप उस में एक साथ झिलमिलाने लगते हैं। कई स्तरों का यह एक साथ झिलमिला सकना ही साहित्य का सौन्दर्य है, इसी में साहित्यकार की सर्जक-प्रतिभा के दर्शन होते हैं। यदि साहित्यकार किसी एक स्तर या रूप से चिपटा रह जाता है तो वह अपने संवेदन-यंत्र को संकीर्ण और अपने रचना-संसार को बन्द कर लेता है। किसी भी प्रकार का पूर्वग्रह सत्य और उस की अनुभूति को दूषित तथा उस की अभिव्यक्ति को कम प्रभावी बना देता है। सत्य का—चाहें तो कह लीजिए यथार्थ का—निराग्रह ग्रहण श्रेष्ठ साहित्य की पहली शर्त है। जब भट्टनायक कलाकार को योगी के समकक्ष ठहराते हैं तो इसी अर्थ में कि ये दोनों ही निराग्रह होने की साधना करते हैं और इसी के फलस्वरूप अपने में पारदर्शिता और करुणा का उत्कर्ष अर्जित कर पाते हैं। जब वे यह निराग्रहशीलता छोड़ देते हैं तो एक कट्टर साम्प्रदायिक हो जाता है और दूसरा मतवादी प्रचारक और इस लिए दोनों में असहिष्णुता और घृणा का विकास होने लगता है जिस का चरम रूप हिंसा और कभी-कभी आत्म-हिंसा में भी हो सकता है। साहित्य अपने प्रयोजन और प्रक्रिया में अर्थात् अपने आप में धर्म है—लेकिन स्पष्ट है कि मतान्धता उसे धर्म नहीं रहने देती, अधर्म बना देती है।

(साहित्य अकादमी द्वारा राहुल शतवार्षिकी पर कलकत्ता में आयोजित राष्ट्रीय संगोष्ठी के लिए प्रस्तुत आलेख।)

साहित्य और राजनीति

'साहित्य को पार्टी साहित्य होना होगा...गैरपार्टी साहित्य मुर्दाबाद! साहित्य के महामानव मुर्दाबाद! साहित्य को सर्वहारा के कार्य का अंश बन जाना चाहिए। उसे एक वृहत् एवं समवेत सोशल डेमोक्रेटिक मशीन का पुर्जा बन जाना होगा जिस का परिचालन समस्त सर्वहारा वर्ग का हरावल दस्ता करे। साहित्य को सोशल डेमोक्रेटिक पार्टी की संगठित, क्रमबद्ध और समवेत क्रियाशीलता का अंगभूत हिस्सा होना होगा।'

—ब्ला. इ. लेनिन

'जनता की कम्युनिस्ट शिक्षा के माध्यम के रूप में रंगमंच का अत्यधिक महत्त्व होने की वजह से केंद्रीय समिति, कला समिति तथा सोवियत लेखक संघ की परिषद् को आदेश देती है कि समकालीन सोवियत-जीवन पर नाटक-रचना की ओर अपना ध्यान केन्द्रित करें।'

—सोवियत नाटक पर केन्द्रीय समिति का प्रस्ताव, 1946

पार्टी के नेतृत्व के द्वारा ही यह सम्भव है कि जनता की माँगें, आवश्यकताएँ और आलोचनाएँ लेखकों के पास पहुँचायी जाएँ, श्रमिक जनता के जीवन के अनुसार साहित्य को सज्जित कर दिया जाए जिससे वह शताब्दियों के प्रवाह में अलग हो गया था और साहित्य को समाजवादी निर्माण और सामाजिक दीक्षा का सेवक बना दिया जाए।

—जोज़ेफ़ रेवाई

सारा साहित्य अपने परिवेश से गढ़ा जाता है और, यद्यपि कला के भक्त दावा करते हैं कि साहित्य विश्व की दिशा बदल सकता है, सचाई यह है कि राजनीति पहले आती है और साहित्य उसके अनुरूप बदलता है।

—लु शुन

वह (साहित्य) देशभक्ति और राजनीति के पीछे चलने वाली सचाई नहीं, बल्कि उन के आगे मशाल दिखाती हुई चलने वाली सचाई है।

—प्रेमचन्द

किसी समाज में एक बड़े लेखक की उपस्थिति उस देश में दूसरी सरकार के समान है।

—सोल्ज़ेनित्सिन

किसी भी प्रकार की संगठित राजनीति को मैं यह पूरा अधिकार नहीं दे सकता कि वह रचना की जाँच करे या उस पर निर्णय दे। और निर्णय देगी तो उस निर्णय को मैं पक्षपात का निर्णय मानूँगा, भले ही वह संयोगवश सही निर्णय हो। इस बात की सम्भावनाएँ बहुत अधिक हैं कि जिन कविताओं में किसी राजनीतिक दल ने राजनीति का इस्तेमाल नहीं देखा है, उन्हीं में आदमी के लिए न्याय के पक्ष की सबसे ज्यादा राजनीति हो।

—रघुवीर सहाय

इन सभी वक्तव्यों में साहित्य और राजनीति के रिश्तों की तो स्वीकृति है—और इस लिए शायद इस बात पर बहस की ज़रूरत नहीं है कि साहित्य राजनीति से भी ठीक उसी तरह जुड़ा होता है जिस तरह शेष जीवन से—लेकिन यह रिश्ता किस प्रकार का हो, इसे लेकर राजनीतिकर्मी और साहित्यकार में तो मत-वैभिन्न्य है ही, स्वयं साहित्यकारों की राय भी एक-दूसरे से भिन्न बल्कि मुखालिफ है और इस लिए साहित्य और राजनीति के पारस्परिक रिश्तों का सही स्वरूप क्या हो, इस पर गहरे विचार की ज़रूरत बनी रहती है।

लेनिन, जोज़ेफ़ रेवाई, कम्युनिस्ट पार्टी की केंद्रीय समिति के प्रस्ताव और लु शुन के वक्तव्यों की मूल ध्वनि राजनीति को साहित्य का संचालक, नियंत्रक और कुछ उदार होकर सोचें तो मूल कारक मानने की है। लेकिन साहित्य से जो माँग कम्युनिस्ट राजनीति कर रही है, वही माँग यदि कम्युनिस्ट-विरोधी या फासिस्ट राजनीति भी करे और साहित्य उसे पूरा करने को तत्पर हो तो? यदि मूल बात साहित्य के राजनीति द्वारा निर्देशित या नियन्त्रित होने की ही है तो फ़ासीवादी राजनीति की ऐसी ही माँग को पूरा करने में क्या सैद्धान्तिक आपत्ति हो सकती है क्यों कि इस में भी साहित्य और राजनीति के रिश्ते का स्वरूप वही रहता है—और फिर फ़ासीवाद तो स्वयं को मूलतः सांस्कृतिक कार्यक्रम ही मानता और राजनीति को अपने सांस्कृतिक मूल्यों की सिद्धि का माध्यम मानता है—जिस का तात्पर्य है कि वह साहित्य को अन्ततः किन्हीं राजनीतिक लक्ष्यों की नहीं बल्कि सांस्कृतिक लक्ष्यों की सेवा में ही लगाना चाहता है—और साहित्य स्वयं एक सांस्कृतिक प्रक्रिया है।

ज़ाहिर है कि हम यह नहीं मानेंगे क्यों कि सवाल केवल राजनीति का नहीं, बल्कि सही राजनीति का है–यद्यपि सभी राजनीतियाँ अपने को सही मान कर ही की जाती हैं। हम यह निर्णय कैसे करें कि सही राजनीति क्या है? तोलस्तोय मानते हैं कि सत्ता किसी समूह के आपसी सम्बन्धों से ही पैदा होती है और आकार ग्रहण करती और इस दृष्टि से सही राजनीति का मतलब है किसी समूह के न्यायपूर्ण आपसी सम्बन्ध और यहाँ न्याय की व्याप्ति जीवन के सभी पहलुओं तक मानी जानी चाहिए, केवल वैधिक, राजनीतिक या आर्थिक पहलुओं तक ही नहीं और तब इस बात की भी अनदेखी नहीं की जा सकती कि स्वयं साहित्य और राजनीति का रिश्ता भी न्यायपूर्ण होना चाहिए।

इस लिए सवाल केवल यही नहीं रहता कि राजनीति कैसा साहित्य चाहती है बल्कि यह भी हो जाता है–और साहित्य की ओर से तो प्राथमिक शर्त ही यही है कि वह कैसी राजनीति चाहता है। साहित्य पर राजनीति की दृष्टि से विचार करने से पूर्व स्वयं राजनीति पर साहित्य की दृष्टि से विचार करने की ज़रूरत है।

आप गौर करेंगे कि मैंने *'साहित्य की दृष्टि'* से विचार करने की ज़रूरत की बात की है। मेरा प्रस्ताव *'साहित्य की दृष्टि'* का है, *'साहित्यकार की दृष्टि'* का नहीं–क्यों कि साहित्यकारों की दृष्टियाँ एक-दूसरे से भिन्न या मुखालिफ़ भी हो सकती हैं और तब सही राजनीति के स्वरूप पर कभी सहमत नहीं हुआ जा सकेगा। इस लिए सवाल यह है : क्या साहित्य की भी अपनी कोई राजनीतिक दृष्टि या प्रयोजन हो सकता है? क्या साहित्य की भी कोई अपनी राजनीति हो सकती है–खेमाबंदी के अर्थ में नहीं–मानवीय सम्बन्धों को निरन्तर बेहतर बनाते रहने के सूक्ष्म और व्यापकतर अर्थों में?

साहित्य की अपनी एक नैतिक चेतना है जो उस की अपनी रचना-प्रक्रिया से ही उपजती है और इस लिए वह कोई साहित्येतर या आरोपित नैतिकता नहीं है। इस तरह साहित्य एक गहरे और बुनियादी अर्थ में अपनी प्रक्रिया में ही एक नैतिक कर्म हो जाता है। इस नैतिकता की नींव साहित्य की बुनियादी प्रतिज्ञा है और वह है एक सृजनात्मक स्वतन्त्र चेतना द्वारा सम्प्रेषण या साझे की ललक। अपने घोषित उद्देश्यों और प्रेरणाओं में भिन्नता के बावजूद सभी साहित्यकारों बल्कि सम्पूर्ण कलाकर्म में यह प्रतिज्ञा समान है। जब हम स्वतन्त्र सर्जनात्मक चेतना द्वारा सम्प्रेषण, संवाद या साझे की ललक की बात करते हैं तो इस में दूसरे अर्थात् पाठक पक्ष के उस स्वतन्त्र और सर्जनात्मक व्यक्तित्त्व की अवधारणा भी सम्मिलित है जो स्वयं सम्प्रेषण को, सर्जनात्मक संवाद को उत्सुक है। लेखक और पाठक के बीच का रिश्ता भी एक सर्जनात्मक रिश्ता है क्यों कि पाठक केवल ग्रहण नहीं करता बल्कि ग्रहण करने की प्रक्रिया में रचता भी है या कह सकते हैं कि रचते हुए ग्रहण करता है। कोई भी सार्थक या न्यायपूर्ण सम्प्रेषण, संवाद या साझा बराबरी के सम्बन्धों में अर्थात्

दो समान स्वतन्त्र व्यक्तित्वों के बीच ही सम्भव है। एक स्वतन्त्र चेतना का दूसरी स्वतन्त्र चेतना से सर्जनात्मक सम्बन्ध साहित्य की मूल नैतिक प्रतिज्ञा है। इस लिए जब साहित्य सत्ता के स्वरूप और प्रक्रिया या राजनीति पर भी विचार करता है तो उस में स्वभावतः वह एक समूह के आपसी सम्बन्धों में—जो सत्ता को पैदा करते और उसे आकार देते हैं—इस सर्जनात्मकता की प्रतिष्ठा ही चाहता है। स्वतन्त्रता, समानता और सर्जनात्मकता इस लिए किसी राजनीति द्वारा उस पर आरोपित नहीं, बल्कि साहित्य की अपनी प्रक्रिया से प्रसूत मूल्य है। और इस में हमें अहिंसा को भी जोड़ना होगा क्यों कि साहित्य के सम्प्रेषण-ग्रहण की प्रक्रिया सारतः अहिंसक प्रक्रिया है, जो किसी भी तरह के बलप्रयोग के बजाय मानवीय संवेदन और विवेक पर भरोसा करती है। एक अच्छी कृति से साक्षात्कार के बाद यदि हम ठीक वही नहीं रह जाते जो उस से पूर्व थे, तो यह क्या *'हृदय-परिवर्तन'* की अहिंसक प्रक्रिया का ही कलात्मक रूप नहीं है?

इस लिए साहित्य की राजनीति—अपने बुनियादी नैतिक अर्थों में—किसी विचारधारा, दल या दल के कार्यक्रम की राजनीति नहीं है—चाहे संयोगवश उस का मूल्यबोध कभी कहीं इन में से किसी का अविरोधी भी हो—और किसी भी हालत में वह इन से अनुशासित नहीं है। वह अनुशासित है स्वयं अपनी सर्जनात्मक प्रेरणा से, उस मानवीय संवेदना से जो सर्जनात्मकता में अपने होने के आनन्द की अनुभूति करती और उसी में सार्थकता का बोध करती है। समाज के आपसी सम्बन्धों में इस सर्जनात्मकता की प्रतिष्ठा ही साहित्य का राजनीतिक कर्म है जो वह अपने होने के माध्यम से ही करता है। यह राजनीति किसी विचारधारा या दर्शन से नहीं स्वयं साहित्य की अपनी प्रक्रिया से उपजी मूल्य-संवेदना से प्रेरित और संचालित है। इसी अर्थ में साहित्य एक स्वायत्त कर्म है जिसे अपने राजनीतिक बोध में अपने से बाहर की किसी सत्ता या प्रक्रिया से अनुशासित होने की ज़रूरत नहीं है।

इस लिए साहित्य से उन शक्तियों की पहचान की उम्मीद करना ग़लत नहीं होगा जो अपनी स्थूल या सूक्ष्म हिंसा से समूह के बीच सर्जनात्मक सम्बन्धों अर्थात् सत्ता के सर्जनात्मक रूप को विकृत करतीं या स्वतन्त्रता का दमन करती हैं। पहचान की इस प्रक्रिया में एक लेखक कभी किसी विचारधारा या दल को अपने उद्देश्यों के अनुकूल भी समझ सकता और उस के उन कार्यक्रमों के प्रति सक्रिय सहानुभूति भी रख सकता है जो साहित्य के अपने मूल्यबोध की सिद्धि में उसे सहायक लगें। लेकिन वह किसी भी हालत में उस से समग्रतः अनुशासित नहीं हो सकता। शोलोखोव की तरह उस के लिए यह कहना संगत नहीं होगा कि *'हम लेखकों के पार्टी से अनुबंध उन बंधनों से भी अधिक पवित्र हैं जो हमें अपनी पत्नियों से बाँधते हैं।'* और न ही वह जोज़ेफ़ रेवाई के इस मत से सहमति प्रकट कर सकता है कि *'लेखक का काम यह है कि जोश के साथ उठ खड़ा हो और हंगरी के जीवन में कम्युनिस्ट पार्टी*

के नेतृत्व में जो महान् परिवर्तन हो रहा है उस के लिए पुकार कर कहे, वाह! वाह! बहुत ठीक।' किसी संगठन या उसके कार्यक्रम से समग्रतः अनुशासित होने का अर्थ—और अक्सर यह काम किसी दर्शन, विचारधारा या मूल्यबोध के नाम पर ही किया जाता है—उस राजनीतिक समूह या संगठन का अपने कार्यों या प्रक्रिया में साहित्य की मूल प्रेरणा अथवा स्वयं उस संगठन की अपनी मूल प्रेरणा का विरोधी हो जाने, हिंसक या आततायी हो जाने की स्थिति में भी 'टैक्टिक्स' के नाम पर उस का समर्थन करने को बाध्य होना होगा। यह दल या विचारधारा का अनुशासन ही था जिसने सर्वसत्तावादी समाजवादी देशों में अधिकांश लेखकों को अपने समाज के उस यथार्थ को नहीं समझने दिया जो पिछले वर्षों के ऐतिहासिक जन-उभार की पृष्ठभूमि में रहा है और यदि कभी कुछ समझा भी गया तो उन्हीं के द्वारा जिन्हें संगठन द्वारा अपमानित, उत्पीड़ित और दंडित किया गया था—उन के द्वारा जिन्होंने अपने आदर्शों की हत्याएँ असहाय होकर देखते रहने की बजाय आत्महत्या कर लेना बेहतर समझा—यद्यपि तब भी शायद यही बेतहर होता कि आत्महत्या कर लेने के बजाय वे अपने सर्जनात्मक कर्म से सम्बन्धित संगठन को विवश कर देते कि वही उन की हत्या कर दे।

साहित्य और राजनीति का सम्बन्ध इस लिए संगठनात्मक नहीं बल्कि मूल्यगत है क्यों कि दोनों का प्रयोजन एक है—यद्यपि स्थूल रूप से दोनों का स्वरूप, प्रकृति और प्रक्रिया भिन्न हैं। नैतिकता और कला की प्रक्रियाओं पर विचार करते हुए हिरयन्ना कहते हैं कि दोनों ही वस्तुओं की वर्तमान अवस्था के प्रति अपूर्णता के बोध से पैदा होती हैं और साथ ही यह भी प्रस्ताव करते हैं कि दोनों अपने साध्य को तभी प्राप्त कर पाती हैं जब वे आनन्दमूलक और निर्वैयक्तिक हों। उन्हीं के शब्दों में *'अगर हम किसी साध्य के लिए काम कर रहे हैं तो हमारा कर्म नैतिक तब होता है जब वह साध्य पूरी तरह से स्वार्थपरक उपलब्धि को त्याग कर अर्जित किया जा रहा हो। ठीक इसी तरह अगर हम किसी स्थिति का अनुचिन्तन कर रहे हैं तो यह अनुचिन्तन सौन्दर्यात्मक तब बनता है जब हम उस के द्वारा इतने वशीभूत हो जाते हैं कि स्वयं अपने आपको भूल जाते हैं...कला और नैतिकता, जैसा कि आम तौर पर समझा जाता है, जीवन की आलोचना करती हैं, लेकिन यह आलोचना ऐसी नहीं होती कि जो जीवन की सम्पूर्ण सक्रियताओं का परित्याग करने की दिशा में हमें ले जाये। उनका लक्ष्य तो उन समस्त सक्रियताओं में अन्तर्निहित इच्छाओं और वृत्तियों का शुद्धिकरण करना होता है और ऐसा वे स्वार्थपरकता के सारे धब्बों को धो कर करती हैं।'* राजनीति अगर एक नैतिक कर्म है तो हिरयन्ना का विचार उस पर भी पूरा लागू होता है।

लेकिन अपनी राजनीति के लिए साहित्य को अपने पैरों पर खड़ा होना होगा। साहित्य अगर कोई राजनीतिक कर्म भी है तो इस लिए नहीं की वह किसी राजनीतिक दर्शन, दल या कार्यक्रम का उपनिवेश या *'ग़रीब बिरादर'* है बल्कि इस लिए कि

अपनी प्रक्रिया में वह उन मूल्यों को समर्पित है जिन की सिद्धि का एक रास्ता राजनीति का भी है—अपने बुनियादी नैतिक अर्थों में। लेकिन कुछ हद तक लक्ष्यों की इस समानता के बावजूद राजनीति साहित्य की निर्देशक नहीं हो सकती। साहित्य अपने समय और समाज के बोध के लिए किसी राजनीतिक संगठन के विश्लेषण की प्रतीक्षा नहीं करता—वह अपनी प्रक्रिया के माध्यम से ही न्याय-अन्याय का बोध करता है।

दरअस्ल, साहित्य भी सत्ता का एक प्रकार है। पूँजी, राज्य या सामाजिक-धार्मिक संगठनों की तरह ज्ञान की सत्ता का एक प्रकार है—क्यों कि वह समूह के आपसी सम्बन्धों का एक महत्त्वपूर्ण निर्धारक है—और साहित्य ज्ञान की एक प्रक्रिया है। इस प्रक्रिया का अन्य सत्ता-संस्थानों से कोई भी रिश्ता बराबरी का ही हो सकता है यदि अन्य सत्ता-संस्थान साहित्य के अपने नैतिक-बोध से सहमत हैं तो—और ऐसा न होने पर साहित्य स्वयं एक समान्तर सत्ता, एक समान्तर राजनीति बन जाता है। यह बात इस से भी प्रमाणित है कि जब भी सत्ता के अन्य रूप न्याय का मार्ग छोड़ते हैं तो वे साहित्य या ज्ञान पर सदैव क़ाबिज होने की और उसे अपने अनुकूल करने की कोशिश करते दिखायी देते हैं। सर्वसत्तावादी देशों में स्वतन्त्रचेता साहित्यकारों के साथ दमनपूर्ण व्यवहार और पूँजीवादी व्यवस्था में उन्हें लुभाने की कोशिशें इस बात का प्रमाण हैं कि सत्ता के राजनीतिक और आर्थिक रूप—और इसी तरह साम्प्रदायिक रूप भी—साहित्य की इस ताक़त से भलीभाँति परिचित हैं और उसे निरन्तर अपने अनुकूल करने को लालायित रहते हैं। ज़ाहिर है कि ऐसी स्थिति में सत्ता के इन रूपों के साथ साहित्य का रिश्ता संघर्ष का ही हो सकता है।

लेकिन साहित्य यह संघर्ष भी अपनी शर्तों पर और अपनी प्रक्रिया के माध्यम से करता है। यह संघर्ष स्थूल रूप में विषय-वस्तु के रूप में भी प्रकट होता है, पर सूक्ष्म और रूपगत स्तरों पर साहित्य अपने होने की प्रक्रिया में ही संघर्ष हो जाता है और उस का प्रभाव अधिक गहरा और व्यापक पड़ता है। अक्सर यह पूछा जाता है कि यूरोप के रोमांटिक आन्दोलनों का झुकाव तो आम भाषा की ओर रहा जब कि हिन्दी में उस का रुझान संस्कृत-प्रेरित रहा। यह केवल सूक्ष्म और कोमल भावनाओं को अभिव्यक्त करने के ही लिए नहीं था—क्यों कि कोई भी जीवन्त भाषा अपने समय के सभी सूक्ष्म और कोमल भावों को व्यक्त करने में समर्थ होती ही है—बल्कि इस लिए था कि इस तरह की भाषा के माध्यम से हम में वे जातीय स्मृतियाँ जागती थीं जिन से हम एक समाज होने की अनुभूति करते, अपनी अस्मिता को पहचान पाते थे। इस प्रकार यह भाषा औपनिवेशिकता के विरुद्ध एक संघर्ष हो जाती थी—चाहे कविता का सीधे तौर पर राजनीति से कोई सम्बन्ध न भी रहा हो। इस प्रकार भाषा की इस संरचना का एक राजनीतिक आयाम भी था। कह सकते हैं कि साहित्य यहाँ रूपगत स्तर पर अपनी संरचना से, अपने होने मात्र से स्वतन्त्रता की लड़ाई

लड़ रहा था। यहीं आकर विक्टर सर्जी का यह कथन समझ में आता है कि एक प्रेम कविता भी आतंक के विरुद्ध एक सार्थक हथियार या संघर्ष होती है।

सत्ता के अन्य रूपों ने आज साहित्य के सम्मुख सबसे बड़ा खतरा यह खड़ा किया है कि उन के कार्य-कलापों के कारण साहित्य के माध्यम भाषा की अपनी भावात्मक विश्वसनीयता छीजती जा रही है। इस विश्वसनीयता को पुनः प्राप्त करने का संघर्ष सौन्दर्यशास्त्रीय या रचना-प्रक्रिया से सम्बन्धित होते हुए भी राजनीतिक व्याप्ति रखता है। इसी अर्थ में साहित्य और राजनीति का रिश्ता नैतिक ही नहीं बल्कि एक सौन्दर्यशास्त्रीय रिश्ता हो जाता है। राज्य, पूँजी, संचार माध्यम आदि सत्ता रूपों के बरक्स भाषा की विश्वसनीयता को पुनः अर्जित करने के प्रयोजन से ही आज की हिन्दी कविता की भाषा में एक घरेलूपन की वापसी सम्भव हो रही है। भाषा के घरेलूपन का यह आग्रह अपने परिवेश के साथ रागात्मक लगाव, निजता की रक्षा और एक निर्मम होते जा रहे संसार में कौटुंबिक आत्मीयता के भाव की पुनःप्रतिष्ठा का आग्रह है और इस प्रकार आज की कविता की भाषिक संरचना एक सौन्दर्यशास्त्रीय ही नहीं एक नैतिक संघर्ष का साक्ष्य भी है—विशृंखल मानवीय सम्बन्ध ों के संसार में अपनेपन के भाव का संरचनागत प्रतिफलन। भाषा की भावात्मक विश्वसनीयता को पुनः अर्जित करने के प्रयोजन से ही साहित्य अपनी रूढ़ और विश्वास खो चुकी संरचनाओं को तोड़ता और निरन्तर नयी संरचनाओं की सृष्टि में रत रहता है जो प्रकारान्तर से साहित्य के राजनीतिक प्रयोजन और कलात्मक प्रयोजन का ऐसा प्रतिफलन है जिसमें साध्य और साधन एक हो जाते हैं और न केवल प्रसिद्ध रूसी सौन्दर्यशास्त्रीय लोतमान के इस कथन का औचित्य सिद्ध हो जाता है कि *'रचना का विचारात्मक सार उसकी संरचना है।'*—बल्कि साथ ही निर्मल वर्मा के इस वक्तव्य का मर्म भी स्पष्ट होने लगता है, *''लेखक का शब्द न यंत्र है, न माध्यम, न ही तर्कसंगत विचारपद्धति, वह सिर्फ़ है—और उसका होना ही तीव्र ढंग से आलोचनात्मक हो जाता है। शब्द किसी विचार का वाहक नहीं, जब शब्द पीछे मुड़कर अपनी तरफ देखता है, तो खुद विचार बन जाता है। हम 'विचार' को बौद्धिकता तथा 'कल्पना' को सृजन के साथ नत्थी करने के इतने आदी हो चुके हैं कि यह सोचना असम्भव लगता है कि शब्द से जुड़ कर हर कल्पना वैचारिक, हर सृजन-प्रक्रिया आलोचनात्मक हो सकती है। शब्द का यह चयन मनमाना रहस्यमय अलौकिक नहीं है, इस चयन के पीछे लेखक का समूचा नैतिक संघर्ष छिपा होता है, बल्कि यों कहें कि अगर लेखक की प्रतिबद्धता जैसी कोई चीज़ है, तो वह लेखक और शब्द के बीच के सम्बन्ध में ही प्रतिध्वनित हो सकती है।''* (शब्द और स्मृति, पृ. 45-46)

जो समाज अपनी कविता को, कला को, भाषा की विश्वसनीयता को बनाए रखना सीख जाता है, वह अपनी राजनीतिक लड़ाई भी कभी नहीं हारता, जब कि

इस के बिना कई बार राजनीतिक लड़ाई में सफल हो कर भी वह अपनी अस्मिता को खो देता है जो स्थायी पराजय है। लेकिन यह बुनियादी और मूल्यगत लड़ाई है जो साहित्यिक प्रक्रिया के स्तर पर लड़ी जाती है, किसी राजनीतिक कार्यक्रम के तहत नहीं—क्यों कि साहित्य की इस राजनीति का अपना एक कार्यक्रम होता है जिसे किसी विचारधारा या संगठन की बजाय साहित्य की अपनी प्रक्रिया और समाज के रिश्तों की बुनावट में से गुज़र कर ही समझा जा सकता है जो कि जितनी जटिल है उतनी ही सरल भी। ब्रेश्ट की प्रसिद्ध कविता 'टू पोस्टेरिटी' की पंक्तियाँ हैं :

'फिर भी हम जानते हैं अच्छी तरह
बुराई से घृणा
विकृत कर देती है शक्ल,
अन्याय पर क्रोध
कर्कश कर देता है मेरी आवाज। हाय, हम
जो चाहते रहे बनाना जगह मैत्री के लिए
हो न सके खुद मित्र।'

(उदयपुर में राजस्थान साहित्य अकादमी द्वारा आयोजित
लेखक सम्मेलन में पढ़ा गया आलेख।)

सत्य की काव्यात्मक व्यंजना

शब्द-शक्तियों में लक्षणा और व्यंजना को ही साहित्य के प्रयोजन से महत्त्वपूर्ण माना गया है—अभिधा का तो वहाँ एक सीमित, स्थूल और सूचनात्मक महत्त्व ही है। ठीक यही बात साहित्य में सर्जित स्थितियों और घटनाओं के बारे में भी कही जा सकती है—क्यों कि यदि इन स्थितियों और घटनाओं से भी हम स्थूल अर्थ ही बरामद करते हैं तो यह एक प्रकार से अभिधा को ही महत्त्व देना होगा। लेकिन पिछले कुछ अर्से में हमारे पढ़े-लिखे कहे जाने वाले समाज द्वारा हमारी संस्कृति के दो गौरव ग्रंथों—रामायण और महाभारत—में वर्णित घटनाओं की जिस तरह से स्थूल व्याख्या की जा रही है, उसे देख कर तो यही लगता है कि इस पढ़े-लिखे वर्ग का साहित्यिक संस्कार हमारे लोक संस्कार की तुलना में बहुत स्थूल और अभिधात्मक है। रामायण और महाभारत पर बने दूरदर्शन के सीरियलों में दिखायी गयी बहुत-सी घटनाओं को लेकर बहुत क्षोभ व्यक्त किया गया है। यदि यह क्षोभ सीरियल की सपाटता या कलाविहीनता को लेकर किया जाता तो निश्चय ही उचित होता—शायद ही और कोई समाज अपनी गौरव-गाथाओं की इतनी निम्नस्तरीय और असुंदर प्रस्तुति को सहन करता। लेकिन यह क्षोभ इस बात को लेकर है कि इन घटनाओं में स्त्री को अपमानित किया गया है या कहीं वर्गभेद पर आधारित अत्याचार को बढ़ावा दिया गया है—और यह आरोप प्रस्तुति पर नहीं बल्कि मूल कथाओं पर ही है। सामान्य बातचीत में भी पढ़े-लिखे आधुनिक वर्ग द्वारा बहुत-सी घटनाओं की इसी तरह की स्थूल व्याख्या की जाती है और उस के आधार पर इन महाकाव्यों या ऐसे अन्य पौराणिक-साहित्यिक ग्रन्थों पर अविचारित आक्षेप किए जाते हैं।

किसी भी लेखक या रचना के मन्तव्य को आखिर हम कैसे पहचानते हैं? रचना के सम्प्रेषण का मतलब क्या है? इन सवालों से टकराए बिना साहित्य की अपनी विधि और उस के औचित्य को नहीं समझा जा सकता। किसी भी रचना का मन्तव्य वह नहीं होता जो अभिधा में कहा गया है, जब कि

एक तरह के यथार्थ के चित्रण के लिए अभिधा की विधि को काम में लेना ही पड़ता है। यदि किसी रचना में एक नेक और सही आदमी को तकलीफों से गुजरते हुए बताया जाता है तो क्या इसका तात्पर्य यह होगा कि लेखक हमें नेकी और सच्चाई के रास्ते पर चलने से रोकना चाहता है? किसी भी तरह के कलात्मक सम्प्रेषण की कसौटी यह है कि अन्ततः वह गृहीता समाज की संवेदना पर क्या असर डालता और उस में क्या परिवर्तन या संवर्धन घटित करता है। यदि किसी स्थिति या घटना के स्थूल या इकहरे वर्णन को ही रचना का प्रयोजन मान लिया जाए तब तो साहित्यिक या कलात्मक अभिव्यक्ति की कोई वैधता ही नहीं बच रहेगी और साहित्य व अन्य कला रूप भी तब सत्य को जानने की विशिष्ट विधियाँ नहीं बल्कि कोरी शब्दक्रीड़ा या रंगक्रीड़ा आदि के उदाहरण बन कर रह जाएँगे। दुनिया के महान त्रासदी नाटक सदैव सत्य पर चलने वालों की स्थूल असफलता या मृत्यु दिखाते हैं—उसके बिना त्रासदी घटित ही नहीं होती। तो क्या यह माना जाए कि त्रासदी लेखक सत्य की असफलता चाहता है? यदि ईसा या महात्मा गाँधी या सुकरात के जीवन पर किसी उपन्यास, महाकाव्य या नाटक की रचना की जाए तो क्या समझा जाएगा कि लेखक हमें इन महान व्यक्तित्वों से दूर ले जाना चाहता है? इन सभी को स्थूल अर्थों में उन शक्तियों के हाथों मरना पड़ा जिन के खिलाफ ये संघर्ष कर रहे थे। क्या दुनिया भर की शहादतों का असर हम पर यह पड़ता है कि हमें शहीदों को अपना आदर्श नहीं मानना चाहिए?

देखना यह होगा कि लेखक या रचना की अपनी सहानुभूति किस तरफ है—और लेखक इस सहानुभूति की घोषणा नहीं करता बल्कि उस की रचना के माध्यम से वह स्वयं व्यंजित होती और पाठकों को संवेदित करती है। जिन घटनाओं को लेकर रामायण और महाभारत या ऐसे अन्य ग्रन्थों की आलोचना की जाती है, उन में से कुछ को उदाहरण के रूप में लेकर देखें।

आधुनिक पढ़े-लिखे लोगों को रामायण से यह बड़ी शिकायत है कि सीता की अग्नि परीक्षा के बावजूद एक धोबी द्वारा प्रसारित प्रवाद के आधार पर राम उन का त्याग कर देते हैं। अब यह देखें कि इस घटना से समग्र प्रभाव क्या पड़ता है। क्या पाठक इससे यह प्रभाव ग्रहण करता है कि सीता को त्याग दिया जाना चाहिए था? यदि ऐसा होता तो सीता के प्रति रामायण के पाठक-समाज में कोई सहानुभूति नहीं होती जब कि सामान्य तौर पर हम जानते हैं कि राम के प्रति मन में कोई अनादर का भाव न लाते हुए भी इस स्थल पर रामकथा के प्रत्येक लेखक और व्यापक पाठक-समाज की सहानुभूति सीता के साथ होती है और यदि पाठकों का मन सीता की व्यथा से संवेदित है तो यह मानने का कोई कारण नहीं बचता कि लेखक या इस घटना का वर्णन पुरुष-प्रधान समाज का समर्थन करता है। लोकगीतों में सीता की व्यथा का मार्मिक वर्णन मिलता है और मैथिल प्रदेश में अभी भी यह मान्यता

है कि अयोध्या में अपनी बेटी नहीं देनी चाहिए क्यों कि सीता को वहाँ तकलीफ हुई थी। ये सब बातें क्या यह नहीं बतातीं कि लोक संस्कार पर इन घटनाओं के वर्णन का जो असर पड़ा, वह किसी निरंकुश पति के पक्ष में नहीं जाता बल्कि स्त्री के प्रति किए गए ऐसे किसी भी अत्याचार के विरुद्ध हमारी संवेदना को जाग्रत करता है।

लेकिन सीता की व्यथा से संवेदित होते हुए भी इस लोकसमाज में राम के प्रति अनादर का भाव नहीं जागता—बल्कि उनके प्रति श्रद्धा और बढ़ जाती है। ऐसा इस लिए है कि लोकमन इस बात को अच्छी तरह पहचानता है कि राम के मन में सीता के प्रति विश्वास और प्रेम में कोई कमी नहीं है। वे स्वयं उतने ही व्यथित हैं जितनी सीता। लेकिन यह निर्णय वह इस लिए लेते हैं कि प्रजा के मन में राजा को लेकर कोई प्रवाद नहीं रहना चाहिए क्यों कि अन्ततः प्रजा अपने नेतृ वर्ग के आचरण का अनुकरण करती है। अतः, राम एक सार्वजनिक जीवन का आदर्श स्थापित करने के लिए सीता के त्याग का निश्चय करते हैं। वह न तो आरोप में विश्वास करते हैं और न ही सीता को त्याग कर दूसरा विवाह करते हैं बल्कि अश्वमेध यज्ञ के अवसर पर सीता की ही मूर्ति साथ रखने का आग्रह करते हैं। राम की व्यथा एक स्तर पर सीता की व्यथा से भी गहरी हो जाती है क्यों कि वह अच्छी तरह जान रहे होते हैं कि सीता निरपराध है। लेकिन उन्होंने शासक का उत्तरदायित्व सँभाला है, अतः सार्वजनिक जीवन में शासक के एक आदर्श बने रहने के लिए वह निजी सुख को त्यागते ही नहीं, स्वयं व्यथा का वरण करते हैं। आज जब बड़े-बड़े और सप्रमाण आरोपों को भी निर्लज्जतापूर्वक नकार कर हमारा नेतृत्व जिस तरह के प्रतिमान समाज के सम्मुख रख रहा है और सार्वजनिक जीवन पर उसका जो घातक असर दीख रहा है, उसे देखते हुए राम के त्याग का महत्त्व और भी स्पष्ट समझ में आ सकना चाहिए।

लेकिन इस कथा में एक पक्ष धोबी का भी है। क्या उस धोबी के प्रति किसी की सहानुभूति जागती है—बल्कि उस से वितृष्णा ही अधिक होती है। क्या इस का मतलब यह नहीं है कि सामान्य पाठक वर्ग भी इस तरह के अविचारित आरोप लगाने और उन्हें अन्य लोगों द्वारा अविचारित ही स्वीकार कर लिए जाने की मानसिकता को अनुचित मानता है? इस प्रकार इस एक घटना के माध्यम से रामायणकार ने जहाँ एक ओर यह प्रभाव डाला है कि एक शासक को अपने धर्म का निर्वाह करने में अपने प्रति कितना निर्मम होना पड़ता है, वहीं दूसरी ओर एक अनुचित निर्णय के प्रति, स्त्री के साथ अनुचित व्यवहार के प्रति हमारी संवेदना को जाग्रत भी किया है और साथ ही एक सामान्य व्यक्ति के रूप में हमारे भीतर जो एक अविचारित निन्दक बैठा है, उस के प्रति भी हमें सचेत किया है। यह सब बहुत जटिल है लेकिन मनुष्य का मन भी तो कम जटिल नहीं है। इस लिए एक जटिल संवेदना प्रक्रिया

के माध्यम से इस एक कथा से रचनाकार हम तक एक बहुआयामी अर्थ व्यंजित करता है।

इसी तरह महाभारत में द्रौपदी के चीरहरण वाले प्रसंग को लिया जा सकता है। अभी अब दूरदर्शन पर यह दृश्य दिखाया गया तो इसे लेकर पढ़े-लिखे आधुनिक समाज में बहुत हल्ला मचा और इसे स्त्रीजाति का अपमान समझा गया। देखना यह है कि इस प्रसंग के माध्यम से आखिर महाभारतकार जो कहना चाहता है और लोकमन उसे जिस तरह ग्रहण करता है, उस में क्या कोई बुनियादी फ़र्क़ है? सीता की ही तरह यहाँ भी हमारी सहानुभूति द्रौपदी के साथ होती है। एक भी ऐसे संवेदनशील पाठक की कल्पना मुश्किल है जो इस प्रसंग में दुःशासन या दुर्योधन के पक्ष का समर्थक हो। तब क्या इस का सीधा तात्पर्य यह नहीं है कि इस प्रसंग के माध्यम से भी लेखक ने स्त्री के साथ किए जा रहे अनुचित व्यवहार के खिलाफ़ हमारी संवेदना को जाग्रत करना चाहा है? यह भी तय है कि उस क्रूरता के यथार्थ वर्णन के बिना इस अपेक्षित प्रभाव की सृष्टि हो ही नहीं पाती। इस प्रसंग में भी रचनाकार ने यथार्थ के कई स्तर एक साथ झलकाए हैं। एक ओर वह दुर्योधन और दुःशासन आदि के माध्यम से मानवमन की प्रतिशोध और परपीड़ा की क्रूर प्रवृत्तियों के विरुद्ध हमारी संवेदना को स्पन्दित करता है, तो दूसरी ओर यह भी बताता है कि बौद्धिक ऊहापोह और सत्ता का दबाव किस प्रकार हमारी उच्चतम बौद्धिक प्रतिभा को संशयग्रस्त बना देते हैं और गीता के शब्दों में संशयात्मा का विनाश निश्चित है। इसी प्रसंग से यह भी स्पष्ट होता है कि धर्मनिर्णय केवल विधि के आधार पर नहीं हो सकता—आर्त के प्रति संवेदना के बिना धर्मनिर्णय एक पाखंड है जो कुरुसभा के बौद्धिक कर रहे थे। साथ ही, अन्त में कृष्ण का द्रौपदी के पक्ष में आना क्या यह संकेतित नहीं करता कि अन्ततः धर्म भी द्रौपदी के पक्ष में है क्यों कि स्वयं महामुनि व्यास के अनुसार धर्म वहीं है जहाँ कृष्ण हैं? इस प्रकार महाभारत के रचनाकार अपनी काव्य-युक्ति से कृष्ण द्वारा द्रौपदी का वस्त्र बढ़ाते जाने से यह सिद्ध कर देते हैं कि इस प्रसंग में धर्म द्रौपदी के यानी पीड़ित स्त्री के साथ है। इस प्रकार सीता के त्याग के प्रसंग की तरह द्रौपदी चीरहरण प्रसंग के माध्यम से भी रचनाकार ने कई बातें एक साथ झलकायी हैं। यदि धर्म का यह निर्णय भीष्म या अन्य किसी पंडित से करवा लिया गया होता तो यह काव्य-सत्य सम्प्रेषित नहीं हो सकता था और न लोकमानस पर उस का इतना गहरा प्रभाव ही पड़ता जो अन्यथा पड़ता रहा है।

इसी तरह का एक और प्रसंग द्रोणाचार्य द्वारा गुरु दक्षिणा एकलव्य से अँगूठा माँग लेने का है। उन की समझ पर तरस आ सकता है जो इस प्रसंग के आधार पर महाभारतकार को अभिजात-वर्ग के समर्थक और भीलों या निम्न-वर्ग के विरोधी के रूप में प्रस्तुत करना चाहें। निश्चय ही इस प्रसंग से जहाँ लोकमन पर गुरु में

श्रद्धा का भाव बढ़ता है—बल्कि गुरु से भी अधिक महत्त्वपूर्ण यहाँ पर श्रद्धा है क्यों कि एकलव्य की वास्तविक गुरु तो वही है—वहीं लोकमन में द्रोणाचार्य के इस काम के लिए सारी वीरता और युद्धकौशल के बावजूद उन का दर्जा कुछ नीचे ही होता है। क्या यहीं इस बात के संकेत नहीं उभर आते कि जब गुरु वेतनभोगी या राज्याश्रयी हो जाता है तो उस का गौरव किस प्रकार गिर जाता है? शायद ही किसी संवेदनशील पाठक ने इस कार्य के लिए द्रोणाचार्य की प्रशंसा की होगी। शिष्य का त्याग तो स्थापित होता है, लेकिन गुरु की इस तरह की माँग समाज में अनुशंसा की नहीं, बल्कि क्षोभ या कम से कम निन्दा का कारण अवश्य बनती रही है। ठीक इसी से मिलता-जुलता प्रसंग भीष्म-प्रतिज्ञा का भी है जो चाहे एक पुत्र की अपने पिता के प्रति भक्ति का और पिता के सुख के लिए अपने सुख और आकांक्षाओं के त्याग का ज्वलंत और ऐतिहासिक उदाहरण प्रस्तुत करता हो, पर साथ ही यह भी स्पष्ट कर देता है कि एक पिता और वह भी शासक पिता की कामातुरता या संयम से स्खलित आचरण किस तरह एक राज्य और वंश के पतन का कारण बन सकता है। आखिर महाभारत युद्ध का बीज क्या राजा शान्तनु के कामलिप्त आचरण में ही नहीं है? क्या ये बातें सामान्य पाठक की संवेदना का परिष्कार नहीं करतीं?

यह बात बहुत आश्चर्यजनक है कि लोकमानस में इन प्रसंगों का वही अर्थ व्यंजित होता है जो रचनाकार का अभिप्रेत है और इन्हें स्थूल या अभिधात्मक स्तर पर लेने वाला आधुनिक पढ़ा-लिखा वर्ग भी यह भूल जाता है कि इन प्रसंगों को लेकर मन में जो क्षोभ या विरोध पैदा होता है, वही तो मर्यादा को स्थापित करने में सहायक होता है जो कि इन प्रसंगों के प्रभावपूर्ण काव्यात्मक वर्णन के बिना सम्भव नहीं होता। इस वर्ग की अपनी प्रतिक्रिया भी कहीं रचनाकार द्वारा सत्य की काव्यात्मक व्यंजना के प्रभाव को पुष्ट ही करती है। समझ में दोष है तो केवल यही कि वे इन प्रसंगों की स्थूल व्याख्या करते समय स्वयं अपने मन पर पड़े प्रभाव को भूल जाते हैं और यह भी भूल जाते हैं कि उत्कृष्ट साहित्य वही है जो जीवन की बहुरंगी जटिलता में से गुज़र कर ही किसी मूल्य की सिद्धि करता है।

साहित्य में प्रकृति : आधुनिक दृष्टि

ब्रेश्ट की कई कविताओं में आधुनिक जीवन में राग-तत्त्व के क्षीण होते चले जाने पर गहरी चिन्ता व्यक्त की गयी है। ऐसी ही एक कविता में कहा गया है कि यह कितनी बड़ी विडम्बना है कि हमारे युग में मौसम और फूलों की बात करना किसी षड्यन्त्र का हिस्सा होने जैसा लगने लगा है। अक्सर इस कविता का सन्दर्भच्युत इस्तेमाल साहित्य में प्रकृति के सौन्दर्य और प्रेम जैसी भावनाओं की अप्रासंगिकता सिद्ध करने के लिए किया जाता रहा है, जब कि यह कविता प्रकारान्तर से प्रकृति के प्रति मानवीय आकर्षण की स्वाभाविकता को ही पुष्ट करती हुई हमारे युग की मानसिकता पर व्यंग्य करती है—यदि ऐसा न होता तो स्वयं ब्रेश्ट की अपनी कई कविताओं में प्रकृति और मानवीय अस्तित्व के रिश्ते की सार्थक तलाश न होती।

प्रकृति और साहित्य के रिश्ते पर किसी भी दृष्टिकोण से विचार करने की पृष्ठ-भूमि में इस तथ्य को रेखांकित करना जरूरी है कि मनुष्य स्वयं प्रकृति का ही एक अंश है—और समग्र सार्वभौम प्रकृति के सन्दर्भ में तो अपनी सारी विशिष्टता के बावजूद बहुत ही छोटा अंश। मानव जीवन से रहित प्रकृति की तो कल्पना की जा सकती है—यद्यपि यह कल्पना भी मानव ही कर सकता है—लेकिन प्रकृति के बिना मानव-जीवन की कल्पना नहीं हो सकती । प्रकृति के ज्ञान के बिना मनुष्य का ज्ञान खण्डित और अधूरा और इसीलिए विकृत ज्ञान है। मनुष्य और प्रकृति को जानने की कोशिश में ही ज्ञान की विभिन्न प्रक्रियाओं का विकास हुआ है और इन में विज्ञान और साहित्य दो विशिष्ट और महत्त्वपूर्ण प्रक्रियाएँ हैं—बल्कि एक तरह से यह भी कह सकते हैं कि विज्ञान प्रकृति के नियमों की रोशनी में जीवन को समझने की कोशिश है तो साहित्य और कला की प्रक्रिया मानवीय अनुभूतियों की रोशनी में प्रकृति सहित समग्र जीवन को जानने की प्रक्रिया है।

प्राकृतिक परिवेश और साहित्य का रिश्ता इसीलिए सहजसिद्ध है। प्रकृति मनुष्य का परिवेश भी है और वह माध्यम भी जिस में वह अपने को पहचानता

है। साहित्य अपने को जानने की एक विशिष्ट अनुभूत्यात्मक प्रक्रिया है। इस कारण सभी जातियों और युगों के साहित्य में प्रकृति के साथ इस रिश्ते की पहचान न केवल बराबर मिलती रही है—बल्कि उस के नितनये रूप उजागर होते गए हैं। प्रकृति के साथ जुड़ाव, उस के सौन्दर्य के प्रति ललक, उस की भव्यता के प्रति विस्मय आदि सब जीवन के साथ तात्त्विक एवं मूलगत जुड़ाव, ललक और विस्मय के ही पर्याय हैं। पहले के युगों में प्राकृतिक परिवेश के साथ मनुष्य का घनिष्ठ और आत्मीय सम्बन्ध रहा है, जिस की अचूक पहचान साहित्यकार को रही है। आधुनिक काल में इस आत्मीयता और घनिष्ठता के अनुभव में कई कारणों से कुछ कमी आयी है और इस तथ्य की भी अनेदखी की गयी है कि आधुनिक काल में ही पहली बार विज्ञानसम्मत आधार पर यह सम्भव हो सका है कि मनुष्य स्वयं को प्रकृति के एक अंश के रूप में पहचाने। जिस युग में प्रकृति के नियमों के सहारे सम्पूर्ण जीवन और मानवीय विकास की ऐतिहासिक प्रक्रिया को जानने-समझने और उस के आधार पर सम्पूर्ण मानवीय भविष्य का निर्धारण करने की कोशिश की जाती है, उस युग में प्राकृतिक परिवेश के साथ जुड़ाव की प्रवृत्ति अधिक प्रभावी होनी चाहिए। मनुष्य और प्रकृति के इस रिश्ते को पुष्ट करने की दिशा में जहाँ पारिस्थितिकी वैज्ञानिक-इकॉलाजिस्ट और समाजशास्त्रीय उपयोगितापरक एवं नैतिक आग्रहों के आधार पर कार्य करते हैं, वहाँ साहित्यकार इस रिश्ते की अनुभूत्यात्मक पहचान करता है और इस लिए यह सिर्फ़ साहित्यकार के लिए ही सम्भव होता है कि वह प्राकृतिक परिवेश को एक वस्तु के रूप में नहीं, जीवित सत्ता के रूप में अनुभव कर सके। यदि कुछ कारणों से प्रकृति के साथ मनुष्य के सहज और घनिष्ठ रिश्ते में कुछ विक्षोभ हुआ है तो साहित्यकार द्वारा इस विक्षोभ की अनुभूति और सम्प्रेषण प्रकारान्तर से उस सहजता और घनिष्ठता की ललक को ही अभिव्यक्त करते हैं।

मानवीय जीवन और प्राकृतिक परिवेश के इस घनिष्ठ रिश्ते के कारण ही प्रकृति के साथ साहित्यकार के सम्बन्ध-विधान के माध्यम से हम केवल प्रकृति के प्रति ही नहीं, समग्र जीवन के प्रति उसकी वास्तविक संवेदना के स्वरूप और उस की जीवन-दृष्टि को पहचानने का प्रयास कर सकते हैं। विभिन्न जातियों और युगों के साहित्य में प्रकृति के प्रति अभिव्यक्त दृष्टिकोण विभिन्न रचनाकारों की व्यक्तिगत भिन्नताओं के साथ सम्बन्धित युगों और जातियों की जीवन-दृष्टि का विश्वसनीय परिचय हो सकता है। यह क्या संयोग ही है कि अपेक्षाकृत स्थिर युगों में प्रकृति के सुन्दर, मनोरम और शृंगारिक चित्र ही अधिक मिलते हैं, जब कि बुनियादी उथल-पुथल के युगों में प्रकृति की विराटता, समग्रता, पौरुष और उस के संघर्षपरक स्वरूप की ओर अधिक ध्यान दिया गया है? प्रकृति के प्रति ललक जीवन के प्रति तात्विक ललक—जिजीविषा—की ही अभिव्यक्ति है। यही कारण है कि केवल साहित्य-रूपों में ही नहीं जीवन में भी क्लासिकी नियमों के विरुद्ध विद्रोह और मानवीय स्वाधीनता

पर आग्रह करने वाले साहित्यकारों में भी प्रकृति के प्रति अदम्य आकर्षण की अभिव्यक्ति हुई है। पुनर्जागरण काल की साहसिकता की प्रवृत्ति पश्चिमी साहित्य में 'समुद्र की पुकार' या 'कॉल ऑफ सी' की प्रवृत्ति के रूप में अभिव्यक्त हुई। पश्चिमी रोमांटिक आन्दोलन में भी एक ओर मानवीय स्वाधीनता पर बल रहा, तो दूसरी ओर प्रकृति के प्रति आकर्षण पर। भारतीय भाषाओं के साहित्य में रोमांटिक प्रवृत्तियों और हिन्दी के छायावादी काल में भी प्रकृति के प्रति गहरे आकर्षण के साथ मानवीय स्वाधीनता और उन्मुक्तता का आग्रह बराबर अभिव्यक्त होता रहा है। नयी कविता और बाद की कविता में भी प्रकृति के साथ यह रागात्मक लगाव निरन्तर बना रहा है।

प्राकृतिक परिवेश और उस में आ रही विकृतियों के माध्यम से साहित्यकार जीवन के प्रति अपनी दृष्टि का भी पूरा आख्यान कर सके हैं। इस दृष्टि से देखा जाए तो उस कथित आधुनिक धारणा की भ्रांति स्पष्ट नजर आने लगती है जो प्रकृति के प्रति किसी भी प्रकार के आकर्षण को पलायनवाद का नाम देती है। प्रकृति के साथ मनुष्य का रिश्ता आदिम और अस्तित्वगत रिश्ता है, इस लिए मनुष्य के आद्य बिम्बों और प्रतीकों के निर्माण में प्राकृतिक परिवेश की निर्णायक भूमिका रहती है—बल्कि कई बार तो प्राकृतिक परिवेश के उपकरणों का प्रतीकार्थ अधिक गहरा और साथ ही अधिक सम्प्रेषणीय होता है। सांस्कृतिक प्रतीकों के निहितार्थ के सम्प्रेषण के लिए जातीय परम्पराओं और विश्वासों की अन्तरंग पहचान आवश्यक होती है और उन का भावात्मक सम्प्रेषण अक्सर उस जाति विशेष के सदस्यों तक ही अधिक प्रभावी हो सकता है जिन में उस संस्कृति के प्रतीकों के प्रति रागात्मक आकर्षण बचा रहता है—अन्यथा यह सम्प्रेषण मूलतः बौद्धिक स्तर पर ही रह जाता है, भावात्मक स्तर पर नहीं ग्रहण होता; जब कि प्राकृतिक प्रतीकों का स्वरूप और प्रकृति स्वभावतः ही अधिक सार्वजनीन होती है और इस लिए उन का सम्प्रेषण भी सम्भवतः अधिक सार्वजनीन। यह ठीक है कि कवि अब केवल प्रकृति-काव्य ही नहीं लिखता, लेकिन इसका तात्पर्य यह नहीं है कि प्रकृति के साथ उसका कोई रागात्मक सम्बन्ध नहीं है, या नहीं होना चाहिए। वह प्रकृति में केवल मनोरम दृश्यों की ही तलाश नहीं करता बल्कि उस में समकालीन मानवीय अर्थ की तलाश करता है। वह जो कुछ लिखता है वह शुद्ध प्रकृति काव्य या प्रकृति-चित्रण ही नहीं है और जो है वह प्रकृति भी समकालीन जीवन के परिदृश्य से घिरी होती है, मात्र इसी कारण प्रकृति के साथ उसका रिश्ता कम महत्त्वपूर्ण नहीं हो जाता। यह केवल संयोग ही नहीं है कि आधुनिक काव्य बल्कि गद्य साहित्य में भी पहाड़, समुद्र, रेगिस्तान, चट्टान, पेड़ जैसे प्राकृतिक उपकरणों और सर्दी, वर्षा, हिमपात आदि प्रकृति के कार्य व्यापारों पर आधारित रचनाएँ कम नहीं लिखी गयी हैं और न उन की सम्प्रेषणीयता और लोकप्रियता अन्य रचनाओं के मुकाबले कम प्रभावी रही है। पाब्लो नेरुदा घोषित रूप से एक ऐसे कवि रहे

हैं जिन की समकालीन जीवन के साथ संपृक्ति को सभी स्वीकार करते हैं, लेकिन अपने प्राकृतिक परिवेश के साथ उनका काव्य-सम्बन्ध उन्हें पलायनवादी नहीं ठहराता। महत्त्वपूर्ण यह है कि प्रकृति के साथ उनका काव्य-सम्बन्ध किस प्रकार का है और उस में आधुनिक मन की झलक मिलती है या नहीं। *'सागर-मुद्रा'* का कवि सिर्फ़ इस लिए पलायनवादी नहीं कहा जाएगा कि उस का काव्य-आलम्बन समुद्र है—वह समुद्र जो न केवल जीवन की समग्रता को, बल्कि मुख्यतः आधुनिक जीवन में *'अविराम तनावों'*, उद्वेलनों और विडम्बनाओं का बोध कराता हुआ जीवन की समग्रता के बोध को पुष्ट करता है। कहना होगा कि इस तरह की साहित्यिक संवेदना केवल प्रकृति के साथ ही नहीं जीवन मात्र के, और समकालीन जीवन के भी साथ हमारे रिश्ते को और अधिक गहरा और जीवन्त बनाती है।

प्राकृतिक परिवेश वह माध्यम है जिस में मनुष्य अपने को देखता, अनुभव करता और पहचानता है। साहित्यकार की दृष्टि भी मूलतः मानवीय दृष्टि है, इस लिए साहित्यिक संवेदना के लिए यह एक स्वाभाविक प्रक्रिया है कि वह प्रकृति में भी मानवीय आशयों और कार्य-व्यापारों का आरोपण करे। इस लिए प्रारम्भ से ही प्रकृति के अवलोकन में मानवीय आशयों और अर्थों की ही नहीं, मानवीय आकारों और सक्रियता की भी उपस्थिति का अहसास किया जाता रहा है। इस लिए कविजन साहित्य-रचना के आदिकाल से ही प्रकृति और उसके विभिन्न रूपों और मुद्राओं का मानवीकरण करते रहे हैं। यह प्रवृत्ति हमें एक ओर जहाँ वैदिक कवि में परिलक्षित होती है, वहीं दूसरी ओर पश्चिम के रोमांटिक कवि में भी—और शायद उन दोनों के सम्मिलित प्रभाव से छायावादी कवि में भी। नयी कविता और उस की परवर्ती कविता में भी यह प्रवृत्ति बराबर बनी रही है, यद्यपि उस के सन्दर्भ और प्रतीकार्थ बदलते गए हैं। छायावादी कवि जहाँ सन्ध्या को एक सुन्दर परी-सी उतरती हुई अनुभव करता है, वहीं आधुनिक कवि शाम को *'सफ़र में थकी हुई एक उदास लड़की'* के रूप में देखता है। दोनों ही प्रकृति का मानवीकरण करते और उसे स्त्री-रूप में देखते हैं, लेकिन एक का देखना दूसरे के देखने से कितना अलग है, उसे अलग से स्पष्ट करने की ज़रूरत नहीं है। समुद्र की विराटता और ज्वार के चित्र रोमांटिक काव्य में भी कम नहीं हैं, लेकिन समुद्र तल में से उछल कर *'वायु माँगती मछली'* में मानवीय जिजीविषा और समुद्र से एक क्षण के लिए विलग एक बूँद में ढलते हुए सूरज की आग से *'आलोकित अपनेपन'* के प्रतीकार्थ को एक आधुनिक मन ही पहचान सकता था।

इन सन्दर्भगत और देशकालगत भिन्नताओं के बावजूद केवल साहित्यकार या कलाकार की संवेदना के लिए ही यह सम्भव था कि वह प्रकृति को एक जड़ वस्तु की तरह नहीं, एक सजीव और चेतना सम्पन्न अस्तित्व के रूप में देख सके। यह आश्चर्यजनक है कि केवल भाववादी दृष्टि या आध्यात्मिक संवेदना के कवियों ने

ही नहीं भौतिकवादी दृष्टि में आस्था रखने वाले कवियों-कलाकारों ने भी अपने रचना-लोक में प्रकृति को एक सजीव सचेतन उपस्थिति की तरह महसूस किया। प्राकृतिक परिवेश के माध्यम से केवल प्रेम और आध्यात्मिकता की ही नहीं, आधुनिक जीवन की उलझनों और तनावों यहाँ तक कि वर्ग-संघर्ष की भावनाओं को भी प्रभावी अभिव्यक्ति मिली है।

लेकिन मानवीकरण की इस प्रक्रिया में प्रकृति को मानवीय आशयों से संपृक्त करके ही देखा जा सका। इस तथ्य को भुला दिया गया कि मानव स्वयं प्रकृति का ही एक अंश है और इस लिए प्रकृति में मानवीय अभिप्रायों को पहचानने के साथ-साथ मानव में प्रकृति के अभिप्रायों को पहचानना भी उतना ही आवश्यक है। मानवीकरण की इस प्रक्रिया में प्रकृति मानवीय भावनाओं की अभिव्यक्ति के एक सफल और प्रभावी माध्यम के रूप में तो प्रयुक्त की गयी, लेकिन एक स्वतन्त्र सत्ता के रूप में उस की उपस्थिति की पहचान साहित्यिक संवेदना के माध्यम से कम ही की जा सकी। हम फिलहाल इस दार्शनिक विवाद में न भी पड़ें कि प्रकृति के माध्यम से कोई परम चेतना ही अपने को अभिव्यक्त करती रहती है या वह एक निरपेक्ष जड़ सत्ता मात्र है, तो भी मानवीय चेतना पर पड़ने वाले उस के प्रभावों से इनकार नहीं किया जा सकता। भाववादी दृष्टि तो प्रकृति की चेतनता को स्वीकार करती ही है, लेकिन भौतिकवादी दृष्टि भी यह मानती है कि मानवीय चेतना के विकास और निर्धारण में इस जड़ प्रकृति की भी एक निर्णायक भूमिका है। वैज्ञानिक अपने रास्ते से इस प्रभाव को समझने का प्रयास करता है, इस कारण साहित्यकार के लिए यह कम जरूरी नहीं हो जाता कि वह भी अपने रास्ते से इस प्रक्रिया में निहित सत्य को अनुभव करने की दिशा में सजग हो। केवल साहित्यकार के लिए यह सम्भव है कि वह प्रकृति को एक जड़ वस्तु के रूप में न देखकर एक सजीव, सचेतन, स्वतन्त्र सत्ता के रूप में अनुभव कर सके—केवल मानवीय भावनाओं की संवाहिका के रूप में नहीं बल्कि एक ऐसी स्वतन्त्र सत्ता के रूप में जिस के स्वतन्त्र आशय हैं और जो मानवीय जीवन को चेतना और व्यवहार दोनों ही स्तरों पर आकर्षित और प्रभावित करती है।

किसी कवि ने कहा है कि *'सरोवर के पानी में झाँक कर जो घास और शैवाल देखता है, वह भगवान का मुँह देखता है और जो अपनी परछाईं देखता है, वह एक मूर्ख का मुँह देखता है।'* मैं ठीक यही तो नहीं कहता लेकिन यह ज़रूर कहता हूँ कि अपनी परछाईं के पीछे घास, शैवाल और जल को न देखना निश्चय ही सरोवर को देखना तो नहीं है। इस लिए जहाँ प्राकृतिक परिवेश में अपने को पहचानना है, वहीं यह भी जरूरी है कि इस परिवेश में और स्वयं अपने में भी प्रकृति को पहचानें। विज्ञान जिस प्रकार प्रकृति को एक स्वतन्त्र सत्ता मानता हुआ अपने रास्ते से किसी सत्य तक पहुँचता है, उसी प्रकार साहित्यकार भी प्रकृति को एक स्वतन्त्र सत्ता के रूप में अनुभव करता हुआ मानवीय आशयों से परे किसी बृहत्तर सत्य तक पहुँच

सकता है और इस प्रक्रिया में मानव की अपनी पहचान भी सम्भवतः अधिक गहरी और अधिक व्यापक हो सकती है। विज्ञान प्रकृति से जिस प्रकार तथ्यात्मक ज्ञान प्राप्त करता है, उसी प्रकार साहित्यकार भी संवेदनात्मक ज्ञान प्राप्त कर सकता है। प्रकृति दोनों के लिए ज्ञान का स्रोत है, यद्यपि दोनों के रास्ते और पद्धति बिल्कुल अलग हैं। प्रकृति का यह स्वरूप साहित्य में कम प्राप्त होता है—और जब होता है तो अधिकांशतः तथ्यात्मक मनोरम चित्रण के रूप में ही—जब कि क्लासिकी और आधुनिक दोनों ही प्रकार के लेखकों से इस की अपेक्षा अधिक की जा सकती है। सम्भवतः ताओ दृष्टि से प्रभावित काव्य में प्रकृति की यह पहचान साफ देखी जा सकती है। हिन्दी काव्य में यत्र-तत्र ही इस प्रवृत्ति के प्रमाण मिल सकते हैं, जहाँ प्रकृति एक स्वतन्त्र चरित्र के रूप में स्थापित होती है।

कभी-कभी लगता है कि प्राकृतिक परिवेश का एक स्वतन्त्र चेतन सत्ता, एक जीवित चरित्र के रूप में अनुभव और मानवीय चेतना और जीवन के साथ उस के संवेदनात्मक रिश्ते की सही पहचान आधुनिक काल में गद्य साहित्य में अधिक सम्भव हो सकती है—शायद इस लिए कि गद्य लेखक से, एक उपन्यासकार या नाटककार से अपेक्षाकृत अधिक तटस्थ हो सकने की उम्मीद की जा सकती है। आधुनिक गद्य में इस प्रवृत्ति के कुछ उदाहरण प्राप्त होते भी हैं। हार्डी के कुछ उपन्यासों में प्राकृतिक परिवेश एक जीवित चरित्र की हैसियत ले लेता है। *'रिटर्न ऑफ द नेटिव'* में *'एगडन हीथ'* उपन्यास का केन्द्रीय पात्र है और उसे केन्द्र में रखे बिना सारा कथानक बुना ही नहीं जा सकता। कुछ लोग इस प्रवृत्ति को आंचलिकता कह कर टाल सकते हैं—लेकिन यह उस से कहीं गहरी बात है क्यों कि इस का उद्देश्य किसी अंचल के जीवन का प्रामाणिक चित्र प्रस्तुत कर देना ही नहीं बल्कि प्राकृतिक परिवेश और मनुष्य के सम्बन्ध में निहित सत्य को संवेदनात्मक स्तर पर उजागर करना है। हिन्दी गद्य लेखन में यह पहचान हमें नहीं दीखती और यह आश्चर्यजनक है क्यों कि प्रकृति की जीवन्त सत्ता और उसके विभिन्न उपकरणों—पहाड़ों, पेड़ों, नदियों और पत्थरों तक—को स्वतन्त्र चरित्र के रूप में पहचानने की एक परम्परा हमारे सामाजिक-धार्मिक जीवन में रही है। वास्तव में देखा जाए तो रेणु के साहित्य में लोकगंध होते हुए भी प्राकृतिक परिवेश कुछ अंशों में सिर्फ़ *'परती परिकथा'* में ही यह हैसियत प्राप्त कर सका है। *'मैला आँचल'* में एक बदलते गाँव की कथा जरूर है, लेकिन यह कहीं पता नहीं चलता कि उस गाँव के विशिष्ट चरित्र या आकांक्षा का उसके प्राकृतिक परिवेश से कोई घनिष्ठ सम्बन्ध है—कुछ ऐसा है जो सिर्फ़ उसी प्राकृतिक परिवेश का है। निर्मल वर्मा के कथासाहित्य में हम ऐसा कुछ तलाश करना चाह सकते हैं क्यों कि बहुत-सी कहानियों में वे पहाड़ या मौसम के वर्णन के माध्यम से भी कहानी को कहते हैं लेकिन यह वर्णन अधिकांशतः प्रकृति को उद्दीपक की तरह ही प्रस्तुत

करता है। हिन्दी के बहुत से लेखक पहाड़ी या रेगिस्तानी इलाके या विभिन्न नदियों के अन्तरंग इलाकों से आए हैं, प्रकृति वर्णन का अभाव भी उन में नहीं है लेकिन यह समझना मुश्किल है कि एक स्वतन्त्र सत्ता या चरित्र के रूप में प्रकृति और मानवीय जीवन को लेकर एक भी ऐसी कृति क्यों नहीं दीखती जिसकी तुलना हेमिंग्वे की *'ओल्ड मैन एंड द सी'*, स्टीन बेक की, *'ग्रेप्स ऑफ द रेथ'* और *'द पर्ल'* या जापानी साहित्य में कावाबाता की *'साउंड ऑफ द माउंटेन'* और *'स्नोकंट्री'* तथा कोबो ऐबे की *'दि वूमन इन दि ड्यून्स'* जैसी कृतियों से की जा सके। इसका तात्पर्य यह कहीं नहीं है कि हिन्दी में श्रेष्ठ रचनाओं का अभाव है या उन्हें विदेशी कृतियों के समकक्ष नहीं रखा जा सकता। मैं फिलहाल प्राकृतिक परिवेश के साथ एक विशेष प्रकार के रिश्ते को लेकर लिखी गयी कृतियों के सन्दर्भ की परिधि में ही अपनी बात रख रहा हूँ।

जैसा कि मैं ने पहले भी कहा कि आधुनिक युग में यह सिर्फ़ साहित्य या कला में ही सम्भव है कि हम प्रकृति को एक वस्तु या वातावरण की तरह नहीं एक स्वतन्त्र सत्ता और चरित्र की तरह अनुभव कर सकें। यह प्रकृति पर किसी तरह का एहसान नहीं है। कुछ लोग प्राकृतिक परिवेश की रक्षा उपयोगितापरक या नैतिक आग्रहों के आधार पर करना चाहते हैं, उन के उद्देश्य से हमारी सहानुभूति है। लेकिन, इस लिए यदि वे साहित्यकार से भी यह उम्मीद करते हैं कि वह इन आग्रहों को अपने साहित्य के सरोकार के रूप में स्वीकार करे तो हम उन के साथ नहीं हैं। कोई उपयोगितापरक या साहित्येतर नैतिक आग्रह साहित्य की प्रेरणा नहीं हो सकता। लेकिन प्राकृतिक परिवेश को भी चेतन अस्तित्व, एक जीवित चरित्र की तरह पहचानने की अपेक्षा यदि हम साहित्यकार से करते हैं तो उसके पीछे कोई नैतिक नहीं, साहित्यिक आग्रह ही है क्यों कि साहित्य सत्य की संवेदनात्मक पहचान है और प्रकृति–जो एक ठोस वास्तविकता है–में से गुजरे बिना यह पहचान अधूरी और शायद इस लिए विकृत भी रहती है। आधुनिक जीवन की बहुत-सी विकृतियों का एक कारण क्या यही नहीं है कि प्रकृति के साथ हमारे रिश्ते का अहसास अस्तित्वगत रहने की बजाय उपयोगितापरक होता जा रहा है?

(वत्सल निधि द्वारा आयोजित आबू शिविर में पढ़ा गया आलेख।)

उपभोक्तावाद और साहित्य

उपभोक्तावाद वस्तुतः सम्पन्नता की अतिशयता से ग्रस्त ऐसे समाजों की समस्या माना जाना चाहिए जिन्हें हर्बर्ट मारक्यूज ने *समृद्ध समाज का नरक* की संज्ञा दी है। लेकिन भारत जैसे गरीबी की अतिशयता से ग्रस्त समाज में जहाँ बहुसंख्यक जनता एक स्वस्थ जीवन के लिए बुनियादी चीजों से भी वंचित है, उपभोक्तावाद पर चर्चा की ज़रूरत इस लिए पड़ती है कि समाज की आर्थिक-राजनैतिक व्यवस्था का संचालन एक अल्पसंख्यक उपभोक्तावादी वर्ग के नियंत्रण में है और इस कारण उस का जीवन दर्शन ही हमारे समाज का जीवन दर्शन बनता जा रहा है।

गाँधीजी ने *हिंद स्वराज* में ही इस बात को भली प्रकार से पहचान लिया था कि—आधुनिकतावादी सभ्यता मूलतः उपभोक्तावादी जीवन दृष्टि पर आधारित है। गाँधीजी की दृष्टि में अधिकाधिक उपभोग ही इस सभ्यता की कसौटी बन गया है। उन्हीं के शब्दों में : *इस सभ्यता की सही पहचान तो यह है कि लोग बाहरी (दुनिया की) खोजों में और शरीर के सुख में धन्यता, सार्थकता और पुरुषार्थ मानते हैं।* इस की बहुत सारी मिसालें देकर वे कहते हैं : *नीति के नाम से अनीति सिखाई जाती है। ऊपर की बातों में नीति हो ही नहीं सकती, यह कोई बच्चा भी समझ सकता है। शरीर का सुख कैसे मिले यही आज की सभ्यता ढूँढ़ती है और यही देने की वह कोशिश करती है। पर वह सुख भी मिल नहीं पाता। यह सभ्यता तो अधर्म है।*

इस सदी के पहले दशक में जो बात गाँधीजी ने कही थी, उसी को मारक्यूज जैसा नववामपंथी विचारक सातवें दशक में दोहराता है। अपने समाधान और जीवनदृष्टि में गाँधीजी से मूलतः भिन्न होते हुए भी मारक्यूज तकनीकी क्रान्ति के कारण बढ़े हुए उत्पादन से प्रेरित उपभोक्तावाद को ही मनुष्य के अनन्त आयामों के खो जाने और उस के एकायामी या इकहरा हो जाने के लिए जिम्मेदार ठहराता है। जैसे गाँधीजी इस उपभोक्तावादी सभ्यता को मनुष्य के धर्मविहीन हो जाने के लिए उत्तरदायी ठहराते हैं, उसी प्रकार

मारक्यूज यह मानता है कि इसी के चलते मनुष्य की चेतना के क्रान्तिकारी आयाम खो जाते हैं और वह ऐन्द्रिक सुख साधनों का गुलाम होकर रह जाता है। आधुनिक विलास उपकरणों के अधिकाधिक संचय को ही वह जीवनस्तर की कसौटी मान लेता है और अपने व्यक्तित्व के अन्य आयामों, मुख्यतः भावात्मक और नैतिक आयामों की उपेक्षा करने लग जाता है। उपभोक्तावाद मानवीय व्यक्तित्व के संवेदनात्मक और मूल्यगत पहलुओं को काट कर उसे केवल एक उपभोक्ता प्राणी की हैसियत में घटा देता है। दुर्भाग्य यह है कि उपभोक्तावादी सुख-साधनों से वंचित बहुसंख्यक वर्ग के सपने भी इन्हीं साधनों से चिपके रहते हैं और इस प्रकार उपभोक्तावाद पूरे समाज की जीवनदृष्टि के रूप में स्वीकृति पाता चला जाता है।

इस उपभोक्तावाद का साहित्य पर क्या प्रभाव पड़ता है? एक स्थूल प्रभाव तो स्पष्ट ही है। उपभोक्तावाद मूलतः ऐन्द्रिकसुख-केन्द्रित दृष्टि है, इस लिए इस में नैतिक और भावात्मक सरोकारों के लिए स्थान नहीं है। इस का एक परिणाम यह हुआ है कि इस प्रवृत्ति से प्रभावित समाज में नैतिक और भावात्मक सरोकारों वाले गम्भीर साहित्य में रुचि कम होती गयी है। साहित्य के प्रति व्यापक सामाजिक उदासीनता का यह एक प्रमुख कारण है। इसी कारण पढ़े-लिखे कहे जाने वाले अधिकांश लोगों में सनसनीखेज, उत्तेजक और सस्ता मनोरंजन करने वाली किताबों या पत्रिकाओं के प्रति रुचि अधिक बढ़ती गयी है। इस लिए यह स्वाभाविक ही लगता है कि आधुनिक युग में साहित्य के सम्मुख व्यापक समाज तक पहुँच पाना एक ज्वलंत सवाल बना रहा है।

लेकिन साहित्य की अपनी प्रक्रिया और उस के माध्यम भाषा पर भी इस उपभोक्तावादी प्रवृत्ति ने सूक्ष्म प्रभाव डाला है और कुछ ऐसी चुनौतियाँ प्रस्तुत की हैं जिन का कोई पूर्ण आश्वस्तिकर समाधान अभी नजर नहीं आ रहा है। साहित्य का माध्यम भाषा है लेकिन भाषा का इस्तेमाल साहित्येतर बल्कि व्यावसायिक उद्देश्य के लिए भी होता है—और यह सम्भव नहीं है कि अन्य आशयों के लिए किए गए इस्तेमाल के भाषा पर पड़े प्रभाव से उस का साहित्यिक रूप अछूता रहे। एक ओर उपभोक्तावादी प्रभाव में लिखा गया मनोरंजनात्मक साहित्य भाषा का अर्थक्षय करता है, तो दूसरी ओर, विज्ञापनों में साहित्यिक युक्तियों और भाषा की लाक्षणिकता और व्यंजनात्मकता का इस्तेमाल इस तरह किया जाता है कि उस से केवल ऐन्द्रिक आशय उजागर होते हैं क्यों कि विज्ञापनों का आशय किसी न किसी ऐन्द्रिक आवश्यकता की पूर्ति करने वाली वस्तु की ओर लोगों को आकर्षित करना होता है। लक्षणा और व्यंजना का प्रयोजन भाषा का अर्थ विस्तार करना है, लेकिन, विज्ञापन में उन के माध्यम से अर्थ-संकुचन होता है और भाषा केवल ऐन्द्रिक आयाम तक सीमित होने लगती है।

इसी प्रकार विज्ञापनों में साहित्यिक युक्तियों का व्यावसायिक उपयोग उन की अनुभव वहन करने की क्षमता को क्षीण कर देता है। प्रत्येक साहित्यिक युक्ति अनुभव करने की एक प्रक्रिया की संरचना है और जब उस संरचना का बार-बार व्यावसायिक आशय के लिए उपयोग होने लगे तो कहीं अन्यत्र उस के उपयोग की सम्भावनाएँ क्षीण हो जाती हैं क्यों कि उस का इस्तेमाल हमारी स्मृति में उस व्यावसायिक आशय को जगा देता है जिस के लिए उस का इस्तेमाल विज्ञापनों में किया जाता रहा है।

संस्कृति के क्षेत्र में उपभोक्तावादी प्रवृत्ति का स्पष्ट रूप आधुनिक प्रिंट और इलेक्ट्रानिक मीडिया है। आधुनिक संचारसाधन समाज के साथ किसी नैतिक रिश्ते में नहीं बल्कि शुद्ध व्यावसायिक रिश्ते में बँधे हैं। समाज मीडिया के लिए समाज नहीं बल्कि उपभोक्ता समूह है जिसे वह अपने को बेचता है और इस बेचने की प्रक्रिया में साहित्य और कला के सभी रूपों का बेझिझक इस्तेमाल होता है और भाषा इस विक्रय का एक माध्यम ही नहीं शिकार भी बन जाती है। असावधानी से और अज्ञानवश होने वाली भूलों को छोड़ दें तो भी सम्प्रेषण की तात्कालिकता के आग्रह से भाषा का इतना अधिक सरलीकरण किया जाता है कि जटिल और सूक्ष्म अर्थ वहन करने की उस की क्षमता ही क्षीण होने लग जाती है। इस का प्रभाव केवल भाषा पर ही नहीं बल्कि इन संचार माध्यमों के गृहीता वर्ग की बौद्धिक और भावात्मक क्षमता पर भी पड़ता है और वह जटिल बहुआयामी अर्थ को ग्रहण करने की क्षमता खोता चला जाता है।

परिस्थिति का यह विश्लेषण साहित्य पर आ गयी जिम्मेदारी और लेखन-कर्म के सम्मुख प्रस्तुत कई चुनौतियों की ओर संकेत करता है। साहित्य का सम्बन्ध मनुष्य के उपभोक्ता पक्ष से नहीं बल्कि उस के भावात्मक और नैतिक पक्ष से है इस लिए स्वयमेव ही यह उत्तरदायित्व उस पर आ जाता है कि वह मनुष्य की आत्मा के खोते जा रहे आयामों की पुनःप्रतिष्ठा करने की कोशिश में अपनी सार्थकता का अनुभव करे। लेकिन यह काम सरल नहीं है क्यों कि साहित्य में कुछ अच्छे चरित्रों की रचना कर देने या शुभ आशयों को अभिव्यक्त कर देने भर से काम नहीं हो सकेगा। इस के लिए भाषा की खोती जा रही संवेदनात्मक प्रामाणिकता को पुनर्अर्जित करना और उसे बहुआयामी अर्थ ग्रहण करने में समर्थ बनाना आवश्यक है। यह कहना कोई गर्वोक्ति नहीं होगी कि आधुनिक साहित्यकार अपने इस उत्तरदायित्व को पहचानता है और उस का मूल्य संघर्ष भाषा को, उस की विश्वसनीयता को उन युक्तियों के माध्यम से लौटाने का है जिन का आसानी से व्यावसायिक इस्तेमाल नहीं हो सके।

हिन्दी ही नहीं, सभी भाषाओं के आधुनिक साहित्य में यदि हम पारम्परिक रूपों, भाषिक संरचनाओं और युक्तियों को तोड़ने और उन के आधार पर नये रूप, युक्तियाँ या

संरचनाएँ गढ़ने का आग्रह पाते हैं तो उस की पृष्ठभूमि में बुनियादी कारण यही है कि नये रूपों के सर्जन के बिना भाषा भावात्मक प्रामाणिकता का अहसास नहीं दे सकती। स्वाभाविक है कि नये रूपों, युक्तियों या संरचनाओं की सम्प्रेषणीयता पारम्परिक रूपों की अपेक्षा बहुत कम होगी क्यों कि सामाजिक चित्त की गृहीता संरचना में नये रूपों या सरंचनाओं के प्रति आश्वस्ति और प्रीति नहीं होगी। इसी कारण आधुनिक लेखन कर्म के सम्मुख एक दुविधा की सी स्थिति बन ही गयी है। प्रयोगशीलता उस के लिए अनिवार्य है क्यों कि उस के बिना भाषा को अर्थपूर्ण नहीं बनाया जा सकता। लेकिन, इस प्रयोगशीलता के चलते ही व्यापक समाज में उस की ग्राह्यता सीमित होती जाती है। क्या यह आश्चर्यजनक नहीं है कि जिन साहित्यिक प्रयोगों ने अभिव्यक्ति के नये द्वार खोले हैं, उन के वास्तविक पाठक बहुत कम मिलते हैं—यद्यपि उन की ऐतिहासिक भूमिका की पहचान कभी-कभी मिल भी जाती है, जब कि गुदगुदाने वाले सरलीकृत गीत-ग़ज़लें और रूमानी कथाएँ आज भी कम लोकप्रिय नहीं हैं? एक वास्तविक लेखक के सम्मुख असल चुनौती यही है कि वह अपने अनुभव को उस की पूर्ण जटिलता में उस व्यापक समाज तक कैसे पहुँचा सके जो उपभोक्तावादी मानसिकता से पूरी तरह ग्रस्त हो चुका है। सम्प्रेषणीयता के आग्रह से अनुभव का सरलीकरण अधिक बेहतर है या अनुभव को उस की सम्पूर्णता में व्यंजित करना चाहे उस के पाठक कम भी हों? लेकिन सरलीकरण क्या प्रकारान्तर से उपभोक्तावादी मानसिकता के सम्मुख घुटने टेक देना ही नहीं होगा? और क्या तब भाषा को उस की संवेदनात्मक प्रामाणिकता और मनुष्य को उस के भावात्मक और नैतिक आयामों में स्थित किया जा सकेगा?

हमने शुरू में गाँधीजी की बात की थी। यदि गाँधीजी की ही शब्दावली का सहारा लें तो कह सकते हैं कि प्रकारान्तर से सम्पूर्ण आधुनिक साहित्य इस आधुनिकतावादी सभ्यता और उपभोक्तावादी जीवनदृष्टि के सम्मुख नैतिक संवेदना का सत्याग्रह है। सत्याग्रह में साधन और साध्य की एकता और साधन की पवित्रता का सर्वाधिक महत्त्व है। इस लिए यदि उद्देश्य व्यापक समाज तक पहुँचना हो तो भी स्वयं साहित्यिक प्रक्रिया को ही दूषित अर्थात् सरलीकृत कर इस उद्देश्य को प्राप्त करना वांछनीय नहीं होगा। निश्चय ही यह महत्त्वपूर्ण है कि हम कितने लोगों तक अपने अनुभव को सम्प्रेषित कर सकते हैं। लेकिन उस से भी अधिक महत्त्वपूर्ण यह है कि हम किस हद तक इस सम्प्रेषण में अपने भाव और अनुभवप्रक्रिया को उपभोक्तावादी दबाव से न केवल बचाए रख सकते हैं बल्कि भाषा को पुनः उस के स्वधर्म में संस्थापित कर सकते हैं।

लेखक का यह संघर्ष कोई सीधा और सरल संघर्ष नहीं है। स्वयं लेखक की चेतना

पर तो कई जाने-अनजाने प्रभाव पड़ते ही हैं, साथ ही विज्ञापन और प्रचार में रुचि रखने वाली शक्तियाँ भी उस पर कई प्रकार के दबाव डालती हैं। इस तरह के स्थानीय से लेकर अन्तर्राष्ट्रीय स्तरों तक के कई प्रकार के प्रत्यक्ष-अप्रत्यक्ष दबावों के सम्मुख आत्म-सजगता को बनाए रखना आज के लेखक के सम्मुख एक कठिन चुनौती है। जो लेखन इस आत्म-सजगता का, इस संघर्ष का साक्ष्य देता है वही आज के सन्दर्भ में प्रासंगिक है। आन्द्रे ब्रेताँ ने अतियथार्थवादी कविता की चर्चा करते हुए लिखा था कि काव्यरूप को कुछ ऐसी मौलिक चीज़ लौटायी जाती है जिस में मानवीय चित्त और भाषा के खोए हुए आयाम पुनराविष्कृत होते या सुरक्षित रहते हैं। भाषा की खोयी हुई या दमित सम्भावनाओं को आविष्कृत करने की चेष्टा उपभोक्तावादी अवमानवीयकरण के विरुद्ध मानवीय संवेदना को, मानवीय आवेगों और अनुभवों को फिर प्रतिष्ठित करने की चेष्टा का ही साहित्यिक प्रतिफलन है।

उपभोक्तावादी प्रक्रिया ने भाषा का तो अवमूल्यन किया ही है, साथ ही, मानवीय अनुभव का भी अवमूल्यन किया है और इस में उपभोक्तावाद के संचालक सर्वग्रासी सत्तारूप ही नहीं, वे दर्शन और विचारधाराएँ भी सहयोग करती रही हैं जो मनुष्य और उस की चेतना के सारे कार्य-व्यापारों को जड़ प्रकृति से संचालित मानते हैं। आज जब औद्योगिक और उत्तरआधुनिक सभ्यता मनुष्य के अनुभव की विशिष्टता को एक औसत अनुभव में बदलने के लिए सचेष्ट है और दर्शन तथा विचारधाराएँ अपने उद्देश्यों के प्रति अनुकूलता को ही मनुष्य के अस्तित्व की सार्थकता की कसौटी समझती हैं और व्यवस्थाएँ हर प्रकार के स्थूल और सूक्ष्म उपाय अपना कर उस के अनुकूलन में लगी हैं, तब साहित्य की सार्थकता इस बात में है कि वह मानवीय अस्तित्व और अनुभूति को फिर केंद्र में स्थापित करता है। यह संघर्ष केवल विषयवस्तु के स्तर पर ही नहीं बल्कि भाषा और संरचना के स्तर पर होता है। दुनिया की सभी भाषाओं के आधुनिक साहित्य में संरचनात्मक क्षेत्र में किए जाने वाले प्रयोग भाषा की भावात्मक प्रामाणिकता को और उस के माध्यम से मानवीय व्यक्तित्व को पुनर्अर्जित करने के ही प्रयास हैं। इस प्रामाणिकता की राह में आने वाली उलझनें ही कभी लेखक द्वारा सम्प्रेषणीयता को पूर्णतः नकार देने का कारण बनती हैं तो कभी वह अजीबो-ग़रीब प्रयोगों द्वारा भाषा के उन सब आकारों को तोड़ देने की कोशिश करता है जिन के रहते उपभोक्तावाद साहित्यिक समझे जाने वाले रूपों को अपने उद्देश्यों के लिए इस्तेमाल करता रहता है। आधुनिक साहित्य पुराने साहित्य से अपनी विषयवस्तु के कारण अलग नहीं है। वह अपनी समग्र संरचना में अलग है और यह संरचना उस संघर्ष में से रूपायित होती है जो भाषा को फिर सार्थक बनाने के लिए आज का लेखक कर रहा है। ये परिवर्तन केवल साहित्य के बाहरी ढाँचे के परिवर्तन नहीं हैं बल्कि एक फरेबघर होते जा रहे संसार में साहित्य और मानवीय संवेदना की विश्वसनीयता को पुनः अर्जित करने के रचनात्मक संघर्ष का प्रतिफलन हैं।

आध्यात्मिकता की प्रासंगिकता

श्रेष्ठ साहित्य का एक गुण यह होता है कि वह जीवन और अस्तित्व के बुनियादी सवालों और उन के माध्यम से एक सर्वकालिक बृहतर सत्य से अनुभूत्यात्मक साक्षात्कार करता और करवाता है। इस से यह न समझा जाए कि अपने समय के सन्दर्भों से वह बिल्कुल कटा होता है। वस्तुतः, अपने समय के सन्दर्भों के माध्यम से ही वह उन बुनियादी सवालों और किसी बृहत्तर सत्य तक पहुँचता है क्यों कि सत्य तभी सत्य है, जब वह प्रत्येक स्तर पर अपनी संकेतात्मक अभिव्यक्ति कर सके। इस प्रक्रिया में यह आवश्यक नहीं है कि समय के सन्दर्भ किसी स्थूल रूप में ही प्रकट हों, बल्कि श्रेष्ठ साहित्य में अक्सर उन की उपस्थिति बहुत संकेतात्मक और बहुआयामी होती है। अच्छे साहित्य में यह एक प्रवृत्ति बराबर दीखती है कि वह बहुत छोटे-छोटे सन्दर्भों और ब्योरे की बातों को भी इस तरह अन्तःग्रथित करता है कि उन में से अद्वितीय अनुभव और बृहत्तर सत्य झिलमिलाने लगते हैं। किसी भी जाति और किसी भी युग के महान् साहित्य में यह गुण निरन्तर देखा जा सकता है।

अच्छे साहित्य की एक विशेषता यह भी है कि वह हमेशा किसी-न-किसी रूप में नैतिक सवालों से जूझता और इस संघर्ष में परिवर्तनशील सन्दर्भों को अपनी सारी जटिलता और गहराई के साथ अभिव्यक्त करता और उन के माध्यम से बुनियादी नैतिक मूल्यों की पुनः प्रतिष्ठा करता है। बहुत से साहित्यिक विचारक इस नीतिपरकता या मूल्यबोध को ही श्रेष्ठ साहित्य की एकमात्र कसौटी मानते हैं। एक स्तर पर कसौटी यह है भी। लेकिन एक और गहरा स्तर भी होता है, जहाँ नैतिक प्रश्न या मूल्यबोध अनुपस्थित तो नहीं होते, लेकिन गौण हो जाते हैं और उन से भी परे एक अस्तित्वगत आध्यात्मिक स्तर उजागर होता है—बल्कि तब कई बार नैतिक सवाल ही अस्तित्वगत स्तर ग्रहण कर लेते हैं। उस साहित्य में, जिसे महान् कहा जाता है, सदैव ही सत्य से आध्यात्मिक साक्षात्कार की कोशिश मिलती है। होमर, वर्जिल, व्यास, कालिदास, शेक्सपियर, गेटे, कबीर, सूर, मीरा और आधुनिक काल में टॉलस्टॉय, दास्तोयेवस्की, काफ्का,

येट्स, एलियट, रिल्के, लागर क्विस्त, पास्तरनाक, बैकेट और हमारे यहाँ निराला और अज्ञेय जैसे लेखकों का कृतित्व इस कथन का स्पष्ट प्रमाण है।

साहित्यिकों के एक वर्ग को इस स्थापना से कुछ आपत्ति हो सकती है। लेकिन, वस्तुतः, उन की आपत्ति इस स्थापना की वजह से नहीं बल्कि 'आध्यात्मिकता' शब्द को एक रूढ़ार्थ में ग्रहण करने के कारण अधिक होती है। साहित्य यदि समाज में कोई परिवर्तन घटित करता भी है तो वह संवेदन के गहनतम स्तर का पुनः संस्कार ही होता है। श्रेष्ठ साहित्य सदैव हमारी संवेदना में कुछ-न-कुछ काटता-छाँटता है। इस लिए साहित्य को सामाजिक उपयोगिता या परिवर्तन का एक उपकरण मानने वाले वर्ग के प्रयोजन की वास्तविक सिद्धि भी तभी हो सकती है जब वे अपने नैतिक सवालों को मनुष्य के अस्तित्व की गहनतम पर्त में उपजाएँ। हिन्दी में मुक्तिबोध कभी-कभी इस ओर प्रवृत्त होते दीखते हैं—और इन्हीं अर्थों में वे 'आत्मान्वेषण' के कवि थे—लेकिन अपने माध्यम के साथ उन का संघर्ष वांछनीय होते हुए भी उतना सफल नहीं हुआ कि वे अपने अनुभवों को उस काव्योचित सहजता के साथ सम्प्रेषित कर पाते जो महान् साहित्य की एक विशिष्ट पहचान होती है।

हिन्दी की नयी पीढ़ी के रचनाकारों में नैतिक बोध की तीव्रता और प्रखरता स्पष्ट है, जो निश्चय ही एक शुभ लक्षण है। लेकिन यह नैतिक बोध उन आध्यात्मिक गहराइयों तक नहीं पहुँचता जहाँ नैतिकता सामाजिक उपयोगिता या प्रासंगिकता की ऊपरी सतह पर न रहकर अस्तित्व मात्र की वेदना की उपज होती है। इस प्रकार की संवेदना को ही मैं आध्यात्मिकता कहता हूँ और सही अर्थों में यह आध्यात्मिक संवेदना ही किसी साहित्य को महानता का दर्जा देती है। हिन्दी साहित्य में जो लिखा जा रहा है, उस के अधिकांश में यह नैतिक बोध एक तरह के राजनैतिक बोध में रूपान्तरित होता तो दीखता है लेकिन आध्यात्मिक गहराइयों को स्पर्श तक नहीं कर पा रहा। लिखे जा रहे साहित्य में सामाजिक संघर्ष भी मिलता है तो, अधिकांशतः, वह आरोपित लगता है, अस्तित्व की सहज प्रवृत्ति होकर नहीं उभरता। इस के अभाव में साहित्य एकांगी होता जाता है और जीवन के महत्त्वपूर्ण सवालों को भी एकायामी पृष्ठभूमि में ही देखा-समझा जाने लगता है। वर्तमान लेखन के एक अत्यन्त अल्पांश में ही इस आध्यात्मिक संवेदना का अनुभव होता है।

कुछ अर्सा पूर्व केदारनाथ सिंह ने एक साक्षात्कार में यह शिकायत की थी कि इन दिनों प्रकृति और प्रेम की कविताएँ नहीं लिखी जा रहीं—और जो थोड़ी-बहुत लिखी जा रही हैं वे अज्ञेय और शमशेर जैसे बुजुर्ग कवियों द्वारा ही। इस का कारण भी क्या संवेदना का एकायामी हो जाना ही नहीं है? प्रकृति और प्रेम की अच्छी कविताओं के लिए धर्मनिरपेक्ष आध्यात्मिक मनोवृत्ति एक किस्म की अनिवार्यता है। अज्ञेय और कुछ हद तक शमशेर में यह मनोवृत्ति मिलती है। प्रारम्भिक कुँवर नारायण, भारती और साही में और प्रौढ़ सर्वेश्वर में भी कुछ सीमा तक यह मनोवृत्ति दीखती

है। लेकिन अधिकांश युवा रचनाकारों में न केवल इस प्रवृत्ति का अभाव है, बल्कि इस तरह की धारणा के विरोध में एक दुराग्रह विकसित होता जा रहा है। मुझे याद पड़ता है कि कुछ समय पूर्व अशोक वाजपेयी ने भी धार्मिक संवेदना के अभाव का सवाल उठाया था, लेकिन बाद में वे स्वयं नैतिक सवालों के सामाजिक स्तर की ओर ही उन्मुख हो गए। रमेशचन्द्र शाह ने भी हिन्दी में आध्यात्मिक संवेदना के भोथरेपन की बात की थी, लेकिन बाद में वे भी अपनी आलोचना में इधर अपेक्षित ध्यान नहीं दे पाए।

यह स्पष्ट कर लेना जरूरी है कि जब मैं आध्यात्मिक संवेदना की बात करता हूँ तो वह किसी अर्थ में कोई सरल अनुपार्जित धार्मिक आस्था या रहस्यवादिता नहीं है। आस्था, आनन्द या रहस्यवादिता का भाव आधुनिक साहित्य में भी मिल सकता है, लेकिन निरर्थकता का बोध, जीवन को अर्थ देने का संघर्ष, मानवीय नियति और मृत्यु से साक्षात्कार, पीड़ा और अपने संघर्ष की असफलता के बोध के बावजूद उभरती जिजीविषा आदि भाव-दशाओं की गहराइयों में से गुजरने का साक्ष्य प्रस्तुत करना भी उतना ही आवश्यक है। कई बार लगता है कि किसी तरह की आध्यात्मिक वेदना में से गुजरे बिना ही हमारा रचनाकार आस्था की मनोभूमि पर पहुँच गया है—इस का परिणाम यह होता है कि इस तरह की अनुपार्जित आस्था भी ओछी और अक्सर झूठी होने की प्रतीति करवाती है। सेल्मा और योके की यंत्रणा में से गुजरे बिना *'अपने-अपने अजनबी'* की आस्थावादिता निपट खोखली होती। आस्था और अनुभव उत्तराधिकार में नहीं प्राप्त किए जाते, उन्हें हर बार अर्जित करना होता है। इस अर्जन की कोशिश—चाहे उस में से सकारात्मक की बजाय नकारात्मक ही कुछ मिला हो—अपने सार रूप में एक आध्यात्मिक कोशिश है और इस की उपस्थिति ही आधुनिक साहित्य को सार्थक और सही अर्थों में प्रासंगिक बनाती है। उस के बिना सारी प्रासंगिकताएँ उथली और छिछली रह जाती हैं। इस लिए यह विचारणीय है कि हिन्दी की युवा-पीढ़ी में अपने तीव्र नैतिक बोध के साथ यह आध्यात्मिक संवेदना क्यों विकसित नहीं हो पा रही। क्या इस का कारण पारम्परिक आध्यात्मिकता के प्रति उदासीनता है? यदि ऐसा है भी तो उस के निरर्थक होते चले जाने और नयी आस्था के विकसित न हो पाने की पीड़ा का अहसास क्यों साहित्य में व्यक्त नहीं हो रहा? क्यों अनास्था सिर्फ़ एक घोषणा भर बन कर रह जाती है? कुछ आलोचक प्रगतिशीलता के आन्दोलन को भी इस का कारण मान सकते हैं, लेकिन, इन आध्यात्मिक सवालों में से गुजरे बिना प्रगतिशीलता भी अनुपार्जित और इस लिए सतही स्तर पर ही रह जाती है—अस्तित्वगत अनुभूति नहीं बनती।

यथार्थ की सृष्टि और कथा-भाषा

यथार्थ और साहित्य के अन्तस्सम्बन्धों को लेकर हुए विचार-विमर्श और विवादों तथा साहित्यिक आलोचना में विभिन्न दृष्टिकोणों के बावजूद अक्सर इतना तो स्वीकार किया जाता रहा है कि साहित्य—बल्कि सभी कला रूप—यथार्थ की पहचान और सम्प्रेषण की संवेदनात्मक प्रक्रिया हैं। यथार्थ की अवधारणा, स्वरूप, विश्लेषण और उस के बोध की प्रामाणिकता को लेकर तो मतभेद रहे हैं। यथार्थ क्या है? वह एकस्तरीय है या बहुस्तरीय? यथार्थ अधिक महत्त्वपूर्ण है या विचारधारा अथवा दृष्टिकोण? साहित्य में यथार्थ की प्रस्तुति भर ही वांछनीय है या भविष्यत् परिवर्तन की दिशा के निर्धारण और उस के लिए प्रेरणा देना भी साहित्य कर्म है? ये सभी प्रश्न ऐसे हैं जिन पर निरन्तर बहसें और साहित्यिक आन्दोलन होते रहे हैं, लेकिन इन सभी बहसों में इस बात पर लगभग आम स्वीकृति रही है कि साहित्य का एक बुनियादी काम यथार्थ की प्रस्तुति करना है, कि वह यथार्थ को जानने और उसे सम्प्रेषित करने का एक माध्यम है। इस स्वीकृति में तब क्या यह प्रतिज्ञा भी अन्तर्निहित नहीं है कि यथार्थ की स्थिति साहित्य से बाहर कहीं है और साहित्य का काम उसे इस प्रकार जस-का-तस प्रस्तुत कर देने की कोशिश करना है कि वह संवेदनात्मक स्तर पर सम्प्रेषित हो सके। दूसरे शब्दों में, इस का तात्पर्य यह हुआ कि साहित्य की सत्ता, उस का औचित्य और प्रासंगिकता एक ऐसे यथार्थ से जुड़े होने में है जिस का अस्तित्व उस के बाहर है। साहित्यकार उस यथार्थ की विविध व्याख्याओं और उस के प्रति अपनाए गए विविध दृष्टिकोणों में से तो किसी को भी चुनने के लिए स्वतन्त्र है, लेकिन वह अनिवार्यतः उसी से बद्ध है, उस की सर्जनात्मकता उस से नियमित है। कहना न होगा कि यह दृष्टिकोण न केवल साहित्य के स्वायत्त अस्तित्व का पूरी तरह अतिक्रमण करता है बल्कि मानवीय सर्जनात्मकता को भी केवल यथार्थ के सम्प्रेषण के लिए उपयुक्त युक्तियों की तलाश तक ही सीमित कर देता है। यदि एक बार इस प्रतिज्ञा से आरम्भ कर दिया जाए कि साहित्य का प्रयोजन अपने से बाहर स्थित यथार्थ का सम्प्रेषण है तो फिर कोई तर्क नहीं बचता कि

यथार्थ की पहचान की कसौटी भी तब साहित्य के बाहर की ही क्यों न हो। और यदि साहित्य माध्यम ही है तो उसका उपयोग साहित्येतर उद्देश्यों की पूर्ति के लिए क्यों नहीं किया जाए? और तब इस उपयोगिता के आधार पर ही उस की उत्कृष्टता का मूल्यांकन स्वाभाविक होगा। कलात्मक या साहित्यिक श्रेष्ठता का मापदंड तब ऐसे बिम्बों उपमानों आदि की रचना कर देना रह जाएगा जो इन साहित्येतर उद्देश्यों की पूर्ति में सहायक सिद्ध हो सके। ज़ाहिर है कि यह स्थिति हम में से अधिकांश को स्वीकार नहीं होगी—केवल इस लिए ही नहीं कि इस से कलाकार की स्वतन्त्रता, उस की सर्जनात्मकता बाधित होती है बल्कि इस लिए भी कि यह सत्य नहीं है।

यथार्थ की जानकारी के लिए किए गए प्रयत्नों की एक लंबी शृंखला के बाद मानवीय चेतना बीसवीं शताब्दी में जिन कुछ अजीब-से निष्कर्षों पर पहुँची है उन में से एक यह भी है कि यथार्थ की तद्वत् पहचान सम्भव नहीं है। यह बताया गया है कि हम जिस किसी भी माध्यम से यथार्थ को पहचानने का उपक्रम करते हैं उस माध्यम का होना ही यथार्थ के हमारे ग्रहण को, हमारी पहचान को अनिवार्यतः प्रभावित करता है। इस लिए हम जो कुछ जान पाते हैं वह कोई निरपेक्ष यथार्थ नहीं हमारे माध्यम की प्रकृति से रूपान्तरित यथार्थ होता है। दूसरे शब्दों में, यथार्थ की पहचान की हमारी प्रक्रिया ही हमारा यथार्थ हो जाती है—बल्कि तब वह यथार्थ की पहचान की नहीं, यथार्थ के सर्जन की प्रक्रिया हो जाती है और हम उसी का सम्प्रेषण कर रहे होते हैं। इस लिए जब भी हम यथार्थ की कोई नयी पहचान, यथार्थ के प्रति किसी नयी दृष्टि का अनुभव करते हैं तो वास्तव में समूचे यथार्थ का, यथार्थ के हमारे समूचे बोध का नया सर्जन कर रहे होते हैं। यह बात जितनी विज्ञान के सन्दर्भ में सच है उतनी ही साहित्य और कलाओं के सन्दर्भ में भी। विज्ञान का एक नया निष्कर्ष समूचे प्राकृतिक विश्व को हमारे लिए नया कर देता है और किसी कृति से साक्षात्कार के बाद भी तो हम वही नहीं रह जाते, हमारा बोध वही नहीं रह जाता—और हम क्या हैं सिवा इस बोध के?—जो पहले था। अपने परिवेश सहित हम नये सिरे से रचे गए हो जाते हैं। कला या साहित्य की किसी भी विधा में कोई रूपगत परिवर्तन इस लिए केवल कलागत प्रयोग नहीं रहता, वह हमारी सम्पूर्ण साहित्य-दृष्टि, कहना चाहिए कि साहित्य के माध्यम से हमारे सम्पूर्ण यथार्थ-बोध की नयी रचना कर देता है।

यथार्थ के कई स्तर ही नहीं होते, उस के कई रूप या प्रकार और पहलू भी होते हैं। इस लिए यथार्थ की पहचान की विभिन्न प्रणालियों को, उस की ऐन्द्रिक और भाषिक पहचानों को एक ही वर्ग में नहीं रखा जा सकता। यदि माध्यम यथार्थ की नयी रचना करता है तो मानना होगा कि यथार्थ के उतने ही प्रकार सम्भव हैं जितने प्रकार के माध्यमों से हम उसे पहचानने का उपक्रम करते हैं। विभिन्न प्राकृतिक और सामाजिक विज्ञानों की तरह साहित्य और कला के विविध रूप भी यथार्थ की

पहचान और पहचान की इस प्रक्रिया में उस की रचना के विविध स्वायत्त माध्यम हैं। स्वायत्त वे इसी अर्थ में हैं कि यथार्थ की उन की रचना अपने से इतर किसी माध्यम के अनुशासन से नियंत्रित नहीं है और उस की सर्जनात्मकता उन के माध्यम की अपनी प्रकृति में ही अन्तर्भूत है। साहित्य का, साहित्य के प्रत्येक रूप का और इस लिए प्रत्येक कथारूप का अपना औचित्य इस बोध में निहित है कि वह यथार्थ की एक ऐसी रचना करता और उस की पहचान भी करवाता है, जो अन्य किसी भी प्रकार से सम्भव नहीं है। यदि साहित्य या कला के माध्यम से भी हम यथार्थ की ठीक वही पहचान करते हैं जो प्राकृतिक या सामाजिक विज्ञानों के द्वारा भी सम्भव है तो उन के अलग अस्तित्व की अनिवार्यता का औचित्य सन्दिग्ध हो जाता है।

भाषा और यथार्थ की पहचान पर विचार करते हुए विट्गेंस्टाइन के निष्कर्षों में जो बुनियादी परिवर्तन हुआ, उस के माध्यम से हम यथार्थ और विभिन्न साहित्य रूपों—क्यों कि ये रूप मूलतः भाषा होते हैं—के अन्तस्सम्बन्धों की आधार भूमि को समझ सकते हैं। प्रारम्भ में विट्गेंस्टाइन की मान्यता थी कि यथार्थ की संरचना भाषा की संरचना को प्रभावित करती है जिसे उन्होंने अपने ग्रन्थ *ट्रेक्टेटस* में व्यक्त किया। लेकिन अपने दूसरे ग्रन्थ *फिलासॉफिकल इनवेस्टिगेशंस* में इस मान्यता को उलटते हुए उन का निष्कर्ष था कि हमारी भाषा यथार्थ के प्रति हमारी दृष्टि या बोध को निर्धारित करती है क्यों कि हम उस के माध्यम से ही यथार्थ को पहचानते हैं। यह निष्कर्ष हाइजेनबर्ग के उस निष्कर्ष से मिलता-जुलता है जिस के अनुसार यथार्थ की हमारी पहचान माध्यम से अनिवार्यतः प्रभावित होती है। यदि हम यह अस्वीकार नहीं करें कि भाषा केवल अभिधात्मक या सूचनात्मक ही नहीं होती और उस के अनेक रूप और शैलियाँ होती हैं, कि वह केवल जानकारी का नहीं विचार, अनुभव और चेतना के विकास का माध्यम भी हो सकती है, कि उस की सर्जनात्मक सम्भावनाएँ असीम हैं और उस में नये-नये रूपाकारों की रचना सम्भव है तो अनिवार्यतः हमें यह मानना होगा कि साहित्य के विविध रूप भाषा में निहित बहुआयामी अर्थ—रूपगर्भिता के आधार पर विकसित होते हैं और इन विधाओं का हर नया रूप यथार्थ की नयी रचना करता है। कथा भाषा का ही एक विशिष्ट रूपाकार है और इस लिए यथार्थ की रचना और उस की पहचान का एक विशिष्ट माध्यम है जिस का पहला और अंतिम आधार भाषा का स्वभाव ही है। अतः डेविड लॉज की इस धारणा को अस्वीकार नहीं किया जा सकता कि एक *'उपन्यासकार उपन्यासकार की हैसियत से जो कुछ भी करता है वह भाषा और भाषा के माध्यम से करता है।'* इस का सीधा तात्पर्य यही है कि कथाकार किसी पूर्व निर्धारित अर्थ को भाषा नहीं देता बल्कि भाषा के जरिए भाषा की अपनी प्रकृति के निर्देशानुसार उसी में अर्थ की तलाश करता है। इस लिए साहित्य का प्रयोजन किसी साहित्येतर यथार्थ की अभिव्यक्ति करना नहीं है; उस का केंद्रीय सरोकार साहित्यगत यथार्थ से है जो स्वयं में एक विशिष्ट और स्वायत्त यथार्थ है और जिसका अनुभव साहित्य रूप में से

गुजरने पर ही सम्भव हो पाता है–बल्कि कथा भी उसी प्रकार तक पहुँचने की एक विशिष्ट प्रणाली है जो अपने तरीके से यथार्थ की अलग रचना करती है। इस विशिष्ट प्रणाली का अनुभव या बोध पाठक तक सम्प्रेषित करना ही कथाकार से अपेक्षित है। उस के और उस के पाठक के लिए तो वह प्रणाली ही अधिक महत्त्वपूर्ण है क्यों कि वही तो उस के लिए यथार्थ का स्वरूप निर्धारित करती है। कथा में स्थूल घटनाओं या ब्योरों की विश्वसनीयता इस लिए साहित्यगत यथार्थ की विश्वसनीयता की कसौटी नहीं है क्यों कि कथा साहित्येतर घटनाओं या ब्योरों का बोध नहीं बल्कि भाषा के एक विशिष्ट सर्जनात्मक प्रकार के माध्यम से कथात्मक यथार्थ का बोध है। कुछ लोगों को इस पर आपत्ति हो सकती है, लेकिन यह निर्विवाद है कि ब्योरों या घटनाओं का क्रम कथा की सर्जनात्मक आवश्यकता के अनुरूप निर्धारित होता है–क्यों कि उनका प्रयोजन कथा के विकास में सहायक होना है। ऐसा न होने पर उनका यथातथ्य विवरण भी न केवल व्यर्थ बल्कि कथा के विकास और कथात्मकता के सम्प्रेषण में बाधक सिद्ध होता है। इसी से ज़ाहिर है कि बाह्य यथार्थ को कथा में तब तक कोई जगह नहीं है जब तक वह उस के किसी आन्तरिक प्रयोजन को पूरा नहीं करता हो। फैंटेसी जैसी विधियों की सर्जनात्मक अनिवार्यता क्या इस बात को प्रमाणित नहीं करती कि न केवल यथार्थ स्थूल विश्वसनीयता से परे है, बल्कि कई बार उसका अतिक्रमण किए बिना यथार्थ के कई रूपों की पहचान सम्भव ही नहीं है? लेकिन यह गौरतलब है कि फैंटेसी में भी स्थूल घटनाओं या ब्योरों की विश्वसनीयता का तो अतिक्रमण किया जा सकता है पर भाषिक विश्वसनीयता की अनेदखी नहीं की जा सकती है–बल्कि शायद इन परिस्थितियों में उसे अर्जित करना अधिक वांछनीय हो जाता है।

इस लिए कथा भाषा के विविध रूप और शैलियाँ यथार्थ की रचना की विविध शैलियाँ या प्रणालियाँ हैं। इन शैलियों का विकास किन परिस्थितियों में होता है और उस में सामाजिक परिस्थितियों की भी कोई भूमिका रहती है या नहीं, इस पर बहस हो सकती है, लेकिन, जैसा कि स्वयं लूकाच का निष्कर्ष है कि कथाभाषा की ये विविध शैलियाँ यथार्थ तक पहुँचने के विविध रास्ते हैं और इन के कलात्मक परिणाम भिन्न होते हैं और यह भी तय है कि इन विविध प्रणालियों के माध्यम से यथार्थ का जो स्वरूप उजागार होगा उन में भी किसी न किसी प्रकार की विविधता अवश्य होगी। ये विविधताएँ सतही नहीं होतीं–बल्कि सभी भाषागत विविधताएँ सतही नहीं कही जानी चाहिए, क्यों कि जैसा कि विट्गेंस्टाइन ने कहा है, वे भाषा की एक गहरी संरचना को अभिव्यक्त करती हैं, जिसमें वे एक ही परिवार के विविध चेहरों की तरह सम्बद्ध रहती हैं। स्पष्ट है कि ठीक यही बात भाषा में यथार्थ की रचना और उस के सम्प्रेषण के विविध रूपों के बारे में कही जा सकती है। इस लिए उन्हें किसी साहित्येतर यथार्थ या सामाजिक परिस्थितियों की उपज मात्र मानना गलत होगा क्यों कि इन के बदल जाने पर भी उन में निहित दृष्टि और यथार्थ का बोध अप्रासंगिक

नहीं हो जाता। स्वयं मार्क्स की कठिनाई यही थी कि परिस्थितियों के बदल जाने पर भी ग्रीक कला और महाकाव्य न केवल कलात्मक आनन्द देते हैं बल्कि कलात्मक उत्कृष्टता के दुष्कर आदर्श बने हुए हैं। स्पष्ट है कि ऐसी कलाकृतियों में यह गुण भाषा के अपने स्वभाव और विशिष्ट सर्जनात्मक गुणों की वजह से है—यह उत्कृष्टता किसी पूर्वस्थापित यथार्थ की प्रस्तुति के कारण नहीं बल्कि भाषा में यथार्थ के किसी ऐसे अनुभव की रचना के कारण है जो सामान्य यथार्थ का अतिक्रमण करने में ही सम्भव है और जो अपने विशिष्ट तरीके से केवल भाषा—और हमारी बहस के सन्दर्भ में केवल कथा भाषा—ही कर सकती है।

लेकिन भाषा की अपनी प्रकृति की वजह से ही लेखक और विशेषतया सर्जनात्मक गद्य लेखक के सम्मुख कई तरह की समस्याएँ प्रस्तुत हो जाती हैं। भाषा का एक निश्चित सार्वजनिक अर्थ होता है और गद्य इस अर्थ को एक संगति में व्यक्त करता है। गद्य का गठन वाक्यों की पारस्परिक अर्थसंगति पर निर्भर करता है, उसके बिना वह निरर्थक हो जा सकता है। कथाकार को भाषा-व्यवहार के सार्वजनिक नियमों का पालन करते हुए यथार्थ की निजी रचना करनी होती है। सार्वजनिक यथार्थ और कथागत यथार्थ के बीच का यह तनाव भाषा की तार्किक संगति और अनुभूति की अतर्क्य कौंध के बीच का तनाव है। गद्य वाक्यों के पूर्वापर सम्बन्ध या संसर्ग से आगे बढ़ता है। नाटक में या संवादात्मक लेखन में भाषा का प्रयोग प्रत्युत्तर जगाता है और उस से आगे का विकास सम्भव हो जाता है, लेकिन वृत्तान्त गद्य (नैरेटिव प्रोज) की विवशता यह है कि उसे वाक्यों के संगतिमूलक संसर्ग पर निर्भर रहना पड़ता है, जिसका साहित्यिक परिणाम वह होता है कि वाक्यों की इस संसक्ति के लिए इन के माध्यम से रचे जा रहे यथार्थ में भी एक संगति या क्रम-व्यवस्था रच जाती है। स्पष्ट है कि यह क्रम-व्यवस्था देशगत ही नहीं कालगत भी होती है जबकि अनुभूति या रचना के क्षण देश और काल की सीमाओं की अयथार्थता की पहचान में ही सम्भव हैं।

यदि कथाकार का आग्रह स्थूल घटनाओं या ब्योरों की प्रस्तुति का ही होता तो उस का काम आसान हो जाता क्यों कि तब सामान्य अभिधात्मक भाषा के सहारे वह अपने प्रयोजन की सिद्धि कर सकता। लेकिन उस के लिए भाषा स्वयं एक बहुआयामी अर्थगर्भ यथार्थ है जिसे उजागर करने के लिए उसे भाषा के बहुस्तरीय प्रयोग की ओर उन्मुख होना पड़ता है। इस लिए सामान्य भाषा-प्रयोग के बजाय लाक्षणिकता का विकास सामान्य कथागद्य की भी एक अनिवार्यता बन जाता है। सूचनात्मक या शुद्ध तार्किक भाषा और कथाभाषा के बीच यह एक बुनियादी फ़र्क़ है। लेकिन गद्य के स्वभाव को बनाए रखने की आवश्यकता के कारण यह लाक्षणिकता कविता में व्यक्त लाक्षणिकता से भिन्न होती है। कविता वाक्यों के पारस्परिक क्रमगत संसर्ग पर नहीं शब्दों के पारस्परिक संघात पर निर्भर करती है; इस लिए उस में वाक्य-संगति आवश्यक नहीं होती और वह क्रमगत संसर्ग पर नहीं, सादृश्य विधान

पर अधिक आग्रह करती है। यही कारण है कि कविता की भाषा में रूपकात्मकता की ओर अधिक रुझान रहता है जब कि कथाभाषा में संसर्गमूलक लाक्षणिकता पर। इसी कारण रोमन जैकोबसन ने गद्य की भाषा को *मेटॉनिमिक* और कविता की भाषा को *मेटॉफारिक* माना है। सामान्यतः, कथाभाषा की लाक्षणिकता भी इस लिए संसर्गमूलक अधिक होती है क्यों कि उस में तर्कसंगति की सम्भावना अधिक रहती है। भारतीय साहित्य शास्त्र में लाक्षणिकता के इस प्रकार को ही शायद *अजहत्स्वार्था लक्षणा* कहा गया है। सर्जनात्मक लेखन में लाक्षणिक भाषा का प्रयोग इस बात का भी प्रमाण है कि यथार्थ के एक से अधिक स्तर हो सकते हैं, कि यथार्थ एक संश्लिष्ट रचना है जो भाषा के माध्यम से सम्भव है।

क्रमबद्ध संगति के अनुशासन के कारण कथाभाषा में संश्लिष्ट यथार्थ की रचना और सम्प्रेषण से सम्बन्धित कई चुनौतियाँ प्रस्तुत हुईं। प्रारम्भिक काल में कथाकार अधिकांशतः भाषा की संसर्गमूलक लाक्षणिकता और वृत्तान्त शैली पर ही आधारित रहा। लेकिन इस गद्य की एक सीमा यह रही कि यह यथार्थ के इकहरे स्वरूप की ही रचना कर पाता था, जब कि कोई भी एक रूप सिर्फ़ एक रूप नहीं है। हर संरचना एक संश्लिष्ट संरचना है। इस लिए कथाकार को अपनी भाषा से असन्तोष लाजिमी था और साहित्य के बाहर यथार्थ के सम्बन्ध में हुई खोजों ने उस के असन्तोष को और उकसाया क्यों कि हर जगह यथार्थ को एक संश्लिष्ट रचना के रूप में देखा जाने लगा—भाषा की एक दूसरी विधा कविता में तो यह प्रारम्भ से ही उस के विशिष्ट स्वभाव के कारण संश्लिष्ट रचना था। आधुनिक कथा की समस्याओं पर विचार करते हुए डेविड लॉज का भी यही निष्कर्ष है कि कथा की केंद्रीय समस्या यह है कि कोई भी यथार्थ अब इकहरा यथार्थ नहीं है। एक साथ सब कुछ को व्यक्त कर पाना आधुनिक कथा भाषा की केंद्रीय चुनौती है जिसे अज्ञेय ने यथार्थ की *क्रमहीन सहवर्तिता* कहा है।

स्वाभाविक है कि ऐसी स्थिति में कथा भी भाषा के ही दूसरे सर्जनात्मक रूप कविता के गुणों को अपने में आत्मसात कर अपनी रचनात्मकता को अधिक सामर्थ्य देने की कोशिश करती। इस कोशिश में वह कविता तो नहीं हो सकती थी क्यों कि एक क्रमबद्धता और वाक्य-संगति की अनिवार्यता उस के अस्तित्व का हिस्सा है लेकिन अपनी सीमाओं में काव्य-भाषा के विशेष गुण रूपकात्मकता को अपने में विकसित करने और मुक्त साहचर्य की युक्ति या कभी-कभी शब्दों के पुनराव के माध्यम से काव्यात्मक संश्लिष्ट यथार्थ की रचना के प्रयास उस के द्वारा किए जाने लगे। अपनी शैली में वृत्तान्त की जगह चित्रण और भाषा की संरचना में रूपकात्मकता की ओर बढ़ता हुआ झुकाव इसी सर्जनात्मक आवश्यकता के परिणाम कहे जा सकते हैं। मार्सेल प्रूस्त उन पहले लेखकों में थे जिन्होंने कथाभाषा में रूपकात्मकता की इस आवश्यकता को बखूबी पहचाना था। उपन्यास को मूलतः एक स्मृति की तरह परिभाषित करते हुए उन की मान्यता यही थी कि रूपक के बिना सच्ची स्मृति सम्भव

नहीं है—इस पर जेरार्ड जेने की टिप्पणी है कि संसर्गमूलक संगति के बिना स्मृतियों का संयोजन और कहानी-उपन्यास ही सम्भव नहीं है। इस प्रकार काव्यभाषा और पारम्परिक गद्यभाषा के बीच का यह तनाव ही आधुनिक कथाभाषा का तनाव है। रूपकात्मकता की बढ़ती हुए प्रवृत्ति या तो गद्य को कविता में बदल देती है या एक ऐसे गद्य की रचना करती है जहाँ भाषा और इस लिए भाषा में संरचित संश्लिष्ट यथार्थ भी चरमराने लगता है। जेम्स ज्वॉयस के प्रयोग विशेषतया *फिनेगेंस बेक* इस के प्रमाणस्वरूप उद्धृत किए जा सकते हैं। इसी तरह वृत्तान्त शैली की जगह चित्रात्मकता का बढ़ता हुआ प्रभाव आख्यान तत्त्व या कथाक्रम को आघात पहुँचाता है और यथार्थ को एक अनुभव की तरह नहीं एक दृश्य-वर्णन की तरह प्रस्तुत करने लगता है। सैमुअल बैकेट की कहानी *पिंग* इस प्रवृत्ति का एक अच्छा उदाहरण है, जिस में प्रेक्षण तो है पर क्रिया अर्थात् सक्रिय अनुभव नहीं है। ज़ाहिर है कि इस तरह के प्रयोग हमें एक भाषा-प्रवृत्ति की सीमाओं तक ले जाकर लौटाने पर मजबूर कर देते हैं, यद्यपि इस प्रक्रिया में हम ठीक वहीं नहीं रहते जो उन सीमाओं को पहचानने से पहले थे—हमारी भाषा भी ठीक वैसी ही नहीं रहती। यदि हम उस के बाद आख्यानात्मकता या क्रमबद्धता की ओर फिर उन्मुख होते भी हैं तो ये प्रक्रिया आख्यानात्मकता और चित्रणात्मकता तथा रूपकात्मकता और क्रमबद्धता के बीच एक नये भाषिक समन्वय के रास्तों की तलाश हो जाती है।

हिन्दी में प्रेमचन्द और रेणु के यथार्थ का फ़र्क़ केवल आंचलिकता का फ़र्क़ नहीं है। प्रेमचन्द मूलतः वृत्तान्तशैली के कथाकार हैं, इस लिए उन की भाषा में भी वाक्यगत संगति अधिक है और रूपकात्मकता कम जबकि रेणु मूलतः चित्रणशैली का आग्रह रखते हैं, अतः उन के लिए कथाक्रम के बजाय पूरे गाँव को, हर ब्यौरे को एक संश्लिष्ट अनुभव की तरह रचना स्वाभाविक है जो रूपकात्मक भाषा में ही सम्भव है। शायद यही कारण है कि प्रेमचन्द ग्रामीण विशेषताओं को कुछ चरित्रों के माध्यम से अभिव्यक्ति करते हैं, जबकि रेणु का गाँव स्वयं एक चरित्र है। ये यथार्थ के प्रति दो बोधाभिगम हैं जो भाषा के जरिए रचे और विश्लेषित किए जा सकते हैं। अज्ञेय और निर्मल वर्मा की कथाभाषा को अक्सर काव्यात्मक कह दिया जाता है तो उस का कारण भी यही है कि इन लेखकों की भाषा रूपकात्मकता और कहीं-कहीं कुछ शब्दों के पुनराव से काव्यात्मक प्रभाव उत्पन्न करती है। *नदी के द्वीप* से एक उद्धरण लें :

> *"रेखा ने कहा—फल तो लगभग सब उतार लिए गए हैं, जिधर हैं उधर ही चलें। उधर तो कुछ धूप भी होगी।"*
>
> *भुवन को याद आया। डूबते सूर्य का उन्होंने पीछा किया था और हार गए थे। नहीं, आज वह डूबते सूर्य का पीछा नहीं करेगा; सूर्य को डूब जाने दो, पकते सेब पर उसकी धूप की चमक ही इष्ट है—उसी को वह देखेगा, उस की लालिम कांति में सूर्य की धूप पकेगी, सुफला होगी...शारदीया साँझ की*

धूप में फलों लदा सेब का पेड़—जीवन के आशीर्वाद का, जीवन-रूप आशीर्वाद का, इससे बढ़कर कौन प्रतीक है? शरदारम्भ अभी नहीं हुआ, अभी बरसात का अन्त ही है, फलों पर भी अभी वह सूर्यास्त की लाल सुनहली कांति नहीं आयी, पर उस फले हुए जीवन-तरु को वह देख सकता है—''

इस उद्धरण में ही नहीं पूरे पृष्ठ पर (जहाँ से यह उद्धरण लिया गया है) सूर्य, सूर्यास्त, धूप, सेब, पेड़, जीवन या इनके समानार्थक शब्दों का सर्जनात्मक दोहराव है और उनके माध्यम से ही भुवन की मनःस्थिति के संश्लिष्ट आलोड़न की संकेन्द्रित दृष्टि हम तक सम्प्रेषित हो जाती है। रेखा के द्वारा एक *धूप* शब्द के प्रयोग से भुवन के मन में इतनी स्मृतियों का उभर आना इस शब्द को एक रूपकात्मक गरिमा से मंडित कर देता है।

निर्मल वर्मा की *लंदन की एक रात* कहानी से एक उद्धरण देखें :

''वह गर्मियों की एक खुली और नरम रात थी..., एक विराट, बनैले जंतु की तरह खामोश...जो दिन भर की थकान के बाद अपनी माँद में समूची देह फैलाकर सो गया हो।''

क्या रात के इस अनुभव को किसी सपाट तरह से सम्प्रेषित किया जा सकता है। 'खुली' और 'नरम' के साथ दिनभर की थकान के बाद देह फैलाए सो रहे विराट, बनैले जंतु की तरह की-सी खामोशी का जिक्र जिस रूपकात्मक बिंब को सम्प्रेषित करता है, वह सामान्यतः काव्य-भाषा का ही गुण है। पारम्परिक कथाभाषा में इस तरह से संश्लिष्ट बिम्ब कम ही मिल सकते हैं जबकि आधुनिक कथाभाषा में यह सामान्य प्रवृत्ति है। इस तरह के और भी उदाहरण दिए जा सकते हैं, लेकिन हमारा उद्देश्य सिर्फ़ यह देखना है कि किस तरह कथाभाषा की संरचना बल्कि भाषा मात्र की सरचना अपने माध्यम से यथार्थ की संरचना निर्धारित करती है।

कथा मूलतः आख्यान है। उस के इस आख्यान तत्त्व के बिना उस का मूल चरित्र सुरक्षित नहीं है। दूसरे शब्दों में यह कह सकते हैं कि कथा के वाचिक मूल की अनदेखी नहीं की जा सकती, क्यों कि भाषा केवल पढ़ने की वस्तु नहीं है वह बोलने और सुनने की भी वस्तु है और श्रवण माध्यमों के विकास के साथ उस के इस रूप की ओर पुनः ध्यान आकर्षित होना स्वाभाविक है। समस्या यह है कि इस पठित रूप में वाचिक गुण कैसे समाहित किया जाए। बहुत सरल तरह से रखने की कोशिश करें तो आधुनिक कथाभाषा की यह एक प्रमुख समस्या है क्यों कि वाचिक परम्परा की एक खूबी यह भी है कि काल के सभी आयामों को समेटते हुए भी वह निरन्तर वर्तमान में रहती है। यही समस्याएँ आज की कथा का और इस लिए कथागत यथार्थ का रूप निर्धारित करती है।

(वत्सल निधि द्वारा आयोजित बोधगया लेखक-शिविर में पढ़ा गया आलेख।)

नया यथार्थबोध और उपन्यास

हिन्दी में उपन्यास के भारतीय रूप का सवाल सबसे पहले, जहाँ तक मुझे स्मरण है, अज्ञेय ने उठाया था—अखिल भारतीय लेखक संघ के 1962 के मद्रास अधिवेशन में। उन का तर्क था कि एक भारतीय का कालबोध पश्चिमी कालबोध से अलग है, इस लिए भारतीय उपन्यास की संरचना पश्चिमी उपन्यास की संरचना से कुछ भिन्न एवं विशिष्ट होनी चाहिए। इस बात को बाद में निर्मल वर्मा ने अपनी तरह से प्रस्तुत किया। उन का तर्क था कि 'उपन्यास की अर्थवत्ता *यथार्थ* में नहीं, उसे समेटने की प्रक्रिया, उस के संघटन की अन्दरूनी चालक शक्ति में निहित है।' उपन्यास के भारतीय रूप की ज़रूरत सिर्फ़ इस लिए नहीं है कि *भारतीय अनुभव* यूरोप के अनुभव से अलग है। उन के अनुसार 'साहित्य में प्रश्न अनुभव के विषय (कांटेंट) का नहीं है, बल्कि उस रूप और रास्ते का है, जिस के द्वारा यह अनुभव एक विशिष्ट सांस्कृतिक चेतना में परिलक्षित होता है।' इस लिए रूप का सवाल केवल तकनीकी सवाल नहीं है। उस का एक सांस्कृतिक आयाम भी है और वही शायद ज्यादा महत्त्वपूर्ण है।

जिसे हम कथित यथार्थवादी उपन्यास कहते हैं, वह मूलतः काल के एकरेखीय बोध से प्रसूत है। लेकिन क्या भारतीय चित्त काल के एकरेखीय बोध से बद्ध है? क्या सभी कालों के सहवर्ती या समकालिक होने की कल्पना उस के मानसिक जगत् की गहराई में बद्धमूल नहीं है? प्रत्येक साहित्यिक या कलात्मक रचना किसी न किसी अनुभव की संरचना और सम्प्रेषण होती है। लेकिन क्या प्रत्येक समाज के चित्त में अनुभव के ग्रहण और सम्प्रेषण की अपनी संरचनाएँ—*स्ट्रक्चर्स*—और प्रणालियाँ नहीं होतीं? और कोई भी अनुभव तभी उस चित्त में संवेदनात्मक विश्वसनीयता सहजता से अर्जित कर पाता है, जब उस अनुभव की संरचना और सम्प्रेषण में तथा लोकचित्त के ग्रहण-सम्प्रेषण संस्कार में एक आन्तरिक संगति हो। इस दृष्टि से देखें तो केवल उपन्यास के भारतीय रूप का ही नहीं, सभी विधाओं और कलाओं के भारतीय रूप का सवाल जितना सांस्कृतिक सवाल है, उतना ही सौन्दर्यशास्त्रीय या नन्दतिक सवाल भी। दरअस्ल, जब हम उपन्यास के भारतीय रूप की बात करते हैं तो प्रकारान्तर से उपन्यास

के केंद्र में व्यक्ति के बजाय समाज या लोक को ही रख रहे होते और इस दृष्टि से उपन्यास के रूप को अतिरिक्त सामाजिक वैधता दे रहे होते हैं।

साहित्य के सन्दर्भ में जब हम यथार्थ की बात करते हैं तो अक्सर हमारा आशय सीमित होता है। लेकिन यथार्थ की अवधारणा का सम्बन्ध मूलतः वैज्ञानिक दृष्टि से है। यथार्थवाद का आग्रह मूलतः वैज्ञानिक आग्रह है। जो विज्ञान सम्मत है, वही यथार्थ है। यह अजीब विरोधाभास है कि उन्नीसवीं शती के विज्ञान से आज के विज्ञान के अत्यधिक विकसित होते हुए भी यथार्थ की हमारी अवधारणा लगभग वही है जो उन्नीसवीं शती में बनी थी। भौतिक विज्ञान और मनोविज्ञान के क्षेत्रों में हुई अभूतपूर्व शोध ने मानसिक जगत् ही नहीं, भौतिक जगत् और उस के नियमों के बारे में हमारी धारणाओं में क्रान्तिकारी परिवर्तन कर दिए हैं, जिन के अनुसार एकरेखीय काल काल का एक रूप है, यथार्थ का एक स्तर है, जब कि उस के कई अन्य रूप और स्तर भी प्रमाणित हैं। इस लिए आज यथार्थ की संरचना और बोध उन्नीसवीं शती से बिल्कुल फ़र्क़ होना स्वाभाविक है। ऐसी स्थिति में यदि कोई उपन्यासकार इस एकरेखीय कालबोध का अतिक्रमण करता हुआ उस के वर्तुल रूप, सभी कालों के सहवर्ती होने के किसी रूप या एकस्तरीय यथार्थ के बजाय जटिल और संश्लिष्ट यथार्थ के अनेक स्तरों को एक साथ झलकाने की कोशिश करता है, जैसा कि कृष्ण बलदेव वैद और प्रकारान्तर से निर्मल वर्मा और विनोदकुमार शुक्ल भी अपनी कई कृतियों में करते हैं, तो उसे यथार्थविरोधी या अयथार्थ करार देना अपने को उन्नीसवीं शती के यथार्थबोध के कठघरे में कैद रखना है। यथार्थ की हमारी वैज्ञानिक समझ के बढ़ने के साथ-साथ कला और साहित्य में यथार्थ के ग्रहण और सम्प्रेषण की नयी विधियों का अन्वेषण स्वाभाविक है और यदि सौभाग्य से इस अन्वेषण में हमारे लोकचित में रची-बसी सम्प्रेषण-संरचनाएँ आधार बन सकें तो यह केवल भारतीय उपन्यास का ही नहीं, एक नयी विज्ञानसम्मत यथार्थवादी संरचना का भी विकास होगा।

यह मानने का कोई औचित्य नहीं लगता कि यह नयी यथार्थवादी संरचना अनिर्वायतः उपन्यास को सामाजिक यथार्थ से दूर ले जाएगी। यह, दरअस्ल, सामाजिक यथार्थ के भी कई रूपों और स्तरों को एक साथ झलका देने में अधिक समर्थ हो सकती है। सम्पूर्ण भारतीय आख्यान परम्परा—लोक और शास्त्रीय—एकरेखीय कालबोध या इकहरे यथार्थबोध का अतिक्रमण करती है, लेकिन उसे व्यक्ति-केन्द्रित या समाज से विच्छिन्न नहीं कहा जा सकता। यदि मुक्तिबोध कविता में फैंटेसी के माध्यम से सामाजिक यथार्थ को व्यक्त कर सकते हैं, तो उपन्यास में ऐसा कर पाने में क्या अनुपयुक्तता हो सकती है? फिर सवाल व्यक्ति बनाम समाज का नहीं, बल्कि व्यक्ति और समाज का है और अनुभव व्यक्तिपरक हो या समाजपरक, अन्ततः कलारूप उसे एक सांस्कृतिक चेतना में रूपायित कर देते हैं।

('कसौटी' पत्रिका द्वारा प्रेषित एक प्रश्नावली के लिए लिखित वक्तव्य।)

पुराण, विज्ञान और काव्य

पुराण या मिथ को परिभाषित करने के सभी आधुनिक प्रयास, चाहे वे मनोविज्ञान, नृतत्त्वशास्त्र या साहित्य किसी भी दृष्टि से किए गए हों, एक बात पर लगभग सहमत हैं कि *मिथ* मानवीय चेतना के विकास की प्रारंभिक स्थिति की अभिव्यक्ति है--उस स्थिति की जब वास्तविकता–रिऐलिटी का तर्काश्रित और वैज्ञानिक विश्लेषण मानव-बुद्धि की सीमा से परे था। कार्ल मार्क्स यूनान के महान मिथकों को मानव के स्वस्थ शैशव की अभिव्यक्ति के रूप में देखना चाहते हैं तो बिल्कुल दूसरे छोर पर खड़े कैसिरेर और लैंगर जैसे दार्शनिक मानवीय चेतना के विकास में मिथक की भूमिका तर्काश्रित दर्शन, बल्कि मेटाफिजिक्स के विकास से पूर्व की स्थिति तक ही मानते हैं। जुंग जैसे मनोवैज्ञानिकों ने मिथ को मानवीय चेतना में महत्त्वपूर्ण स्थान देते हुए भी यह तो माना ही कि मिथ इस तथ्य की ओर संकेत करते हैं कि प्रारम्भिक मनुष्य प्राकृतिक कार्य व्यापार को किस तरह अनुभव करता था और वे आज भी प्रभावशाली हैं तो इस लिए कि वे अनुभव मनुष्य के सामूहिक अवचेतन का हिस्सा बन चुके हैं। इस लिए यह आश्चर्यजनक नहीं लगता कि पश्चिमी मनीषा मिथ और रिऐलिटी अर्थात् मिथ और विज्ञान को एक-दूसरे के बरक्स खड़ा कर देती है। यह पश्चिमी मनीषा का स्वाभाविक विकास है, क्यों कि स्वयं सुकरात ने मिथ के अध्ययन को एक ऐसा मनबहलाव माना जिस के लिए उस के पास अवकाश नहीं था क्योंकि वह अधिक गम्भीर विषयों यानी अपने आप की खोज में लगा हुआ था। दर्शन के विकास को इस लिए पश्चिम में मिथ से मुक्तिलाभ का इतिहास कहा गया। विज्ञान और मिथ आज यदि एक-दूसरे के आमने-सामने खड़े हैं तो इसी लिए कि आज पश्चिमी मनीषा में दर्शन का स्थान विज्ञान ले चुका है। काव्य को सदैव ही मिथ से जुड़ा हुआ माना गया है क्यों कि दोनों का ही स्वभाव मूलतः तर्केतर (नानडिस्कर्सिव) तथा प्रातिनिधिक (रिप्रेजेंटेशनल) है और इसी लिए लैंगर ने मिथ के विकास की उच्चतम सीमा के रूप में महाकाव्य को स्वीकार किया है–शायद मिथ

की प्रतीकात्मक अभिव्यंजना शक्ति के कारण ही।

लेकिन, भारतीय विद्या परम्परा पुराण को झूठ या असत्य का अर्थ देने वाली कपोल कल्पना या मनुष्य जाति के शैशव (चाहे स्वस्थ शैशव ही सही) की अभिव्यक्ति नहीं मानती और न उसे विज्ञान यां दर्शन से नीचे का दरजा देती है। भारतीय परम्परा में पुराण भी ज्ञान का एक प्रकार या विद्या है और उस का महत्त्व केवल अन्य शास्त्रों या विद्याओं के विकास से पूर्व की स्थिति तक सीमित नहीं है—बल्कि सब से पुरानी विद्या तो वेद-विद्या है जो सभी प्रकार के ज्ञान का स्रोत है और भारतीय दृष्टि में वह मानवीय चेतना के शैशव की अभिव्यक्ति नहीं बल्कि सर्वोच्च सत्य से साक्षात्कार है। छान्दोग्य उपनिषद में इतिहास-पुराण को पंचम वेद कहा गया है। याज्ञवल्क्य ने चातुर्दश विद्याओं में पुराण का उल्लेख किया है तथा गौतम ने राजा को आदेश दिया है कि वह प्रजा को सँभालने के लिए वेद, धर्मशास्त्र व उपवेदों के साथ पुराण पर भी आश्रित रहें। स्पष्ट है कि भारतीय परम्परा में पुराण को ज्ञान का एक विशिष्ट प्रकार मानते हुए उस की वैधता को निर्भ्रान्त स्वीकृति दी गयी है। सुकरात के लिए मिथ को 'पास्टाइम' कहना चाहे सम्भव रहा हो पर शंकराचार्य जैसे—तार्किक दार्शनिक भी पुराण के बारे में इस स्तर पर सोच भी नहीं सकते थे। तर्काश्रित ज्ञान का महत्त्व भारतीय विद्या-परम्परा में कम नहीं है, लेकिन ज्ञान की तर्कातीत पद्धतियों की वैधता और महत्त्व को भी कमतर नहीं आँका गया है। वेद को ज्ञान का सर्वोच्च स्रोत माना गया है जो हमारी दार्शनिक प्रणालियों का ही नहीं मिथक प्रणाली का भी मूल आधार माना जाता रहा है। पौराणिक कथाएँ आज भी भारतीय मानस की तर्क-पद्धति में एक प्रभावी भूमिका अदा करती हैं और उन का महत्त्व भारतीय जन-मानस के लिए किसी तर्क या युक्ति से कम नहीं है। किसी भी बात के लिए पुराण या सत्य-मिथ या रिऐलिटी—जैसे खाने बनाना भारतीय मानसिकता की संरचना के अनुकूल नहीं पड़ता। पुराण भी सत्य का एक विशिष्ट प्रकार है, इस की पहचान उस की चेतना में बराबर बनी रहती है।

इस लिए मिथ पश्चिमी व्यक्ति के लिए चाहे एक अतीत की वस्तु बन गया हो जिसका महत्त्व केवल अध्ययन तक सीमित है—मैक्समूलर जैसे भारतविदों की भी भारतीय वेद-पुराण में रुचि अतीत को समझने की दृष्टि तक ही तो सीमित थी; वे भी उन में किसी सत्य का अनुसन्धान नहीं करना चाहते थे—भारतीय व्यक्ति के लिए आज भी वह एक जीवन्त ज्ञान-परम्परा है जिस के माध्यम से वह अपने अतीत या अपने मन की प्रारंभिक बनावट को नहीं जानना चाहता बल्कि इस सम्पूर्ण चराचर में अपनी अवस्थिति की पहचान करता और उस के साथ एकात्मकता का अनुभव करता है।

पुराण या पौराणिक विधि को ज्ञान की एक विशिष्ट प्रक्रिया के रूप में देखने पर ही यह समझ में आ सकता है कि भारतीय बुद्धि क्यों पुराण और यथार्थ या

पुराण और विज्ञान में न केवल विरोध नहीं देखती बल्कि स्वयं पुराण को ही एक यथार्थ या एक विज्ञान के रूप में स्वीकार करती है और क्यों दर्शन या विज्ञान उस के लिए पुराण से मुक्तिलाभ नहीं, वरन् वह उन से भी पौराणिक यथार्थ की सम्पुष्टि चाहती है। उस के लिए पुराण भी यथार्थ का ही एक स्तर है--वह स्तर जहाँ तर्काश्रित भाषा की सीधी पहुँच नहीं है। कुमारस्वामी ने तो मिथ का अनुवाद *इतिहास* किया है जिस की यथार्थता से पश्चिम का कोई भी विद्वान इनकार नहीं कर सकेगा।

इतिहास अतीत की घटनाओं का वर्णन *हिस्टरी* या *हिस्टोरिया* नहीं है बल्कि उस की तलाश है जो सदैव होता आया है अर्थात् एक सनातन परम्परा की तलाश अर्थात् वह नहीं जो कभी हो चुका है बल्कि वह भी जो फिर हो रहा है और जिस के फिर होने की सारी सम्भावनाएँ भी बनी रहती है। कुमारस्वामी ने इतिहास को वह उपान्तिम सत्य कहा है जिस का समूचा अनुभव लौकिक प्रतिबिम्ब है—और इस लिए भारतीय विद्या-परम्परा पुराण-इतिहास को एक ही ज्ञान-क्षेत्र के अन्तर्गत रखती है।

जब कुमारस्वामी मिथ को इतिहास कहते हैं तो वह उसे प्रकारान्तर से एक विद्या के रूप में विज्ञान का दर्जा देते हैं क्यों कि इतिहास केवल घटनाओं का वर्णन नहीं बल्कि उन की मूल प्रेरणा और संचालक नियमों की खोज भी है। डॉ. गोविन्दचन्द्र पाण्डे ने लिखा है कि आखिर वैज्ञानिक ऐतिहासिक तथ्यों को नियमों के सहारे जानना चाहता है। इन नियमों को तो घटनावत् यथार्थ नहीं माना जा सकता, न उन्हें मानवीय स्वभाव और सामाजिकता के एक स्थिर सन्दर्भ की कल्पना के बिना खोजा जा सकता है। भारतीय जाति के इतिहास का यह स्थिर सन्दर्भ एक प्रातिस्विक, प्रत्यात्मनियत आन्तरिक साधना है। उन्हीं के शब्दों में, ''*अलौकिक अर्थ के अनुसन्धान एवं प्रतीकात्मक अर्थ के प्राधान्य ने भारतीय संस्कृति के आत्मबोध को ऐतिहासिक स्मृति अथवा खोज के स्थान पर पौराणिक कल्पना में व्यक्त होने की ओर प्रेरित किया है। फलतः इस सांस्कृतिक आत्मबोध में एक सनातनता का आभास मिलता है न कि आधुनिक अर्थ में ऐतिहासिकता का।*'' इसी अर्थ में कुमारस्वामी मिथ को इतिहास कहते हैं क्यों कि पुराण किसी अतीत का इतिवृत्त नहीं बल्कि वे प्रतीकात्मक आख्यान हैं जो सदैव घटित होते रहते हैं। भारतीय दृष्टि में पुराण मानवीय नियति के साथ अन्तःप्रज्ञात्मक साक्षात्कार की सांकेतिक या प्रतीकात्मक अभिव्यक्ति है। इस लिए एक दृष्टि में जहाँ इतिहास अतीत में हो चुकी घटनाओं का तथ्यात्मक ब्योरा है, वहीं हमारी दृष्टि में वह 'जो सदैव होता आया है' की अभिव्यक्ति है; अर्थात् इतिहास अपने आधुनिक अर्थों से अलग केवल अतीत का वर्णन नहीं वरन् एक सनातन प्रवृत्ति का ज्ञान है जिस में भविष्य की सम्भावनाएँ भी निहित हैं। इसी अर्थ में वह इतिहास है, मिथ है, पुराण है, भविष्य पुराण है।

पश्चिम की केन्द्रीय आस्था प्रारम्भ से—यूनानी सभ्यता से ही—मानव चेतना के एकरेखीय विकास में रही है और इसी कारण वहाँ ज्ञान-पद्धतियों में एक विकास

क्रम है, जिस में तर्काश्रित ज्ञान-पद्धति को सर्वोच्च स्थान प्राप्त है। विज्ञान के आधुनिक विकास से पूर्व इस सर्वोच्च आसन पर दर्शन आसीन था। अन्य ज्ञान-पद्धतियों की प्रामाणिकता तर्काश्रित ज्ञान-पद्धतियों—अर्थात् पहले दर्शन और अब विज्ञान पर आश्रित है—बल्कि स्वयं दर्शन की प्रामाणिकता भी विज्ञान पर आश्रित हो गयी है। ऐसी स्थिति में यह आश्चर्यजनक नहीं लगता कि काव्य की प्रासंगिकता को लेकर पश्चिमी दृष्टि सदैव शंकित रहती आयी है। तर्काश्रित ज्ञान को सर्वोच्च समझने के कारण ही दार्शनिक को सर्वोच्च पद पर आसीन करते हुए प्लेटो ने कवि को अपने राज्य से निर्वासन की आज्ञा दी क्यों कि वह जानता था—और ठीक ही जानता था—कि कवि को दर्शन के अनुशासन और आश्रय की अनिवार्यता कतई स्वीकार नहीं होगी। प्लेटो से लेकर आज तक निरन्तर पश्चिमी कवि को बार-बार इस लिए कठघरे में खड़ा होना पड़ा है कि तर्कमूलक दर्शन और विज्ञान के सम्मुख उस की उपयोगिता और महत्त्व हमेशा सन्देहास्पद रहे हैं। आधुनिक विज्ञान के विकास के साथ उन्नीसवीं सदी के शुरू में ही प्लेटो की गूँज थामस लव पीकाक में सुनाई दे जाती है जब वह कहते हैं कि इस वैज्ञानिक युग में, जबकि वैज्ञानिक और दार्शनिक यथार्थ की व्यवस्थित और उत्साहपूर्वक खोज कर रहे हों, कवि की हैसियत और उपयोगिता सभ्य समुदाय में एक अर्द्ध जंगली की हो जाती है।

प्लेटो आज जीवित होता तो निश्चय ही उस ने दार्शनिक का स्थान वैज्ञानिक को देते हुए स्पेंगलर के साथ मिलकर यही सलाह दी होती कि *'अपना समय बर्बाद मत करो। सब छोड़कर इंजीनियर बनने का प्रयास करो। भूल जाओ कि आत्मा का कोई अंश तुम में अभी भी शेष है। यह युग आत्मा का नहीं है। अगर तुम चित्रकार, संगीतज्ञ या कवि बनकर जीना चाहते हो तो निराशा तुम्हारा इन्तजार करेगी। आध्यात्मिक धन्धों का यह समय नहीं है। मेरी एकमात्र आशा यह है कि नयी पीढ़ी के लोग मेरी पुस्तक से प्रेरणा ग्रहण करेंगे और कविता के बदले इंजीनियरिंग की ओर जाएँगे। कलाकार स्कूलों की बजाय नौसैनिक स्कूलों की ओर बढ़ेंगे और दार्शनिक राजनीतिज्ञ बनना पसन्द करेंगे।'*

पश्चिम के कवियों-कलाकारों ने न तो प्लेटो की ही सलाह मानी थी और न उन्होंने स्पेंगलर से ही कोई सीख ली। स्पेंगलर का विचार था कि जब संस्कृति मरणासन्न होती है, उस की कला उस के विज्ञान के सम्मुख आत्मसमर्पण कर देती है और उस का अनुसरण करने लग जाती है। इस आत्महानि से बचने का आसान रास्ता कवियों को भी शायद यही सूझा कि कविता को विज्ञान के मुकाबले खड़ा कर दिया जाए, और कविता की स्वायत्तता पर अतिरिक्त आग्रह करते हुए उसे संस्कृति के केन्द्र में रखकर एक विज्ञान-विरोधी रुख अपनाया जाए। मैथ्यू आर्नोल्ड ने विज्ञान के आक्रमण से परास्त धर्म की जगह कविता को सभ्यता के केन्द्र में रखना चाहा तो रिचर्ड्स को कविता में ही सभ्यता की मुक्ति का एकमात्र मार्ग दीखा। कुछ कवि

विज्ञान में मानव-मूल्यों का पतन देखने लगे, तो कविता की स्वायत्तता पर कुछ का आग्रह इतना प्रबल हो गया कि विज्ञान तो दूर, पाठक अर्थात् अपने समाज के साथ कविता के सम्बन्ध से भी उन्हें कोई वास्ता नहीं रहा। ये सभी भंगिमाएँ वास्तव में अपने पर हुए आक्रमणों के बचाव में सुरक्षात्मक सिमटाव की अभिव्यक्ति हैं। अपने पर हुए आक्रमणों ने ही उन्हें शायद एक दूसरे अतिवाद पर जाने के लिए मजबूर कर दिया।

दरअस्ल, कविता और विज्ञान अथवा अन्तःप्रज्ञा और तर्कमूलक प्रज्ञा का यह द्वन्द्व उस एकरेखीय विकास की अवधारणा में आस्था से उत्पन्न होता है, जिस में ज्ञान की एक विधि या प्रकार को ही सर्वोच्च मान कर अन्य सभी से उस के सम्मुख समर्पण की उम्मीद की जाती है। भारतीय ज्ञानमीमांसा पश्चिमी ज्ञानमीमांसा से इसी अर्थ में भिन्न है कि वह किसी एक ज्ञानपद्धति पर अत्यधिक आग्रह नहीं करती। इस लिए यह बिल्कुल आश्चर्यजनक नहीं लगता कि विज्ञान की विभिन्न शाखाओं के उल्लेखनीय विकास के बावजूद भारतीय परम्परा में कविता की प्रासंगिकता और सार्थकता पर कभी सन्देह नहीं प्रकट किया गया और न काव्यगत सत्य को अन्य प्रकारों के मुकाबले छोटा बताया गया। अन्तःप्रज्ञात्मक ज्ञान और तर्कमूलक ज्ञान को एक-दूसरे की प्रतिद्वन्द्विता में नहीं बल्कि पारस्परिकता में देखने के कारण ही शंकराचार्य जैसे ज्ञानमार्गी और तार्किक दार्शनिक भी भक्तिगीतों की रचना कर सके। लेकिन इस पारस्परिकता की अनदेखी कर केवल प्रतिद्वन्द्विता पर ही आग्रह करने वाले मानवेन्द्रनाथ राय जैसे वैज्ञानिकतावादी चिन्तक चैतन्य और रामकृष्ण परमहंस को भी मनोरोगी ही मान पाये।

इस प्रतिद्विन्द्वता में इस बात की अनदेखी की जाती रही कि अन्तःप्रज्ञा या अनुभूतिगत ज्ञान भी कोई अयास उपलब्धि नहीं है और न उस में तर्क मूलक प्रज्ञा की कोई अवहेलना ही की जाती है। वह यथार्थ का एक और स्तर है, जहाँ पहुँचने के लिए तर्कमूलक राजमार्ग को छोड़कर अन्तःप्रज्ञा की नयी पगडंडी बनानी पड़ती है। विद्यानिवासजी ने कुमारस्वामी के कलाचिन्तन की व्याख्या करते हुए उन्हीं के एक उदाहरण कमल के फूल के हवाले से यह स्पष्ट किया है कि कला का कमल केवल वानस्पतिक तथ्य नहीं है बल्कि हमारी समूची जातीय स्मृति में वह सृष्टिमात्र के खिलने के भाव की अनुभूति का प्रतीक हो जाता है। एक वानस्पतिक तथ्य एक आध्यात्मिक सत्य का प्रतीक हो जाता है। लेकिन साथ ही यह भी सच है कि कला के इस कमल का वानस्पतिक तथ्य वाले कमल से न केवल कोई विरोध नहीं है बल्कि उस के लिए एक वानस्पतिक तथ्य के रूप में कमल का होना कम सहायक नहीं है और जब वह उसे सृष्टि के प्रतीक रूप में चित्रित करता है तो उस के वानस्पतिक तथ्य होने को मिटा नहीं देता बल्कि एक वानस्पतिक तथ्य का एक भाव-सत्य में रूपान्तर करता है। प्राकृतिक विज्ञान अपने तरीके से मनुष्य की देह का विश्लेषण

कर सकते हैं, मनोविज्ञान उस के भावजगत् का वैज्ञानिक विश्लेषण भी कर सकता है, लेकिन कोई भी विज्ञान भावसत्य के अनुभव को हम तक सम्प्रेषित नहीं कर सकता। यह काम केवल कविता या कला कर सकती है। प्रेम का मनोवैज्ञानिक विश्लेषण प्रेम का सच नहीं है, वह एक तथ्य के रूप में प्रेम के भाव की व्याख्या है। प्रेम का अनुभव वह सच है जिस की अभिव्यक्ति विज्ञान या दर्शन की भाषा में नहीं, कविता की भाषा में ही हो सकती है और यही कविता की सार्थकता या प्रासंगिकता है जिसे विज्ञान से कोई खतरा नहीं है।

तर्कमूलक प्रज्ञा और अन्तःप्रज्ञा की अपनी-अपनी विशिष्टताएँ हैं, क्षेत्र और प्रयोजन हैं। जीवन के लिए कविता भी प्रासंगिक है और विज्ञान भी। किसी एक को छोड़कर दूसरे की साधना जीवन को किसी न किसी अर्थ में पंगु बना देगी। अन्तःप्रज्ञा को चाहे तर्कमूलक प्रज्ञा से श्रेष्ठ न भी मानें—यद्यपि भारतीय दृष्टि पहली को दूसरे से ऊपर रखती है—तब भी इस से इनकार नहीं किया जा सकता कि दोनों न केवल एक-दूसरे की विरोधी नहीं हैं, बल्कि कई बार तर्काश्रित ज्ञान की प्रक्रिया का वास्तविक फल भी अन्तःप्रज्ञा की कौंध में ही प्राप्त होता है। इस सन्दर्भ में डॉ. राधाकृष्णन का यह कथन उल्लेखनीय है कि अन्तःप्रज्ञात्मक ज्ञान को प्रत्यय में नहीं बाँधा जा सकता, लेकिन इस का यह अर्थ नहीं कि वह तर्कविरोधी होता है—बल्कि सच तो यह है कि अन्तःप्रज्ञा और कविता का भी अपना एक विज्ञान होता है, उस की अपनी एक तर्कपद्धति और व्यवस्था होती है, लेकिन उस तर्क और व्यवस्था से जो सत्य व्यंजित होता है उसे विज्ञान के सत्य की तरह प्रत्ययात्मक रूप नहीं दिया जा सकता। साथ ही, इससे यह समझना भी गलत होगा कि विज्ञान के सत्य या प्रत्ययात्मक रूप में व्यक्त हो सकने वाले सत्य की मानवीय जीवन में कोई कम सार्थकता है या वह कविता से प्रसूत सत्यों, मूल्यों का अनिवार्यतः विरोधी है। कई बार तो विज्ञान का सत्य कवि-कल्पना की उड़ान को नया आकाश दे देता है। जिस से काव्यसत्य की नयी भूमिकाएँ और रूप उजागर होते हैं जो चाहे विज्ञान का अभिप्रेत न भी होते हों पर उस का खंडन नहीं करते, उसी के आधार पर भाव सत्य की एक नयी व्यंजना करते हैं। विज्ञान का सत्य भी कवि-दृष्टि में एक नया मिथ बन जाता है। एक कविता है :

एक तारा
जो कभी होगा
टिमटिमाता है अभी
नहीं हूँगा जब
मैं भी टिमटिमाऊँगा

टिमटिमाता था
नहीं था तब भी।
काल के पट पर
मँड़ी है अमिट छवि मेरी
जब खुलेगी आँख
मैं दिख जाऊँगा।

या उर्दू का शेर है :

एक कोंपल में सिमटने के लिए
पेड़ का पेड़ बिखरता जाए।

इन कविताओं का बौद्धिक आधार वैज्ञानिक प्रत्यय भी हो सकते हैं लेकिन कवि कल्पना ने इन आधारों पर जिन भावसत्यों को उजागर किया है वे निश्चय ही वैज्ञानिकों के अभिप्रेत नहीं रहे होंगे। आधुनिक मनोविज्ञान द्वारा मानव-मन के रहस्यों को हमारे सम्मुख विश्लेषित करने के प्रयासों ने निश्चय ही मानवीय मन की हमारी समझ को बढ़ाया है और इन का रचनात्मक रूपान्तर आधुनिक कथा और नाटक साहित्य में प्रचुरता से हुआ है। इस लिए विज्ञान कविता का विरोधी नहीं बल्कि एक उपयोगी सहायक सिद्ध हुआ है—लेकिन तभी जब हम यह सहायता कविता की अपनी शर्तों पर लेना स्वीकार करें, विज्ञान की प्रक्रिया को कविता की प्रक्रिया पर प्रभावी न होने दें। विज्ञान की तर्कप्रक्रिया और भाषा-व्यवहार ने काव्यभाषा के सामने कुछ चुनौतियाँ अवश्य प्रस्तुत की हैं। विज्ञान के अनुष्ठान और अनुसरण पर अन्य विद्याओं में भी भाषा के वैज्ञानिक गठन का आग्रह बढ़ता गया है। यह एक प्रकार का वैज्ञानिकतावाद है जो ज्ञान-क्रम में विज्ञान को सर्वोच्च पद पर आसीन करता है और धीरे-धीरे इसका एक परिणाम यह हुआ है कि जहाँ आधुनिक औद्योगीकरण, पूँजीवाद और सर्वसत्तावाद भाषा को अर्थहीन कर रहे हैं, वहीं वैज्ञानिकता का आग्रह उस की बहुआयामिता को सीमित कर रहा है। इसी का प्रभाव यह हुआ है कि सामान्य व्यवहार में भी भाषा की शक्ति का समुचित उपयोग नहीं हो पा रहा है तथा पाठक समाज की ही नहीं लेखकों की शब्दशक्ति की व्यापकता भी कम होती गयी है। जार्ज स्टाइनर के इस निष्कर्ष को अवहेलना की दृष्टि में नहीं देखा जा सकता कि आधुनिक लेखक को प्राप्त भाषा—उस का साधन—अन्दर से खोखला और बाहर से सीमित होता जा रहा है।

लेकिन यह समस्या विज्ञान की नहीं, बल्कि विज्ञान को एकमात्र विद्या-स्रोत मान लेने की है और इस मान्यता के बीज स्वयं विज्ञान में नहीं बल्कि उस अविद्या में हैं जो पृथकता के भाव की प्रेरक है। विज्ञान से प्राप्त शक्ति के मद में हम अपने में समग्र को देखने और समग्र में ही अपने को अनुभव करने के बजाय स्वयं को

समग्र मान बैठते हैं। शासित जातियाँ शासक जातियों का अनुकरण करने की ओर सहज ही उन्मुख होती हैं। विद्या-प्रक्रिया में भी यही सच है। जब हम विज्ञान को शासक विद्या मान लेते हैं तो अन्य विद्याओं में भी उस का अनुकरण करने की प्रवृत्ति बढ़ जाती है। जहाँ अन्य विद्याओं ने इस स्थिति को लगभग स्वीकार कर लिया है, वहाँ यह शुभ है कि कविता अपने मूल स्वभाव से जुड़े रहकर इस चुनौती का सर्जनात्मक प्रत्युत्तर देना चाहती रही है। इस के लिए न तो विज्ञान से आतंकित होने की ज़रूरत है, न उस से दूर भागने की। दूर भागना भी आतंकित मन की ही अभिव्यक्ति है। कविता को ज़रूरत है तो केवल अपने मूल स्वभाव की साधना की—मिथक रचना कविता का मूल स्वभाव है।

दरअस्ल विज्ञान को लेकर जितनी दुःशंकाएँ व्यक्त की जाती हैं, वे सभी स्वयं विज्ञान को अधूरी दृष्टि से देखने और उस अधूरी दृष्टि को ही विज्ञानेतर मामलों में अन्तिम मान लेने के परिणामस्वरूप हैं। विज्ञान से उत्पन्न टेक्लोनॉजी, औद्योगीकरण और तत्प्रसूत सामाजिक-सांस्कृतिक तनाव सब कविताविहीन विज्ञान के दुष्परिणाम हैं। विज्ञान से प्राप्त होने वाले तात्कालिक लाभों ने यदि मानवीय संवेदना को जड़ बना दिया है या मानवपरक दृष्टि पर पट्टी बाँध दी है तो इस का दोष केवल विज्ञान को ही नहीं दिया जा सकता। दोष उस दृष्टि में है जो किसी मनुष्य, मनुष्य-समूह या सम्पूर्ण मानव जाति को शेष जगत् से पृथक मानती और अपने या अपने समूह के लाभ को ही सर्वोच्च वरीयता देती है। पार्थक्य का यह भाव ही मूल पाप या मूल अविद्या है। मन और ममेतर के बीच का सम्बन्ध, यदि रामानुजाचार्य से शब्द और उधार लेकर कहें तो, अपृथकसिद्धि का है। मिथ या पुराण इसी अपृथकता की सिद्धि के अद्वितीय माध्यम हैं। जुंग जैसे आधुनिक मनोवैज्ञानिक मानते हैं कि मिथ के माध्यम से मनुष्य अपने सामूहिक अवचेतन से जुड़ जाता है जो समूची सर्जनात्मकता का स्रोत है। अतः जब वह मिथक रचना का सामर्थ्य खो देता है तो अपनी अन्तर्भुक्त सृजनात्मकता से भी उस का सम्बन्ध विच्छिन्न हो जाता है। ज़ाहिर है कि कविता का काम न विज्ञान के बिना चल सकता है न मिथ के बिना क्यों कि जीवन को दोनों की ज़रूरत है। इस लिए वह न केवल विज्ञान द्वारा प्रस्तुत परिस्थितियों की नयी चुनौती को स्वीकार करते हुए अपना सर्जनात्मक रूपान्तर करती रहती है, बल्कि अपने मिथक-स्रोत से जुड़कर ही वह ऊर्जा भी प्राप्त करती रहती है जिस के बिना वह इकहरी हो जाएगी। यह मिथक ही है जो किसी कवि की निजी अनुभूति को चाहे उस की व्यंजना कितनी भी कलात्मक क्यों न हो—सार्वजनीनता देता और लोकचित्त की गहराइयों तक सम्प्रेषित करता है क्यों कि मिथक या पुराण—बल्कि पौराणिक कल्पना मात्र—लोकचित्त के अन्तःप्रज्ञात्मक अनुभवों की प्रतीकात्मक अभिव्यक्ति है।

पुराण, विज्ञान और काव्य तीनों वास्तव में 'वाक्' के ही तीन रूप हैं। तीनों में न केवल कोई अनिवार्य विरोध नहीं है, बल्कि तीनों मानव जीवन की मुक्ति की

साधना के तीन सोपान हैं जिन में से किसी एक की अवहेलना साधना का अधूरापन है। ज्ञान-साधना का प्रत्येक रूप मानवमुक्ति की साधना का ही रूप है। अतः, इन तीनों में आन्तरिक एकसूत्रता विद्यमान है—पर इस एकसूत्रता की अनुभूति भी केवल अन्तःप्रज्ञा में ही सम्भव है—उस अन्तःप्रज्ञा में जिस का आकाश तर्कमूलक ज्ञान के शिखरों से शुरू होता है। विज्ञान के सम्मुख कविता को एक मरती हुई विद्या का शोकगीत होने या असहाय बुढ़िया की तरह विज्ञान को गालियाँ देने से काम नहीं होगा। उसे अपने पूरे आत्मविश्वास और सामर्थ्य के साथ वर्तमान परिस्थिति को स्वीकार करते हुए उसी में से कोई रचनात्मक रास्ता निकालना होगा। कविता एक मरती हुई संस्कृति की उखड़ती हुई साँसें नहीं है, वह एक जीवन्त संस्कृति की सिसृक्षा है जो *वाक् और अर्थ* का, *वाक् और प्राण* का मिथुन सम्भव करती है।

(वत्सल निधि द्वारा वाल्मीकिनगर में आयोजित लेखक-शिविर में पढ़ा गया पत्र।)

कविता और भविष्य

एक कवि की हैसियत से कविता और भविष्य पर विचार करना अन्ततः भविष्य में कविता की स्थिति, भूमिका और उस के स्वरूपगत परिवर्तन पर विचार करना हो जाता है। यह सब विरोधाभास-सा लगता है क्यों कि कविता का सरोकार एक निरन्तर वर्तमान से है। अतीत और भविष्य का जिक्र तो कविता में हो सकता है, पर एक अनुभव के रूप में वह हमेशा वर्तमान है, इस लिए अतीत और भविष्य भी उस में वर्तमान की हैसियत ले लेते हैं। इस प्रकार वहाँ 'अतीत की वर्तमानता' ही नहीं, 'भविष्य की वर्तमानता' भी निरन्तर मौजूद है। अतीत और भविष्य दोनों वहाँ वर्तमान हो जाते हैं क्यों कि कविता का केन्द्रीय आधार है अनुभूति और अनुभूति—चाहे उस का विषय अतीत हो या भविष्य—अपने आप में हमेशा वर्तमान होती है। इन्हीं अर्थों में कविता कालमुक्त होती और कालमुक्त करती है। तब एक कवि के रूप में भविष्य की दृष्टि से विचार करना मेरे लिए क्यों ज़रूरी है? इस दृष्टि से विचार करने की सर्जनात्मक आवश्यकता क्या है?

लेकिन एक कवि के ही नाते मेरे माध्यम के प्रति भी मेरी एक जिम्मेदारी है—बल्कि असल जिम्मेदारी शायद वही है—और उस की कतई अनदेखी नहीं की जा सकती। मेरा माध्यम मुझे चाहे-अनचाहे एक काव्य-परम्परा से जोड़ता है और उस परम्परा के दायित्व का निर्वाह मेरी सर्जनात्मक जिम्मेदारी है। अतः अपने माध्यम को बरतते हुए इस उत्तरदायित्व का निर्वाह करना होगा कि उसे इस प्रकार बरतूँ कि उस की सर्जनात्मक सम्भावनाओं का और विस्तार हो, कि वह भविष्य में भी अपने सम्मुख आने वाली चुनौतियों का मुकाबला कर सके। इस लिए कवि की हैसियत से जब हम कविता के भविष्य या भविष्य की कविता पर विचार करते हैं तो वह कोरी कल्पना नहीं बल्कि अपने आज के रचनाकर्म की चुनौती और सार्थकता के एक और आयाम को समझना और उससे अपने रचनाकर्म को प्रतिकृत करना है।

इस दृष्टि से भविष्य की कविता पर जिस किसी भी तरह से विचार

करें, दो बातों की अनदेखी नहीं की जा सकती। पहली बात है भावी जीवन में, भावी समाज में एक कलारूप की हैसियत से कविता की भूमिका पर विचार और दूसरी बात है इस भूमिका के निर्वाह के लिए भविष्य की परिस्थिति के सन्दर्भ में कविता के संरचनात्मक परिवर्तन पर विचार; ये दोनों बातें, दरअस्ल, एक-दूसरी से जुड़ी हैं क्यों कि अपने संरचनागत परिवर्तन के माध्यम से ही कविता भविष्य की चुनौतियों का सर्जनात्मक प्रत्याख्यान हो सकती और इस प्रकार अपनी सार्थकता बनाए रख सकती है।

भविष्य के समाज में कविता की सार्थकता पर—उस के होने तक पर—कई तरह से सन्देह प्रकट किया जाता है। मानवीय जीवन के निरन्तर यान्त्रिक होते चले जाने, मानवीय संवेदना और राग-तत्त्व के निरन्तर विरल होने, भाषा के व्यावसायिक राजनीतिक प्रचारात्मक उपयोग के कारण उस की काव्यात्मक विश्वसनीयता के ही खोते चले जाने की बढ़ती हुई प्रवृत्तियों के कारण यह आशंका प्रकट की जाती है कि भावी समाज में न तो किसी के पास कविता पढ़ने की फुर्सत होगी और न ही उसे ग्रहण करने की संवेदना बचेगी। आज की सामाजिक परिस्थिति को देखते हुए इस आशंका की अनदेखी नहीं की जा सकती। पर यह भी उतना ही सच है कि इस से जहाँ कविता के सम्मुख प्रस्तुत चुनौती और गहराई से रेखांकित होती है, वहीं उस की सार्थकता भी—क्यों कि ऐसे में कविता—बल्कि कला—ही वह चीज़ है जो संवदेना को बचाए रख सकती और सिंचित करती रह सकती है। इस सन्दर्भ में कुछ वर्ष पूर्व इंग्लैण्ड की लार्डसभा में हुई बहस का स्मरण रोचक होगा जिस का निष्कर्ष था कि कविता का आनन्द लेने के अवसर कम होते चले जाने के बावजूद मानवीय संवेदना को और अधिक कविता की ज़रूरत है।

ज़ाहिर है कि इस के लिए कविता को और गहरे स्तरों पर उतरना होगा—अपने समय की सामाजिक-मनोवैज्ञानिक परिस्थितियों से बचते हुए नहीं, बल्कि उन में से गुजरते हुए। उसे मानवीय संवेदना की जड़ों को, भाषा की मानवीय जड़ों के उत्स को सींचना और पुष्ट करना होगा और ऐसा तभी सम्भव होगा जब उस की संवेदना का जल इस सामाज़िक-मनोवैज्ञानिक ज़मीन को प्लावित करता हुआ उन जड़ों तक पहुँच सके। कविता ऐसा कर सकती है यदि वह मानवीय आद्य-बिम्बों और अपने समय की सामाजिक-मनोवैज्ञानिक संरचना के बीच एक सर्जनात्मक रिश्ते का आविष्कार कर सके। दूसरे शब्दों में, इस का मतलब है मूल मानवीय आकांक्षाओं और परिस्थिति के बीच रिश्ते का पुनःसर्जन। यह अनुसन्धान एक काव्यात्मक अनुसन्धान या पुनःसर्जन होगा, अतः इसे उस अनुसन्धान से अलग करके देखने की ज़रूरत है जो अन्य विधाओं के माध्यम से हो रहा हो सकता है—क्यों कि कविता इस अनुसन्धान को बौद्धिक नहीं, संवेदनात्मक स्तरों पर उजागर करती और इसे मानवीय व्यक्तित्व का केन्द्रीय आधार बना देती है।

काव्यात्मक अनुसन्धान का मतलब है कि कविता इस रिश्ते को एक विचार की तरह नहीं, एक अनुभव-प्रक्रिया की तरह रचती और सम्प्रेषित करती है और स्वाभाविक है कि इस रचने में उस के अपने स्वरूप और प्रक्रिया का पुनर्रचाव हो। इस लिए भविष्य के समाज में कविता पर विचार करने का मतलब है भविष्य की परिस्थिति में कविता के सम्मुख आने वाली चुनौतियों के सन्दर्भ और कविता के मूल प्रयोजन के परिप्रेक्ष्य में उस की प्रक्रिया और संरचना में होने वाले परिवर्तन और विकास पर विचार।

कविता जानने की एक विशिष्ट और स्वायत्त प्रक्रिया है। वह देखने का, अनुभव करने का एक ढंग है—अनुभव नहीं, अनुभव करने का ढंग—बल्कि अनुभव करने के ढंग के अनुभव की संरचना। पाल बैलेरी के साक्ष्य से कहा जा सकता है कि कविता की वस्तु उस के विषयों में नहीं बल्कि उसकी प्रक्रिया और उसके व्यवहार में निहित होती है। कविता में किस दृष्टि या विचार को प्रकट रूप में अभिव्यक्त किया गया है, इस से कहीं अधिक और केन्द्रीय महत्त्व इस बात का है कि कविता अपनी पूरी प्रक्रिया और संरचना के माध्यम से क्या प्रकट करती है। वही उसकी वास्तविक वस्तु है, जिसे शिक्षाशास्त्री इवान ईलिच से शब्द उधार लेकर कहें तो, उस की 'गुप्त वस्तु' कहा जा सकता है। यह 'गुप्त वस्तु' ही वास्तविक कविता है क्यों कि अनुभव करने का ढंग वहीं एक संरचना बनता और संरचना की तरह सम्प्रेषित होता है। यदि ऐसा न हो तो एक सर्जनात्मक विधा के रूप में कविता का औचित्य ही सन्दिग्ध हो जाता है। वह कुछ ऐसा व्यंजित करती है जो अनिवार्यतः केवल वही कर सकती है—जो किसी और तरह से व्यंजित हो ही नहीं सकता। इस लिए यह व्यंजना किसी विचार या 'कटेंट' की नहीं, देखने के एक विशिष्ट ढंग के नये रूप-ग्रहण की है। हर मौलिक कविता देखने के, जानने के एक विशिष्ट ढंग का नया रूप-ग्रहण है।

भविष्य की कविता अथवा कविता के भविष्य की किसी भी कल्पना का अनिवार्य आधार वह परिस्थिति होगी जिस में कविता रची और सम्प्रेषित की जाएगी। दूसरे शब्दों में, भविष्य की सम्प्रेषण-परिस्थिति पर विचार के बिना भविष्य की कविता पर कोई विचार सम्भव नहीं है और भविष्य की सम्प्रेषण-परिस्थिति के बारे में मोटे तौर पर कुछ अनुमान भी लगाया जा सकता है। श्रव्य से पठ्य परम्परा की सम्प्रेषण-परिस्थिति में आते हुए कविता में जो परिवर्तन हुए, उन पर हिन्दी में पिछले वर्षों में काफ़ी बहस हुई है। लेकिन आधुनिक संचार-माध्यमों या मीडिया के आधुनिक विकास ने सम्प्रेषण-परिस्थिति में एक नया परिवर्तन सम्भव किया है। छापे के साधनों से किए गए सम्प्रेषण और फिल्म, टी.वी. या वीडियो फिल्म—रेडियो-टेपरिकार्डर भी पीछे छूटते जा रहे हैं आदि के माध्यम से किए जाने वाले सम्प्रेषण की प्रक्रियाओं में बुनियादी अन्तर स्वाभाविक है। टी.वी. या फिल्म आदि के माध्यमों की अधिकता के कारण

सम्प्रेषण-प्रक्रिया में एक बुनियादी परिवर्तन यह आता है कि हम वाचिक के साथ चाक्षुष माध्यमों से ग्रहण के अधिक अभ्यस्त होते जाते हैं—हमारे अपने मन की बनावट उस के अधिक अनुकूल होती जाती है—हमारी यानी सिर्फ़ कवि की ही नहीं गृहीता समाज की भी। अतः कविता वहाँ एक अकेले का दूसरे अकेले के साथ संवाद तो होगी ही—अतः काव्य स्वरों में अधिक अन्तरंगता उसकी अनिवार्यता होगी—साथ ही, इस नयी परिस्थिति में कविता के सम्मुख एक चुनौती यह भी आती है कि उसे एक साथ, बहुऐन्द्रिक, मुख्यतः वाचिक और चाक्षुष दोनों स्तरों पर भाषा को साधना होगा। यह साधना सामान्य स्तर पर नहीं है। वाचिक गुण से मेरा तात्पर्य लय-छन्द से ही नहीं उस अनुचिन्तनात्मकता—रिफ्लेक्टिविटी—से भी है जो वाचिक से पठ्य कविता में आते-आते प्रमुख होती गयी है। इसी तरह चाक्षुष से तात्पर्य किसी अनुभव के घटित होने की मूर्त प्रक्रिया से है। दूसरे शब्दों में, कविता को अनुचिन्तन और घटनात्मकता को एक साथ साधना होगा—इस तरह कि दोनों एकमेक हो जांएँ। घटना और अनुचिन्तन अलग-अलग न रहें, पर यों नहीं कि उन्हें किसी हिकमत से एक किया जाए—बल्कि अनुभव का नया ढंग ही शायद यही होगा कि कविता में घटना और अनुचिन्तन में भेद किया जाना असंगत होता चला जाएगा। ऐसा नहीं कि किसी घटना या 'आब्जेक्ट' को आधार बना कर अनुचिन्तन किया जाएगा, जैसा कि अभी तक अधिकांशतः होता रहा है, बल्कि घटना की प्रक्रिया ही अनुचिन्तन होगी—अनुचिन्तन घटना के रेशे-रेशे में फैला होगा।

स्पष्ट है कि इस के लिए एक नयी काव्य-भाषा की, नये प्रकार की काव्य-संरचना की ज़रूरत होगी। विन्टर्स ने दो काव्य सिद्धान्तों के आधार पर *लिरिकल पोएट्री* और *ड्रामेटिक पोएट्री* में भेद किया है पर भविष्य की कविता में इन दोनों सिद्धान्तों का फ़र्क़ मिटता-सा नजर आता है क्यों कि घटना और अनुचिन्तन के एकमेक होने का अर्थ ही यही है कि कविता की संरचना *लिरिकल* या *ड्रामेटिक* में से किसी एक तत्त्व पर आश्रित होने की बजाय *प्रगीतात्मक नाटकीयता* अथवा *नाटकीय प्रगीतात्मकता* पर आश्रित होगी क्यों कि तभी दृश्य और श्रव्य कविता का एकमेक होना सम्भव हो सकेगा। (यहाँ *प्रगीतात्मक* और *नाटकीय* को किन्हीं स्थूल अर्थों में नहीं बल्कि उन के मूल एवं सूक्ष्म संवेदनात्मक प्रक्रिया के स्तर पर समझे जाने की अपेक्षा है।) अनुकरण के आदर्श के रूप में नहीं पर इस सम्भाव्य प्रवृत्ति की दिशा को समझने के उदाहरण के रूप में जेन कविता में इस प्रवृत्ति के बीज देखे जा सकते हैं। सम्भव है अन्य समाजों में भी इस तरह के कुछ उदाहरण मिल जाएँ।

इस अनुमान की पुष्टि में कुछ और तर्क भी दिए जा सकते हैं। अगर हम यह मानते हैं—और न मानने का कोई कारण नहीं है—कि भविष्य में केवल प्रौद्योगिकी और विज्ञान के ही नहीं मानवीय चेतना के भी और आयाम खुल सकते हैं तो कविता के ढाँचे में कोई ऐसा परिवर्तन घटित होना स्वाभाविक है। जो विचार और संवेदना

के अन्तर को मिटा दे। मानवीय अनुभव को किसी एक वैचारिक निष्कर्ष तक ले जाने की प्रवृत्ति आज की मानवीय चेतना का एक गुण है, लेकिन अब इस प्रक्रिया के अधूरेपन का ज्ञान ज्यों-ज्यों स्पष्ट होता जा रहा है, त्यो-त्यों यह भी ज़ाहिर होता जा रहा है कि अनुभूति को किसी एक वैचारिक चौखटे में रख कर देखना या उसे किसी एक वैचारिक निष्कर्ष तक ले जाने का प्रयास उसे और उस की अनन्तआयामिता को सीमित कर देना है। जब हम अनुभव को किसी वैचारिक निष्कर्ष तक पहुँचाते हैं या एक वैचारिक चौखटे में अनुभव को रख कर देखते हैं—जिसे मुक्तिबोध ने *संवेदनात्मक ज्ञान* और *ज्ञानात्मक संवेदन* कहा है—तो हम वस्तुतः अनुभव की मानवीय तात्कालिकता को पीछे धकेल कर उसे वैचारिक निष्कर्ष का एक उदाहरण बना देते हैं। यह कविता की सम्भावना और ताक़त को कम करना है। इस ताक़त को तभी बढ़ाया जा सकता है जब कविता में ज्ञान और संवेदन का फ़र्क़ न रहे—संवेदन को ज्ञानात्मक और ज्ञान को संवेदनात्मक कहने की आवश्यकता नहीं रहे। संवेदना और ज्ञान एक ही चीज़ हो—एक सिक्के के दो पहलुओं की तरह नहीं, घुलमिल कर एक—कुछ-कुछ सहज प्रज्ञा—इन्ट्युइशन की तरह—वह इन्ट्युइशन जो एक बौद्धिक यात्रा में से गुजरने के बाद विकसित होती है यानी जिसमें *इन्ट्युइशन* के साथ एक *अवेयरनेस* भी है।

मानवीय चेतना के नये आयाम के उजागर होने का अर्थ कविता में यही हो सकता है कि उस में अनुभव करने का नया ढंग उजागर हो। ज़ाहिर है कि यह नया ढंग अभी के ढंगों में से ही, उन के आपसी संघात से ही रूपायित होगा—*लिरिकल* और *ड्रामेटिक* ढंगों के संघात से। इस में भी कुछ वैसी ही अपूर्वानुमेयता होगी जो जेन काव्य-दृष्टि में मिल जाती है, जहाँ अनुभव को किसी भी घेरे से मुक्त रखने का आग्रह सर्वोपरि है। यह कुछ उस तरह की काव्य-चेतना हो सकती है जिस का आग्रह दार्शनिक चिन्तन के क्षेत्र में कृष्णमूर्ति जैसे चिन्तक करते रहे हैं। मानवीय चेतना के नये आयामों का उद्घाटन काव्यानुभव के नये आयामों का उद्घाटन भी है। देखने का हर ढंग अपने में एक संरचना होता है। मानवीय चेतना के नये आयामों के उद्घाटन के साथ देखने के नये ढंग की नयी संरचनाओं का रूपायन लाज़िमी है। ऐसा नहीं है कि आज की कविता में वे गुण बिल्कुल नहीं हैं, जिन की संभावना हम भविष्य की कविता में देखते हैं। भविष्य की कविता आज की कविता में से निकलेगी, जिस तरह भविष्य की चेतना आज की चेतना में से। उस की सम्भावित दिशा की ओर कुछ संकेत ही किया जा सकता है। उस से अधिक कुछ कहना कविता की, मानवीय चेतना की सर्जनात्मकता व अपूर्वानुमेयता का खण्डन होगा। पर यह निश्चित है कि कविता में व्यक्त अनुभव का ढंग आज के ढंग से अलग और नया होगा। यह आज की कविता का, या पहले की कविता का असम्मान नहीं है, पर यह तय है कि जो आज का कवि कर पाता है वह पहले का कवि नहीं कर पाया

था और जो भविष्य का कवि कर पाएगा, वह आज के कवि के लिए सम्भव नहीं है, चाहे वह कितना ही प्रतिभाशाली क्यों न हो।

इस सन्दर्भ में श्री अरविन्द का साक्ष्य उल्लेखनीय है : *"कविता के लिए केवल शब्द और लय की गहरी प्रगाढ़ता ही आवश्यक नहीं है : उन में परिव्याप्त एक 'विजन' की तीव्रता भी उतनी ही ज़रूरी है और यह कवि के वैयक्तिक 'विजन' पर ही नहीं, उस के देशकाल की मानसिकता, विचार और अनुभव के स्तर, प्रतीकों की समीचीनता और आध्यात्मिक उपलब्धियों की गहराई पर निर्भर है। एक बड़े युग में अपेक्षाकृत एक छोटा कवि भी कभी-कभी कुछ वह चीज़ दे जाता है जो दूसरी परिस्थितियों में एक बड़े कवि से भी सम्भव नहीं होता। भारतीय भाषाओं की परवर्ती धार्मिक कविता में कुछ ऐसे काव्यानुभवों का उद्घाटन होता है जो महान क्लासिक काव्य में भी अनुपलब्ध हैं, यद्यपि किसी भी मध्यकालीन कवि की प्रतिभा वाल्मीकि और कालिदास के समकक्ष नहीं ठहरती। यूरोप के आधुनिक साहित्य में यूनानी पूर्णता और संगति का अभाव है, पर उस में कुछ ऐसा मिलता है जो महानतम यूनानी कवि में भी नहीं है। हमारे अपने युग में ही द्वितीय श्रेणी का एक कवि अपनी प्रेरणा के क्षणों में उस 'विजन' तक पहुँच जाता है जो शेक्सपियर और दान्ते से भी सम्भव नहीं है। सबसे महत्त्वपूर्ण है आने वाले युग की सम्भावना—क्यों कि वह ऐसा युग होगा जिस में सारे संसार मनुष्य की दृष्टि और अनुभव को आमन्त्रित कर रहे होंगे और वह उस आत्मा के अधिक करीब हो सकेगा, यह संसार जिस का अवगुंठन, प्रतीक और रूप अथवा पारदर्शी परिधान है।"*

आज के कवि के रूप में भविष्य की कविता के प्रति यदि मेरा कोई उत्तरदायित्व है तो मेरी कविता को इस बोध का साक्ष्य होना होगा। यदि मैं पाता हूँ कि भविष्य की कविता की सम्भावना के बारे में मेरे मन में कोई विश्वास है तो मेरी कविता की बनावट में, मेरी काव्य-भाषा में उस के प्रति उत्तरदायित्व का बोध व्यंजित होना चाहिए क्यों कि जब मैं भविष्य की सोचता हूँ तो वह सोच मेरा वर्तमान हो जाता है, इस लिए भविष्य की कविता के ही प्रति नहीं, मेरे वर्तमान के सन्दर्भ में, मेरी आज की कविता के सन्दर्भ में भी वह मेरा दायित्व हो जाता है। तभी यह सिद्ध हो पाएगा कि मेरा विश्वास मात्र मेरे तर्क का, मेरी बौद्धिक प्रक्रिया का ही परिणाम नहीं है, वह मेरी काव्य-संवेदना की बनावट का अभिन्न जो कि अलक्ष्य हिस्सा है—और यह अलक्ष्य भाव ही तो वास्तविक कविता है।

(वत्सल निधि द्वारा मानसर (जम्मू) में 'साहित्य और भविष्य' विषय पर आयोजित संगोष्ठी में पढ़ा गया पत्र।)

इतिहास का काव्यान्तर

पूर्वकालीन राजस्थानी काव्य को पढ़ते और उस के सम्बन्ध में विचार करते हुए—और राजस्थानी काव्य ही क्यों, अपने समय से पूर्व के किसी भी काव्य या अपनी भाषा या समाज के अतिरिक्त अन्य भाषाओं या समाजों में रचे जा रहे साहित्य को पढ़ते-सोचते हुए मन में कुछ सवाल उठते रहे हैं, जिन्हें आप के सम्मुख रखना और उस पर विचार में आप की सहभागिता चाहता हूँ—सहभागिता इस लिए भी कि इस प्रक्रिया में उठने वाले सवालों का कोई ऐसा समाधान निकाल पाने में मैं अपने को सफल नहीं पाता हूँ, जो सब को तो क्या, स्वयं मुझे भी पूरा सन्तुष्ट कर सके।

सब से प्रमुख सवाल तो यही है कि हम उस काव्य को पढ़ते ही क्यों हैं जो हमारे समय में नहीं रचा गया है? अन्य सवालों का स्रोत भी यह मुख्य सवाल ही है। यदि काव्य अपने समय की अभिव्यक्ति है—अनुभूत्यात्मक या संवेदनात्मक अभिव्यक्ति ही सही—तो उस काव्य को पढ़ने और उस पर विचार करने का क्या प्रयोजन हो सकता है, जिस का हमारे समय से कोई सीधा सम्बन्ध नहीं है? यह तो सम्भव हो सकता है कि इतिहास के अध्येता की रुचि उस में हो—क्यों कि वह प्रकारान्तर से किसी पूर्व समय की संवेदनात्मक अभिव्यक्ति है। लेकिन क्या काव्य का महत्त्व इतिहास की स्रोत-सामग्री होने तक ही सीमित है? क्या इतिहास को जानने-समझने के और साधन अधिक विश्वसनीय नहीं होते? इतिहास को जानने-समझे के लिए यथार्थपरक ऐतिहासिक दस्तावेज—जैसे शिलालेख, ताम्रपत्र, सिक्के, फरमान या अन्य पुरातात्त्विक और पुरालेखीय सामग्री अधिक उपयोगी हैं या काव्य? मध्यकालीन इतिहास के स्रोत के रूप में साहित्यिक रचनाओं *रामचरितमानस* अथवा *रासो* ग्रन्थों आदि का प्रामाणिक महत्त्व है अथवा *बाबरनामा, अकबरनामा* जैसे ग्रन्थों का? अमीर खुसरो एक महान कवि भी हैं और वाकयानवीस भी। सल्तनत काल के इतिहास की जानकारी के स्रोत के रूप में उन के दोहों, पदों या पहेलियों को प्रामाणिक माना जाना चाहिए या ऐतिहासिक विवरण देने वाले उन के ग्रन्थों को?

यहाँ इस बात की भी अनदेखी नहीं की जा सकती कि सामान्यतया साहित्यिक रचनाएँ तथ्यात्मक इतिहास के प्रति अधिक निष्ठावान नहीं होतीं। इतिहास के तथ्यों को लेकर उठे कई विवादों का मूल काव्य-ग्रन्थों में है। इस का सब से बड़ा प्रमाण तो *पृथ्वीराज रासो* की अपनी प्रामाणिकता ही नहीं, उस में वर्णित घटनाओं की तथ्यात्मकता को ले कर उठे सवाल भी हैं—यद्यपि इन सवालों का सम्बन्ध इस महाकाव्य की कलात्मक श्रेष्ठता से नहीं है। ऐतिहासिक काव्यों का बुनियादी आधार तो ऐतिहासिक घटनाएँ अथवा चरित्र होते हैं, लेकिन, उस आधार-भूमि पर जो काव्य-भवन निर्मित किया जाता है, उस में कल्पना की उड़ान की पूरी छूट रहती है क्यों कि कवि, आक्तोवियो पॉज के शब्दों में कहें तो, अपनी कविता को इतिहास की सेवा में प्रस्तुत करने के बजाय कविता के लाभ के लिए इतिहास का निवेश करता है। उस का प्रयोजन काव्यगत अनुभूति से है, न कि ऐतिहासिक तथ्यों से। ऐतिहासिक तथ्यों या चरित्रों की यथावत् प्रस्तुति उस का प्रयोजन नहीं होता।

स्पष्ट है कि काव्य-रचना का प्रयोजन इतिहास की प्रस्तुति नहीं है। इस लिए इतिहास की सामग्री के रूप में उसे पढ़ने या उस पर विचार करने का औचित्य अत्यधिक सीमित ही हो सकता है—यदि हो सकता भी है तो। यहाँ यह भी उल्लेख्य है कि यदि हम उसे इतिहास की स्रोत-सामग्री के रूप में ही पढ़ते हैं तो उसे सामान्य पाठक-वर्ग की पठन-परिधि से बाहर कर देते हैं। ऐसी स्थिति में उस का प्रयोजन केवल उन विशेषज्ञ अध्येताओं के लिए रह जाता है, जो उस के आधार पर इतिहास-लेखन करना अथवा उस का ज्ञान प्राप्त करना चाहते हैं। क्या हम हर पाठक के इतिहास का अध्येता होने की अपेक्षा करते हैं? क्या *बीसलदेव रासो* अथवा *ढोला-मारू रा दूहा* का पाठक अनिवार्यतया इतिहास का अध्येता भी होगा ही?

इसी से जुड़ा एक सवाल यह भी है कि यदि काव्य अपने समय की अभिव्यक्ति है तो क्या उसे पढ़ने या उस का आनन्द लेने के लिए उस के रचना-काल की राजनीतिक-आर्थिक-सांस्कृतिक परिस्थितियों की जानकारी आवश्यक है? साहित्य के अकादमिक अध्येता के लिए तो यह जानकारी उपयोगी हो सकती है कि किसी कृति के रचना-काल की मुख्य राजनीतिक-आर्थिक या सांस्कृतिक प्रवृत्तियाँ क्या थीं। लेकिन, काव्य-रचना का प्रयोजन किसी अकादमिक अध्येता की सामग्री बनना नहीं होता। वह जिस पाठक के लिए की जाती है, उस का संवेदनशील होना आवश्यक है, विद्वान होना नहीं। क्या *वेलि कृष्ण-रुक्मणी री* के पाठक के लिए यह जानना आवश्यक है कि उस के रचयिता पृथ्वीराज राठौड़ अकबर के दरबार में रहते थे या कि उस की रचना अकबर-युग में हुई थी? क्या इस जानकारी के बिना वह कृति पाठक तक सम्प्रेषित नहीं होती? यह सम्भव है कि किसी छन्द की प्रेरणा किसी वास्तविक घटना से हुई हो, लेकिन क्या एक कृति के मर्म तक पहुँचने के लिए उस घटना की यथातथ्यता को जानना आवश्यक होता है? यह बात, दरअस्ल, इस सवाल से भी जुड़ी हुई है

कि किसी रचना के मर्म तक पहुँचने के लिए रचनाकार की जीवनी की जानकारी किस हद तक आवश्यक है? वस्तुतः जब कोई घटना या चरित्र किसी कृति में रूपान्तरित या कहें तत्त्वान्तरित होता है तो वह एक रूपकात्मकता अख्तियार कर लेता और अपनी इतिहासबद्धता से मुक्त हो जाता है। साहित्य या किसी भी प्रकार का सर्जन कालमुक्त करता है—इस कथन का एक आशय शायद यह भी हो सकता है।

क्या इस बात से कालिदास के साहित्यिक महत्त्व या उन की कृतियों के आस्वाद में कोई फ़र्क़ पड़ता है कि उन का समय कौन-सा है? भारतीय ही नहीं, विश्व-साहित्य के इस अप्रतिम रचनाकार का काल-निर्धारण साहित्य और संस्कृति के इतिहासकारों के लिए एक बड़ा विवादास्पद सवाल रहा है। उन के रचना-काल का विवाद लगभग सात-सौ वर्षों के अन्तराल में फैला हुआ है। लेकिन इस अनिश्चितता का उन के साहित्य की समझ और कलात्मक सम्प्रेषण तथा मूल्यांकन पर कोई असर नहीं पड़ता। स्वयं वाल्मीकि और व्यास के काल-निर्धारण का सवाल भी किसी सुनिश्चित उत्तर की प्रतीक्षा में है। लेकिन इस से न केवल उन के सम्प्रेषण, समझ और महत्त्व पर असर नहीं पड़ता—बल्कि एक प्रकार से यह अनिश्चितता भी उन्हें एक कालातीत आयाम में रख देती है। मीर या गालिब की शाइरी पर तत्कालीन राजनीतिक-सांस्कृतिक परिस्थिति का असर पड़ा होगा, लेकिन, न तो हम उस परिस्थिति की जानकारी के लिए वह शाइरी पढ़ते हैं और न ही उस के हम तक अनुभूत्यात्मक सम्प्रेषण के लिए उस जानकारी का होना आवश्यक है। यहाँ मुझे जार्ज लूकाच के इस कथन का स्मरण हो आता है कि सामाजिक दबाव भी साहित्य में नन्दतिक या सौन्दर्यशास्त्रीय प्रतिफलन के रूप में ही प्रकट होते हैं। एक बार नन्दतिक निर्मित हो जाने पर उन के अनुभूत्यात्मक सम्प्रेषण में उस परिस्थिति की जानकारी नगण्य महत्त्व की हो जाती है, जिस में वह निर्मित सम्भव हुई। कविता मूलतः—और अन्ततः भी—एक भाषिक निर्मिति है और जैसा कि ऑक्तोवियो पॉज कहते हैं; भाषा इतिहास और समाज का सार-तत्त्व है। उन का यह कथन बहुत महत्त्वपूर्ण है क्यों कि एक कवि के लिए—और इस तर्क से उस के ग्रहीता के लिए भी—जब तक इतिहास और समाज काव्य-भाषा नहीं बनते तब तक उन से उस का कोई सर्जनात्मक रिश्ता नहीं बन पाता।

इतिहास और समाज के काव्य-भाषा बनने का क्या आशय है? जब तक भाषा इतिहास और समाज का विवरण देती है, तब तक वह काव्य के क्षेत्र में प्रवेश नहीं करती। हम बहुत-से काव्य-ग्रन्थों का महत्त्व इस में मानते हैं कि उस में वस्तुगत विवरण कितना सटीक और खरा है। लेकिन यदि यह वस्तुगतता हमें किसी भाव-जगत् में प्रवेश नहीं करवाती या हमारी चेतना में किसी भाव का उद्रेक नहीं करती, तब तक यह विवरण भाषा में होते हुए भी काव्य नहीं बनता—चाहे वह कितना ही सटीक और खरा हो। लेकिन यदि एक काल्पनिक विवरण भी हम में भावोद्रेक करता है तो वह विवरण काव्य की हैसियत ग्रहण कर लेता है। भावोद्रेक का तात्पर्य है किसी

भाव या भाव-संकुल की अनुभूति। यह अनुभूति जितनी गहरी और व्यापक होती है, उसी हद तक इतिहास और समाज काव्य-भाषा बनते जाते और अपने स्थूल विवरणत्व की कारा से मुक्त होते जाते हैं। इतिहास और समाज के काव्य-भाषा होने का असल तात्पर्य, इस लिए, स्थूल विवरणों के भीतर निहित सनातन मनुष्यत्व का, उस की सम्भावनाओं का अनुभूत्यात्मक साक्षात्कार है। यही वह चीज़ है जिसे हम भाषा में अपने को, अपने वास्तविक स्वरूप को, अपने आत्म को जानना कहते हैं—उस आत्म को जो इतिहास-सम्भव तो है, पर इतिहास-बाधित नहीं—वह सनातनता, जो काल में व्यंजित तो होती है, पर काल-कीलित नहीं होती। काल अनन्त का व्यंजक हो जाता है—मानो उसी का एक रूप। इसे जानने और भाषा में अनुभूत और सम्प्रेषित करने की प्रक्रिया ही इतिहास के काव्य-भाषा होने की प्रक्रिया है। यह काल के माध्यम से काल के पार जाना है। अर्जेंटीनी कवि राबर्टो हुआरोज इसी अर्थ में कविता को *भाषा के तल में अस्तित्व का विस्फोट* कहते हैं। वस्तुतः यह काव्य-दृष्टि वही है जिस के अनुसार ऋग्वेद का कवि वाक् को ही वह मूल स्रोत मानता है, जहाँ से सभी पदार्थों का गुप्त, श्रेष्ठ और परिपूर्ण भाव प्रकट होता है। इतिहास, दरअस्ल, वह विभाव है जिस के माध्यम से भाव अभिव्यक्ति और परिपाक पाते हैं—लेकिन रसानुभूति में अन्ततः विभाव पीछे छूट जाता है और बच रहती है एक रसदशा, जिसे *ब्रह्मानन्द सहोदर* कहा गया है। रस-शास्त्र की शब्दावली में कहें तो विभाव का रसानुभूति में तत्त्वान्तरण ही इतिहास का कविता या काव्य-भाषा हो जाना है।

इस लिए किसी भी समय के साहित्य को पढ़ते हुए विचारणीय यह नहीं है कि समय के कितने और कैसे विवरण उस में उपलब्ध होते हैं—बल्कि आवश्यकता यह देखने की है कि समय वहाँ सनातन में रूपान्तरित होता है या नहीं। यदि ऐसा नहीं हो पाता तो वह साहित्य काल-कीलित हो जाता अर्थात् अपने समय से बाहर उस की कोई काव्यात्मक प्रासंगिकता नहीं रहती—इतिहास की सामग्री के रूप में उस की उपयोगिता चाहे जितनी रहे।

लेकिन तब सवाल यह उठता है कि इस की पहचान कैसे हो? एक सामान्य पाठक को तो इस पहचान की चिन्ता नहीं रहती, क्यों कि वह स्वानुभव से इस की प्रामाणिकता जान सकता है। लेकिन, इस *स्वानुभव* को वस्तुगत प्रमाण नहीं माना जा सकता और उस के बिना साहित्य-शास्त्री सन्तुष्ट नहीं हो सकते। दरअस्ल, किसी भी कृति की रसानुभूति का सामर्थ्य उस की *नवता* पर बहुत हद तक निर्भर करता है। पिष्ट-पेषण या अनुकरण में रसानुभूति जगाने की क्षमता नहीं होती। लेकिन यह *नवता* कैसे हासिल हो? यदि सभी कवि इतिहास का आलम्बन लेते भी हैं तो उसे बदलना, नया करना तो उन के सामर्थ्य और कार्य क्षेत्र से बाहर होता है। यहाँ मुझे रघुवीर सहाय के एक कथन का स्मरण हो आता है। रघुवीर सहाय कहते हैं : *मेरे पास एक तरह की एक और—एक अतिरिक्त—चेतना है, एक अतिरिक्त व्यथा है*

जिस से कि मैं हर चीज़ को फिर से उलट-पुलट कर, नये ढंग से सजाकर नये ढंग से दुरुस्त कर के और नया बना देने की इच्छा रखता हूँ। तो वही तो शिल्प है। और मैं यह मानता हूँ कि जितनी देर तक मुझे अहसास है कि यह शिल्प आवश्यक है—मेरे लिए—उतनी देर तक तो मैं लेखक हूँ और बाकी जगहों पर मैं लेखक नहीं हूँ—यद्यपि मैं उतना ही महत्त्वपूर्ण काम कर रहा होऊँगा जितना कि लेखक कर सकता है या लेखक को करना चाहिए।

लेकिन शिल्प पर आग्रह का तात्पर्य छन्द-अलंकार आदि का आग्रह नहीं है। बहुत-से साहित्य-शास्त्री हमारे प्राचीन और मध्यकालीन काव्य के सौन्दर्य को इन्हीं उपकरणों के आधार पर स्थापित करने का प्रयास करते रहते हैं। ये सब शिल्प के उपकरण हैं, अपने में शिल्प नहीं। रघुवीर सहाय के वक्तव्य में ध्यान देने की बात यह है कि शिल्प एक अतिरिक्त चेतना—बल्कि एक *अतिरिक्त व्यथा* है और यह व्यथा है चीजों को बदलने की छटपटाहट। क्या यह बदलना केवल एक खेल है या कि किसी गहरे भाव से प्रेरित सर्जनात्मकता? आचार्य रामचन्द्र शुक्ल ने सभी भावों के बीज-भाव के रूप में दो भावों को स्वीकार किया है—करुण और प्रेम। वस्तुतः करुण ही मूल बीज है क्यों कि उस के बिना प्रेम केवल शृंगार रह जाता है—जब कि करुण से मिल कर वह एक व्यापक भाव में, एक निर्वैयक्तिक प्रेम के भाव में रूपान्तरित हो जाता है। भवभूति ने इसी लिए करुण को ही एकमात्र रस माना है—करुणा अर्थात् एक *अखण्ड अपनापे* का भाव। इस करुणा के बिना प्रेम केवल वासना हो सकता है और वीरता निर्ममता भी। यह करुणा ही है जो वीरता को अन्याय के विरुद्ध खड़ा करती और प्रेम में समस्त चराचर को शामिल कर लेती है।

इस लिए किसी भी समय का काव्य अपने रचनाकाल का अतिक्रमण तभी कर पाता है जब वह अपने सारे विभावों-अनुभावों आदि में इस करुणा को विन्यस्त कर सके। यह विन्यास कर पाना ही उस की सार्थकता है—जितना यह विन्यास कम बोलता पर अधिक सम्प्रेषित होता है, उतना ही कृति का सौन्दर्य अर्थात् अनुभूति का रूपायन और सम्प्रेषण अधिक परिपक्व होता है। शिल्प का अलग से दिखायी देना, दरअस्ल, एक दोष है जो भाषा की अनुभूत्यात्मक सामर्थ्य और सम्प्रेषणीयता को बाधित करता है। इस लिए वास्तविक शिल्प उस के अदृश्य रहने में है। रघुवीर सहाय ने ही कहा है कि शिल्प सब से अधिक वहीं होता है, जहाँ वह सब से कम दिखायी देता है।

मैं राजस्थानी काव्य का कोई विशेषज्ञ नहीं हूँ—एक सामान्य पाठक ही हूँ। लेकिन यह महसूस करता रहा हूँ कि समकालीनता के अतिरेकपूर्ण आग्रह के चलते हम अपनी साहित्यिक परम्परा को रसानुभूति की प्रक्रिया नहीं, केवल अध्ययन की वस्तु मानने लगे हैं। इसी लिए—और यह कम चिन्ता की बात नहीं है कि—हमारी नयी काव्य-प्रतिभा का अपनी परम्परा से सर्जनात्मक रिश्ता कम ही जुड़ पाता है,

जिस के बिना हमारा परम्परा-प्रेम या तो हवाई रहता है या अनुकरण। परम्परा हमारे वर्तमान में तत्त्वान्तरित नहीं होती। इस के अभाव में हमारी काव्य-भाषा का चरित्र इकहरा होता चला जाता है। उस में से भाषिक स्मृति का वह तत्त्व नगण्य होता जाता है, जो हमारी समकालीन काव्यानुभूति में शब्द के तात्कालिक सन्दर्भ या अर्थ के साथ उस की स्मृति के आयाम को भी सक्रिय कर सके। शब्द की एक स्मृति-परम्परा होती है और इसी के चलते शब्द के कवि के मन्तव्य का, तात्कालिक मन्तव्य का, अतिक्रमण कर नया संस्कार पाता है। यही परम्परा का नव-रूपायन है। इस लिए आवश्यकता केवल अध्ययन की नहीं, उस के सर्जनात्मक अन्वेषण की, उस से एक नये रिश्ते के सन्धान की है–उस रिश्ते की, जिस में हमारी अपनी सर्जनात्मकता का सार्थक प्रतिफलन हो सके। एक अध्येता भी अपनी साहित्यिक परम्परा का अध्ययन करता है, लेकिन एक पाठक उस से अपने संवेदन-संसार को और समृद्ध करता तथा एक रचनाकार उस के साथ रिश्ते के सन्धान में अपनी काव्यानुभूति को स्मृति के बृहत्तर आयाम से जोड़ कर तात्कालिकता को एक कालमुक्त आयाम में रख देता है। दूसरे शब्दों में, तात्कालिकता कालातीत की व्यंजक हो जाती है। काव्य शायद इसी अर्थ में मोक्षार्थगर्भा है कि वह तात्कालिकता को नष्ट नहीं करता, बल्कि उसे ही कालमुक्ति का माध्यम बना देता है।

(केन्द्रीय साहित्य अकादेमी द्वारा जोधपुर में प्राचीन राजस्थानी काव्य पर आयोजित राष्ट्रीय संगोष्ठी में प्रस्तुत बीज-व्याख्यान।)

कविता का समकालीन होना

कविता से शाश्वत होने की अपेक्षा सदैव की जाती रही है—बल्कि शाश्वतता श्रेष्ठ काव्य की एक अनिवार्य कसौटी मानी जाती रही है। लेकिन पिछले कुछ अर्से से हम कविता—बल्कि प्रत्येक साहित्य रूप से—शाश्वतता की बजाय समकालीनता की माँग अधिक करने लगे हैं और यह मानने लगे हैं कि समकालीन हुए बिना कोई कृति शाश्वत हो ही नहीं सकती। दूसरे शब्दों में, किसी कृति की समकालीन प्रासंगिकता ही उस की शाश्वत मूल्यवत्ता का आधार है। हमारे युग से पहले काव्य से समकालीनता की यह माँग कभी नहीं की गयी। यह नहीं कि तब साहित्य में समकालीनता जैसी कोई चीज़ होती ही नहीं थी—आखिर आज भी साहित्यिक प्रमाणों के आधार पर किसी ऐतिहासिक समाज की मानसिकता की पहचान हम करते ही हैं। लेकिन तब साहित्यकार से यह स्पष्ट माँग नहीं की जाती थी कि उसे समकालीन होने के लिए सचेष्ट होना चाहिए। वह स्वभावतः ही समकालीन होता था क्यों कि एक सम्प्रेषण प्रणाली होने के कारण समकालीनता कविता का—प्रत्येक साहित्य रूप का—सहज स्वभाव है।

लेकिन यह *समकालीनता* क्या होती है? एक कवि की हैसियत से इस प्रश्न पर विचार करने से पूर्व यह देखना संगत होगा कि एक मनुष्य के रूप में हमारे लिए समकालीनता का क्या अर्थ है। मनुष्य के रूप में हम समकालीन कैसे हो सकते हैं? क्या इस के लिए इतना काफ़ी नहीं है हम इस समय में जी रहे हैं। यदि ऐसा है तब तो कोई सवाल ही नहीं बचता, क्यों कि तब वह सब कुछ समकालीन है जो अभी है। शोषण, दमन, क्रूरता, हत्या, बलात्कार, फरेब, युद्ध सब कुछ समकालीन हैं। गाँधी भी समकालीन हैं और उन का हत्यारा भी। क्रान्ति भी समकालीन है और प्रतिक्रान्ति भी। लेकिन यह शायद सच नहीं है क्यों कि तब समकालीनता किसी मूल्य के रूप में नहीं स्थापित होती। गाँधी और गोडसे, क्रान्ति और प्रतिक्रान्ति दोनों समकालीन नहीं हो

सकते। उन्हें समकालीन मानना समकालीनता को एक स्थूल सन्दर्भ में देखना है—तब समकालीन होने के लिए मुझे कुछ सोचने-करने की ज़रूरत नहीं है। मैं अभी हूँ, इस लिए समकालीन हूँ। मैं अभी कविता लिखता हूँ इस लिए वह समकालीन कविता है। क्या यह सच है?

एक इंसान के रूप में मेरे लिए समकालीनता का अर्थ है अपने समय में एक मनुष्य की हैसियत से जिन्दा रहने की आकांक्षा और उस के लिए किया गया संघर्ष। हम तभी समकालीन हैं जब हम अपने समय में मनुष्य बने रहने का संघर्ष करते हैं और मनुष्य बने रहने का अर्थ है अपनी स्वाधीनता को, अपनी सर्जनात्मकता को, अपने मूल्यबोध को, अपने मानवत्व को जिलाए रखना। ज़ाहिर है कि यह संघर्ष कोई अपने समय से कतरा कर नहीं कर सकता। समय में बहुत कुछ है जो हमारे अनुकूल है, बहुत कुछ ऐसा भी है जो भयंकर प्रतिकूल है। अनुकूल को पुष्ट करते हुए और प्रतिकूल से संघर्ष करते हुए मैं अपने मानवत्व का संवर्धन करते रहना चाहता हूँ। यही मेरी समकालीनता है। ज़ाहिर है कि यह समकालीनता समय से बँधी हुई नहीं है। यह अनिवार्यतया समय का अतिक्रमण करती है, क्यों कि यह एक इतिहास में अपनी जड़ें रोपती और एक भविष्य की आकांक्षा करती है, उस की ओर उन्मुख होती है और इस प्रकार अपने वर्तमान संघर्ष के क्षण में अतीत और भविष्य को मिला लेती है। यह वर्तमान पर अतीत और भविष्य की छाया नहीं है, अतीत और भवितव्य का शुद्ध वर्तमान हो जाना है। यही मेरी समकालीनता है। जब हम स्वतन्त्र होने की इच्छा करते और उस के लिए संघर्ष कर रहे होते हैं तब स्वतन्त्र होने की पीड़ा और उस के आनन्द का भी अनुभव कर रहे होते हैं—फिर केवल एक स्थूल घटना का घटित होना शेष रहता है। एक मनुष्य की हैसियत से अपने समय में समकालीन होने और उस के लिए करणीय संघर्ष से मेरा आशय यही है। इस प्रकार समकालीन होना अपने समय की मानवविरोधी शक्तियों के खिलाफ संघर्षरत होना और इस अर्थ में अपने समय का अतिक्रमण करना है।

लेकिन कवि की कठिनाई यह है कि इस संघर्ष में उस की लड़ाई कविता के मोर्चे पर है। मुझे यह संघर्ष कवि की हैसियत से करना है, कविता में करना है। यह मानने का कोई कारण नहीं है कि मनुष्य के रूप में या एक नागरिक की हैसियत से जो संघर्ष हम करते हैं, उस का कवि के संघर्ष से कोई विरोध है। उस में कोई द्वन्द्व नहीं है पर उन के स्तर और प्रकार अलग-अलग हैं। मैं उन में नहीं हूँ जो कविता को हथियार मानते हैं। कोई सच्चा कवि कविता को हथियार नहीं मान सकता। कविता हथियार नहीं है, वह तो मंजिल है जिसे पाने के लिए कवि का संघर्ष है। वह उस की स्वाधीनता, उस की सर्जनात्मकता, उस के मूल्य बोध, उस के मानवत्व की सिद्धि है। कविता कोई माध्यम नहीं है। वह साध्य है, और साधन है मेरी भाषा—और मेरा शिल्प उस साधन को साधने की मेरी चेतना। इस

शिल्प की सहायता से कवि अपने साधन, अपनी भाषा को इस तरह साधता है कि वह एक अमानवीय या मानवविरोधी माहौल के बरक्स उस की कविता को, उस की सर्जनात्मकता को स्थापित कर देती है। कविता का हो जाना ही कवि को इस मोर्चे पर विजयी बनाता है। कुछ लोगों को शिल्प शब्द से चिढ़ है, वे उसे केवल सजावट मानते हैं—बल्कि कलात्मकता का अर्थ ही उन के लिए सजावट है। यहाँ हमारे समय के एक वरिष्ठ और सभी अर्थों में *समकालीन* कवि रघुवीर सहाय का साक्ष्य उल्लेखनीय है। वह कहते हैं : 'एक बात जरूर मैं समझता हूँ कि अगर शिल्प मेरे भीतर कहीं आग्रह नहीं करता है तो मुझे लिखने की कोई ज़रूरत नहीं। मुझ से ज्यादा, कहीं ज्यादा सत्यान्वेषी लोग होंगे; और वे बहुत कुछ दुनिया में देखते हैं, भुगतते हैं, पाते हैं अपने भीतर—लेकिन वे उस को लिखते नहीं हैं। मैं जब अपने को एक ऐसा लेखक मानना चाहता हूँ, या अपनी वह शक्ल देखना चाहता हूँ जिस में मैं अधिक से अधिक लोगों के बीच में, उन के साथ, उन के मन को, उन के जीवन को समझ रहा हूँ और उसे अभिव्यक्ति दे रहा हूँ तो साथ में मैं यह भी देखता हूँ कि यही काम बहुत से और लोग कर रहे हैं : पर वे लिख नहीं रहे हैं, यह बात अगर आप सवाल के रूप में रखें तो मुझे इस का उत्तर मिल चुका है। वह उत्तर यह है कि इस लिए कि मेरे पास एक तरह की एक और—एक अतिरिक्त चेतना है, एक अतिरिक्त व्यथा है जिस से कि मैं हर चीज़ को फिर से उलट-पुलट कर, नये ढंग से सजा कर, नये ढंग से दुरुस्त करके और नया बना देने की इच्छा रखता हूँ। तो वही तो शिल्प है। और मैं यह मानता हूँ कि जितनी देर तक मुझे यह अहसास है कि यह शिल्प आवश्यक है—मेरे लिए—उतनी देर तो मैं लेखक हूँ; और बाकी जगहों पर मैं लेखक नहीं हूँ।'

कुछ मित्र शिल्प पर इस आग्रह से चिढ़ेंगे, पर वे यह भूल जाते हैं कि प्रत्येक कविता अनिवार्यतः एक भाषिक संरचना है और शिल्प ही वह चेतना है जो सामान्य भाषा में इस काव्य-संरचना को पहचानती या कह लीजिए उस का काव्य-संरचना में रूपान्तरण करती है। जैसा मैंने कहा, मैं कविता को हथियार नहीं मानता। लेकिन एक बार तर्क के लिए यदि यह मान भी लूँ तो एक कवि के नाते, उस हथियार से लड़ने वाले सिपाही के नाते यह जिम्मेदारी भी कवि पर आती है कि उस का इस तरह इस्तेमाल करे कि उस की सम्भावनाएँ निरन्तर बढ़ती जाएँ—बीच लड़ाई वह बेकार न हो जाए। शिल्प ही वह साधना है जिस से वह हथियार को साधता है और उस की क्षमता को भी बढ़ाता है।

रूपक को अनावश्यक लम्बा खींचने के बजाय यह स्पष्ट कर देना बेहतर होगा कि कविता की समकालीनता यह है कि वह अपने समय की मानवविरोधी और स्वाधीनता विरोधी शक्तियों के खिलाफ संघर्ष करे। लेकिन यह संघर्ष कविता के स्तर पर होता है, इस लिए इस का रूप वह नहीं हो सकता जो राजनीतिक संघर्ष

का होता है। कविता में मानवविरोधी शक्तियों के खिलाफ विचार प्रकट कर देना या इसी प्रकार के विषयों पर कविता लिख देना पर्याप्त नहीं है—ऐसी कविता लिखी जाए इस में कोई एतराज नहीं है,—लेकिन वैचारिक संघर्ष कविता का संघर्ष नहीं है। कविता अपना संघर्ष अपने स्तर पर, अपनी संरचना में, अपने लय-विन्यास में और अपने भाषा प्रयोग में रूपायित करती है।

मानवविरोधी माहौल का कविता के माध्यम-भाषा पर सर्वाधिक गहरा असर पड़ता है। अब इस बात को अलग से प्रतिपादित करने की आवश्यकता नहीं रह गयी है कि समकालीन दुनिया में भाषा किस तरह मानवीय ऊष्मा और विश्वसनीयता खोती चली जा रही है और कवि की कठिनाई यह है कि उसे इसी अविश्वसनीय होती जा रही भाषा में रचना-कर्म करना है। जार्ज स्टाइनर की इस बात से सहमत होना ही पड़ता है कि आधुनिक लेखक को प्राप्त भाषा—उसका साधन—अन्दर से खोखला और बाहर से सीमित होता जा रहा है। राज्य, पूँजी, यंत्र, सम्प्रदाय आदि विभिन्न सत्ता-रूप भाषा को निरन्तर अविश्वसनीय बनाते हैं और कविता उसे पुनः विश्वसनीय बनाने का संघर्ष करती है। यह संघर्ष उसे एक साथ दो मोर्चों पर करना होता है : एक ओर भाषा में मानवीय संवेदना की ऊष्मा लौटा लानी होती है तो दूसरी ओर इस बात के लिए निरन्तर सचेत रहना होता है कि कहीं स्वयं उस का इस्तेमाल किसी शोषक और स्वाधीनता विरोधी दमनकारी शक्ति द्वारा न कर लिया जाए। साथ ही उसे यह साक्ष्य भी देना होता है कि उस में अपने समय की संवेदनात्मक पहचान है। यह संवेदनात्मक पहचान कविता के अनुषंगों में, उसके बिंबों-उपमानों, लय-गतियों और उसकी संपूर्ण संरचना में विन्यस्त होती है। इसे किसी उक्ति प्रमाण से नहीं संप्रेषित किया जा सकता।

जब हम कहते हैं कि कवि भाषा में मानवीय ऊष्मा और विश्वसनीयता लौटाता है, तब इसे गहरे स्तरों पर समझा जाना चाहिए। भाषा कोई स्थूल वस्तु नहीं है। वह मानवीय रिश्तों की प्रतीक है। भाषा यदि मानवीय ऊष्मा और विश्वसनीयता खो देती है तो इस का अर्थ यह होता है कि मानवीय रिश्तों की ऊष्मा और विश्वसनीयता खो गयी है। अतः, कवि जब भाषा की इस क्षमता को पुनः अर्जित करता है तो वह वस्तुतः मानवीय ऊष्मा और विश्वसनीयता को पुनः अर्जित कर रहा होता है। समकालीन दुनिया में यह सबसे बड़ा रचना-कर्म है कि हम मानवीय संवेदना से अपनी जड़ों को सींच सकें। जैसे मनुष्य के रूप में मेरी समकालीनता इस में है कि मैं अपने समय में मनुष्य बने रहने का संघर्ष करता रहूँ, उसी प्रकार कविता में, एक कवि की हैसियत में, मेरी समकालीनता इसमें है कि मैं मौजूदा खतरों के मुकाबिल भाषा के रचनात्मक सामर्थ्य को निरन्तर पुष्ट करता रहूँ। भाषा के रचनात्मक सामर्थ्य को पुनर्जीवित करने की यह छटपटाहट ही समकालीन कविता का केंद्रीय सरोकार

है—

भाषा कोरे वादों से
वायदों से भ्रष्ट हो चुकी है सब की
न सही यह कविता
यह मेरे हाथ की छटपटाहट सही...

—रघुवीर सहाय

यह छटपटाहट, यह लड़ाई कई स्तरों पर, कई रूपों में अभिव्यक्त होती है जो कहीं प्रेम कविता होती है, कहीं स्मृति तो कहीं राजनीतिक प्रतिरोध। लेकिन हर जगह वह भाषा को खरी मानवीय संवेदना से सींचती है। प्रयाग शुक्ल की एक कविता है—

मैं जानता हूँ कि यह हवा
कई पत्थरों से होती हुई आती है
उन्हें ज्यों का त्यों जमा रहने देकर
लेकिन लाती है कई अतल स्पर्श।

दूसरे ओर गिरधर राठी की कविता है—

आप विश्वास करें, मैं करूँगा नहीं। फिर कल
मिलूँगा यहीं। इसी तरह
इसी खुले आकाश के नीचे, निरस्त्र। शुक्रिया
आपकी हमदर्दी का, बहुत-बहुत शुक्रिया।

या एक और कवि—एक वरिष्ठ कवि स्व. भवानीप्रसाद मिश्र की एक कविता *रक्तकमल* की कुछ पंक्तियाँ हैं—

खुशी को बारहा मना किया था मैंने
कि न जाए वह
मेरे खून की धारा से
कहने अपना दुःख
मगर वह गयी
और अब खा रही है वहाँ
डुबकियाँ।

तीनों कविताओं का टोन, लय-विन्यास और शब्द-संयोजन बिल्कुल भिन्न है पर तीनों में एक विशेषता समान है और वह है वह शिल्प जो भावुकता, विचार

और कविता में फ़र्क़ को पहचानता है। यह कविता का किसी अन्य उद्देश्य के लिए इस्तेमाल नहीं है, यह भाषा की खोई हुई विश्वसनीयता अर्जित करने के लिए किया गया भाषा का इस्तेमाल है। तीनों ही कविताओं में न कोई उच्छ्वासपूर्ण भावुकता है, न शाब्दिक आक्रोश, और न फूहड़ हल्कापन। भवानी भाई की कविता एक हल्के टोन में लिखी गयी होने के बावजूद संवेदना की गहराइयों को छूती है, गिरधर राठी में एक आतंक के सम्मुख हमारे मन में बैठी झूठी करुणा और सहानुभूति की असलियत को उजागर करते हुए आतंक-मुक्ति का उपक्रम है तो प्रयाग शुक्ल की कविता एक सादा बयानी के बावजूद हमारे मन में कई स्मृतियों को एक साथ जगा देती है जिन का जिक्र इस कवितांश में कहीं नहीं है। ये सभी उस शिल्प-कौशल का परिणाम हैं जो भाषा और संवेदना को एक करता और इस प्रकार रचना-कर्म के माध्यम से मानवीय अस्तित्व की सूखती जा रही जड़ों को सींचता है और यही तो केनेथ रेक्सराथ का भी कथन है कि विनाशोन्मुख संसार के विरुद्ध रचनात्मक कर्म ही एक मात्र बचाव है।

दरअस्ल, हर युग में कविता को यह काम करना पड़ता है। पर हमारे युग में भाषा की विश्वसनीयता अर्थात् मानवीय रिश्तों पर इतने घातक प्रहार हुए हैं कि कविता की मुख्य जिम्मेदारी यह हो गयी है कि वह अपनी लोकप्रियता को दाँव पर लगा कर भी भाषा का, उस की रचनात्मक क्षमता का बचाव कर सके। इसी बचाव की ज़रूरत में कविता लोकप्रिय रूपों को छोड़कर या कभी-कभी तोड़कर अपने नये रूप गढ़ती है। शायद इसी लिए आज की कविता का कोई एक या कुछ एक निश्चिन्त छन्द नहीं है, बल्कि हर सार्थक कविता एक मौलिक लय-विन्यास रचती है। कवि से नितनूतनता की जो अपेक्षा आज की जाती है वह पहले इस कदर नहीं थी। पुराने कवियों से कोई यह शिकायत नहीं करता कि वे एक ही संवेदना के घेरे में एक ही प्रकार के विषयों को दोहराते और लगभग एक जैसी कविता रचते रहे। आज यदि किसी कवि के दूसरे कविता-संग्रह में भी पहले कविता-संग्रह जैसी कविताएँ मिलती हैं तो हम उस पर दोहराव का और कभी-कभी कुछ अधिक कठोर होकर चुकने का आरोप लगा देते हैं। आज हम कवि से हर बार नयी रचनात्मकता की माँग करते हैं और इस माँग को पूरा न करने पर उस की विश्वसनीयता खतरे में पड़ जाती है। हम कवि से यह अपेक्षा करने लग जाते हैं कि उस की नयी रचना में बिल्कुल नयी छाप हो। यह नयी छाप ही उस की कविता को विश्वसनीयता देती है और इसे अर्जित करने के लिए उसे निरन्तर अनुभव के नये ढंग की खोज करते रहना होता है। यह खोज बिम्बों-उपमानों में भी होती है, लयगतियों में भी और अन्य कलाओं या विधाओं की युक्तियों का कविता में इस्तेमाल करने में भी। इस तरह की खोज केवल भाषा तक ही सीमित नहीं रहती। नये प्रकार की भाषिक संरचना अनुभव का एक नया ढंग होती है—बल्कि अनुभव के नये ढंग की यह खोज ही

नये प्रकार की संरचना को जन्म देती है और वही है जो भाषा की रचनात्मक सामर्थ्य का संवर्धन करती है। यह नये ढंग की अभिव्यक्ति ही नया शिल्प है। समकालीनता की व्याख्या करते हुए रघुवीर सहाय ही ने एक स्थल पर कहा है कि कविता में समकालीनता वही है जो जीवन की अन्य अभिव्यक्तियों में पर उस की पहचान भिन्न होती है, *'कविता में समकालीनता की पहचान वही नहीं हो सकती जो उदाहरण के लिए राजनीति में हो सकती है। सही पहचान के लिए हमें कवि की भाषा और उस के भावबोध के परस्पर सम्बन्ध को जाँचना चाहिए।'* भाषा और भावबोध के परस्पर सम्बन्ध की यह पहचान कवि का शिल्प ही तो है।

(राज. साहित्य अकादमी की विस्तार-व्याख्यानमाला के अन्तर्गत राजकीय महाविद्यालय सिरोही में दिये गये व्याख्यान का किंचित् संशोधित रूप।)

संवेदना का संकुचन क्यों?

हर युग की—बल्कि हर पीढ़ी की कविता अपनी पहले की पीढ़ी की कविता से कुछ न कुछ अलग या विशिष्ट होती ही है और यह विशिष्टता ही इस बात की पहचान कराती है कि अपने से पूर्ववर्ती कविता के साथ उस का रिश्ता क्या है। पूर्ववर्ती कविता और समकालीन कविता में सामान्य लक्षण खोजकर उन्हें एक-दूसरे से जुड़ा हुआ बताना नयी लिखी जा रही कविता की विशिष्टता की अनदेखी करना और उस काव्य-संवेदन की पहचान खो देना है जिसमें से गुजर कर ही पूर्ववर्ती संवेदन परम्परा की हैसियत अख्तियार कर पाता है। अपने पूर्ववर्ती काव्य-संवेदन के साथ हमारे समय की कविता ने क्या किया है, किस प्रकार एक नयी भाषिक-संवेदना और यथार्थ-बोध में से गुजर कर वह काव्य-संवेदन एक नया रूपात्मक सत्य बन सका है, इस बात की पहचान ही एक सुदीर्घ काव्य-परम्परा में एक समय की कविता की भूमिका की पहचान सम्भव कराती है।

लेकिन कभी-कभी नयी भाषिक-संवेदना और यथार्थ-बोध के चलते पूर्ववर्ती काव्य-संवेदन का कोई बहुत ही महत्त्वपूर्ण पहलू उपेक्षित रह जाता है और जब कभी अचानक उस कभी का अहसास होता है तो एक गहरी खलिश महसूस होने लगती है—और अपने समय का काव्य-लोक अधूरा लगने लगता है। अभी महादेवीजी के देहावसान के बाद उन के काव्य पर विचार करते हुए अचानक ही ऐसी ही एक बात की ओर ध्यान गया जिस का सम्बन्ध महादेवी जी की कविता से कम और अपनी पीढ़ी की कविता से अधिक है। छायावादी कविता में कल्पना की विशालता और उसके कारण विराट का एक बोध बराबर मिलता है और एक तरह से वह छायावादी कविता की एक विशिष्ट पहचान भी है। लेकिन आज छायावादी कवियों की रचनाओं को पढ़ते हुए एक सवाल उठना चाहिए। यह तो ठीक है कि भाषा बोलचाल के अधिक करीब आये और यह भी समझ में आता है कि हम अपने दैनिक जीवन के तनावों-दबावों में भी कविता देखें, लेकिन क्या इनके चलते यह अनिवार्य है

कि हम उस कल्पनाशक्ति से भी हाथ धो लें जो कविता का प्राण होती है? यह सवाल इस लिए उठता है कि आज की, मेरी पीढ़ी की कविता पढ़ते हुए कल्पना की वह विशालता लगभग अनुपस्थित लगती है जो कविता को 'विजन' की हैसियत देती लगती है।

क्या इसका कारण छायावादी कविता और मेरी पीढ़ी की कविता की भाषिक-संवेदना के अन्तर में तलाशा जा सकता है? कुछ लोग ऐसा सोच सकते हैं, पर यह कारण बहुत सतही लगता है क्यों कि इसे मान लेने का मतलब कहीं यह मान लेना है कि आम बोलचाल की भाषा में कल्पना की विशालता सम्भव नहीं है—और निश्चय ही यह एक सही निष्कर्ष नहीं होगा। लोकगीतों तक में कल्पना की जो विशालता मिलती है, वही इस कारण की अपर्याप्तता सिद्ध करने के लिए काफ़ी है। प्रत्येक प्रकार की भाषा में विराट का यह बोध सम्भव है—उसे भाषा की एक खास भंगिमा या प्रकार के साथ ही नहीं बाँधा जा सकता—ऐसा करना तो एक प्रकार से विराटता की अवधारणा का ही खण्डन करना होगा। छायावाद और नयी कविता के भाषिक मिजाज में गहरे फ़र्क़ के बावजूद नयी कविता के कुछ कवियों में विराट का यह बोध किसी न किसी रूप में मिलता है और कहीं-कहीं तो बहुत ही प्रखर। छायावादी कविता में जब इस तरह के बिम्ब मिलते हैं :

अवनि-अम्बर की रुपहली सीप में
तरल मोती-सा जलधि जब काँपता

—महादेवी

अथवा

महानील इस परम व्योम में
अन्तरिक्ष में ज्योतिर्मान
ग्रह, नक्षत्र और विद्युत्कण
किस का करते-से सन्धान।

—प्रसाद

तो विराटता का यह बोध एक खास तरह के भाषिक-संवेदन से जुड़ कर एक शास्त्रीय सांस्कृतिक-दृष्टि से भी नद्ध हो जाता है। नयी कविता में इस बोध का एक नया रूपायन होता दीखता है अज्ञेय, मुक्तिबोध और नरेश मेहता आदि में और एक-दूसरे स्तर पर साही जैसे कवियों में। अज्ञेय में विराटता का यह बोध केवल प्रकृति-संवेदन नहीं बल्कि जीवन की समग्रता के बोध की तरह अभिव्यक्त होता है जिसका सबसे बेहतर उदाहरण शायद 'असाध्य वीणा' है जिसमें 'किरीटी तरु' और जीवन के विविध कार्य-व्यापार संवेदनात्मक स्तर पर एकमेक हो जाते हैं। 'ओ निस्संग ममेतर' और

'सागर-मुद्रा' शृंखला की कुछ कविताओं में भी विराटता का यह बोध इसी तरह एक ऐसी भाषा-भंगिमा के साथ, रूपायित होता है जो छायावादी कविता से बिल्कुल अलग है :

वहाँ, तब, देश और काल और अस्ति के उस
त्रितय सन्निपात की धार पर
तुम्हारी पहचान कौंधती है
और लय हो जाती है
कि तुम प्राण हो
कि तुम अन्न हो
कि तुम मृत्यु हो
कि तुम होते हो तो खो जाते हो,
क्यों कि हम खोते हैं तो होते हैं
....
....
तूफान ने मुझे भी मथा है और वह लय
मैंने भी पहचानी है।
छोटी ही है, पर सागर,
मेरी भी एक कहानी है...

(—सागर मुद्रा-12)

नरेश मेहता में विराटता का यह बोध एक भागवती संवेदना और तत्प्रसूत भाषा में व्यक्त होता है। मुक्तिबोध में भी यह बोध बराबर मौजूद है। *अँधेरे में* और *ब्रह्मराक्षस* जैसी कविताएँ इसका प्रमाण हैं। दोनों ही कविताओं में जो स्वर है वह अज्ञेय या नरेश मेहता के यहाँ नहीं मिलता लेकिन कल्पना की विशालता और जीवन की विराटता का बोध मुक्तिबोध के अपने वैशिष्ट्य के साथ वहाँ मौजूद है। बाद के कवियों में यह बोध शायद साही में सर्वाधिक मुखरित होता है :

आज मुझे फिर लग रहा है
कि मैं आकाश के विराट ढक्कन के नीचे
बन्द कर दिया गया हूँ
और मेरे साथ पर्वत, नदियाँ और समुद्र भी।
और मैं गुफा में से
डरी हुई प्रतीक्षारत, अचूक आँखें खोले हुए
इस आदिम अन्धकार को तौलने की कोशिश

कर रहा हूँ।
मैं इस ब्रह्माण्ड का विश्वास नहीं करता
इसकी रातें विशाल हैं
और नहीं जानतीं कि मैं उन्हें देख रहा हूँ :
लेकिन मैंने इसे इसी तरह चक्कर खाते देखा है
और कभी-कभी सहमती उँगलियों से
छुआ भी है–
उतराई हुई मछली की तरह।

(–अँधेरे गोलार्द्ध की रात)

और ये सब कोई एकाकी उद्धरण नहीं हैं, बल्कि इन सभी कवियों में हम बार-बार इस तरह की बिम्ब योजना या काव्यात्मक व्यंजनाओं से साक्षात्कार करते हैं जो इन कवियों की कल्पना की विशालता और जीवन की, सृष्टि की समग्रता और विराटता की काव्यात्मक पहचान का रूपायन सम्भव करती हैं। यह भी स्पष्ट है कि विराटता का यह बोध सब जगह एक जैसा नहीं है। विराटता है, पर उसकी अनुभूति और अभिव्यक्ति प्रत्येक पीढ़ी और कवि में प्रतिविशिष्ट है। कह सकते हैं कि विराटता के नये-नये रूपों और स्तरों का बोध इस प्रकार सम्भव होता है।

लेकिन तब क्या कारण है कि नयी कविता के बाद और विशेषतः हमारी अपनी पीढ़ी में विराटता का यह बोध अत्यन्त विरल होता चला गया है? रमेशचन्द्र शाह, श्रीराम वर्मा, अशोक वाजेपयी, प्रयाग शुक्ल, गिरधर राठी, मंगलेश डबराल, अवधेश कुमार प्रभृति कवियों की एक पूरी पीढ़ी है जो सार्थक कविता लिख रही है और जिस के सरोकार बहुत गहरे हैं। प्रकृति संवेदन के क्षेत्र में भी प्रयाग शुक्ल, अशोक वाजपेयी, श्रीराम वर्मा जैसे कवियों की उपस्थिति के बावजूद उस विराटता का बोध कहीं सम्भव नहीं दीखता जो पूर्ववर्ती पीढ़ी के कवियों में दिखायी देता है। इस पीढ़ी के कवियों का प्रकृति-संवेदन कम गहरा और कम सूक्ष्म नहीं है लेकिन उस में विशालता का वह बोध नहीं दिखायी देता जो उन की कविता को एकबारगी ही सम्पूर्ण सृष्टि के, अस्तित्व मात्र के साथ जोड़ दे सके। छोटे-छोटे चित्र अत्यन्त प्रभावी और गहरे होते हैं और निश्चय ही वे भी कहीं न कहीं हम में सृष्टि मात्र के प्रति एकात्म भाव भी जाग्रत करते ही हैं, लेकिन यह एकात्म भाव स्मृतिपरक अधिक होता है और पूरे जीवन को, अस्तित्व मात्र को बाँहों में बाँध लेने की सक्रिय प्रेरणा देता नहीं लगता।

यह कहना शायद सही नहीं होगा कि विराटता का, समग्रता का यह बोध हमारी पीढ़ी का यथार्थ नहीं हो सकता। कहा जा सकता है कि एक मिथकीय संवेदना में तो विराटता का यह बोध फिर भी हो सकता था, लेकिन आज के खण्डित जीवन-बोध के साथ वह सम्भव नहीं है। लेकिन यहाँ एक तो हम यह भूल जाते हैं कि कविता–बल्कि

कला मात्र–खण्डित जीवन-बोध का फल नहीं होती। उस की सार्थकता ही इस बात में है कि वह खण्ड में भी समग्रता का बोध कराती और खण्डित जीवन-बोध को पाट कर समग्र चेतना का रूपायन सम्भव करती है। कला इसी अर्थ में एक नैतिक कर्म होती है कि वह हमारे अधूरेपन से अतिक्रमण का उपाय हो जाती है। फिर यदि कविता देखने का, अनुभव करने का एक विशिष्ट प्रकार या ढंग है तो प्रत्येक नयी पीढ़ी के लिए यह सम्भव होना चाहिए कि वह जीवन की विराटता को देखने का, उसे अनुभव करने का एक नया ढंग उजागर कर सके।

यहाँ यह स्मरणीय है कि नयी पीढ़ी की कविता से यह माँग कोई आध्यात्मिक माँग नहीं है–यद्यपि एक अर्थ में तो कविता की प्रक्रिया ही अनिवार्यतः एक आध्यात्मिक प्रक्रिया है क्यों कि यह चीजों और रिश्तों के आन्तरिक और भावात्मक अस्तित्व से साक्षात्कार कराती है–बल्कि स्वयं को वैज्ञानिक दृष्टिकोण का समर्थक और मार्क्सवादी कहने वालों से भी यह माँग उतनी ही जायज है। घोषित मार्क्सवादी लेखकों में पाब्लो नेरूदा में विराटता का यह बोध शायद सर्वाधिक मिलता है–उनकी प्रेम-कविताओं तक में इस कल्पनाशक्ति के दर्शन होते हैं–

जैसे क्षीर-सागर के किनारे सैकत राशि पर
या अथाह आकाश में जड़े हुए
एक धधकते हुए नक्षत्र के बीचो-बीच
मैं सो रहा था : मेरे समीप थी एक पवित्र
लड़की !

(*–नीली आग वाली लड़की*)

मच्चू-पच्चू के शिखर में एक-दूसरे स्तर पर विराटता का बोध प्रभावी अभिव्यंजना पाता है।

इस लिए यह सवाल गैरवाजिब नहीं माना जा सकता कि हिन्दी कविता की नयी पीढ़ी में विराटता का यह बोध विरल बल्कि लगभग अनुपस्थित सा क्यों है। यदि इस आधार पर हिन्दी कविता की इस पीढ़ी का एक मनोवैज्ञानिक विश्लेषण किया जाए तो उसके क्या नतीजे निकलते हैं? क्यों यह पीढ़ी इस बोध से अनजान है? इस का कारण उस की भाषिक संवेदना में है या यथार्थ-बोध में? इस विराटता के अहसास के बिना क्या इस पीढ़ी की कविता में किसी 'विजन' का रूपायन सम्भव है? क्या विराटता के बोध की यह विरलता हमारी पीढ़ी की काव्य-संवेदना के संकुचन का ही एक प्रकार तो नहीं है? यथार्थ के आग्रह ने क्या हमारी कल्पना को संकुचित कर दिया है? लेकिन जिसे हम यथार्थ-बोध कहते हैं वह भी आखिर क्या हमारी कल्पना का ही परिणाम नहीं है? यह तो ठीक है कि आज की पीढ़ी में विराटता के बोध का स्वरूप और प्रक्रिया ठीक वही नहीं होगी जो पूर्ववर्ती कविता में मिलती

है—पर उसमें यह बोध ही विरल होता चला जाए, यह क्या स्वयं उस पीढ़ी के कवियों के लिए विचारणीय नहीं है?

यहाँ यह स्मरणीय है कि नवीनतम वैज्ञानिक शोधों के कारण अब तो कल्पना को भी नयी आधार-भूमियाँ प्राप्त हैं और निश्चय ही विज्ञान या वैज्ञानिक दृष्टिकोण के नाम पर कल्पना की विशालता को बाधित नहीं किया जा सकता। समूची सृष्टि की विराट समग्रता को अब तो एक निश्चित वैज्ञानिक आधार भी प्राप्त है जिस के कारण अस्तित्व की विराटता के जीवन-स्पन्दन को महसूस करना कम कठिन हो सकना चाहिए। समूची सृष्टि में 'ऋत' का बोध अब केवल कल्पना नहीं है, वह एक ठोस विज्ञान-सम्मत आधार-भूमि पर टिका है। फिर भी यदि कविता इस बोध से वंचित रह जाती है तो यह एक दुर्घटना ही होगी—जबकि संगीत, नृत्य और चित्र-स्थापत्य जैसी कलाओं में विराटता के इस बोध के नये रूपाकार अब भी पर्याप्त परिमाण में मिल जाते हैं।

अवमानवीकरण का खतरा और कविता

इस बात को लेकर अब शायद कोई मतभेद नहीं है कि अवमानवीकरण हमारी शताब्दी की केन्द्रीय सामाजिक समस्या है। आधुनिक युग में यंत्र, पूँजी और राज्य की सर्वग्रासी ताक़तों के सम्मुख मनुष्य के असहाय और अकिंचन होते चले जाने का बोध, आत्मीय और सामाजिक रिश्तों के खोखले होते चले जाने का अहसास, संवादहीन अकेलापन और ऊब आदि के मूल में अवमानवीकरण की प्रक्रिया ही मानी जाती रही है—यद्यपि इस के कारणों को लेकर समाजशास्त्रियों में पर्याप्त मतभेद पाया जाता है। एक वर्ग पूँजी और राज्य के द्वारा यंत्र के मानवनिरपेक्ष उपयोग को इस का कारण मानता है तो दूसरे वर्ग के अनुसार यंत्र के मानव निरपेक्ष नियमों से अर्थ-व्यवस्था और राज्य का निर्देशित होना अवमानवीकरण के मूल में है। कुछ लोग इस के मूल में आर्थिक-राजनैतिक व्यवस्था को देखते हैं तो कुछ अन्य विचारकों की दृष्टि में मनुष्य में आध्यात्मिक बोध का ह्रास इस के लिए जिम्मेदार है। ज़ाहिर है कि कारणों के विश्लेषण के आधार पर इस संकट से उबरने के लिए सुझाए गए हल भी अलग-अलग हों और उन के आधार पर विभिन्न विचारधाराओं और आन्दोलनों का विकास भी हो—और इस लिए यह भी सम्भव है कि ऐसे समाज में रहने वाला एक व्यक्ति होने के नाते प्रत्येक लेखक की अपनी दृष्टि हो जो इस तरह के आन्दोलनों और विचारधाराओं में से किसी का समर्थन और किसी का विरोध करती हो, जिस का प्रतिबिम्ब उस की रचनाओं में भी देखा जा सकता हो। इस प्रकार, बड़ी आसानी से यह बात प्रमाणित की जा सकती है कि सभी कलाओं और साहित्य में अवमानवीकरण की समस्या को केन्द्रीय महत्त्व प्राप्त रहा है। अवमानवीकरण के कारणों की व्याख्या तथा उस के समाधानों पर मतैक्य न होने के बावजूद दुनिया की सभी आधुनिक भाषाओं की कविताओं में से हजारों उद्धरण जुटाकर यह आसानी से प्रमाणित किया जा सकता है कि कविता अवमानवीकरण के खतरे के खिलाफ निरन्तर संघर्षरत है। लेकिन अवमानवीकरण के अनुभव का कविता पर केवल इतना ही असर नहीं पड़ा कि उस पर अनेक

कविताएँ लिखी गयीं और सब में उस के खिलाफ वक्तव्य दिये गये। किसी लेखक के विचारों या कविता में दिये गये वक्तव्यों के आधार पर कविता को उस की समग्रता में नहीं समझा जा सकता। आन्द्रे वोज्नेसेंस्की जब यह कहते हैं कि *'कविता तो देखने का, अनुभव करने का एक ढंग है'*, तो वह प्रकारान्तर से पाल वेलेरी की इस बात का समर्थन कर रहे होते हैं कि लेखक का दर्शन *'सोच के विषयों में नहीं बल्कि स्वयं सोच की प्रक्रिया और उस के व्यवहार में निहित होता है।'* इस लिए यदि अवमानवीकरण की प्रक्रिया द्वारा कविता के सम्मुख प्रस्तुत चुनौतियों को और उन के प्रति कविता के रुख और व्यवहार को समझना हो तो कविता में अवमानवीकरण के विरुद्ध लिखी गयी कुछ उक्तियाँ जुटा लेने से काम नहीं चलेगा—उस तरह की उक्तियाँ और विचार तो कविता से बाहर भी मिल सकते हैं—बल्कि यह देखना होगा कि अवमानवीकरण ने कविता की समग्र प्रक्रिया और संरचना पर, उसके माध्यम के स्वभाव और व्यवहार पर क्या प्रभाव डाला है और किस तरह अपनी प्रक्रिया के माध्यम से ही कविता ने अवमानवीकरण की सभी तरह की स्थितियों के विरुद्ध अपनी मानवीय स्थिति बनाये रखी है। वास्तव में यही बिन्दु है जहाँ विभिन्न और कभी-कभी परस्पर विरोधी दृष्टि रखने वाले कवि भी एक हो जाते हैं क्यों कि सारे मतवैभिन्न्य के बावजूद अपने माध्यम के प्रति व्यवहार और कविता की बनावट में वह एक ही केन्द्र की परिधि में घूम रहे जान पड़ते हैं। मानवीय अनुभूति पर आधारित होने के कारण कविता स्वभावतः ही अपने परिवेश और युगीन परिवेश से जुड़ जाती है—यह बात दीगर है कि युगीन संवेदना प्रत्येक रचनाकार के लिए उस के विशिष्ट अनुभव में एक विशिष्ट रूप में ढलकर व्यक्त होती हो और कुछ लोग उस से किसी एक ही विशिष्ट रूप की माँग करते रहें तथा उस के पूरा न होने पर रचनाकार को ही अप्रासंगिक मान लें, जिस तरह पास्तरनाक और स्वेतायेवा आदि को मान लिया गया था। लेकिन कविता सम्प्रेषण भी है और संरचना भी, अतः कविता की रचनात्मक समस्याओं में रुचि रखने वाले के लिए यह विचार करना अधिक संगत है कि उस की समग्र संरचना और उस के सम्प्रेषण की प्रक्रिया पर अवमानवीकरण की प्रक्रिया किस तरह की चुनौतियाँ प्रस्तुत करती है और कविता अपने रचे जाने की प्रक्रिया में ही उन से किस तरह जूझती है।

अवमानवीकरण की प्रक्रिया ने कविता के सम्मुख जो चुनौतियाँ प्रस्तुत की हैं उन में सर्वाधिक खतरनाक चुनौती भाषा अर्थात् कविता के माध्यम के ही अविश्वसनीय होते चले जाने की है। भाषा के अर्थहीन होने की समस्या कवि के सम्मुख बार-बार प्रस्तुत होती रही है और उसे अर्थगर्भ करने के प्रयास में कविता का मुहावरा बदलता रहा है। कभी-कभी शब्द की असमर्थता या उस की सीमाओं की संकीर्णता का अहसास भी कवि को होता रहा है और उसे लगता रहा है कि उस का अनुभव इतना विशाल है कि शब्द की सीमाओं में उसे बाँधा नहीं जा सकता।

ऐसी पीड़ा को व्यक्त करने वाली कुछ बहुत अच्छी कविताएँ भी मिल जाती हैं। लेकिन इस दफा समस्या कुछ अधिक उलझी हुई है। मुहावरे के अधिक पुनराव के कारण उस की चमक के घिस जाने की ही बात नहीं है। इस बार असल समस्या यह है कि औद्योगिक संस्कृति और उस की आर्थिक-राजनैतिक परिणतियाँ भाषा की संवेदनात्मक ऊष्मा को, उस की सहज विश्वसनीयता को एक ओर तो नष्ट करती है और दूसरी ओर व्यावसायिक और प्रचारात्मक उद्देश्यों के लिए उसी संवेदनात्मक ऊष्मा का बेशर्म इस्तेमाल करती है जो प्रकारान्तर से फिर उसे नष्ट करना ही है। सामाजिक आत्मीयता और सहज विश्वास की प्रवृत्ति के क्षीण होते चले जाने का असर भाषिक व्यवहार पर यह पड़ा है कि एक दूसरे की बात सुनते और समझते हुए भी हम उस पर भरोसा नहीं कर पाते। पूँजी और राजसत्ता के प्रतिष्ठानों ने भाषा के माध्यम से छल और झूठ का जो जाल बुना है, उस ने भाषा मात्र पर से मनुष्य के विश्वास को क्षीण कर दिया है। वाल्मीकि रामायण में हनुमान की संस्कारी भाषा राम को उन के सज्जन होने का बोध कराती है जबकि ऐसी स्थिति में आज पहली प्रतिक्रिया शायद यही होती कि निस्सन्देह हमें छला जा रहा है। अर्थहीनता का संकट आज मुहावरे के घिस जाने तक सीमित नहीं है, वह भाषा मात्र के प्रति अविश्वसनीयता का भाव बन जाने का संकट है। यह नहीं है कि भाषा में विचार या सूचना सम्प्रेषित नहीं की जा सकती—यह काम तो शायद ज्यादा ठीक तरह से किया जा सकता है—लेकिन हमारे वास्तविक आशयों और नीयत को सम्प्रेषित करने का काम अधिक मुश्किल होता जा रहा है क्यों कि सभी तरह के सत्ता-प्रतिष्ठानों और मीडिया के अपने स्वभाव ने भी उस का संवेदनात्मक रस सोख लिया है। जो व्यक्ति और समाज प्रचार-प्रसार के आधुनिक साधनों और यन्त्र संस्कृति की जितनी गिरफ्त में है, उस तक भाषा के माध्यम से संवेदनात्मक सम्प्रेषण उतना ही मुश्किल होता जा रहा है। जब अडोर्नो ने यह कहा कि जिस जर्मन भाषा का उपयोग हिटलर और गोएबल्स जैसे लोगों ने किया है, मैं उस भाषा में कविता नहीं लिख सकता, तो चाहे उन का तात्कालिक आशय नाजी जर्मनी में एक सर्वसत्तावादी व्यवस्था द्वारा एक बड़े पैमाने पर फरेब और झूठ गढ़ने के लिए किये गये भाषा के अमानवीय प्रयोग और उस के कारण जर्मन भाषा की संवेदनात्मक विश्वसनीयता नष्ट हो जाने से ही हो, लेकिन उन के वक्तव्य में उन सभी कवियों की पीड़ा बोलती है जो विभिन्न प्रकार की सत्ताओं द्वारा विभिन्न स्तरों पर कई-कई तरीकों से किये जा रहे भाषा के इस संवेदनात्मक शोषण को पहचानते हैं।

लेकिन जर्मन कवियों की विवशता यह थी कि उन्हें उसी भाषा में कविता लिखनी थी, उसी भाषा में अर्थ की रचना करनी थी जिसे हिटलर और गोएबल्स ने निरर्थक बनाने में कोई कसर नहीं छोड़ी थी और यदि जर्मन कवि उस भाषा में फिर कविता कर पाये तो यह उन की सर्जन प्रतिभा का साक्ष्य तो है ही, साथ ही

इस बात का भी संकेत है कि भाषा की मानवीय सम्भावनाएँ असीम हैं। लेकिन यह समस्या सिर्फ़ जर्मन भाषा तक सीमित नहीं थी और न हिटलर के कारण पहली बार कवियों के सम्मुख स्पष्ट हुई थी। औद्योगिक संस्कृति के दबाव और तनाव कम से कम साहित्य में काफ़ी पहले से महसूस किये जाने लगे थे और कवि को इस सदी के आरम्भ से ही इस चुनौती का अहसास होने लगा था कि उसे इस निरन्तर अविश्वसनीय होती चली जा रही भाषा में ही काव्यात्मक विश्वसनीयता अर्जित करनी है। सच तो यह है कि दुनिया की सभी आधुनिक भाषाओं में काव्य-संरचना के क्षेत्र में किये जाने वाले प्रयोग भाषा की इन काव्यात्मक विश्वसनीयता को अर्जित करने के ही प्रयास हैं। इस विश्वसनीयता की राह में आने वाली उलझनें ही कभी कवि के द्वारा सम्प्रेषणीयता को पूर्णतः नकार देने का कारण बनती हैं तो कभी वह अजीबो-ग़रीब प्रयोगों द्वारा भाषा के उन सब आकारों को तोड़ने की कोशिश करता है जिन के रहते हुए उस की कविता भाषिक रूढ़ियों से और इस कारण उन में निहित अविश्वसनीयता से मुक्त नहीं हो पाती। इसीलिए आज का कवि भाषा की औपचारिकताओं को नष्ट करता और इस प्रक्रिया में नये काव्यरूपों का सर्जन करता है। वह भाषा की सारी औपचारिकताओं, पुरानी शब्द-संगतियों, वाक्य-विन्यासों और लयगतियों को तोड़ता और इस प्रकार प्राप्त सामग्री में से नये प्रकार की लयगतियों और शब्द-संयोजनों की सृष्टि करता है। आधुनिक कविता पुरानी कविता से अपनी विषय-वस्तु के कारण अलग नहीं है, वह अपनी समग्र संरचना में अलग है और यह संरचना उस संघर्ष में से रूपायित होती है जो भाषा को अर्थवान बनाने के लिए आधुनिक कवि कर रहा है। जिन देशों में अर्थ और राजशक्ति का केन्द्रीकरण और प्रसार साधनों का प्रभाव जितना अधिक बढ़ता गया है उन की कविता में काव्य भाषा के पारम्परिक रूपों के प्रति विद्रोह भी उसी सीमा तक प्रतिफलित होता गया है। हो सकता है, वैचारिक स्तर पर विद्रोही कोई कवि पारम्परिक काव्य रूपों में ही लिखता रहे, लेकिन तब उस का विद्रोह विचार के स्तर पर ही रहेगा—उसका वास्तविक काव्यात्मक प्रतिफलन तभी सम्भव है जब उस की कविता अपनी संरचना में भी पारम्परिक काव्य-रूपों से, पारम्परिक काव्य भाषा से, विद्रोह करे। यह तो हो सकता है और हुआ भी है कि पारम्परिक काव्य-रूपों को तोड़कर उन्हीं के आधार पर नये रूपों की सर्जना कर ली जाए, लेकिन उन्हें जस-का-तस स्वीकार कर लेना किसी आधुनिक कवि के लिए सम्भव नहीं है। आधुनिक देशों में कविता में घटित होने वाले नित-नये आन्दोलनों के पीछे यही प्रवृत्ति काम करती है। यह आवश्यक नहीं है कि किसी आन्दोलन को समग्र रूप में स्वीकार किया जाय—नये प्रयोगों में सफलता और असफलता दोनों ही की सम्भावना बराबर रहती है। लेकिन इस तरह के आन्दोलनों को अपवाद कहकर उड़ा देने के बजाय उन्हें गम्भीरतापूर्वक समझने की ज़रूरत है। उन के कुछ आग्रहों में अतिवादिता हो सकती है, होती है, लेकिन अपने इन आग्रहों

के कारण ही वे कुछ नयी चुनौतियों और सम्भावनाओं की ओर ध्यान आकर्षित करते और उन्हें अपनी काव्य-रचना में अर्जित करने का प्रयास करते हैं। प्रतीकवाद, डाडावाद, अभिव्यंजनावाद, अतियथार्थवाद, प्रभाववाद, बिम्बवाद आदि सब आन्दोलन, जिन का प्रभाव भारतीय काव्य-जगत पर भी दिखायी देता रहा है, वास्तव में इसी प्रकार के आन्दोलन हैं, जिन्होंने पूरी दुनिया की आधुनिक कविता को प्रभावित किया है। इन आन्दोलनों की अल्पकालिकता इन की असफलता नहीं है क्यों कि आधुनिक काव्यभाषा में उन के प्रभाव के कारण हुए परिवर्तनों को आज भी पहचाना जा सकता है। ये परिवर्तन केवल कविता के बाहरी ढाँचे के परिवर्तन नहीं हैं, बल्कि एक फरेबघर होते जा रहे संसार में कविता की विश्वसनीयता को पुनः अर्जित करने के रचनात्मक संघर्ष का प्रतिफलन है। इन परिवर्तनों के बिना कविता अपने पूरे अस्तित्व से आधुनिक युग के इस अवमानवीकरण के संकट से जूझने का प्रमाण नहीं देती—चाहे विचार के स्तर पर वह कितना ही विद्रोह करती रहे। यह केवल संयोग नहीं है कि सभी आधुनिक कवि कविता के पारम्परिक ढाँचे को तोड़ने में एक मत रहे हैं चाहे उन की विचारधारा एक-दूसरे की विरोधी ही क्यों न रही हो। प्रयोगवाद और नयी कविता के दौर में बहुत से मतवैभिन्न्य रखने वाले कवियों का काव्य-संरचना के नये रूपों के उन्नयन में एक साथ होना इस बात का ही प्रमाण है कि भाषा की विश्वसनीयता को अर्जित करना उन की मुख्य चुनौती थी। यह चुनौती और ज्वलन्त रूप में सातवें और आठवें दशक में सामने आयी जब व्यावसायिक और राजनैतिक प्रचार की वजह से भाषा के अवमूल्यन के संकट को तीव्रता से महसूस किया गया और उसे महसूस करने वाले कवियों में परस्पर विरोधी विचारधाराओं में आस्था रखने वाले लोग भी एक साथ थे जिन्होंने अपने-अपने तरीके से अपनी काव्य-संरचना में इस खतरे का सामना किया। आन्द्रे ब्रेताँ ने अतियथार्थवादी कविता की चर्चा करते हुए लिखा था कि काव्य-रूप को कुछ ऐसी मौलिक चीज़ लौटाई जाती है जिसमें *'मानवीय चित्त और भाषा के खोये हुए आयाम पुनराविष्कृत होते या सुरक्षित रहते हैं।'* भाषा की खोई हुई या दमित सम्भावनाओं को अर्जित करने की यह चेष्टा अवमानवीकरण के विरुद्ध मानवीय संवेदना को, मानवीय आवेगों और अनुभवों को पुनः प्रतिष्ठित करने की चेष्टा का ही काव्यात्मक प्रतिफलन है। ज़ाहिर है कि इस चेष्टा का कोई एक नुस्खा या रास्ता नहीं हो सकता, क्यों कि रचनात्मकता का कोई नुस्खा नहीं हो सकता और हर रचनाकार को अपनी यात्रा अपने रास्ते से ही तय करनी होती है।

कविता शब्द में अनुभव के रूपाकार की पहचान है। अवमानवीकरण की प्रक्रिया ने शब्द को तो दूषित किया ही, साथ ही मानवीय अनुभव का भी अवमूल्यन किया है और इस में यंत्र और सत्ता की सर्वग्रासी शक्ति ही नहीं, वैज्ञानिकतावादी होने का दावा करने वाले वे दर्शन भी सहयोग करते रहे हैं जो मनुष्य और उस की चेतना के सारे कार्य-व्यापारों को जड़ प्रकृति के नियमों से संचालित मानते हैं। इन दर्शनों

के लिए मनुष्य का अस्तित्व, उस की चेतना अपने आप में मूल्य नहीं है। उस का जैविक व्यवहार की ही नहीं उस के भावनात्मक जीवन और अनुभव-जगत की प्रामाणिकता को भी प्राकृतिक विज्ञानों के निष्कर्षों के आधार पर व्याख्यायित और निर्धारित तक करने की कोशिश की जाने लगी है। व्यवहारवादी मनोविज्ञान और प्राकृतिक विज्ञानों के जरिये इस बात के प्रयास होने लगे हैं कि मनुष्य के व्यवहार को उस के अनजाने ही नियंत्रित कर लिया जाय। स्वयं को दूसरों से समझदार समझने वाले कुछ लोग अपनी शक्ति के आधार पर पूरी मानव नियति को अपनी इच्छानुसार नियंत्रित करने की कोशिश करें, यह अपने आप में सम्पूर्ण मानव जाति के अमानवीकरण की पूर्वपीठिका है। विज्ञान की बुनियादी शर्त ही यह है कि वह किसी भी निष्कर्ष को अन्तिम सत्य की तरह नहीं स्वीकार कर सकता। इस लिए विज्ञान द्वारा प्रदत्त शक्ति का सम्पूर्ण मानव जाति को कुछ लोगों की इच्छानुसार एक साँचे में ढालने के लिए प्रयोग करना स्वयं विज्ञान का अमानवीय और अवैज्ञानिक उद्देश्यों के लिए किया गया प्रयोग होगा। कोई भी दर्शन—चाहे वह आध्यात्मिक हो या भौतिक—मानवीय अनुभूति का स्थानापन्न या उस की कसौटी नहीं हो सकता। आज जब औद्योगिक सभ्यता मनुष्य के अनुभव की विशिष्टता को एक औसत अनुभव में बदलने के लिए सचेष्ट है तथा दर्शन और विचारधाराएँ अपने उद्देश्यों के प्रति अनुकूलता को ही मनुष्य के अस्तित्व की सार्थकता की कसौटी समझतीं और व्यवस्थाएँ हर प्रकार के स्थूल और सूक्ष्म उपाय अपना कर उसके अनुकूलन में लगी हैं, तब कविता की सार्थकता इस में है कि वह मानवीय अस्तित्व और अनुभूति को फिर केन्द्र में स्थापित करती है। अनुभव की शुद्धता पर आग्रह आज की कविता का स्वभाव है। कविता पहले भी अनुभव पर ही आधारित रही है, लेकिन, तब विज्ञान या विचारधारा की कसौटी पर अनुभव के गलत हो सकने की आशंकाएँ व्यक्त नहीं की गयी थीं, अतः कविता को भी उस पर अतिरिक्त आग्रह करने की आवश्यकता नहीं थी। यह शायद मनोवैज्ञानिक पूरकता है कि सामाजिक विज्ञानों में वैज्ञानिकता और निर्वैयक्तिकता के आग्रह के बढ़ते चले जाने के साथ-साथ कविता में अनुभूति की शुद्धता का आग्रह प्रबल होता गया है और कविता अपने आप में सत्य की तलाश की एक स्वायत्त अनुभूत्यात्मक प्रक्रिया बनती गयी है और ऐसा वह मानवीय अनुभव को केन्द्र में बनाये रख कर ही कर सकी है। एडगर एलन पो से लेकर आज तक हुए सभी काव्यान्दोलनों ने किसी न किसी रूप में अनुभूति की शुद्धता पर आग्रह किया है और स्थूल ब्योरों का वर्णन या कभी-कभी उन का संकेत तक भी उन्होंने अनिवार्य नहीं माना है। मैं जानता हूँ कि कुछ लोग इस तरह की कविता को वस्तु-सत्य से कटी हुई या आत्मपरक कह कर अप्रासंगिक करार देना चाहेंगे किन्तु उन्हें मुक्तिबोध के इस कथन को याद करना होगा कि *'आधुनिक युग के आत्मपरक काव्य की एक विशेषता यह रही है कि कभी तो उसके सन्दर्भ स्पष्टतः संकेतित होते हैं और कभी*

वे काव्य में व्यक्त भाव या भावना के भीतर से दीपित और ज्योतित हो उठते हैं। अतएव काव्य-भावना के आन्तरिक वास्तविक सन्दर्भों को भूलने से या उन को गलत ढंग से लेने से काम नहीं चलेगा।'

अनुभूति की शुद्धता पर आग्रह ही आज के कवि को मतवादी होने से रोकता है। आज जिस जटिल परिस्थिति में मनुष्य रह रहा है, उस में किसी भी चीज़ के बारे में कोई मत अन्तिम तौर पर कायम नहीं किया जा सकता। कवि की अनुभूति में बाह्य जगत और अन्तर्मन की कई गुत्थियाँ एक साथ झलकती हैं और अपने ही अनुभव के प्रति एक द्वन्द्वात्मक भाव उस में पैदा हो जाता है। सच पूछें तो कविता से बाहर भी उस के लिए कोई रास्ता नहीं है, जहाँ से वह चाहे भी तो कोई कसौटी प्राप्त कर सके। क्यों कि अब तो विज्ञान भी वास्तविकता को उस के सही स्वरूप में जान सकने का दावा छोड़ चुका है। प्रत्येक अनुभूति, इस लिए, कविमन में दुविधा और अनिश्चय से ग्रस्त हो जाती है और यह दुविधा, अनिश्चय या संशय उस के बिम्बों में, उस की कविता की पूरी बनावट में घुल जाता है। लेकिन, यह दुविधा, यह संशय उस मतवादिता से अधिक मानवीय और लोकतांत्रिक है जो अपने से इतर अनुभव के प्रति असहिष्णु हो जाए। आज की कविता की भाषा यदि अस्पष्ट, जटिल या कभी-कभी विरोधाभासपूर्ण लगती है तो यह उस के सत्य के अधिक नजदीक होने का ही नहीं, मानवीय होने का भी प्रमाण है। आत्म-प्रदर्शन और विद्रोह की चालू भंगिमाओं और अतिव्याप्ति से परिपूर्ण सरलीकृत वक्तव्यों के दमघोंटू माहौल के बीच अमूर्त शक्तियों और युक्तिसत्यों पर आधारित अमानवीय व्यवस्था के बरअक्स आज की श्रेष्ठ कविता मनुष्य के अस्तित्व को, उस के त्रास और सुख को, उस की आकांक्षाओं और आशंकाओं को, उस के साहस और उस की भीरुता को, तथा उस के छोटे-छोटे आत्मीय प्रसंगों के अनुभवों को पुनर्स्थापित करती है। इस लिए, आज कविता पहले से अधिक प्रासंगिक और सार्थक है।

(राज. साहित्य अकादमी द्वारा सिरोही में आयोजित लेखक सम्मेलन में पढ़ा गया आलेख।)

हिंसा और भाषा

साम्प्रदायिकता, जातिवाद और आतंकवाद के स्थूल रूपों और सामाजिक उत्पीड़न तथा आर्थिक शोषण आदि के सूक्ष्म रूपों में हिंसा की मनोवृत्ति समाज में जितनी तेजी से फैलती जा रही है, वह हमारी सामाजिक-राजनीतिक संस्थाओं और आर्थिक प्रक्रिया पर तो प्रश्नचिह्न लगाती ही है, साथ ही उन सभी प्रक्रियाओं को भी कठघरे में खड़ा कर देती है जिनका सम्बन्ध हमारे संवेदनात्मक जीवन से है।

हमारी सभी साहित्यिक विधाएँ और कला-रूप—यदि उन्हें अपना औचित्य बनाये रखना है—उस परिस्थिति की अवहेलना नहीं कर सकते जो आज हमारे समाज के सम्मुख है। साहित्य—और कोई भी कला रूप—अपने देशकाल में से गुजर कर ही वह प्रामाणिकता हासिल करता है जो उसे शाश्वत का दर्जा देती है। शाश्वत होने के लिए अपने समय में होना एक अनिवार्य शर्त है क्यों कि जो अपने समय में नहीं है, वह कहीं नहीं है—और जो कहीं है ही नहीं, वह भला शाश्वत कैसे हो सकता है?

एक वर्ग है जो साहित्यकार से सामाजिक दायित्व या प्रतिबद्धता की माँग करता रहता है और कई बार इस सामाजिक दायित्व को साहित्यिक दायित्व पर तरजीह भी देता हुआ समकालीनता को शाश्वतता से अधिक महत्त्वपूर्ण मानता है। हिन्दी के ही एक नामवर आलोचक ने अपने एक व्याख्यान में एक महत्त्वपूर्ण कवि की कविता को इस आधार पर खारिज कर देने का प्रस्ताव किया था कि उन की कविता को पढ़कर यह नहीं जाना जा सकता कि हमारे समय में गोली भी चलती थी। उस कविता का किन मानवीय मूल्यों से सम्बन्ध है और कैसे वह अपनी प्रक्रिया में अपने समय से गुजरते हुए उन मानवीय मूल्यों को अर्जित करती है, इस के गहरे विश्लेषण के बजाय यह कह देना कहीं अधिक सुविधाजनक है कि अमुक कवि की कविता में या अमुक के उपन्यास में हड़ताल होने, गोली चलने या ऐसी ही किसी घटना का चित्रण नहीं है, इस लिए वह अप्रासंगिक और दायित्वहीन है। दरअस्ल, ऐसी समस्या

तभी उपजती है जब हम किसी रचनाकार के साहित्यिक या कलागत दायित्व को उस के सामाजिक दायित्व से अलग कर के देखते हैं और यह नहीं पहचान पाते कि अपने साहित्यिक दायित्व अर्थात् अपने रचनाकर्म की प्रक्रिया में ही वह कैसे अपने सामाजिक दायित्व का भी निर्वाह करता है।

लेखक या कलाकार अपने रचनाक्रम के माध्यम से सामाजिक दायित्व का निर्वाह कैसे करता है? क्या इस के लिए स्थूल घटनाओं और आन्दोलनों का चित्र अनिवार्य है? यदि आज कोई लेखक पंजाब के आतंकवाद, बिहार की जातीय हिंसा और कहीं हुए साम्प्रदायिक दंगे पर आधारित कहानी-उपन्यास या कविता, नाटक वगैरह लिख दे तो उस की समकालीनता असन्दिग्ध प्रमाणित हो जाएगी? यदि इतना ही पर्याप्त है तो साहित्यकार के सामाजिक दायित्व को लेकर अधिक परेशान होने की कोई ज़रूरत नहीं है। रेडियो और अन्य संचार-माध्यम से आये दिन ऐसी कविताओं, कहानियों, नाटकों और धारावाहिकों आदि का प्रसारण होता ही रहता है जिन का सीधा सम्बन्ध आज के समाज की समस्याओं से है। उन्हें एक बड़ा वर्ग सुनता-पढ़ता-देखता और पसन्द भी करता है—और यह भी कि इस तरह के लेखन की मात्रा उस लेखन से बहुत अधिक है जिसे हम 'साहित्य' संज्ञा से अभिहित करते हैं। तो क्या इस लेखन की और कवि-सम्मेलनों आदि में सामयिक विषयों पर पढ़ी और पसन्द की जाने वाली कविताओं को हम प्रासंगिक और सार्थक साहित्य मान लें? यह और कि इस साहित्य की सम्प्रेषणीयता को लेकर भी कोई विवाद नहीं है क्यों कि वह स्वतः-प्रमाण है! टी.वी. धारावाहिक की लोकप्रियता या कवि सम्मेलन में तत्काल मिल रही वाहवाही सम्प्रेषणीयता के अभाव में सम्भव ही नहीं हो पाती।

स्पष्ट है कि लेखक के सामाजिक और साहित्यिक दायित्वों को अलग-अलग करके देखने वाला और सामाजिक दायित्व को साहित्यिक या रचनात्मक दायित्व पर तरजीह देने वाला लेखक-आलोचक वर्ग भी इस 'लोकप्रिय', 'सम्प्रेषणीय' और 'समाजपरक' लेखन को गम्भीर रचना-कर्म नहीं मानता—बल्कि उसे अपने साहित्य-विचार में सम्मिलित करने योग्य भी नहीं स्वीकार करता। किसी समकालीन विषय या घटना को अपनी रचना का विषय बना लेने से ही समकालीन नहीं हुआ जा सकता। उस विषय के प्रति लेखक की दृष्टि या विचारधारा भी उस को एक लेखक-कलाकार के रूप में समकालीन नहीं बना सकती। वह समकालीन तभी होता है जब उस की सामाजिक दृष्टि कलात्मक विश्वसनीयता का साक्ष्य देती है। यह नहीं कि वह जो कुछ कहना चाहता है उसे संन्दर और प्रभावी तरीके से सम्प्रेषित कर दे जो कि कई बार कवि-सम्मेलन कविताओं और फिल्मी गीतों तक के माध्यम से सम्भव हो जाता है—बल्कि यह कि उसकी सामाजिक दृष्टि और रचना-दृष्टि इस तरह एकमेक हो गयी है कि नहीं कि उन्हें अलग-अलग देख सकना सम्भव ही नहीं रहा है।

प्रत्येक रचना मूलतः और अन्ततः एक रचना-दृष्टि—क्रिएटिव विजन—का

रूपायन और सम्प्रेषण है। समय, विचार और नैतिक उत्तरदायित्व के सारे सवाल अन्ततः एक रचनादृष्टि में रूपान्तरित हो जाते हैं। इस रचना-दृष्टि का रूपायन ही साहित्य या कला है और इस लिए वह अनिवार्यतः रूपात्मक सम्प्रेषण है—रचना-दृष्टि का रूपात्मक सम्प्रेषण। रूपात्मक सम्प्रेषण से हमारा क्या तात्पर्य है और यह किस प्रकार सम्भव होता है, यह अलग विचार का विषय है—फिलवक्त इस पर चर्चा न करते हुए हम सामाजिक दायित्व और साहित्यिक के एक समग्र रचना-दृष्टि होने की प्रक्रिया तक ही इस टिप्पणी को सीमित रखें।

साहित्य या किसी भी कलारूप की सम्प्रेषणधर्मिता पर आग्रह करने का अनिवार्य तात्पर्य उसे एक सामाजिक दायित्व से संयुक्त कर देना है, क्यों कि सामाजिक होना सम्प्रेषण की अनिवार्य पूर्वभूमिका और परिणाम दोनों हैं। सम्प्रेषण की कामना हमारे सामाजिक होने की प्रवृत्ति की ही अभिव्यक्ति है और सम्प्रेष्य होकर ही हमारा सामाजिक होना सम्भव होता है। इस लिए सभी कला माध्यम अनिवार्यतया एक सामाजिक चरित्र अख्तियार कर लेते हैं। यदि ऐसा नहीं होता तो साहित्य या कलाओं की पूर्ण समझ के लिए उन के इतिहास में जाने की कोई आवश्यकता ही नहीं रहती। किसी भी लेखक या कलाकार की प्रासंगिकता, समकालीनता या सामाजिक जुड़ाव की परख इस लिए इस बात से नहीं हो सकती कि उस ने अपने रचना कर्म के विषय के रूप में क्या चुना है, या अपनी कृति में क्या विचार प्रकट किये हैं—क्यों कि उन्हें लेकर एकमत होना तो शायद कभी सम्भव नहीं हो पाएगा। इस की परख इस लिए इसी बात से हो सकती है कि अपने कला-माध्यम की प्रासंगिकता और समकालीनता को वह अर्जित कर पाता है या नहीं।

एक लेखक या कलाकार एक व्यक्ति के रूप में एक नागरिक के रूप में समाज का एक घटक होता है। इस लिए उस से यह अपेक्षा करना स्वाभाविक है कि वह एक नागरिक की हैसियत से अपने दायित्वों का निर्वाह करेगा। लेकिन जब एक कलाकार की हैसियत में उस से यह माँग की जाती है तो हमारे मानबिन्दु कुछ बदले हुए होते हैं। तब हम उसके उन सामाजिक दायित्वों की बात नहीं करते जिनका व्यक्ति या नागरिक के रूप में निर्वाह करना है। विचारधारा के सवाल को भी मैं इसी के अन्तर्गत रखता हूँ क्यों कि एक सामान्य नागरिक की भी एक विचारधारा होती है, एक दृष्टि होती है जिस के आधार पर वह सामाजिक दायित्व को पहचानता और सामाजिक सवालों पर निर्णय लेता है।

एक लेखक या कलाकार की हैसियत से जब यह समाज से अनिवार्यतः जुड़ता है तो इसका जरिया उस का रचनाकर्म और उस का माध्यम है। यह जुड़ाव एक रूपात्मक जुड़ाव है, यह दायित्व भी इस लिए एक रूपात्मक दायित्व है। लेखक, कलाकार और समाज का रिश्ता इस लिए विचारधारा या दृष्टि का रिश्ता नहीं बल्कि अनिवार्यतः एक रूपगत रिश्ता है और इस लिए एक कलाकार की हैसियत में इस रिश्ते से जो

सामाजिक दायित्व उस पर आता है, वह भी अनिवार्यतः एक रूपात्मक दायित्व है। उस की प्रासंगिकता और सार्थकता की परख इस लिए विषय या विचारधारा को आधार बनाकर नहीं की जा सकती। इस परख के लिए यह देखना होगा कि किसी भी कलाकार को उन चुनौतियों की कितनी समझ है जो सामाजिक परिस्थितियों की वजह से उस के माध्यम को झेलनी पड़ रही है और उस की रचनात्मकता की परख भी इसी बात में है कि वह किस हद तक इन चुनौतियों का साक्षात्कार करने की प्रक्रिया में अपने माध्यम की नयी रूपात्मक सम्भावनाओं को उजागर कर पाता है। प्रत्येक नयी परिस्थिति कलाकार के माध्यम के सम्मुख एक रचनात्मक चुनौती होती है और उस के रचनाकर्म की सार्थकता इस बात में निहित होती है कि वह किस सीमा तक अपने माध्यम का वैसा रूपायन कर पाता है जो अपने होने से ही सामाजिक चुनौती का मुकाबला कर जाता और गैर-रचनात्मक परिस्थिति और प्रवृत्तियों के सम्मुख स्वयं एक सार्थक चुनौती बन जाता है।

यह सुखद आश्चर्य है कि डॉ. नामवरसिंह जैसे प्रतिबद्धतावादी आलोचक भी कभी-कभी इस बात की पहचान रखते हैं और यही कारण है कि आधुनिक रूसी कविताएँ की भूमिका लिखते हुए उन्होंने बोरिस पास्तरनाक और मेरिना स्वेतायेवा की कविताओं की इस विशेषता का अपनी छोटी टिप्पणी में भी पर्याप्त उल्लेख किया, जबकि सत्तासीन रूसी आलोचना अपने समाज के लिए उन्हें अप्रासंगिक ही नहीं समाजविरोधी मान रही थी। पास्तरनाक की कविता इस बात का ज्वलन्त साक्ष्य है कि जिसे हम 'रूप' कह कर खारिज कर देना चाहते हैं, वह किस प्रकार सर्वसत्तावादी व्यवस्था के लिए चुनौती बन सकता है। किसी भी काल अथवा देश-विशेष की परिस्थिति जब रचनारूप में ढलती है तो वह एक साथ ही तात्कालिक और सनातन, स्थानीय और सार्वभौमिक हो जाती है और इस लिए किसी भी जाति की बुनियादी संवेदना उस के इतिहास में नहीं, उस के साहित्य और कलारूपों में रूपायित और पुष्ट होती है। हंगारी कविता की चर्चा करते हुए मैंने अन्यत्र भी इस बात पर बल दिया है कि जो जाति वास्तव में अपने अस्तित्व की लड़ाई लड़ रही हो, वह अपनी कविता को भी कविता बनाये रखना सीख जाती है। उस का संघर्ष उस के अस्तित्व का संघर्ष होता है, इस लिए उस की कविता भी उस के अस्तित्व का एक हिस्सा हो जाती है। जैसे वह अपने अस्तित्व का अन्य चीजों के लिए उपयोग नहीं करना चाहती क्यों कि उसी को तो वह बचाये रखना चाहती है; उसी तरह वह अपनी कविता का भी काव्येतर उद्देश्यों के लिए उपयोग नहीं करना चाहती क्यों कि उस का बने रहना उस जाति की अस्मिता के संघर्ष का ही एक मोर्चा है।

साहित्य और कलारूपों के सम्प्रेषण-ग्रहण की प्रक्रिया कोई सीधी और स्थूल प्रक्रिया नहीं है और न उस के परिणाम स्थूल रूप में देखे जा सकते हैं। साहित्य का सम्प्रेषण एक गहरी और जटिल संवेदनात्मक प्रक्रिया है। इस लिए माध्यम के

सम्मुख प्रस्तुत चुनौती और उस के नये रचनात्मक रूपायन का बहुत सूक्ष्म और गहरा प्रभाव सम्प्रेषण की पूरी प्रक्रिया और उस के कलात्मक और संवेदनात्मक परिणामों पर पड़ता है। इस बात का महत्त्व अधिक नहीं है कि किसी लेखक ने विषय के रूप में क्या चुना है और वह कितना समकालीन या प्रासंगिक है—क्यों कि प्रासंगिकता कोई स्थूल चीज़ नहीं है, कम-से-कम कला-साहित्य के क्षेत्र में तो बिल्कुल ही नहीं।

इवान इलिच ने शिक्षा-प्रक्रिया पर विचार करते हुए—और यह ध्यान रहे कि शिक्षा भी मूलतः सम्प्रेषण-प्रक्रिया है—एक बार यह इंगित किया था कि प्रत्येक शिक्षा-प्रक्रिया के दो पाठ्यक्रम होते हैं : एक वह जो घोषित है और एक वह जो गुप्त होता है। इलिच का कहना है कि घोषित पाठ्यक्रम पढ़ाया जाता है पर वह वास्तव में सम्प्रेषित नहीं होता है क्यों कि वह गुप्त पाठ्यक्रम (उन्होंने 'हिडन करिकुलम' पद का प्रयोग किया है) के सम्मुख निष्प्रभावी हो जाता है—और गुप्त पाठ्यक्रम का मतलब है वह प्रक्रिया जिस के माध्यम से घोषित पाठ्यक्रम सम्प्रेषित किया जाता है—यानी प्रक्रिया घोषित पाठ्यक्रम से अधिक प्रभावी हो जाती है।

मुझे लगता है कि शिक्षा के बारे में यह बात जितनी सच है, उस से कहीं ज्यादा यह साहित्य-सम्प्रेषण पर लागू होती है। साहित्य में विचार के स्थान को जो लोग पूर्णतया अस्वीकार नहीं करते, वे भी कम-से-कम इस बात पर तो सहमत हैं कि वह मूलतः संवेदनात्मक प्रक्रिया है और इस लिए कविता का विषय कुछ भी हो, वह मूलतः एक विचार की तरह नहीं, संवेदन-प्रकिया की तरह सम्प्रेषित होती है। रूप इसी संवेदन-प्रक्रिया का रूपायन है, इस लिए कविता या कोई भी कलारूप रूपात्मकसम्प्रेषण है। यह संवेदन-प्रक्रिया क्यों कि एक माध्यम से सम्प्रेषित है, अतः उस माध्यम के प्रति कलाकार का रुख ही अन्ततः मूल कथ्य बन जाता है। इलिच के वर्गीकरण के आधार पर देखें तो साहित्य या प्रत्येक कलारूप के भी दो कथ्य हो जाते हैं : एक वह जो घोषित है, यानी कविता या किसी कलाकृति का विषय और उस पर लेखक की दृष्टि या विचारधारा—लेकिन दूसरा कथ्य वह 'गुप्त कथ्य' है जो रूपात्मक सम्प्रेषण की प्रक्रिया में ही रूपायित होता है और घोषित कथ्य को संवेदनात्मक स्तर पर निष्प्रभावी कर देता है, क्यों कि मनोवैज्ञानिक स्तर पर प्रक्रिया का महत्त्व विचारों या शब्दों में अर्थ के स्तर पर व्यक्त मन्तव्यों से अधिक होता है। इस लिए तो कविता में टोन और लय का महत्त्व निर्विवाद है।

इस लिए किसी भी सामाजिक परिस्थिति की चुनौती के रचनात्मक मुकाबले में यह बात इतनी महत्त्वपूर्ण नहीं है कि रचना का विषय क्या है और रचनाकार कौन-सी राजनीतिक विचारधारा या दल का समर्थन कर रहा है। महत्त्वपूर्ण और असल बात यह है कि वह अपने माध्यम के साथ क्या कर रहा है। साहित्य में आतंकवाद का मुकाबला एक प्रेम कविता के माध्यम से कहीं अधिक सार्थक हो सकता है, बजाय उस कविता के माध्यम से जो सीधे आतंकवाद का सन्दर्भ देती हुई भी अपने लहजे

में आक्रामक, हिंसक या असहिष्णुतापूर्ण हो। हिंसा का मुकाबला करने के लिए जब हम साहित्य में भाषा का हिंसक लहजा इस्तेमाल करते हैं—चाहे विचार के रूप में हम अद्वैत की ही बात क्यों न कर रहे हों!—तो उसका भावात्मक सम्प्रेषण और प्रभाव हिंसा के समर्थन में जाता है, जबकि दूसरी ओर हिंसा का हिंसा से भी मुकाबला करने के लिए गीता में जो भाषा इस्तेमाल की गयी है वह शान्त स्वभाव की भाषा है, जिस में अन्याय का प्रतिकार भी है और आवश्यकता पड़ने पर उसके लिए शस्त्र उठाने की वांछनीयता भी—लेकिन जो एक मनोवृत्ति के रूप में असहिष्णुता, आक्रामकता और हिंसा के विरोध में खड़ी है।

हम एक ऐसे समय में हैं जब भाषा का बेतहाशा आक्रामक इस्तेमाल हो रहा है—चाहे उस में विचार के स्तर पर कुछ भी क्यों न कहा जा रहा हो। ऐसी परिस्थिति में एक ऐसे साहित्यकर्मी के लिए क्या वांछनीय है जो अपने को आतंकवाद के खिलाफ पाता है?

सवाल विषय का नहीं है। विषय कुछ भी हो सकता है। सवाल भाषा में आतंकवाद के, हिंसा के रचनात्मक प्रतिकार का है—घोषित कथ्य का नहीं, मूल गुप्त कथ्य का।

अपने ही घर में बेघर आलोचना

आलोचना का पुनर्वास! विषय कुछ विचित्र लगता है। क्या आलोचना को उस के घर से बेदखल कर दिया गया है और उसे पुनः घर में बसाना है? क्या आलोचना साहित्यिक परिदृश्य से विस्थापित कर दी गयी है? लेकिन पिछले लगभग तीन दशकों के साहित्यिक परिदृश्य का साक्ष्य लें तो स्थिति कुछ विपरीत ही दिखायी देती है क्यों कि इस अवधि के दौरान हिन्दी-साहित्य में जो स्थिति उस ने प्राप्त कर ली है, वह शायद कभी नहीं थी। समकालीन साहित्यिक परिदृश्य में तो आलोचना केवल स्थापित ही नहीं बल्कि केन्द्रस्थ और निर्णायक हैसियत में होने का आभास देती रही है। एक ऐतिहासिक रूपक का सहारा लें तो कह सकते हैं कि एक प्रकार से उस की कोशिश सैयद बन्धुओं की-सी हैसियत प्राप्त करने की रही है कि जब चाहे जिस रचनाकार को अपदस्थ कर किसी अन्य को दो दिन की बादशाहत अता की जा सके, कि जब चाहे किसी को प्रासंगिक या अप्रासंगिक घोषित किया जा सके। यदि इस अवधि के दौरान अधिकांश साहित्यिक बहसों का केन्द्र साहित्यिक कृतियाँ नहीं बल्कि प्रवृत्तियाँ, अवधारणाएँ या विचारधाराएँ रही हैं तो इसे भी आलोचना की हैसियत केन्द्रीय होते चले जाने के प्रमाण की तरह ही लिया जाना चाहिए। ऐसी स्थिति में आलोचना के पुनर्वास पर विचार की ज़रूरत कुछ-कुछ हैरत में डालने वाली बात लगती है। यदि आलोचना पूरे साहित्यिक परिदृश्य में केन्द्रस्थ है तो पुनर्वास की बात का क्या अर्थ है?

लेकिन अर्थ है और वह तब समझ में आता है जब हमारा गौर इस नुक्ते पर जाता है कि पिछले वर्षों में हुई अधिकांश बहसें रचे जा रहे साहित्य पर कम और साहित्य से कुछ गैर-साहित्यिक अपेक्षाओं को लेकर ज्यादा होती रही हैं। आलोचना का मुख्य प्रयोजन रचे जा रहे साहित्य के माध्यम से मनुष्य और उस की नियति से साक्षात्कार करना है और ऐसा वह साहित्य और साहित्य दृष्टि को केन्द्र में रख कर ही कर सकती है। इस लिए आलोचना का एक

तरह का विस्थापन तो इसी बात में दिखायी देता है कि जब साहित्यिक परिदृश्य में स्वयं साहित्य की ही केन्द्रीय हैसियत नहीं रही तो उसे अपने विचार के केन्द्र में रख कर चलने वाली आलोचना की हैसियत कहाँ रह जाएगी? कह सकते हैं कि घर पर नामपट्टिका तो अभी आलोचना की ही है और घर में गहमागहमी भी खूब है पर यह गहमागहमी उन सम्पन्न और प्रभावशाली रिश्तेदारों की है जो चाहे-अनचाहे मेहमानों की तरह घर के मुख्य कमरों पर कब्जा किये बैठे हैं और आलोचना एक ग़रीब बिरादर की तरह धन्य महसूस कर रही है कि उस के इतने बड़े और प्रभावशाली रिश्तेदारों ने उसे सेवा का अवसर देकर कृतज्ञ किया है। पिछले वर्षों की साहित्यिक बहसें अधिकांशतः अस्तित्ववाद, मानववाद, मार्क्सवाद, आधुनिकतावाद जैसी विचार-सरणियों और *लघुमानव*, अजनबीपन, प्रतिबद्धता जैसी समाजशास्त्रीय या राजनीतिक अवधारणाओं को लेकर ही होती रही हैं और साहित्य को इनमें से किसी न किसी से नियंत्रित मानते हुए उसे दाखिल-खारिज किया जाता रहा है।

पर यह हिन्दी आलोचना के लिए कोई नयी बात नहीं है क्यों कि इस के बीज आधुनिक आलोचना के प्रारम्भ से ही हमें दिखायी देने शुरू हो जाते हैं। कुछ हद तक ऐसा शायद हमारी ऐतिहासिक परिस्थिति और औपनिवेशिक मानसिकता की प्रतिक्रियास्वरूप भी हो सकता है–लेकिन यह तय है कि हमारी आलोचना के पुराण-पुरुष आचार्य रामचन्द्र शुक्ल के समय से ही हिन्दी आलोचना अपने साहित्य को स्वयं ही दोयम दर्जे पर रख कर देखती रही है। सदैव ही कोई न कोई दार्शनिक अवधारणा (चाहे वह भक्ति हो या *दूसरा नरक* है की अवधारणा), ऐतिहासिक परिस्थिति (चाहे वह इस्लाम का आक्रमण हो या बुर्जुआ व्यवस्था से संघर्ष) या सामाजिक ज़रूरत केन्द्र में रही है और साहित्य की प्रामाणिकता और प्रासंगिकता को उसी की कसौटी पर आँका जाता रहा है। इसी का एक उपपरिणाम यह भी हुआ है कि हम साहित्य में सदैव किसी न किसी प्रकार की केन्द्रीय धारा का आग्रह करते रहे हैं और उस से इतर लेखन को अप्रासंगिक घोषित कर हाशिये में डालते रहे हैं। केन्द्रीय धारा में भी एक-दो रचनाकारों की ही केन्द्रीयता रही है और अन्य का अवदान अक्सर उपेक्षित और अविचारित ही रहा है। उन के लिए यही काफ़ी समझा गया है कि वे केन्द्रीय धारा के साथ हैं। और सच तो यह है कि जिन रचनाकारों को हम केन्द्रीय बल्कि *क्लासिक* भी मानते हैं उन के साथ भी किसी रचनात्मक टकराहट के साक्ष्य हमारी आलोचना में विरल ही मिलते हैं। प्रसाद, निराला, पंत, अज्ञेय मुक्तिबोध, शमशेर, प्रेमचन्द, जैनेन्द्र, रेणु और उन के बाद के समकालीन अन्य महत्त्वपूर्ण लेखकों पर तो क्या कबीर, सूर, तुलसी, मीरा आदि पर भी कुछ प्रारम्भिक अध्ययनों को छोड़कर कोई महत्त्वपूर्ण काम देखने में नहीं आता। लगता है कि हमारी आलोचना इन सब को विश्वविद्यालयीय शोध-प्रबन्धों के योग्य ही समझने लगी है। जायसी पर विजयदेवनारायण साही का अध्ययन जैसी घटनाएँ अपवादस्वरूप ही हैं। समर्थ आलोचना का एक लक्षण

यह भी है कि उस के आलोचकों की प्रत्येक पीढ़ी अपनी साहित्य-परम्परा से नये सिर से टकराती और उस से अपने रिश्ते की तलाश करती है। हिन्दी आलोचना में परम्परा की बात तो बहुत होती है लेकिन परम्परा से इस सृजनात्मक संवाद के उदाहरण बहुत विरल हैं।

ऐसा शायद इस लिए भी है कि हिन्दी आलोचना स्वयं अपने औजार बहुत कम विकसित कर सकी—बल्कि इस ओर उस की प्रवृत्ति बहुत ही कम रही। अपने औजार अपने स्वभाव और अपनी परम्परा में से ही प्राप्त और विकसित किये जा सकते हैं। लेकिन आलोचना का ध्यान अपने स्वभाव के बजाय समाजशास्त्र, राजनीति, मनोविज्ञान, दर्शन या भौतिक विज्ञान आदि अन्य अनुशासनों की ओर ही अधिक रहा और वह अधिकांशतः उन्हीं के औजारों का इस्तेमाल करती रही। दरअस्ल, हमारे आधुनिकतावादी और प्रगतिवादी दोनों ही प्रकार के आलोचक टी.एस. एलियट से सहमत नजर आते हैं कि *गुड पोएट्री* के लिए तो साहित्यिक प्रतिमानों पर भरोसा किया जा सकता है, लेकिन *ग्रेट पोएट्री* की परख तो साहित्येतर आधारों पर ही हो सकती है। स्वाभाविक है कि ऐसी स्थिति में आलोचना साहित्य में अन्य अनुशासनों या अवधारणाओं की एजेंट बनती गयी और उतनी ही सीमा तक अपने स्वभाव से दूर भी हटती गयी। (ज्योतिष में *घर* को *भाव* भी कहा गया है।)

आलोचना स्वभाव में कब होती है? तभी जब वह मनुष्य और उस के संसार को साहित्य के माध्यम से पहचानने की कोशिश करती है, जिस का सीधा तात्पर्य है साहित्य की हैसियत को प्रामाणिक मानते हुए उस की मीमांसा। क्या हिन्दी में कभी भी ऐसा हुआ है जब साहित्य को ही प्रमाण की हैसियत में स्वीकार किया गया हो? होता यही है कि हम साहित्य को भी किसी दूसरे अनुशासन को प्रमाण मानते हुए ही समझते हैं—चाहे वह अनुशासन धर्मशास्त्र या विज्ञान हो अथवा समाजशास्त्र, मनोविज्ञान या राजनीति—और उस समझ को एक आधारभूत प्रतिमान मान कर विचार करते हैं कि किसी रचना को स्वीकार या खारिज कर दें। ऐसा कभी नहीं होता कि हम ने स्वयं साहित्य और उस की प्रक्रिया को एक संवेदनात्मक प्रमाण-सामग्री की तरह लेते हुए उस के माध्यम से मानवीय नियति को, समय और समाज को, मनुष्य की आशा-आकांक्षाओं तथा निराशाओं और कुंठाओं को समझने का प्रयास किया हो। यदि ऐसा होता तो कोई कारण नहीं था कि आचार्य रामचन्द्र शुक्ल छायावाद को स्वीकार न कर पाते और छायावाद के आलोचक नयी कविता को, और न तब डॉ. नामवरसिंह जैसे आलोचक को उसी *लिरिक* की वापसी का आग्रह करना पड़ता जिस की अप्रासंगिकता की घोषणा कविता के नये प्रतिमान तलाशते हुए वह कर चुके थे।

भारत भवन में ही आयोजित प्रथम समवाय में जब मैंने हिन्दी आलोचना की अपनी ज्ञान-मीमांसा का सवाल उठाया था तब भी—और अब भी स्थिति बदली नहीं

है—मेरा आशय यही था कि हमारे यहाँ आलोचना की ऐसी प्रक्रिया विकसित नहीं हुई है जो स्वयं साहित्य की प्रक्रिया को प्रामाणिक मान कर उस पर विचार करे। सारी कोशिश अन्य अनुशासनों के आधार पर साहित्य की प्रामाणिकता परखने तक सीमित रह जाती है और कभी जो प्रक्रिया साहित्य को अन्य अनुशासनों से मुक्त कर के विचार करने के नाम पर प्रस्तुत की जाती है, वह एक औपचारिक अलंकार-शास्त्र बन कर रह जाती है। लेकिन कोई आलोचना यह नहीं बताती कि साहित्य मनुष्य और उस के संसार को विभिन्न समकालीन साहित्य-रूपों और कृतियों में कैसे रूपान्तरित कर पाता है, कि कैसे रूप भी मानवीय नियति और समय के अहसास की ही एक विधि है, कि कैसे और क्यों एक ही समय में कई काव्य-रूप और कथा-रूप विकसित होते हैं और यह कि कैसे साहित्य अपने होने में मनुष्य और समय को एक निश्चित अवधारणा में घटा देने के विरुद्ध एक सत्याग्रह हो जाता है।

दरअस्ल, किसी साहित्यिक कृति से मुलाकात करते समय हम अक्सर इस बात की अनदेखी कर देते हैं कि वह अपने-आप में एक स्वतन्त्र *चेतना* है। यदि हम इस अहसास के साथ उस से मुलाकात करें, जैसा की पुले का आग्रह है, तो हम पाएँगे कि एक साहित्यिक रचना *एक प्रकार का मानव-व्यक्तित्व बन जाती है या एक स्वचेतन चित्त जो मुझ में स्वयं को अपने विषयों के एक विषयी के रूप में ढालने लगती है।* एक जीवित मनुष्य को हम किसी अवधारणा या विचार की तरह नहीं बल्कि एक जीवन्त अस्तित्व की अनुभूति की तरह ग्रहण करते हैं। मनुष्य का मनुष्य से वही एक स्वाभाविक रिश्ता हो सकता है। किसी एक परिभाषा या अवधारणा में उस को बाँधना इस स्वाभाविक रिश्ते के अहसास की समग्रता को खंडित करना और मनुष्य को एक अवधारणा में बदल देना है।

अन्य अनुशासनों को आदर्श मानते हुए आलोचना ने भी अपना मुख्य कार्य अवधारणाएँ बनाना या दार्शनिकीकरण करना मान लिया है। लेकिन ऐसा करते हुए वह साहित्य की इस मूल प्रतिज्ञा को भूल गयी लगती है कि वह एक सृष्टि है—एक विविधवर्णी जटिल सृष्टि—जिसे किसी विचार या अवधारणा में नहीं घटाया जा सकता। साहित्य न तो अनुभूति को किसी अवधारणा या विचारधारा में बदलने की प्रक्रिया है और न ही वह विचार को अनुभव की तरह प्रस्तुत करने की हिकमत है। वह एक अनुभूति को उस की समग्रता में रचने और सम्प्रेषित करने की कोशिश है। वह लारेंस डरेल के इस कथन में विश्वास करता है कि सत्य का वक्तव्य नहीं किया जा सकता, उसे केवल सम्प्रेषित किया जा सकता है।

आलोचना यदि एक साहित्यिक विधा होने और रचनात्मक होने का दावा करती है तो वह अपने को साहित्य की इस मूल प्रतिज्ञा से दूर नहीं रख सकती। तब उसे किसी ऐसी प्रक्रिया की तलाश करनी होगी जिस में वह अनुभूति को किसी अवधारणा में बदले बिना पाठक तक उसे संप्रेषित करने में अपनी सही भूमिका का निर्वाह कर

सके। लेकिन दुर्भाग्य यह है कि हमारे वे आलोचक भी, जो साहित्य को किसी विचारधारा या इतर अनुशासन का ग़रीब बिरादर बनाने पर सहमत नहीं हैं, केन्द्रीय हैसियत तो दर्शन को ही देते जान पड़ते हैं। साहित्य से तो वे अधिक से अधिक एक *भावात्मक समकक्ष* या *इमोशनल इक्विवेलेंट* की ही माँग करते नजर आते हैं। आलोचना का एक कार्य दूसरों तक साहित्य को पहुँचाना अर्थात् उन्हें साहित्य के ग्रहण के लिए तैयार करना है, लेकिन वह इसे भूल कर बरसों से साहित्य को यह समझाने में—बल्कि धमकाने में—लगी है कि यदि वह उस की मदद चाहती है तो उसे अपने को किस-किस तरह से उन शक्तियों के अनुकूल करना होगा जिन की वह एजेंट है। और यह दुर्भाग्यपूर्ण है क्यों कि आलोचना ही से साहित्य यह उम्मीद कर सकता है कि वह उस के सुख-दुःख में प्रथम हिस्सेदार होगी। मुझे निर्मल वर्मा की एक कहानी *धूप का टुकड़ा* की केन्द्रीय पात्र का यह कथन-स्मरण आता है : *नहीं जी, लोग दुख नहीं बाँटते, सिर्फ़ फैसला करते हैं—कौन दोषी है और कौन निर्दोष...मुश्किल यह है, जो एक व्यक्ति आप की दुखती रग को सही-सही पहचान सकता है, उसी से हम अलग हो जाते हैं।* आलोचना को लेकर साहित्य का भी शायद यही दुःख है।

लगता है, सम्भवतः इसी दुःख के कारण आज *आलोचना के पुनर्वास* के मसले पर विचार की आवश्यकता महसूस की जा रही है। पुनर्वास का तात्पर्य है आलोचना का अपने स्वभाव में, स्वधर्म में लौटना। उस का काम कृति में रूपायित अनुभूति को किसी समाजशास्त्रीय अवधारणा में घटाना या किसी साहित्येतर कसौटी के आधार पर उस के मूल्यांकन और प्रासंगिकता का निर्धारण करना नहीं बल्कि उस अनुभूति के रेशों को बिना उधेड़े उस की बनावट का इस तरह अहसास करना करवाना है कि उस में निहित अकथित सत्य सम्प्रेषित हो सके।

निश्चय ही यहाँ यह प्रश्न जरूर उठता है कि आखिर यह कैसे जाना जाय कि जिसे रचना अनुभव कह कर प्रस्तुत कर रही है, वह अनुभव ही है या कोई भ्रांति। अनुभव की सच्चाई का प्रमाण क्या है? सिर्फ़ उसी के आधार पर उस की प्रामाणिकता की परख कैसे की जाय? उस की प्रासंगिकता क्या है? क्या इस के लिए इतर अनुशासनों की कसौटी की सहायता की ज़रूरत पेश नहीं आएगी?

लेकिन कहीं ऐसा तो नहीं कि प्रामाणिकता और प्रासंगिकता पर यह अतिरिक्त आग्रह, वस्तुतः *केन्द्रीय धारा* की अवधारणा से उत्पन्न है? जो केन्द्रीय धारा के साथ है, वही प्रामाणिक भी है और प्रासंगिक भी। लेकिन अन्ततः यह कैसे तय होता है कि *केन्द्रीय धारा* क्या है? पिछले दो-सौ वर्षों से सारा विज्ञान, प्रौद्योगिकी, समाज शास्त्र, राज्यशास्त्र और अर्थशास्त्र जिसे केन्द्रीय धारा मानते रहे हैं, हमारा अधिकांश साहित्य और कलाएँ उसी में मानवीय रिश्तों और संवेदना को डूबकर दम तोड़ते देखते और इस देखने के अनुभव को अपने-अपने ढंग से व्यक्त करते रहे हैं। सच तो यह है कि हमारा अधिकांश आधुनिक साहित्य आज की केन्द्रीय धारा मानी जाने

वाली आधुनिकतावादी सभ्यता के बरक्स एक संवेदनात्मक सत्याग्रह कहा जा सकता है।

कोई भी मानवीय अनुभूति सदैव प्रामाणिक और प्रासंगिक है यदि वह हमारे अनुभव-जगत् में, हमारे चित्त में कुछ नया जोड़ती या हमारे स्मृति-जगत् को एक नया परिदृश्य देते हुए उस से एक सृजनात्मक रिश्ता कायम करती है। वह प्रामाणिक और प्रासंगिक है यदि वह हमारे संवेदन की सूखती जड़ों को सींच कर उसे पुनः हरा करती है। कोई भी साहित्यिक कृति इस काम को कैसे और किस हद तक कर पाती है। इस की व्याख्या और परख ही आलोचना का स्वधर्म है और इस के लिए उसे किसी साहित्येतर अनुशासन के पास नहीं, स्वयं कृति के पास ही जाना होता है। कृति की अपनी भाषा ही उस में रूपायित अनुभूति तक पहुँचने की एकमात्र कुंजी और उस की प्रामाणिकता और प्रासंगिकता की एकमात्र विश्वसनीय कसौटी हो सकती है। कोई भी रचना भाषा की संवेदन-क्षमता, अर्थ-क्षमता और सम्प्रेषण-क्षमता का कैसे और किस हद तक विस्तार कर पाती है, और इसे समझने के लिए उस रचना तक पहुँचने की सही विधि क्या है, यह समझना और समझाना ही आलोचना का स्वधर्म है। आलोचना को मार्टिन हाइडेग्गर की इस बात को सदैव याद रखने की ज़रूरत है कि यह भाषा ही है जो किसी भी चीज़ के स्वभाव के बारे में हमें बताती है बशर्ते हम भाषा के अपने स्वभाव का सम्मान करते हों।

ऐसा नहीं है कि हिन्दी आलोचना में इस बात का अहसास बिल्कुल ही न रहा हो। डॉ. नामवरसिंह द्वारा *परिंदे* की समीक्षा, *उस का बचपन* पर नेमिचन्द्र जैन का निबन्ध, रमेशचन्द्र शाह द्वारा छायावाद की प्रासंगिकता पर विचार, पं. विद्यानिवास मिश्र द्वारा *असाध्य वीणा* की व्याख्या, *परती : परिकथा* पर निर्मल वर्मा और *टूटी हुई, बिखरी हुई* पर रघुवीर सहाय की टिप्पणियों जैसी कुछ चीजें भी यदाकदा देखने को मिल जाती हैं जो कृति में रूपायित चेतना को बिना किसी भी तरह से खंडित किये या उसे किसी अवधारणा या जीवन-दर्शन में घटाये उस की विशिष्टता के साथ पाठक तक सम्प्रेषित करने में सार्थक भूमिका का निर्वाह करती है। यह और बात है कि इन में से अधिकांश आलोचक मूलतः रचनाकार हैं और यह भी कि ये चीजें आलोचना के समकालीन वातावरण में अपवाद ही हैं—किसी परम्परा की कड़ियाँ नहीं—और जैसा कि हम जानते हैं अपवाद अन्ततः नियम को ही प्रमाणित करते हैं।

(भारत भवन, भोपाल द्वारा आयोजित आलोचक सम्मेलन 'समवाय' में 'आलोचना का पुनर्वास' विषय पर प्रस्तुत पत्र।)

परिवेश की चुनौतियाँ और आलोचना

विषय इतना व्यापक है कि एक छोटे पत्र में इसके सभी पहलुओं और आयामों को समेटना सम्भव नहीं है—कम से कम मेरे लिए तो निश्चय ही नहीं। इस लिए कुछ भी कहने के पूर्व यह स्वीकार कर लेना सही होगा कि मैं जो कुछ कह सकूँगा, वह विषय का एक अंश मात्र ही होगा और उस से इतर और बहुत कुछ बच रहेगा जो निश्चय ही महत्त्वपूर्ण और विचारणीय होगा। समय के अभाव और अपने सामर्थ्य की सीमा को देखते हुए आज के परिवेश की सभी सामाजिक-सांस्कृतिक समस्याओं पर चर्चा करने के बजाय मैं अपने को उन्हीं साहित्यिक समस्याओं पर केन्द्रित करने की कोशिश करूँगा, जिन का सम्बन्ध मुख्यतया आज के परिवेश से है।

साहित्य-रचना एक निश्चित परिवेश में होती है। वह परिवेश प्राकृतिक भी होता है तथा सामाजिक, सांस्कृतिक और भाषिक भी। इस लिए साहित्य बल्कि कला मात्र से यह अपेक्षा की जाती रही है कि उस में अपने परिवेश का बिम्ब या गूँज मिलनी चाहिए। परिवेश निरन्तर गतिशील है, अतः यह भी चाहा जाता रहा है कि उस के बदलते रूपों की पहचान भी साहित्य में निरन्तर प्रतिबिम्बित होती रहे। अपने परिवेश की केन्द्रीय प्रवृत्ति और समस्याएँ क्या हैं और उन के समाधान की सही दिशा कौन सी है, इसे लेकर विभिन्न साहित्यकारों में मतभेद हो सकते हैं—और निश्चय ही इस सम्बन्ध में किसी एक सर्वसम्मत समाधान तक पहुँचना फिलहाल सम्भव नहीं हो सका है। लेकिन, परिवेश का प्रभाव साहित्य पर पड़ता है, इस लिए लेखक को उस के विभिन्न पक्षों और उन के द्वारा प्रस्तुत चुनौतियों की ठीक पहचान होनी चाहिए, इसे लेकर कोई विवाद नहीं है—कम से कम हिन्दी में तो फिलहाल नहीं है। एक वर्ग है जो यह मानता है कि रचना अनिवार्यतः अपने परिवेश की ही उपज होती है यानी परिवेश से हटकर रचना सम्भव ही नहीं है। तब यह सवाल भी पूछा जाना चाहिए कि फिर परिवेश से जुड़ने पर अतिरिक्त आग्रह क्यों? जब हम पहले से ही यह मानते हैं कि रचना परिवेश से ही सम्भव हो पा

रही है, तो उस से जुड़ी तो वह है ही। इसके मानी यही हुए कि हम यह मानते हैं कि परिवेश की पहचान, बोध या अनुभव के विभिन्न रूप और स्तर हैं। साहित्य क्योंकि अनुभूति पर आधारित है, अतः यह कहना बहुत मुश्किल है कि एक विशेष प्रकार की अनुभूति अधिक प्रासंगिक या प्रामाणिक है और अन्य सभी रूप छद्म हैं। इस तरह का कोई भी आग्रह और लेखक के अनुभव जगत् को एक निश्चित दिशा की ओर मोड़ने या निश्चित परिधि तक ही सीमित रखने की कोई भी मनोवृत्ति अन्ततः साहित्य में भी एक प्रकार की फासिस्ट प्रवृत्ति को पैदा करती है—चाहे उस का उद्देश्य यह न भी रहे। रचना में उक्त अनुभूति के खरेपन की कसौटी रचना से बाहर नहीं मिल सकती और यदि हो भी तो यह सवाल भी निरन्तर बना रहेगा कि वह वस्तुतः साहित्यिक कसौटी है भी कि नहीं।

लेकिन तब आधुनिक काल में परिवेश और साहित्य के सम्बन्धों का सवाल क्यों एकाएक अधिक महत्त्वपूर्ण हो गया और लेखक और आलोचक सभी उस पर विचार करने के लिए क्यों विवश हैं—बल्कि प्रत्येक जेनुइन लेखक को इससे सम्बन्धित सवालों से क्यों टकराना पड़ता है? मध्य-काल तक भी लेखक परिवेश से प्रभावित तो होता ही था और उस के साहित्य में उस की पहचान भी दिख जाती थी, लेकिन न तो वह इस ओर सजग होता था और न आलोचना या रचना के मूल्यांकन में इस बात को लेकर विशेष चिन्ता की जाती थी कि कोई भी कृति किस हद तक अपने काल में प्रासंगिक है या रही होगी। ये सभी सवाल आधुनिक काल के प्रारम्भ के बाद ही क्यों अधिक महत्त्वपूर्ण होने लगे? क्या इस का तात्पर्य यह है कि आधुनिक काल में परिवेश में हो रहे बदलाव ने कुछ ऐसी चुनौतियाँ स्वयं साहित्य के सम्मुख प्रस्तुत कर दी हैं जो पहले नहीं थीं—कम से कम चुनौती के रूप में नहीं थीं और उन का असर साहित्य-रचना और सम्प्रेषण-प्रक्रिया पर पड़ा है और इस लिए आलोचना का भी यह दायित्व हो जाता है कि वह इन प्रभावों को पहचानते हुए रचना की सार्थकता को उजागर करे। आधुनिक काल के प्रारम्भ से—चाहे उसकी शुरुआत हम पुनर्जागरण काल से मानें या औद्योगिक क्रांति के प्रारम्भिक दिनों से—लेकर आज तक हमारे परिवेश में जो सब से अधिक महत्त्वपूर्ण परिवर्तन हुआ है वह है यांत्रिकी या प्रौद्योगिकी का विकास जिस ने समग्र आधुनिक जीवन को गहराई से प्रभावित किया है। इस प्रौद्योगिकी ने ही औद्योगीकरण को जन्म दिया जिस ने न केवल पारम्परिक सामाजिक संस्थाओं को प्रभावित किया बल्कि आगे आने वाली आर्थिक-सामाजिक और राजनैतिक प्रवृत्तियों, आन्दोलनों और मानवीय चेतना पर पड़ने वाले उन के प्रभावों की जड़ में भी वही रहा है।

यह उल्लेखनीय है कि इस प्रौद्योगिकी के विकास के साथ-साथ मानवीय बिरादरी जितनी विस्तृत होती गयी है, मनुष्य का अपने निकट परिवेश से रागात्मक रिश्ता उतना ही कम होता गया है—बल्कि यों कह सकते हैं कि मनुष्य जितना अन्तर्राष्ट्रीय

होता गया है, उतना ही अकेला भी। यह आश्चर्यजनक है कि एक ओर वह अपने को सम्पूर्ण मानवीय जीवन और इतिहास से जुड़ा हुआ पाता है, तो दूसरी ओर, निजी स्तर पर नितान्त अकेला, असहाय, अजनबी और असुरक्षित। साहित्य में इन दोनों ही प्रकार की अनुभूतियों की अभिव्यक्ति होती रही है—लेकिन, फिलहाल मैं जिस बात की ओर संकेत करना चाहता हूँ वह यह है कि जुड़े होने के साथ-साथ इस अकेलेपन या अजनबीपन के बोध ने एक नयी प्रकार की सम्प्रेषण परिस्थिति को जन्म दिया है। साहित्य अनिवार्यतः सम्प्रेषण भी है, अतः यह आवश्यक है कि इस अकेले आदमी के साथ एक सम्प्रेषण, एक संवाद कायम किया जाय। यह कैसे हो? यह आकस्मिक नहीं है कि इस अकेलेपन के तीव्र बोध के साथ-साथ सम्प्रेषण की समस्या भी आधुनिक साहित्य में निरन्तर बहस का मुद्दा बनी रही है। और अपने अकेलेपन के घेरे में बन्द व्यक्ति तक एक-दूसरे अकेलेपन को तोड़कर न पहुँच पाने या इस प्रक्रिया में उठ रही समस्याओं का कोई समाधान न निकाल पाने के कारण बहुत से रचनाकार ऐसे भी हुए हैं जिन्होंने मानो उकता कर सम्प्रेषण को कला या रचना का कोई अनिवार्य धर्म मानने से इनकार कर दिया है। आलोचना से रचना के मूल्यांकन की आशा तो पहले भी की जाती रही है, लेकिन आधुनिक काल में यदि मूल्यांकन के बजाय रचना के विश्लेषण, उस की प्रासंगिकता की पहचान या रचना की समझ विकसित करने की माँग अधिक की जाती है तो उस का एक कारण यह भी है कि आलोचना से अब यह अपेक्षा की जाने लगी है कि वह रचना के सम्प्रेषण की भूमिका तैयार करने का दायित्व भी निभाये—बल्कि यह दायित्व भी दोहरा है क्यों कि एक ओर उसे रचना को पाठक तक पहुँचाने में पुल का काम करना है और दूसरी ओर सम्प्रेषण के ही सरलीकृत फार्मूलों के खतरों और उन के कारण हो रही अनुभूति की विकृति के खिलाफ चेतावनी भी देते रहना है। यह स्थिति चाहे दुखद हो पर सत्य है कि आज रचना के अधिकतर पाठक या तो रचनाकार हैं या आलोचक और रचनाकारों के मन में एक दबी आकांक्षा यह भी रहती है कि उन्हें कोई एक भी ठीक आलोचक मिल जाए—बल्कि कई बार तो स्वयं रचनाकार ही प्रकारान्तर से अपने आलोचक का काम करने लग जाते हैं—याने दूसरे बहानों से वे अपनी ही रचना की प्रासंगिकता, औचित्य या सार्थकता की ओर अप्रत्यक्ष संकेत करते रहते हैं। यह नहीं मान लेना चाहिए कि इसके पीछे सिर्फ़ यश की महत्त्वाकांक्षा है क्यों कि लोकप्रियता जैसी चीज़ तो किसी भी आधुनिक लेखक के लिए फिर भी दूर रहती है—लेकिन अपने को दूसरे द्वारा ठीक तरह से समझे जाने यानी अपने सम्प्रेषित हो पाने का मानसिक सन्तोष भी तो उस के बिना सम्भव नहीं है। यह सन्तोष एक रचनात्मक आवश्यकता है। यही कारण है कि आधुनिक काल में आलोचना भी साहित्य के लिए अत्यधिक महत्त्वपूर्ण मानी जाने लगी है। हिन्दी साहित्य का पिछले कुछ वर्षों का इतिहास इस बात का साक्ष्य है कि कुछ कवियों के महत्त्व को

तभी स्वीकार किया गया और उन का आगामी पीढ़ी पर गहरा असर भी तभी पड़ सका जब किसी महत्त्वपूर्ण आलोचक ने साहित्य जगत् का ध्यान उस की ओर आकर्षित किया। इस प्रकार, आलोचना केवल सहायक विधा नहीं रही बल्कि साहित्य के विकास में एक मुख्य और सक्रिय उपकरण हो गयी—यद्यपि यह फिर भी बहस का विषय हो सकता है कि हिन्दी में आलोचना ने अपने इस नये दायित्व का निर्वाह पूरे उत्तरदायित्व की भावना से किया या नहीं?

आधुनिक प्रौद्योगिकी की एक देन आधुनिक संचार और प्रसार माध्यम हैं यानी अखबार और रेडियो, दूरदर्शन, फिल्म आदि जिन्हें हम 'मीडिया' के नाम से जानते हैं। आधुनिक समाजों में मीडिया सम्प्रेषण का एक सशक्त माध्यम है और इस ने भी सम्प्रेषण के लिए नये प्रकार की मनोवैज्ञानिक परिस्थिति पैदा की है। सम्प्रेषण का माध्यम होने के साथ मीडिया एक उद्योग और व्यवसाय भी है, अतः तकनीकी विवशताओं के साथ-साथ उद्योग-व्यवसाय की शर्तों का असर भी उस की पूरी अर्थ-प्रणाली पर पड़ता है। उस का पूरा प्रयास अकेले व्यक्ति को सम्मोहित करना है—चाहे उसका उद्देश्य राजनैतिक हो या व्यावसायिक—यानी वह चेतना पैदा नहीं करता बल्कि उसे सुला देता या एक विशेष दिशा की ओर मोड़ने की जाने-अनजाने में कोशिश करता ही है और इस कारण भाषा और अन्य कला-उपकरण कितने भ्रष्ट और अपने बुनियादी प्रयोजन की पूर्ति में कितने कम प्रभावशाली होते जाते हैं, इस की चिन्ता नहीं करता। दरअस्ल, मीडिया न केवल झूठ को बल्कि सत्य को भी इतना चीख-चिल्लाकर कहता है कि उस का ग्रहीता धीरे-धीरे धीमी और अन्तरंग आवाज सुनने का भी अभ्यस्त नहीं रह जाता। कभी इस पर भी शोध होना चाहिए कि साहित्य के सम्प्रेषण पर ही नहीं पूरी सम्प्रेषण-प्रक्रिया और शिक्षा-प्रणाली पर भी मीडिया के इस चीखते स्वभाव का क्या प्रभाव पड़ रहा है। ऐसे भी लेखक मिल सकते हैं, जिन के साहित्य पर इस चीख और आवेश का असर देखा जा सकता है। लेकिन, मूलतः साहित्य का स्वभाव अन्तरंग बातचीत का स्वभाव है—यदि वह कभी चीख होता भी है तो एक दबी हुई, घुटी हुई चीख। "कला या कविता में हम तेज गति से भागी जा रही जिन्दगी को भी एक ठहरे हुए क्षण में देखते हैं—तभी उसकी गति की भी सही पहचान सम्भव है।" इस लिए जहाँ इस नयी सम्प्रेषण-परिस्थिति ने साहित्य के सम्मुख यह समस्या उत्पन्न की कि वह तेज गति से भागी जा रही चीखती जिन्दगी को एक ठहरे हुए क्षण की तरह उस पाठक तक अन्तरंग स्वरों में सम्प्रेषित करे, जिस के कान के पर्दे एक निरन्तर चीख भरे माहौल में फट रहे हैं, वहीं आलोचना पर भी यह दायित्व आया कि वह गति और आवेश के इस माहौल में अन्तरंग स्वरों और अन्तर्ध्वनियों की पहचान बराबर बनाये रखे।

यहाँ यह उल्लेख भी अप्रासंगिक नहीं होगा कि साहित्यिक प्रवृत्तियों और आन्दोलनों की भी एक अपनी चीख और आवेश होते हैं, जिन की गूँज में ऐसी

बहुत-सी कृतियाँ और रचनाकार अनसुने रह जाते हैं जो उन साहित्यान्दोलनों की चीख से अलग अपनी मृदु किन्तु निजी आवाज रखते हैं। यह दुर्भाग्य है कि अधिकांशतः ऐसे रचनाकारों को लम्बे समय तक उपेक्षा का शिकार होना पड़ता है। क्या इसका मतलब यह नहीं होता कि आलोचना भी इस आवेश का शिकार हो रही है और अपने दायित्व का निर्वाह ठीक तरह से नहीं कर पाती? यह बिन्दु अलग से पूरे विचार की माँग करता है कि क्या हमारी भाषा में आलोचना इस कमजोरी से मुक्त रही है? क्या आधुनिक बल्कि समकालीन युग में भी बहुत सी रचनाओं और रचनाकारों को लम्बे समय तक उपेक्षित नहीं रहना पड़ा है? यह केवल संयोग नहीं है कि हिन्दी में आलोचना अधिकांशतः कृतिनिष्ठ होने के बजाय प्रवृत्तिपरक होती जा रही है यानी किसी भी कृति को तभी स्वीकार किया जाता है, जब वह किसी सामान्य वर्गीकरण के अन्तर्गत आती हो तथा उस की अपनी विशिष्टता की ओर बहुत कम ध्यान दिया जाता है। इस से क्या यह नहीं ध्वनित होता कि अपने सम्मुख प्रस्तुत चुनौतियों का रचनात्मक मुकाबला करने की बजाय आलोचना स्वयं ही उन का शिकार होती जा रही है?

नये सामाजिक-परिवेश में प्रसार-साधनों की शक्तिमत्ता, बहुलता, और बढ़ती हुई साक्षरता ने भी साहित्य के सम्मुख नयी प्रकार की कुछ समस्याएँ पैदा की हैं। साहित्य के विस्तार की सम्भावनाएँ अब केवल कुछ लोगों तक सीमित न रहकर हर व्यक्ति की पहुँच के भीतर हैं। निश्चय ही, इस से साहित्य की शक्ति भी बढ़ी है और इस बढ़ी हुई शक्ति को सत्ता के सभी रूपों और केन्द्रों ने ठीक तरह से समझा भी है। अतः स्वाभाविक है कि स्थापित सत्ता और उस पर अधिकार करने की आकांक्षा रखने वाले सभी लोग साहित्य की शक्ति के इस विस्तार को समझते हुए उसे अपने अधिकाधिक अनुकूल करने या कम से कम उसे अपने प्रतिकूल न रहने देने की नीयत रखने लगे हैं। इस के लिए प्रलोभन, भय, प्रताड़ना और कभी-कभी मानवीय भविष्य के छद्म बहाने से भी साहित्यकार की स्वतन्त्रता और साहित्य की स्वायत्तता को खंडित करने की कोशिश की जाती रही है। यह आकस्मिक नहीं है कि पश्चिमी देशों में बहुत से लेखकों के लिए साहित्य एक व्यवसाय या कैरियर होता जा रहा है और बड़े प्रकाशन-गृहों या मीडिया द्वारा विज्ञापन और पुरस्कारों आदि के माध्यम से लेखकों को भी उठाया-गिराया जाता रहा है। दूसरी ओर यही कार्य राज्य या राजनैतिक दलों और उन से सम्बन्धित साहित्यिक कही जाने वाली संस्थाएँ करती रही हैं। एक समय में जो लेखक अपने लेखन के कारण यातनापूर्ण कारागार में रख दिया जाता है, वही कुछ अर्से बाद सत्ता के नेतृत्व या मिजाज में बदलाव के कारण सत्य का प्रवक्ता मान लिया जाता है और उस में यत्किंचित परिवर्तन के साथ ही पुनः देशविरोधी घोषित कर दिया जाता है। मध्यकाल तक लेखक राज्य के लिए इतना बड़ा खतरा नहीं हो सकता था, अतः उसे अपने लिए इस्तेमाल करने

की प्रवृत्ति या उस की स्वतन्त्रता का दमन करने की कोशिश के उदाहरण भी विरल हैं, लेकिन आधुनिक काल में मिली नयी शक्ति ने साहित्य के सम्मुख यह खतरा भी भयंकर रूप में प्रस्तुत किया है।

लेकिन इस के साथ ही यह भी द्रष्टव्य है कि कई बार सत्ता के प्रलोभन या आतंक की बजाय सिद्धान्त या विचारधारा या मतवाद के प्रति समर्पण भी साहित्य की स्वायत्तता को खंडित और उसे उस के मूल धर्म से च्युत कर सकता है। साहित्य का मुख्य आधारकेन्द्र मानवीय अनुभूति है, सिद्धान्त या विचारधारा नहीं। सिद्धान्त या धारणा मूलतः युक्तिसत्य होती है, जब कि अनुभूति मूर्त या जीवन्त और प्रत्यक्ष सत्य। एक अद्‌भुत है कि सूक्ष्म से सूक्ष्म दार्शनिक धारणाओं और आध्यात्मिक-अलौकिक कही जाने वाली अनुभूतियों की पहचान भी साहित्य में लौकिक, मूर्त और जीवन्त मानवीय अनुभव के रूप में होती है—तभी वह साहित्य है। अतः कोई भी विचारधारा—चाहे वह आध्यात्मिक हो या भौतिकवाद—साहित्य की रचना, परख और मूल्यांकन की कसौटी नहीं हो सकती। वह साहित्य के विश्लेषण और समझ में एक सीमा तक हमारी सहायता कर सकती है, लेकिन उस की श्रेष्ठता या प्रासंगिकता के एक मात्र प्रतिमान के रूप में स्वीकार नहीं की जा सकती। यदि ऐसा होता है तो यही मानना होगा कि विचारधारा या संगठन चाहे वह राज्य हो या कोई राजनीतिक दल या कोई साम्प्रदायिक संस्था, साहित्य की ही नहीं मानव मात्र की स्वाधीनता के लिए दमनकारी है। इस सन्दर्भ में लूकाच का यह कथन स्मरणीय है कि वास्तविक अनुभव ही साहित्य का आधार है और संकल्प, चाहे वे कितने ही सदाशयतापूर्ण हों, उस की जगह नहीं ले सकते।

यही कारण है कि साहित्य बल्कि प्रत्येक कलाकर्म आधुनिक युग में सिर्फ़ मानवीय अनुभूतियों की ही अभिव्यक्ति नहीं है, बल्कि ऐसा करता हुआ वह प्रकारान्तर से मानवीय स्वाधीनता के लिए भी एक प्रकार का संघर्ष कर रहा होता है। इस लिए आलोचना के लिए यही करणीय हो जाता है कि वह स्वतन्त्रता के इस संघर्ष में रचना के साथ काँधा मिलाकर हर मोर्चे पर लड़े। लेकिन दुर्भाग्य से अधिकांशतः यह देखा गया है कि आलोचना न केवल रचना से पहले घुटने टेक देती है, बल्कि विरोधी पक्ष के साथ मिलकर रचना को आहत करने में सक्रिय भूमिका अदा करने लग जाती है। आधुनिक परिवेश में आलोचना का सबसे बड़ा दायित्व ही यही है कि वह जहाँ रचना की प्रासंगिकता को रचना के अपने अनुभव-लोक के प्रकाश में उजागर करे वहीं निरन्तर यह चेतावनी भी देती चले कि रचनाकार कहाँ और किस-किस तरह लोकप्रियता, व्यावसायिकता, मीडिया, सत्ता या मतवाद के सम्मुख पराजित हो रहा है और किस तरह वह इन सारी विपरीत परिस्थितियों में भी रचनाकर्म की सार्थकता और स्वतन्त्रता को सुरक्षित रखने की जद्दोजहद में है।

मैं जानता हूँ कि मेरे ये विचार निर्विवाद नहीं हैं और सही तो यह है कि मैं

यह दावा भी नहीं कर सकता कि मैं स्वयं अपने आलोचना-कर्म में भी इन दायित्वों का ठीक तरह से निर्वाह कर पाया हूँ। यह भी नहीं कि मैं जो कुछ कह रहा हूँ उस के प्रति इतना आश्वस्त हूँ कि किसी दूसरे पक्ष की ओर देखने की आवश्यकता भी नहीं समझता। लेकिन इस पत्र से आपकी विचारप्रक्रिया किंचित् भी उत्तेजित हुई तो निश्चय ही आपके विचार मेरी समस्या को मेरे ही सम्मुख अधिक स्पष्ट रूप से रखने में सहायक होंगे और तब आप जैसे विद्वानों के सम्मुख की गयी मेरी यह धृष्टता भी मेरे लिए तो लाभकारी ही होगी।

(राजस्थान साहित्य अकादमी द्वारा उदयपुर से आयोजित लेखक-सम्मेलन में पढ़ा गया था।)

आलोचना : ज्ञानमीमांसा की ज़रूरत

भोपाल में आयोजित पहली आलोचक-त्रैवार्षिकी 'समवाय' में उठे कुछ बुनियादी सवालों में एक केन्द्रीय सवाल यह भी था कि आलोचना की मूल भूमिका क्या है। आलोचना मूल्यांकन है या केवल व्याख्या? क्या आलोचना का काम पाठक को यह बताना मात्र है कि किसी कृति का आस्वाद किस तरह लिया जाए? या उस का केन्द्रीय सरोकार कृति की प्रासंगिकता और सार्थकता पर विचार करना है और वह उस की व्याख्या भी करती है तो इस लिए कि सार्थकता का विचार करने के लिए भी कृति की व्याख्या करना जरूरी हो जाता है? लेकिन तब यह तो ज़ाहिर हो ही जाता है कि आलोचना—चाहे वह मूल्यांकनपरक हो किंवा आस्वादपरक—अनिवार्यतः कृति की व्याख्या तो है ही क्यों कि व्याख्या के बिना मूल्यांकन भी सम्भव नहीं है।

लेकिन प्रत्येक रचना अनिवार्यतः एक नैतिक कर्म भी है क्यों कि वह मानवीय अधूरेपन से अतिक्रमण का एक सर्जनात्मक प्रयास है। कला की सर्जनात्मकता है ही इसी में कि वह यथास्थिति का—जिस में अधूरेपन का बोध रहता ही है—अतिक्रमण कर कुछ नया रचना चाहती है। इस लिए रचना कर्म को मूल्यबोध से पृथक किया जा सकना किसी भी सूरत में सम्भव नहीं है। रचना की हर व्याख्या उस में अन्तर्भुक्त मूल्य-संवेदना की व्याख्या भी हो जाती है, इस लिए आलोचना के लिए मूल्य-विचार से असम्पृक्त रहना, न केवल श्रेयस्कर नहीं है बल्कि अस्वाभाविक भी है। आलोचना अनिवार्यतः रचनाश्रित है और किसी भी रचना को उस की समग्रता में जानने के लिए उस के अन्तःकरण की अनदेखी नहीं की जा सकती। विजयदेवनारायण साही आलोचना को साहित्य का दर्शन-शास्त्र कहते थे और दर्शन केवल ज्ञान-मीमांसा और तत्त्व-मीमांसा ही नहीं है; उस में घोषित अथवा अघोषित रूप से एक मूल्य-मीमांसा भी अन्तर्निहित रहती ही है।

आलोचना की असल समस्या यहीं शुरू होती है। यह सवाल अधिक महत्त्वपूर्ण नहीं है कि वह व्याख्या है या मूल्यांकन क्योंकि व्याख्या में मूल्यांकन

और मूल्यांकन में व्याख्या का प्रक्रियागत समावेश रहता ही है। इस लिए असल सवाल उन आधारों का है जिन पर टिक कर आलोचना अपना काम करती है। आलोचना को रचना का मूल्यांकन करने से पहले एक प्रक्रिया तय करनी होती है जिस में से गुजर कर ही वह रचना के सत्व को पहचान पाती है। साहित्य यदि एक नैतिक कर्म है तो उस की वजह न केवल यह है कि वह साहित्यकार की स्वतन्त्र चेतना की उपज है बल्कि यह भी कि वह स्वयं एक स्वतन्त्र चिन्तन-शैली है। दूसरे शब्दों में, साहित्यकार को न केवल अपने को बाहरी मोहों-दबावों से मुक्त रखना होता है, बल्कि उन आग्रहों से भी स्वतन्त्र रहना होता है जो एक स्वतन्त्र चिन्तन-शैली के रूप में साहित्य की हैसियत पर आघात करते हैं। साहित्य एक स्वतन्त्र चिन्तन-शैली है, इस का तात्पर्य यही है कि वह अन्य अनुशासनों से निर्देशित नहीं है और न वह अन्य अनुशासनों के माध्यम से आयत्त किये गये सत्यों को प्रदर्शित करने का एक साधन मात्र है। आलोचना को मूल्यांकन मानने का आग्रह करने वाला एक वर्ग न केवल मूल्यांकन की कसौटी को रचना पर तरजीह देता है बल्कि अपनी कसौटी भी साहित्येतर अनुशासनों से प्राप्त करता है—विज्ञान, दर्शन, विचारधारा, यहाँ तक कि राजनीतिक दल से भी। यदि हम साहित्य को एक स्वतन्त्र चिन्तन-शैली मानने से इनकार करते हैं तो इस का सीधा मतलब है कि हम आलोचना को भी एक स्वतन्त्र कर्म का दर्जा नहीं दे सकते—वह तब अधिक से अधिक किसी दर्शन, विचारधारा और कभी-कभी संगठन की ओर से नियुक्त सेंसर की हैसियत ले सकती है—बल्कि तब 'अधिक-से-अधिक' पद का प्रयोग भी यहाँ एक विडम्बना ही है। सर्वसत्तावादी समाजों में आलोचना इसी लिए सेंसर हो कर रह जाती है। 'समवाय' में निर्मल वर्मा की यह टिप्पणी बिल्कुल सही थी कि एक परतन्त्र समाज में समर्थ रचना तो फिर भी सम्भव है, लेकिन वहाँ समर्थ आलोचना कतई सम्भव नहीं हो सकती।

इस लिए आलोचना को मूल्यांकन की प्रक्रिया में प्रविष्ट होने बल्कि उस का दावा करने से पूर्व अपने को जाँचना होगा कि उस के पास मूल्यांकन की स्वतन्त्र कसौटियाँ और स्वायत्त आधार हैं कि नहीं और यह भी कि वे कसौटियाँ और आधार साहित्यिक भी हैं या नहीं। कहीं वह पीतल की कसौटी पर सोना तो नहीं कस रही है। आलोचना साहित्य का दर्शन-शास्त्र तभी हो सकती है जब उस के पास एक अपनी स्वतन्त्र ज्ञान-मीमांसा हो और उस ज्ञान-मीमांसा के उपकरणों के माध्यम से ही वह अपना तत्त्व-बोध और मूल्य-बोध विकसित करे। आलोचना को मूल्यांकन की भूमिका में उतारने की जल्दी मचाने वाला दुर्भाग्य से अधिकांशतः वह वर्ग है जो अन्य अनुशासनों से आयत्त मूल्य-मीमांसा के आधार पर आलोचना की ज्ञान-मीमांसा तय करता है। यह घोड़े के आगे गाड़ी को जोड़ना है जिसमें गाड़ी का टूटना भी तय है और घोड़े का आहत होना भी। किसी भी दर्शन, ज्ञान की किसी भी प्रणाली

का औचित्य तभी सिद्ध होता है जब उस के पास अपनी एक स्वतन्त्र ज्ञान-मीमांसा हो और उसी के आधार पर उस की तत्त्व-मीमांसा और मूल्य-मीमांसा का रूपायन हुआ हो—बल्कि इस लिए कुछ आधुनिक दर्शनशास्त्री तो दर्शन का अर्थ ज्ञान-मीमांसा-थियरी ऑफ नॉलेज—ही मानने लगे हैं क्यों कि तत्त्व-बोध और मूल्य बोध दोनों अनिवार्यतः ज्ञान-मीमांसा से ही प्रसूत हैं। *'समवाय'* में नामवर जी के 'आलोचना की स्वतन्त्रता' विषयक वक्तव्य पर टिप्पणी करते हुए मैंने इस लिए आलोचना और हिन्दी आलोचना की अपनी ज्ञान-मीमांसा की ज़रूरत की बात की थी—क्यों कि उस के बिना आलोचना पंगु और अन्तर्विरोधग्रस्त हो जाती है—जिस पर नामवर जी का उत्तर था कि 'वैरी इंटेलिजेंट' होने के अलावा कोई ज्ञान-मीमांसा नहीं हो सकती। इस पर विनम्र असहमति व्यक्त करने के सिवा मेरे पास कोई चारा नहीं था क्यों कि इसे मान लेने का मतलब यह मान लेना है कि युद्ध में लड़ने के लिए बहादुर होने के अलावा और कुछ जानने-करने की ज़रूरत नहीं है। 'इंटेलिजेंट' होना तो सभी विधाओं के अनुशीलन के लिए जरूरी है लेकिन इस से सभी विधाओं की प्रक्रिया एक नहीं हो जाती। इस लिए आलोचना की ज्ञान-मीमांसा का सवाल फिर भी बचा रहता है और उसे तय किये बिना आलोचना को हक नहीं पहुँचता कि वह न केवल रचना के मूल्यांकन का दावा करे बल्कि अपने समय के—और अपने से पूर्व के समय के भी—रचना-कर्म के एक बड़े हिस्से को खारिज कर दे। यह ज्ञान-मीमांसा की अस्पष्टता ही है जो एक ही आलोचक को अलग-अलग रचनाकारों पर विचार करने के लिए अलग-अलग और कभी-कभी परस्पर विरोधी 'प्रतिमान' काम में लेने की सुविधा देती है कि वह कभी 'बिम्बात्मकता', तो कभी 'सपाटबयानी' और फिर 'लिरिक' को प्रतिमान बता कर प्रस्तुत कर सके!

इस लिए साहित्य यदि स्वतन्त्र है तो हमारी साहित्यालोचना को भी स्वतन्त्र होना होगा और यह तभी सम्भव है जब उस की अपनी स्वतन्त्र ज्ञान-मीमांसा हो जो अन्य अनुशासनों और संस्थानों से निर्देशित न हो। यह सवाल उठाया जा सकता है कि इस ज्ञान-मीमांसा की प्रामाणिकता क्या होगी। इसे प्रमाणित कौन करेगा? इस का तात्पर्य होगा साहित्य की प्रामाणिकता साहित्य से बाहर तलाश करना। जो विधा स्वयं अपनी प्रामाणिकता अपने से बाहर तलाश करती है वह क्या विधा कही जा सकती है? यह प्रामाणिकता या वैधता का सवाल, दरअस्ल, बहुत टेढ़ा है क्यों कि यदि एक बार हम उसे अपने से बाहर तलाश करना शुरू कर दें तो यह एक दुष्चक्र हो जाती है, क्यों कि तब प्रमाणित करने वाले की प्रामाणिकता सिद्ध करने की समस्या का अन्त कभी नहीं हो पाता। यही नहीं, साहित्य की प्रामाणिकता को उस से बाहर तलाश करने का अर्थ कहीं यह भी मान लेना है कि साहित्य अनिवार्यतः अनुकृति है। लेकिन साहित्य यदि रचना कर्म है और अपनी प्रक्रिया में स्वतन्त्र रचना-कर्म है तो उस की प्रामाणिकता की तलाश उससे बाहर करना क्या एक दिग्भ्रमित प्रयास नहीं है? यह स्मरणीय है कि भारतीय परम्परा में काव्य को एक स्वतन्त्र विधा

माना गया है, तभी तो कवि 'स्वयंभू' है, उसे अपनी सत्ता कहीं और से प्रमाणित नहीं करवानी है। कवि होने की अपनी हैसियत में ही वह 'स्वयंभू' है, कविता इस लिए स्वतः प्रमाण है।

लेकिन 'स्वयंभू' होने का अर्थ अनुत्तरदायी होना नहीं है। वह उत्तरदायी है–पर किसी अन्य संगठन या सत्ता या दर्शन के प्रति नहीं बल्कि स्वयं अपनी विधा के प्रति, उसकी परम्परा के प्रति। स्वतन्त्रता भी, चाहे वह किसी भी प्रकार की हो, केवल अपनी परम्परा में ही सम्भव होती है। परम्परा में ही हम समाज होते हैं–नहीं तो हमें आपस में जोड़े रख कर एक समाज बनाने वाली और क्या चीज़ हो सकती है? हम अपना समाज चुनते नहीं क्यों कि हम एक समाज में जन्म लेते हैं, एक परम्परा में जन्म लेते हैं। उस परम्परा में अपने होने का बोध ही हमारे होने की प्रामाणिकता है। वागीश शुक्ल स्वतन्त्रता का अर्थ एक 'सनातन' में 'निज की उपस्थिति' से करते हैं; मैं उसे 'निज में एक सनातन का अनुभव' कहता हूँ।

मैं यदि एक लेखक हूँ तो एक भाषा में होने के नाते हूँ। मेरा 'स्वयंभू' होना मेरे एक भाषा में होने से सम्भव होता है, इस लिए उस भाषा के प्रति मैं बराबर उत्तरदायी हूँ। भाषा के प्रति उत्तरदायी होना अपने ही प्रति उतरदायी होना है क्यों कि उस भाषा की वजह से ही मैं हूँ और यदि वह नहीं रहती है तो मैं भी 'मैं' नहीं रहता हूँ। मेरी भाषा को परतन्त्र करने की कोई भी कोशिश इस लिए मुझे परतन्त्र करने की ही कोशिश है। इस लिए मेरे साहित्य को अपनी प्रामाणिकता अपनी भाषा में, अपनी भाषा की परम्परा में–उसके पूर्व रूपों में भी तलाश करनी होगी। मेरा रचनाकर्म भाषिक रचनाकर्म है अतः वह भी एक परम्परा में है। उस की प्रामाणिकता भी उस भाषा से ही सिद्ध होती है, उस के लिए अन्य अनुशासनों में जाने की ज़रूरत नहीं है। क्या मेरा रचनाकर्म मेरे पाठक को मेरी भाषा की परम्परा में ले जाता है? क्या उस के माध्यम से मेरा पाठक, मेरे अनुभव का साझीदार, अपने में अन्तःसलिला परम्परा का अहसास कर पाता है क्यों कि यही वह अहसास है जो उस से तात्कालिकता का अतिक्रमण करवाता है और उसे भी एक परम्परा बना देता है–वही तो मेरा भी परम्परा हो जाना है–मेरे लेखन का सर्वोच्च पुरस्कार–मेरे रचनाकर्म की सब से खरी कसौटी।

लेकिन पेंच यह है कि मैं केवल परम्परा में नहीं, समय में भी हूँ। मैं उस की ओर से आँखें मूँद भी लूँ तो भी उस के होने को नहीं मिटा सकता। जो समाज समय से घबरा कर परम्परा को छोड़ देता है वह केवल परतन्त्र होता है लेकिन जो समय से पलायन करता है वह अपने को ही नहीं परम्परा को भी अशक्त घोषित कर देता है। परम्परा तभी तो परम्परा है जब वह समय की चुनौती को झेल सके, विपरीत परिस्थितियों में भी स्वयं को बनाये रख सके। रेत में सर गड़ाकर नहीं, पंजा मिलाकर समय का मुकाबला कर सके। मेरे लेखन की कसौटी इस लिए यही हो

सकती है कि वह किस प्रकार, समकालीनता में परम्परा को, संक्रांति में सनातनना को सम्पुष्ट करता है—उक्तियों से नहीं, अपने सम्पूर्ण अस्तित्व से, अपनी भाषा, अपनी संरचना, अपने रूप से।

ऐसा नहीं है कि आज रचना यह काम नहीं कर रही है। बहुत से गत्यावरोधों, दबावों, सम्मोहनों और भटकावों के बावजूद भारतीय और हिन्दी रचना-कर्म का एक बड़ा हिस्सा इस चुनौती को न केवल झेल रहा बल्कि कुछ हद तक उसी के कारण अपनी प्राण-ऊर्जा का अहसास कर रहा है। क्या हिन्दी आलोचना के पास अपनी कोई ज्ञान-मीमांसा है जो इस संघर्ष की रूपात्मक और तात्त्विक पहचान और उस का मूल्यांकन कर सके?

(भारत भवन, भोपाल में आयोजित आलोचक 'समवाय' में 'आलोचना की स्वतन्त्रता' पर हुई बहस पर एक टिप्पणी।)

यथार्थ से साक्षात्कार का अर्थ

कुछ समय पूर्व एक ऐसी साहित्यिक गोष्ठी में भाग लेने का अवसर मिला जिसका विषय था 'मेरी पसन्द का साहित्य'। गोष्ठी के अधिकांश सहभागी नवोदित लेखक थे और यह सवाल उन के सम्मुख रखते हुए स्पष्ट कर दिया गया था कि अपने वक्तव्य में वे न केवल अपनी पसन्द की साहित्यिक कृति का उल्लेख करें बल्कि यह भी बताएँ कि उन्हें वह कृति किस कारण पसन्द है। दूसरे शब्दों में, इन वक्तव्यों के माध्यम से यह जान लेने की आशा की जा सकती थी कि किन गुणों या विशेषताओं के कारण कोई रचना पाठक पसन्द करते हैं। साहित्यिक मूल्यांकन की पारिभाषिक शब्दावली और शास्त्रीय व्याख्याओं से अलग यह रास्ता इस लिए भी अधिक अच्छा लगा कि इस में उत्तर देने वाले से किसी पाण्डित्य की अपेक्षा नहीं थी, उसे साहित्य के एक सामान्य पाठक के रूप में ही अपनी प्रतिक्रिया व्यक्त करनी थी। करीब चार वर्ष पूर्व भी एक ऐसी ही गोष्ठी में भाग लेने का अवसर मुझे मिला था, अतः इस गोष्ठी के उत्तर सुनते हुए मेरी स्मृति में पूर्व गोष्ठी में हुई बातें उभर रही थीं—उस गोष्ठी में कुँअरनारायण, गिरिराज किशोर, अज्ञेय, रमेशचन्द्र शाह, विद्यानिवास मिश्र आदि कई कृतिकारों के साथ स्व. साही भी थे। उन्होंने जायसी को अपनी पसन्द का लेखक बताते हुए उस के कारणों का सांगोपांग विश्लेषण किया था। इन दोनों ही गोष्ठियों में जो वक्तव्य दिए गए उन का सारांश आश्चर्यजनक रूप से इतना मिलता-जुलता था कि यदि हम चाहें तो दोनों को एक ही गोष्ठी कह सकते हैं।

यह बहुत आश्चर्यजनक लगता है कि इन गोष्ठियों में भाग लेने वाले वक्ताओं ने अपनी-अपनी पसन्द की जिन कृतियों और लेखकों का उल्लेख किया उन में तो काफ़ी वैविध्य था—बल्कि कई को तो एक-दूसरे के विरोधी समझे जाने वाले साहित्यिक सम्प्रदायों से सम्बन्धित माना जाता रहा है—लेकिन अलग-अलग वक्ताओं ने उन्हें पसन्द करने के जो कारण बताए उन में काफ़ी हद तक एकरूपता थी। इस से यह बात भी स्पष्ट हुई कि एक ही साहित्यिक

सिद्धान्त सामाजिक दृष्टिकोण के लिहाज से भिन्न दिशाओं की ओर भी ले जा सकता है।

अपनी पसन्द के कारणों का विश्लेषण करते हुए अधिकांश वक्ताओं ने बताया कि साहित्य का एक बुनियादी काम यथार्थ से साक्षात्कार करना है। कुछ लोगों ने इसी बात को 'अपने समय से साक्षात्कार' कहा तो कुछ अन्य लोगों ने इसे 'मानवीय नियति से साक्षात्कार' कहना अधिक पसन्द किया। यथार्थ की परिभाषा और उस के प्रति दृष्टिकोण की विविधता और भिन्नता के बावजूद सभी लोगों का यह मानना कि साहित्य यथार्थ से साक्षात्कार करता है, इस बात का प्रमाण था कि साहित्यिक श्रेष्ठता न भी कहें तो साहित्य को पसन्द किये जाने का एक आधार स्पष्ट है। लेकिन पसन्द के इस कारण के विश्लेषण में और भी कई सवाल उठते हैं।

पहला सवाल तो यही है कि यथार्थ या मानवीय नियति से साक्षात्कार का काम क्या केवल साहित्य ही करता है? क्या विज्ञान या अन्य मानविकी विद्याएँ भी अपने-अपने तरीके से यथार्थ को जानने की, मानवीय नियति को समझने और उसे बदलने की भी कोशिश नहीं करतीं? यदि यह मान लें कि सभी विद्याएँ और मानवीय कर्म यथार्थ से साक्षात्कार करते हैं तो साहित्य का वैशिष्ट्य क्या है? दूसरे शब्दों में, वह क्या चीज़ है जो हम सिर्फ़ साहित्य में से गुजरने पर ही जान सकते हैं और जो अन्य प्रकार से सम्भव नहीं है—क्यों कि यदि ऐसा नहीं है तो साहित्य का एक अलग अनुशासन के रूप में क्या औचित्य बच रहता है?

साहित्य और यथार्थ के सम्बन्ध को लेकर हुई सभी बहसों में इस बात पर लगभग आम स्वीकृति रही है कि साहित्य का एक बुनियादी काम यथार्थ को सम्प्रेषित करना है। इस स्वीकृति में तब क्या यह प्रतिज्ञा भी अन्तर्निहित नहीं है कि यथार्थ का अस्तित्व साहित्य से बाहर कहीं है और साहित्य का काम उसे इस तरह जस-का-तस प्रस्तुत कर देना है कि वह संवेदनात्मक स्तर पर सम्प्रेषित हो सकें? दूसरे शब्दों में इस का तात्पर्य यह हुआ कि साहित्यिक कर्म की सत्ता, उस का औचित्य और प्रासंगिकता ऐसे यथार्थ से जुड़े होने में है जिस का अस्तित्व उस से बाहर कहीं है। साहित्यकार उस यथार्थ की विविध व्याख्याओं और उस के प्रति अपनाये गये विविध दृष्टिकोणों में से किसी को भी चुनने के लिए स्वतन्त्र है, लेकिन वह अनिवार्यतया उसी से बद्ध है, उस की सर्जनात्मकता उस से नियमित है। स्पष्ट है कि यह दृष्टिकोण साहित्य के स्वायत्त अस्तित्व का अतिक्रमण करता है और साहित्यिक सर्जनात्मकता को सम्प्रेषण के लिए उपयुक्त युक्तियों की तलाश तक सीमित कर देता है। तब यह भी अस्वाभाविक नहीं लगता कि कुछ लोग इन युक्तियों का प्रयोग साहित्येतर प्रयोजनों को पूरा करने के लिए भी करने लगें। साहित्य का प्रयोजन यदि उस के अस्तित्व से बाहर है तो इतर उद्देश्यों के लिए उस के प्रयोग को अनुचित कैसे कहा जाय?

इस सवाल को हल करने में हम विज्ञान की जानकारी का भी लाभ उठा सकते

हैं। बीसवीं शताब्दी में विज्ञान जिस कुछ अजीब से निष्कर्षों पर पहुँचा है उन में से एक यह भी है कि यथार्थ की जस-की-तस पहचान सम्भव ही नहीं है। जिस किसी भी माध्यम से हम यथार्थ को ग्रहण करते हैं, उस माध्यम की अपनी प्रकृति यथार्थ के हमारे ग्रहण को, हमारी पहचान को अनिवार्यतः प्रभावित करती है। इस लिए हम जो कुछ ग्रहण करते हैं वह कोई निरपेक्ष यथार्थ नहीं बल्कि हमारे माध्यम की प्रकृति से रूपान्तरित यथार्थ होता है। इस प्रकार यथार्थ की हमारी पहचान की प्रक्रिया, दरअसल, यथार्थ के सर्जन की प्रक्रिया हो जाती है।

इस आधार पर कहा जा सकता है कि जब भी हम यथार्थ की कोई नयी पहचान, यथार्थ के प्रति किसी नयी दृष्टि का अनुभव करते हैं तो वास्तव में समूचे यथार्थ का, यथार्थ के हमारे नये बोध का सर्जन कर रहे होते हैं। यह बात जितनी विज्ञान के बारे में सच है उतनी ही अन्य अनुशासनों के बारे में भी। विज्ञान का एक नया निष्कर्ष समूचे प्राकृतिक विश्व को हमारे लिए नया कर देता है और किसी कलाकृति से साक्षात्कार के बाद भी तो हम और हमारा बोध ठीक वही नहीं रह जाता। हम केवल यथार्थ की नयी पहचान ही नहीं करते, स्वयं भी नये सिरे से रचे गये हो जाते हैं। कला या साहित्य की किसी भी विधा में कोई रूपगत परिवर्तन इसी लिए केवल कला-प्रयोग नहीं रहता, वह साहित्य या कला के माध्यम से हमारे सम्पूर्ण यथार्थ-बोध की नयी रचना कर देता है। बीसवीं शताब्दी के सर्वाधिक महत्त्वपूर्ण दार्शनिकों में से एक विट्गेंस्टाइन का निष्कर्ष है कि हमारी भाषा की संरचना ही यथार्थ की हमारी संरचना को निर्धारित करती है। यह निष्कर्ष उस वैज्ञानिक निष्कर्ष से मिलता-जुलता है जिस के अनुसार यथार्थ की हमारी पहचान अनिवार्यतः माध्यम से प्रभावित होती है। भाषा केवल सूचनात्मक ही नहीं होती, वह विचार, अनुभव और चेतना के विकास का माध्यम भी है। उसकी सर्जनात्मक सम्भावनाएँ असीम हैं और उस में नये-नये रूपाकारों की रचना सम्भव है। यह मानने पर हमें यह भी स्वीकार करना होगा कि साहित्य के विविध रूप भाषा में निहित अर्थ-रूप की सम्भावनाओं के आधार पर विकसित होते हैं और इन विधाओं का हर नया रूप यथार्थ की नयी रचना करता है। इस का सीधा तात्पर्य यह है कि साहित्यकार किसी पूर्व निर्धारित यथार्थ को अभिव्यक्त नहीं करता बल्कि भाषा के अपने स्वभाव के निर्देशानुसार उसी में अर्थ की तलाश करता है। इस लिए साहित्य का प्रयोजन किसी साहित्येतर यथार्थ की प्रस्तुति करना नहीं है—उस का केन्द्रीय सरोकार साहित्यिक यथार्थ से है जो स्वयं में एक विशिष्ट अनुभव है और यह अनुभव केवल साहित्य-रूप में से गुजरने पर ही सम्भव है।

साहित्य में स्थूल ब्यौरों की विश्वसनीयता इस लिए साहित्य की विश्वसनीयता की कसौटी नहीं मानी जाती। यह निर्विवाद है कि ब्यौरों या घटनाओं का क्रम साहित्यिक रचना की सर्जनात्मक आवश्यकता के अनुरूप निर्धारित होता है क्यों कि उन का

प्रयोजन रचना के विकास में सहायक होना है। ऐसा न होने पर उन का यथा-तथ्य विवरण न केवल व्यर्थ बल्कि रचना के सम्प्रेषण में बाधक सिद्ध होता है। इसी से ज़ाहिर है कि बाहरी यथार्थ को साहित्य में तब तक कोई जगह नहीं है जब तक वह रचना के किसी आन्तरिक प्रयोजन को पूरा नहीं करता हो। फैंटेसी जैसी विधियों की साहित्यिक अनिवार्यता इसी बात को प्रमाणित करती है कि न केवल यथार्थ स्थूल विश्वसनीयता से मुक्त है बल्कि कई बार इस तरह की विश्वसनीयता का अतिक्रमण किये बिना यथार्थ के कई रूपों और स्तरों की पहचान सम्भव ही नहीं है।

सच तो यह है कि केवल विविध साहित्यिक विधाओं के ही नहीं बल्कि विभिन्न साहित्यिक शैलियों के यथार्थ तक पहुँचने के अलग-अलग रास्ते हैं और उन के कलात्मक परिणाम भिन्न होते हैं। इस बात को तो लूकाच जैसे मार्क्सवादी साहित्य-चिन्तक भी स्वीकार करते हैं। तब यह भी स्पष्ट है कि इन विविध विधाओं और शैलियों के माध्यम से यथार्थ के जो स्वरूप उजागर होंगे उन में भी किसी न किसी प्रकार की विशिष्टता और विविधता अवश्य होगी। इस लिए, यदि हम यह मान लें कि साहित्य का काम यथार्थ से हमारा साक्षात्कार करवाना है तो यह भी मानना होगा कि यह इस किस्म का साक्षात्कार होगा जो अन्य किसी प्रकार से सम्भव नहीं होगा। इस लिए प्रत्येक साहित्य रचना यथार्थ के एक विशिष्ट पहलू और स्तर से हमारा साक्षात्कार करवाती है और यह अपने में एक अद्वितीय अनुभव होता है क्यों कि वैसा अन्य किसी साहित्य रचना के माध्यम से भी—दूसरे अनुशासनों की तो बात छोड़ ही दें—सम्भव नहीं है। साहित्य को पढ़ते हुए हमें यदि कई बार एक उद्घाटन का, एक 'डिसकवरी' के आनन्द का-सा अनुभव होता है तो इस का कारण यही है। इस से यह भी ज़ाहिर हो जाता है कि किसी भी साहित्य रचना को वास्तविक अर्थों में सर्जन तभी कहा जाना चाहिए या उस की उत्कृष्टता का निर्धारण इसी आधार पर किया जाना चाहिए कि वह किसी पूर्वनिर्धारित यथार्थ को सम्प्रेषित करने के बजाय यथार्थ के किसी नये स्वरूप का सर्जन कर सकने में समर्थ है या नहीं। 'यथार्थ से साक्षात्कार' का साहित्यिक तात्पर्य यही हो सकता है।

आज के लेखक की परिस्थिति

यदि साहित्य भाषा में मानवीय अनुभव के रूपाकार की पहचान है तो नवलेखन या नये साहित्य का तात्पर्य स्पष्ट ही भाषा, अनुभव-प्रक्रिया और रूपाकार में हो रहे परिवर्तनों और उन से उत्पन्न होने वाली समस्याओं में से गुजरने वाला लेखन है। यहाँ यह स्पष्ट कर लेना जरूरी है कि जब हम अनुभव की बात करते हैं तो हमारा तात्पर्य ऐन्द्रिक संवेदन से नहीं होता। ऐन्द्रिक संवेदन अनुभव का माध्यम हो सकता है, लेकिन अनुभव वह तभी है जब उस में मानवीय चेतना सम्पृक्त हो। लेकिन इस प्रकार के अनुभव में नवीनता या नये प्रकार की सृजनशीलता क्या है? क्या प्रत्येक अनुभव सृजनशील होता है? अनुभव सृजनशील तभी है, जब वह मानवीय चेतना का नया संस्कार करता है—दूसरे शब्दों में कहें तो इस दुनिया को, परिवेश को, हमारे अपने मन को, कुल 'रिएलिटी' अर्थात् यथार्थ या सत्ता को इस तरह हमारे सम्मुख खोलता है कि न तो 'रिएलिटी' ही वही रहती है जो उससे पहले थी और न हम वही रहते हैं। सृजनशील अनुभव का तात्पर्य है 'रिएलिटी' का, यथार्थ या वास्तविकता का और इस लिए हमारा और उस से हमारे रिश्ते का भी पुनराविष्कार या पुनर्सृजन और इस पुनराविष्कार की प्रक्रिया का एक रूपात्मक साक्षात्कार ही कला या साहित्य की रचना है।

इस दृष्टि से हर लेखक को एक सनातन संघर्ष में से गुजरना होता है। यह संघर्ष है अपने अनुभव की विशिष्टता को बनाये रखते हुए उसे सम्प्रेषित करना। लेकिन यह जानना कठिनतर होता जा रहा है कि अनुभव वास्तव में कोई अनुभव है या भ्रांति ही है। अनुभव की सच्चाई का प्रमाण क्या है? सामान्य जीवन में भी हम देखते हैं कि बहुत से कथित अनुभव झूठ साबित हो जाते हैं। पुराने लेखक के सम्मुख भी यह समस्या आती होगी। लेकिन तब धर्म जीवन के केन्द्र में था और वह अपने अनुभव की सचाई को धर्म अर्थात् शास्त्र की कसौटी पर परख सकता था—शायद यही कारण है कि मध्यकालीन लेखक में बहुत-सी बातों को लेकर निश्चयात्मकता के स्वर बहुत

प्रबल थे। वही अनुभव सच था जो धर्मसम्मत या शास्त्रसम्मत था। कभी-कभी वास्तविक धर्मभावना और शास्त्र की रूढ़ियों के बीच संघर्ष हो सकता था, जिस के व्यावहारिक नतीजे बुरे भी हो सकते थे–लेकिन यह अभिव्यक्ति के स्वातंत्र्य की समस्या थी। स्वयं लेखक की चेतना में अपने अनुभव की सचाई को लेकर कोई शंका नहीं होती थी, यदि वह धार्मिक भावना की कसौटी पर खरा उतरता हो।

आज के लेखक के सम्मुख परिस्थिति बिल्कुल अलग है। उस के सम्मुख सब से अहम सवाल ही यही है कि वह अपने अनुभव की प्रामाणिकता की जाँच कहाँ करे? धर्म या शास्त्र की मर्यादा का एक विकल्प विज्ञान हो सकता था–और बीच में कुछ दिन ऐसा लगा भी–लेकिन वैज्ञानिक विकास की सारी प्रक्रिया यह स्पष्ट कर चुकी है कि वह न केवल अन्तिम सत्य के रूप में किसी स्थापना को नहीं रख सकती बल्कि अधुनातन शोधों के निष्कर्षों के अनुसार तो 'रिएलिटी' को, यथार्थ या वास्तविकता को, उस के सही स्वरूप और प्रकृति को बिल्कुल यथावत् कहा ही नहीं जा सकता। राजनीति या अन्य सभी मानविकी विद्याओं और सामाजिक विज्ञानों आदि की कोशिश अधिक से अधिक विज्ञान की प्रक्रिया और निष्कर्षों को अपने पर घटाने की रहती है, अतः उन से भी विज्ञान से अधिक सहायता की उम्मीद नहीं की जा सकती। ऐसी स्थिति में आज के लेखक पर दोहरा दायित्व आ जाता है क्योंकि उस की परिस्थिति पहले के लेखक की तुलना में भिन्न है। एक तो यही कि उस के पास अपने अनुभव की विश्वसनीयता को जाँचने की कोई शत प्रतिशत खरी कसौटी नहीं है और अब वह स्वयं ही उस का एकमात्र निर्णायक है। लेखक के विवेक पर इतना बड़ा उत्तरदायित्व इस से पहले नहीं था। यही कारण है कि एक ओर जहाँ लेखक अपने ही अनुभव को सर्वोपरि मानने की ओर उन्मुख है–बल्कि दूसरा चारा ही नहीं है–वहीं उस अनुभव के प्रति एक निरन्तर शंका या असन्तोष का भाव ही उस में बराबर मौजूद रहता है। अपने ही अनुभव के प्रति, उस की प्रक्रिया और निष्कर्षों के प्रति यह संशयालु, आलोचनात्मक भाव आज के लेखक की एक अनिवार्य मनःस्थिति है जब तक कि उस ने उकता-घबरा कर या किसी अन्य कारण से किसी न किसी अधूरी या कामचलाऊ कसौटी को स्वीकार न कर लिया हो। आज के लेखक पर बौद्धिकता या जटिलता का जो आरोप लगाया जाता है, वह दरअस्ल इसी कारण है कि चह हमें अपने साथ बहाता नहीं, हमें गलदश्रु नहीं करता, बल्कि हम में एक सजगता पैदा करता है। बहुत से लेखक आज भी किसी धर्मशास्त्र, राजनीतिक दर्शन या अन्य किसी साहित्येतर अनुशासन को स्वीकार कर लेते हैं–वे अब भी कुशल शिल्पी हो सकते हैं, लेकिन यह स्पष्ट जान लेना जरूरी है कि जिस हद तक हम किसी अन्य प्रमाण या कसौटी को अपने अनुभव पर तरजीह देते हैं उस हद तक हम सही अर्थों में आधुनिक या आज के समाज के लेखक नहीं हो सकते–बल्कि उस हद तक हम आज के लेखक की अनिवार्य लेखकीय परिस्थिति

से कतरा कर निकल रहे होते हैं। शायद यही कारण है कि आज का लेखक किसी पूर्व निर्धारित दर्शन या विचार को स्वीकार करने के प्रति आश्वस्त नहीं होता, बल्कि अपनी रचना प्रक्रिया में से ही अपनी दृष्टि का विकास सम्भव करता है। किसी पूर्व निर्धारित दर्शन या विचारधारा को ज्यों का त्यों स्वीकार कर लेने का अर्थ होगा कला या सृजन को केवल कारीगरी या कौशल बना देना क्योंकि तब सत्य तो पहले से जाना हुआ है, उसे केवल इस तरह प्रस्तुत भर कर देना है कि सुन्दर लगे और सम्प्रेषित हो सके। यह विडम्बना है कि ऐसा चाहने वाले लोग ही शिल्प का सबसे अधिक विरोध करने का दिखावा करते हैं, जब कि वे स्वयं कला की सारी प्रक्रिया को एक औपचारिक शिल्प में परिवर्तित कर देने की कोशिश ही कर रहे होते हैं।

अपने अनुभव की अद्वितीयता को, उस की प्रक्रिया और सच्चाई को अन्यान्य प्रभावों से बचाते हुए सम्प्रेषित करना लेखक का सनातन रचनात्मक संघर्ष है। आज के लेखक के लिए यह संघर्ष और भी मुश्किल है, क्यों कि साक्षरता के बढ़ते प्रसार और मीडिया के विस्तार के कारण साहित्य की शक्ति में वृद्धि हुई है और सत्ता के विभिन्न रूप उस की इस शक्तिमत्ता से भली भाँति परिचित हैं। यही कारण है कि राज्य, राजनीतिक दल, अर्थसत्ता के विभिन्न केन्द्र और यहाँ तक कि नये 'धर्मगुरु' भी लेखक को प्रत्यक्ष-परोक्ष कई प्रकारों से प्रभावित करने की ओर योजनाबद्ध ढंग से सचेष्ट होते हैं। इस के लिए मानवीय भविष्य के सुनहरे सपनों के साथ-साथ प्रलोभन, भय व प्रताड़ना-दमन आदि से भी साहित्यकार की रचना-प्रक्रिया को प्रभावित करने की कोशिश की जाती है। यह आवश्यक नहीं है कि लेखक को खरीदा या डराया ही जाय—ये तो बड़े स्थूल उपाय हैं। इन से ज्यादा कारगर मनोवैज्ञानिक उपाय हो सकते हैं। मध्यकाल तक लेखक व्यवस्था के लिए कोई खतरा नहीं हो सकता था, अतः उसे अपने लिए गहरे स्तरों पर इस्तेमाल करने या दमन करने के उदाहरण भी प्रवृत्तिगत नहीं हैं लेकिन, आज साहित्य के सम्मुख यह खतरा भी भयंकर रूप में है और आज का लेखक इस ओर आँखें मूँद कर नहीं रह सकता। इस लिए उस का एक उत्तरदायित्व यह भी है कि वह अपने अनुभव पर किसी भी विचारधारा या प्रतिष्ठान को प्रभावी न होने दे चाहे उन के घोषित उद्देश्य कितने ही सदाशयी क्यों न हों। इस सन्दर्भ में, लूकाच का यह कथन स्मरणीय है कि '*वास्तविक अनुभव ही साहित्य का आधार है। और संकल्प, चाहे वे कितने ही सदाशयतापूर्ण हों, उस की जगह नहीं ले सकते।*'

इसी के साथ जुड़ा हुआ सवाल भाषा का भी है। भाषा केवल साहित्यरचना का माध्यम ही नहीं है, उस से कई अन्य सार्वजनिक प्रयोजन भी पूरे होते हैं—यहाँ तक कि झूठ और फरेब के प्रयोजन भी। वह भाषा जो संवाद और चिन्तन-मनन के माध्यम के रूप में विकसित हुई, अब इकतरफा प्रचार और विज्ञापन का माध्यम भी हो चली है। अपनी पहली भूमिका में, अर्थात् चिन्तन-मनन और संवाद का माध्यम

बनने पर वह चेतना के विकास का माध्यम बनती है, लेकिन जब उसे प्रचार या विज्ञापन के लिए इस्तेमाल किया जाता है, तो उस का प्रयोजन चेतना के विकास के बजाय उसे सम्मोहित करना हो जाता है और यह मुमकिन नहीं है कि भाषा के इस उपयोग का असर उस की पहली प्रवृत्ति को प्रभावित न करे। इस लिए आज के लेखक के सम्मुख एक बुनियादी दिक्कत यह भी है कि जिस भाषा का सार्वजनिक इस्तेमाल विज्ञापन, सम्मोहन और शोरगुल की तरह किया जा रहा हो, उसी को सत्य की आत्मीय अभिव्यक्ति—क्योंकि साहित्य का स्वभाव मूलतः आत्मीय है—के विश्वसनीय माध्यम की तरह इस्तेमाल किया जाए। यह कोई सरल काम नहीं है। यह भी ध्यान देने की बात है कि भाषा और लेखक के बीच सम्बन्ध इकतरफा नहीं होता। भाषा ही लेखक का माध्यम नहीं होती, लेखक भी भाषा का माध्यम होता है। भाषा भी लेखक का इस्तेमाल करती है, इस लिए यह बहुत सम्भव है कि कभी लेखक भी मीडिया के माध्यम से उत्पन्न भाषा के सम्मोहन और आवेश में बह जाए। इस लिए आज के लेखक को एक चुनौती यह भी है कि उसे आज के यथार्थ से गुजरते हुए, आज की भाषा में उस की पहचान का साक्ष्य देते हुए भाषा को चेतना के सृजनात्मक विकास या रचना का माध्यम बनाये रखने का संघर्ष भी करते रहना है—प्रचारात्मकता और सम्मोहनशीलता से बचते हुए, इस लिए वह भाषा को इस तरह साधता है कि उस का अनुभव भी एक आरोपण की तरह नहीं बल्कि एक सम्भावना की तरह लगे। उस का सत्य एक सम्भावना हो—जिस में और सम्भावनाओं के दरवाजे भी खुलते हों—कोई अंतिम 'सचाई' नहीं जिस में सब हमेशा-हमेशा के लिए शरण पा लें।

लेखक का यह संघर्ष कोई सीधा और सरल संघर्ष नहीं है। स्वयं लेखक की चेतना पर तो जाने-अनजाने कई प्रभाव पड़ते ही हैं, साथ ही विज्ञापन और प्रचार में रुचि रखने वाली शक्तियाँ भी उस पर कई प्रकार के दबाव डालती हैं। इस तरह के स्थानीय से लेकर अन्तर्राष्ट्रीय स्तरों तक के जाने-अनजाने भौतिक, वैचारिक और मनोवैज्ञानिक दबावों के सम्मुख अपनी आत्मसजगता को बनाये रखना आज के लेखक के सम्मुख एक कठिन चुनौती है। जो लेखक इस आत्मसजगता का, इस संघर्ष का प्रमाण देता है, वही आज के सन्दर्भ में प्रासंगिक है। प्रत्येक की अपनी दृष्टि, विचार-प्रवृत्ति, यथार्थ की उस की समझ और अनुभूति और भाषिक-संरचना अलग और कभी-कभी विपरीत भी हो सकती है, लेकिन आज के लेखक की पहली पहचान यही हो सकती है कि उस की रचना अपने ही अनुभव के प्रति आत्मालोचन का और रचनात्मक स्तर पर उस संघर्ष का साक्ष्य हो, जिस की चर्चा ऊपर की गयी है।

अभिनय ही है नाट्य-लेखन

हमारी परम्परा में नाटक को दृश्य-काव्य कहा गया है अर्थात् वह काव्य जो दृश्य है। काव्य के दृश्य होने का क्या तात्पर्य है–विशेष तौर पर रचनाकार अर्थात् नाटककार के लिए? क्या किसी साहित्यिक कृति को मंच पर दिखा दिया जाय तो वह नाटक हो जाएगी? आजकल कहानी, उपन्यास और कविता को भी मंचित किया जाता है और उस से रंगमंच की नयी सम्भावनाएँ भी उद्घाटित हुई हैं–लेकिन क्या तब उस कहानी, उपन्यास अथवा कविता को नाटक कहा जा सकता है? विण्टर्स ने कविता को दो वर्गों–*ड्रामेटिक* और *लिरिकल*–में बाँट कर देखा है, लेकिन *लिरिक* में भी एक आन्तरिक नाट्य-तत्त्व–ड्रामा–रहता है और कुशल अभिनय उसे व्यंजित कर पाता है। क्या सारे *गीत गोविंद* या सूर, मीरा आदि के पदों में एक अन्तर्निहित नाट्य नहीं है और अभिनय के माध्यम से उसे मूर्त नहीं किया जाता रहा है? तो क्या प्रत्येक लेखक नाटककार है और हर सर्जनात्मक लेखन नाटक? फिर काव्य का श्रव्य और दृश्य में वर्गीकरण क्यों? यदि सभी प्रकार का श्रव्य-काव्य दृश्य में रूपान्तरित किया जा सकता है तो इस वर्गीकरण की क्या वैधता रह जाती है?

काव्य, दरअस्ल विभाव और भाव का संयोग तो है–पर अनिवार्यतः भाषिक संयोग। चित्रकला अथवा मूर्तिकला में विभाव और भाव का संयोग होता है और वह दृश्य भी है–लेकिन उसे काव्य नहीं कहा जाता क्यों कि वह संयोग भाषिक नहीं होता। तात्पर्य यह कि काव्य होने के लिए विभाव और भाव के संयोग की भाषिक अनुभूति होना अनिवार्य है–उस के अभाव में दूसरी कलाएँ हो सकती हैं और उन से रसनिष्पत्ति भी हो सकती है, लेकिन उसे काव्य से हुई रस-निष्पत्ति नहीं माना जा सकता क्यों कि उस की प्रक्रिया भाषिक नहीं है। प्रसिद्ध रस-सूत्र भाव-विभाव के संयोग रस-निष्पत्ति का उल्लेख करता है–भाषा का अलग से वहाँ कोई उल्लेख नहीं है–जिस का तात्पर्य यह लगता है कि रस-सिद्धान्त केवल काव्य या रंगमंच का सिद्धान्त नहीं है। रस-सिद्धान्त कला मात्र का सिद्धान्त है–अलग-अलग माध्यमों में भाव-विभाव

के संयोग से होने वाली रस-निष्पत्ति की प्रक्रिया का सिद्धान्त।

जब यह कहा जाता है कि काव्य होने के लिए विभाव-भाव के संयोग का भाषिक अनुभूति होना अनिवार्य है तो इस में यह स्वयमेव अन्तर्निहित है कि प्रत्येक काव्य का श्रव्य होना तो अनिवार्य है ही–चाहे वह दृश्य काव्य ही क्यों न हो–क्यों कि श्रव्य होना भाषा का स्वाभाविक अनिवार्य गुण है। इस लिए नाटक दृश्य-काव्य होने के साथ-साथ श्रव्य-काव्य भी है। शायद नाटक के इस तरह श्रव्य-काव्य होने की वजह से ही वाचिक को अभिनय का एक प्रकार माना गया है–और वह न केवल अभिनय का प्रथम प्रकार है, बल्कि अभिनय के अन्य प्रकारों के विनियोग की दिशा भी निर्धारित-सी कर देता है।

यदि कथा या कविता जैसे श्रव्य-काव्य का अभिनय किया जा सकता है और नाटक जैसा दृश्य-काव्य श्रव्य-काव्य भी है तो इस में यह स्वयमेव अन्तर्निहित है कि प्रत्येक काव्य का श्रव्य होना तो अनिवार्य है ही–चाहे वह दृश्य-काव्य ही क्यों न हो–क्योंकिं श्रव्य होना भाषा का स्वाभाविक अनिवार्य गुण है। इस लिए नाटक दृश्य-काव्य होने के साथ-साथ श्रव्य-काव्य भी है। शायद नाटक के इस तरह श्रव्य-काव्य होने की ही वजह से ही वाचिक को अभिनय का एक प्रकार माना गया है–और वह न केवल अभिनय का प्रथम प्रकार है, बल्कि अभिनय के अन्य प्रकारों के विनियोग की दिशा भी निर्धारित-सी कर देता है।

यदि कथा या कविता जैसे श्रव्य-काव्य का अभिनय किया जा सकता है और नाटक जैसा दृश्य-काव्य भी है तो स्वाभाविक सवाल उठता है कि दोनों में बुनियादी अन्तर क्या है? क्या कारण है कि अभिनीत होने के बावजूद कथा या कविता अपने मूल स्वरूप में नाटक नहीं होती–केवल उस की दृश्यात्मक प्रस्तुति को अतिरिक्त रूप से रंगमंचीय मान लिया जाता है–और सारे श्रव्यात्मक गुणों के होते हुए, पढ़े और पढ़ाए जाते हुए भी नाटक भी मूलतः दृश्य-काव्य ही कहा-माना जाता रहा है?

इस लिए, दृश्य-काव्य और काव्य को दृश्य बना कर प्रस्तुत करने की रचना-प्रक्रिया के भेद में इस सवाल को सुलझाने का आधार तलाश करना होगा। दृश्य-काव्य का तात्पर्य किसी काव्य की दृश्यात्मक प्रस्तुति से नहीं, बल्कि काव्य के अपने मूल स्वभाव, मूल व्यक्तित्व में ही दृश्य हो जाने अर्थात् भाषा के ही दृश्य हो जाने से–कहें भाषा के ही अभिनेता या अभिनय हो जाने से है। जब वाचिक को अभिनय का एक प्रकार कहा जाता है तो उस में से स्वमेव यह निकलता है कि भाषा के अभिनेता रूप की तलाश ही नाटक की तलाश है अर्थात् श्रव्य-गुण को समाविष्ट करते हुए भी नाटक भाषा के अभिनय-गुण का रूप-ग्रहण है। इस का अर्थ और विशिष्ट है। कहानी को दृश्य की तरह प्रस्तुत तो किया जा सकता। है। किया गया भी है, लेकिन अपने पढ़े जाने में वह किस प्रकार के अनुभव से गुजारती है, वह एक कथानुभव ही होता है, नाट्यानुभव नहीं–और यह सम्भव होता है स्वयं भाषा की नाट्यात्मक या अभिनय

सम्भावनाओं के अन्वेषण से। यदि भाषा में अभिनय गुण अन्तर्निहित नहीं है, जिसे नाटक में मूर्त किया जाता है, तो अभिनय को वाचिक मानने का कोई आधार नहीं हो सकता। इसलिए नाटक किसी नाटकीय स्थिति के रूप-ग्रहण से पहले एक भाषिक नाट्यानुभूति होता है—इसी लिए वह दृश्य-काव्य है क्योंकि वह भाव-विभाव के संयोग के साथ भाषा के नाट्य-गुण का संयोग है। यह एक बहुत ही जटिल एवं संश्लिष्ट खोज है। जिस में नाटकीय स्थिति, मनःस्थिति और भाषा की नाट्यात्मकता घुल-मिल कर एक हो जाते हैं। भाषा की खोज ही अनुभव की खोज हो जाती है और अनुभव की खोज भाषा की खोज। यह नहीं है कि नाटककार पहले किसी दृश्य की कल्पना करता और फिर उस के लिए भाषा को गढ़ने की कोशिश करता है—जैसे हम एक कविता को उस की लय से, उस के स्थापत्य से, विन्यास क्रम से अलग नहीं कर सकते हैं, उसी प्रकार एक नाटक को भी उस के वाचिक रूप से अलग नहीं किया जा सकता है।

स्पष्ट है कि नाटक किन्हीं चरित्रों के आपसी कार्य-व्यापार अथवा घटनाओं की प्रस्तुति और संवादों में नहीं होता—ये सब विशेषताएँ तो कहानी या कविता में भी पायी जा सकती हैं। अन्य काव्य-रूपों की तरह नाटक रंगमंच होने से पूर्व एक भाषा-रूप है—एक ऐसा भाषा-रूप जो अपने वंचित होने में ही नहीं, बल्कि अपने पाठ में भी एक नाट्यानुभव को रूपायित करता है। इसीलिए नाटक रंगमंच है और साहित्य भी अर्थात् एक साथ ही दृश्य भी है, काव्य भी—इस दोहरी भूमिका का निर्वाह ही उस की नाट्यात्मकता की कसौटी है। नाटक मूलतः एक भाषा रूप है—वह भाषा-रूप जहाँ भाषा ही अभिनेता हो जाती है, जहाँ भाषा अभिनेता का माध्यम नहीं, बल्कि अभिनेता भाषा का माध्यम हो जाता है—भाषा में अन्तर्निहित अभिनेता का एक मूर्त रूप। अपने समस्त दृश्यात्मक ताम-झाम और प्रभाव के बावजूद कोई भी रंगमंचीय प्रस्तुति या अभिनय-प्रदर्शन अच्छा नाटक नहीं माना जा सकता जब तक वह अपने पाठ के माध्यम से भी हमें एक गहरे नाट्यात्मक अनुभव से नहीं गुजार पाता हो।

इस लिए मेरी दृष्टि में किसी भी नाटक की उत्कृष्टता की कसौटी इस बात में है कि वह अभिनय के लिए कितनी चुनौतियाँ और सम्भावनाएँ प्रस्तुत करता है। इस बात का एक तात्पर्य यह भी है कि उस की भाषा में जटिल अभिनय की कितनी सम्भावना है क्योंकि इकहरा अभिनय हमें उस तरह की नाट्यानुभूति नहीं दे पाता जो जटिल अभिनय से सम्भव होती है। अभिनेता के लिए भी एक जटिल मनःस्थिति का अभिनय अधिक चुनौतीपूर्ण और इसी लिए उतना ही सम्भावनापूर्ण भी होता है, क्योंकि चुनौती जितनी बड़ी होती है, उस की सृजनात्मक सम्भावना भी उतनी ही बड़ी।

नाटक का केन्द्र अभिनय है और अभिनय में सर्वाधिक महत्त्व है भावाभिनय का जिसे नाट्यशास्त्र में सात्विक अभिनय कहा गया है। अभिनय साक्षी भाव की

साधना है। प्रत्येक अभिनेता परकाय प्रवेश करते हुए अनुभव भी करता है। साहित्य के सन्दर्भ में अक्सर द्वासुपर्णा सयुजा सखाया का उल्लेख किया जाता है। एक पक्षी भोक्ता है, दूसरा द्रष्टा। इलियट भी भोक्ता और रचयिता में भेद करते हैं। देखना भीही तो रचना है। इस का सब से उत्कृष्ट उदाहरण तो अभिनय ही है। प्रत्येक अभिनेता में एक द्रष्टा चेतना होती है तो अपने को किसी अन्य पात्र के रूप में देखती है। अपनी चेतनामय देह को किसी और के रूप और चरित्र का माध्यम होते हुए अनुभव करना अभिनय को एक आध्यात्मिक किस्म की साधना का दर्जा दे देता है। नाट्यशास्त्र में अभिनय के जो चार प्रकार बताये गये हैं, उन में सात्विक अभिनय का महत्त्व इसी लिए केन्द्रीय माना गया है कि उसी के माध्यम से देह के चेतना होने का अनुभव सम्भव होता है।

अभिनय के सिद्धान्तों के रूप में अक्सर तन्मयता या अलगाव (एलिएनेशन) के आधार पर विकसित शैलियों का उल्लेख किया जाता है। लेकिन, जब हम साक्षी भाव को अभिनय-दृष्टि के रूप में प्रस्तावित करते हैं तो इस में उपर्युक्त दोनों प्रकार की दृष्टियों का समन्वय एक तीसरी दृष्टि में हो जाता है क्योंकि उस में अभिनय एक सृजनात्मक आनन्द बन जाता है, जो दरअसल, हर कला-रचना होती है और वह सृजनात्मक आनन्द है साक्षीभाव की साधना। अभिनेता का आनन्द क्या है? कोई क्यों अभिनय करे? यश आदि स्थूल प्राप्तियों को छोड़ दें तो अभिनय से अभिनेता को क्या अनुभव होता है? अपने को अभिनय करते देखना एक ऐसी अनुभूति है जो बहुत गहरे स्तरों पर अपनी चेतना की अनुभूति सम्भव करती है—एक आत्मानुभूति कि कैसे वह एक द्रष्टा चेतना है जो अपने ही भोक्ता होने को देख रही है। यह किसी भी कलारूप के लिए कहा जा सकता है। एक नर्तक को नृत्य करते हुए क्या अनुभव होता है? क्या वह केवल नाचता है और नाचते हुए स्वयं को देखता नहीं है? जिसे हम नाच में डूब जाना कहते हैं, उस में हर क्षण क्या नृत्य के व्याकरण से नियमित नहीं होता? इस के बावजूद भी सारे भावों की अभिव्यक्ति करते हुए एक अद्भुत तल्लीनता और तन्मयता आ जाती है। तो जो अपने को तल्लीनता के उस भाव में अनुभव करता है, वह कौन है? जो यह अनुभव करता है, जो स्वयं डूब गया, उसे कौन देख रहा है? ठीक यही अंभिनय के साथ होता है। मुझे इस प्रक्रिया में एक तरह का साक्षी भाव नजर आता है। तन्मयता का, तदाकारता का, तादात्म्य का सिद्धान्त और दूसरा जो अलगाव का सिद्धान्त है, वे दोनों ही इस साक्षी भाव में आ कर एक हो जाते हैं।

इसी प्रकार प्रेक्षक भी साक्षी है। वह एक घटना को अपने सामने घटते हुए देखता है और देखते हुए उस से प्रभावित होता है, उस का अनुभव करता है। लेकिन, साथ ही, इस बात के प्रति भी निरन्तर सचेत है कि वह प्रेक्षक है। प्रेक्षक से जो आनन्द मिलता है, वह भी साक्षी भाव से प्रसूत आनन्द है। जो साक्षी भाव अभिनेता

को अभिनय के दौरान महसूस होता है, ठीक उसी का बोध प्रेक्षक या दर्शक को देखते समय, पाठक को पढ़ते समय और श्रोता को सुनते समय होना चाहिए, करना चाहिए। यदि वाचिक अभिनय का एक प्रकार है तो पठन और श्रवण भी देखने का, प्रेक्षण का एक प्रकार क्यों नहीं है? दअसल, रेडियो नाटक के नाटक होने का तात्विक आधार भी अभिनय की इसी वाचिकता में है। स्मरणीय है कि अन्धायुग मूलतः रेडियों के लिए लिखा गया नाटक है, जिस का वाचिक अभिनय उस की दृश्यात्मकता का मूल आधार बना। सुनना, और पढ़ना भी, प्रकारान्तर से, देखना है।

नाटककार का साक्षी भाव किस तरह सिद्ध होता है? वह सिद्ध होता है भाषा में अन्तर्निहित अभिनय के मूर्त होने में। दरअसल, नाटककार भाषा है। वह भाषा को देखता है अभिनय करते हुए अर्थात् अपने को भिन्न-भिन्न भाषिक रूपों में अभिव्यक्त होते हुए । वह भाषा है जो एक नाटककार के रूप में उगता है। आहार्य और आंगिक, दोनों ही वाचिक और सात्विक के सहायक ही माने जा सकते हैं। वाचिक की रचना नाटककार करता है और सात्विक की अभिनेता। आहार्य और आंगिक काफी हद तक निर्देशक और उस के सहायकों पर निर्भर करते हैं। एक आलेख को अलग-अलग आहार्य-आंगिक में प्रस्तुत किया जा सकता है, लेकिन अलग-अलग वाचिक या सात्विक में नहीं—यदि हम नाटककार की भाषा और उस में अन्तर्निहित मूल भाव को ही न बदल दें तो।

इसलिए नाटक, मूलतः भाषा के अभिनेता रूप का अनुसन्धान है—इसलिए वह दृश्य-काव्य है और अन्य श्रव्य रूपों के दृश्यात्मक प्रदर्शन के बावजूद उन से भिन्न अपना विशिष्ट चरित्र बनाए रखता है। लेकिन जब हम भाषा के अभिनय की सम्भावनाओं का आग्रह करते हैं तो वह स्वाभाविक ही जटिल मनःस्थितियों वाले और अन्तर्द्वन्द्वपूर्ण चरित्रों का आग्रह हो जाता है। नाटक में एक द्वन्द्वपूर्ण स्थिति की भी प्रस्तुति हो सकती है और उस का भी प्रभावी मंचन हो सकता है, जिस के आधार पर नायक-खलनायक आदि चारित्रिक अवधारणाओं का विकास हुआ है। लेकिन, जब तक इन चरित्रों को भी अपने मन के परस्पर विरोधी भावों या अन्तर्द्वन्द्वपूर्ण मनःस्थितियों में से गुजरते हुए नहीं दिखाया जाता तब तक उत्कृष्ट अभिनय की सम्भावना कम मूर्त होती है। एक अभिनेता का सृजनात्मक आनन्द इसी बात में तो है कि वह कई प्रकार के विरोधी भावों को एक साथ अभिनीत कर सके। एक उत्कृष्ट नाटक की एक पहचान यह भी है कि वह अपने अभिनेताओं के लिए किस हद तक ऐसे अवसर रचता है।

इसलिए एक नाटककार के रूप में मेरा केन्द्रीय सरोकार कोई विचार या समस्या नहीं, बल्कि वह परिस्थिति है, जिस में इस तरह के अभिनय की सम्भावना वाली परिस्थिति के वाचिक रूप—अर्थात् सात्विक अभिनय के बीजरूप वाचिक अभिनय—का रूप-ग्रहण और सम्प्रेषण है। मेरे नाटकों का बीज, अधिकांशतः इसी तरह की किसी

परिस्थिति अर्थात् विभाव की नाट्यात्मक भाषिक कौंध में पड़ा है और जिस के सृजनात्मक अन्वेषण का परिणाम नाटक होता है। एक नाटक का जन्म शीर्षक से एक अन्य लेख में मैंने अपने नाटक देहान्तर की रचना-प्रक्रिया का वर्णन करते हुए इस बात को काफी स्पष्ट किया है कि नाट्य-क्षण का सृजनात्मक अन्वेषण किस अपूर्वानुमेय तरीके से एक नाटक बनता है। उसे यहाँ दुहराने की जरूरत नहीं है। लगभग वैसी ही प्रक्रिया अन्य नाटकों की भी रही है। सारतः इतना ही कहना होगा कि नाट्य-क्षण किसी विशेष नाटकीय परिस्थिति की भाषिक पहचान का क्षण होता है—केवल परिस्थिति की दृश्यात्मकता का नहीं, बल्कि वाचिक अभिनय की पहचान का भी—उसी से नाट्य-क्षण का भाषिक अनुभव होता है जो एक लेखक भीतर बैठे अभिनेता और भाषा में अन्तर्निहित अभिनेता के अन्तःसूत्र का अनुभव है और उस की पहचान ही उस की अन्वेषण-प्रक्रिया का रूप ग्रहण करती है जो नाटक के रूप में प्रतिफलित हो कर सम्मुख आता है।

यह सवाल उठ सकता है कि क्या नाटक का अपने समय से, अपने समय में उठने वाली समस्याओं से, अपने परिवेश से और परिस्थिति को बदलने की दृष्टि से कोई रिश्ता नहीं है क्योंकि उपर्युक्त विश्लेषण में इन बातों का कोई जिक्र नहीं किया गया है। इस सम्बन्ध में इतना ही संकेत पर्याप्त समझा जाना चाहिए कि प्रत्येक मानवीय अनुभव और उस के रूपात्मक अनुसन्धान की प्रक्रिया में मानव-मूल्य का बोध अन्तर्निहित रहता ही है। इसलिए नाटक या इस रूप में देखें तो किसी भी कला का सम्बन्ध किसी विशेष विचारधारा से न होते हुए भी मूल्यान्वेषण से अवश्य रहता है। मानवीय अनुभव ही मूल्य का वास्तविक स्रोत है—खास तौर पर कला की प्रक्रिया में—न कि कोई विशेष विचार-दृष्टि। विचार-दृष्टि मानवीय अनुभव के विश्लेषण की प्रक्रिया से बरामद होती है और उस विश्लेषण की प्रक्रिया के औचित्य अर्थात् उस की ज्ञान-मीमांसा एवं तत्त्व-मीमांसा को लेकर मतभेद बने रहते हैं। लेकिन, मानव-मूल्य मानवीय अनुभव से स्वयमेव निस्सृत होते हैं। इसलिए, प्रत्येक कलानुभूति, और इस तर्क से नाट्यानुभूति भी, मूल्यान्वेषण और मूल्यानुभूति के रूप-ग्रहण की प्रक्रिया की अनुभूति। नाटक भी इस का अपवाद नहीं है। कला स्वयं मूल्यान्वेषण और मूल्यानुभूति की स्वायत्त प्रक्रिया है, उसे इस के लिए कला-बाह्य प्रक्रिया पर आश्रित होने की कोई दरकार नहीं है। यहाँ इस बात की भी अनदेखी नहीं की जानी चाहिए—बल्कि उपर्युक्त विश्लेषण इसे प्रमाणित करना लगता है—कि रस-निष्पत्ति की प्रक्रिया का सिद्धान्त केवल सौन्दर्यशास्त्रीय ही नहीं, बल्कि गहरे स्तरों पर एक नैतिक प्रत्यय है। रसानुभूति गहरे में मूल्यानुभूति अर्थात् नैतिक अनुभूति भी है।

नाटककार और निर्देशक

हिन्दी रंगमंच के सन्दर्भ में नाटककार की भूमिका—इस विषय को मैं नाटककार की भूमिका के बजाय नाटक अर्थात् नाट्यालेख की भूमिका के रूप में रखना चाहता हूँ—क्यों कि नाटक या नाट्यालेख है तो उस के साथ नाटककार है ही। यदि कोई नाट्यालेख किसी निर्देशक या समूह द्वारा लिखा या तैयार किया गया है तो भी किसी-न-किसी रूप में नाटककार वहाँ उपस्थित है—चाहे उस की भूमिका स्वयं निर्देशक या समूह ने क्यों न निबाही हो। लेकिन, इस तरह के कुछ उदाहरणों को छोड़ दें तो भी, वर्तमान हिन्दी रंगमंच में नाटक की केन्द्रीय स्थिति से इनकार नहीं किया जा सकता। यदि नाट्यालेख सम्भावनापूर्ण नहीं है तो कोई भी निर्देशक या नाट्यमंडल—चाहे वह कितना ही प्रतिभाशाली और साधन-सम्पन्न क्यों न हो—ऐसी प्रस्तुति नहीं दे सकता जो गहरा संवेदनात्मक प्रभाव उत्पन्न करने में समर्थ हो—वह संवेदनात्मक प्रभाव, जो किसी भी कलाकृति की अनिवार्य शर्त है। रंगमंच मूलतः और अन्ततः अभिनय है और जटिल, अन्तर्द्वन्द्वपूर्ण तथा संश्लिष्ट चरित्रों एवं स्थितियों के बिना संवेदनात्मक प्रभाव डालने वाला अभिनय सम्भव नहीं है। इस तरह के अभिनय के लिए एक नाट्यालेख अनिवार्य है—चाहे वह नाट्यालेख संवादों के बिना ही क्यों न हो। स्थितियों और चरित्रों का क्रम विन्यास भी नाट्य-लेखन ही है—संवाद का होना या न होना अथवा कम होना स्थिति पर निर्भर करता है। लेकिन एक नाट्यालेख ऐसी स्थिति में उपस्थित होता है जो नाटक को किसी एक बिन्दु से शुरू कर के कई बिन्दुओं से गुजारता हुआ एक अन्त तक ले जाता है। तो वही तो नाटक या नाट्यालेख है जिस का कोई एकल या सामूहिक लेखक भी है। यदि रंगमंच अपने में एक भाषा या सम्प्रेषण है तो उस में इस बात की सम्भावना भी होनी चाहिए कि शब्दों के सहारे के बिना भी केवल अभिनय या मंच-सज्जा आदि के माध्यम से भी सम्प्रेषित हो सके। कई बार हम भाषा न जानते हुए भी केवल अभिनय आदि के माध्यम से भी नाटक को ग्रहण करने में समर्थ हो सकते हैं। अन्य भाषाओं में किए

जाने वाले नाटकों को देखते हुए अक्सर यह अनुभव होता रहा है। लेकिन, जब संवादों को समझे बिना नाटक सम्प्रेषित होता है तो भी कोई-न-कोई आलेख उस के पीछे अवश्य सक्रिय होता है। वह आलेख ही तो नाटक है। जहाँ संवाद होते भी हैं, वे उस आलेख के विकसित होने के माध्यम होने पर ही तो सार्थक कहे जा सकते हैं। इस लिए जहाँ रंगमंच है, वहाँ नाटक या आलेख की केन्द्रीयता से इनकार नहीं किया जा सकता।

लेकिन ऐसी आत्यन्तिक स्थिति अपवादस्वरूप ही होती है। सामान्यतया हिन्दी रंगमंच का जिक्र छिड़ने पर जिस प्रकार कुछ उल्लेखनीय प्रस्तुतियाँ और उन के निर्देशक अभिनेता आदि स्मरण हो आते हैं, उसी प्रकार कुछ नाटककार भी। किसी निर्देशक द्वारा किसी नाटक की प्रस्तुति उस निर्देशक द्वारा उस नाटक का सर्जनात्मक पाठ या व्याख्या है। इस दृष्टि से किसी एक ही नाटक या आलेख की अलग-अलग तरह से पाठ या व्याख्या कर सकते हैं, करते भी हैं—और इसी में किसी निर्देशक की सर्जनात्मकता की अभिव्यक्ति सम्भव होती है। अतः, एक नाटक जितने सर्जनात्मक निर्देशकों द्वारा किया जाता है, उस के उतने ही पाठ सम्भव हो जाते हैं। यही बात अभिनेता या अन्य रंगकर्मियों के बारे में कही जा सकती है। इस में जहाँ निर्देशक, अभिनेता आदि के सर्जनात्मक वैशिष्ट्य का स्वीकार है, वहीं इस बात की प्रच्छन्न स्वीकृति भी कि अन्ततः इतने-सारे बहुविध पाठों या व्याख्याओं की सर्जनात्मक सम्भावना स्वयं नाटक में अन्तर्निहित है। इस लिए जहाँ निर्देशक या अभिनेता का यह दावा असंगत नहीं लगता कि किसी नाटक या चरित्र के किसी विशिष्ट मानी को उस ने उजागर किया, वहीं यह भी मानना होगा कि ऐसा हो पाने की सम्भावनाएँ आलेख में मौजूद थीं।

लेकिन, दुर्भाग्यवश, हिन्दी रंगमंच के वर्तमान परिदृश्य में यह समझ कम सक्रिय दिखायी पड़ती है। पाठ या व्याख्या के नाम पर कई बार मूल कृति को ही बदल दिया जाता है—वह भी लेखक की सहमति की परवाह न करते हुए। मुझे श्रीराम सेंटर द्वारा आयोजित एक नाट्य लेखन कार्यशाला और उस में लिखे गए नाटकों के मंचन के एक समारोह में सहभागिता करने का एक अवसर मिला था। उस समारोह में प्रतिदिन शाम को नाटक की प्रस्तुति के बाद दूसरे दिन दोपहर उस आलेख और प्रस्तुति पर चर्चा भी आयोजित थी। चर्चा में आलेख को लेकर जब सवाल किए गए तो लेखकों का, अधिकांशतः कहना था कि उन के आलेख में निर्देशक द्वारा मनचाहे परिवर्तन कर दिए गए हैं। दूसरी ओर, निर्देशकों का कहना था कि आलेख में कुछ था ही नहीं, अतः उन्हें प्रस्तुति के लिए ये परिवर्तन करने पड़े। मेरा नाटक *गुलाम बादशाह* भी इसी समारोह में फैजल अल्काजी द्वारा प्रस्तुत किया गया था। वह एकमात्र अपवाद था जिस में नाटककार और निर्देशक के बीच कोई टकराहट नहीं दिखायी पड़ी। उस समारोह में निर्देशक, नाट्यमंडल और लेखक के बीच बातचीत

के अवसर भी तैयारी के दौरान जुटाए गए थे। फैजल ने मेरे आलेख के बारे में कुछ सुझाव दिए थे। वे सुझाव यह ध्यान रखते हुए दिए गए थे कि नाटक के मूल मन्तव्य में कोई बदलाव किए बिना उसे अधिक सम्प्रेषणीय कैसे बनाया जा सकता है। मुझे वे सुझाव उपयुक्त लगे थे और स्वयं मैंने नाटक के ड्राफ्ट में कुछ संशोधन उन के आधार पर किए थे। रिहर्सल के दौरान मैं उपस्थित नहीं था। लेकिन फैजल ने मेरे द्वारा किए गए संशोधनों के बाद अपनी मर्जी से आलेख में कोई परिवर्तन नहीं किया। मुझे लगता है कि नाटककार-निर्देशक संवाद का यह एक उत्तम उदाहरण है जिस में से जहाँ यह सिद्धान्त भी बरामद होता है कि नाटककार-निर्देशक-नाट्य मण्डल संवाद नाटक के लिए अत्यन्त उपयोगी है, वहीं इस संवाद की सार्थकता के लिए नाटककार या निर्देशक के अहं के बजाय नाटक की नंदतिक आवश्यकताओं को केन्द्र में रखने की ज़रूरत भी रेखांकित होती है। दरअस्ल, इस समस्या को नाटककार और निर्देशक के सम्बन्धों की समस्या के बजाय नाटक और प्रस्तुति के सम्बन्ध की समस्या के रूप में देखा जाना चाहिए। तब यह एक सौन्दर्यशास्त्रीय समस्या के रूप में सामने आती है, जिस का सौन्दर्यशास्त्रीय हल सम्भव है। अन्यथा, नाटककार-निर्देशक की समस्या मूलतः एक मनोवैज्ञानिक समस्या है और उस का हल भी सौन्दर्यशास्त्रीय नहीं, मनोवैज्ञानिक ही हो सकता है।

हाँ, एक समस्या वैचारिक मतभेद की हो सकती है। यह सम्भव है कि नाटककार और निर्देशक के मन्तव्य में सहमति न हो और इस लिए निर्देशक नाटक में परिवर्तन करे या उस के अन्त को बदलना चाहे। यदि ऐसा हो तो निर्देशक को उस नाटक को उठाना ही नहीं चाहिए। नाटक में कोई भी संशोधन सौन्दर्यशास्त्रीय ज़रूरत के तहत करना नाटक के प्रभाव में वृद्धि के लिए होता है जब कि वैचारिक कारणों से परिवर्तन नाटक के मन्तव्य को अपने अनुकूल मोड़ने की कोशिश करना है। यदि निर्देशक नाटक में परिवर्तन के बिना अपनी शैली से उस की व्याख्या बदल सकता है तो यह एक सौन्दर्यशास्त्रीय व्याख्या होगी जिस की पूरी स्वतन्त्रता निर्देशक को होनी चाहिए। लेकिन कृति को तोड़-मरोड़ कर अपने अनुकूल बनाना लेखक की स्वतन्त्रता पर आघात है। निजी अनुभव के आधार पर कहूँ तो मेरे नाटकों के पहले ड्राफ्ट और उन के प्रदर्शन-प्रकाशन के बीच जो यत्किंचित्त संशोधन-परिवर्तन हुए हैं, वे स्वयं मैंने ही किए हैं और वे भी पहले ड्राफ्ट को किसी निर्देशक या नाट्यमण्डली के सम्मुख पढ़ कर प्राप्त हुए सुझावों के आधार पर। रिहर्सल के दौरान मैं कभी उपस्थित नहीं रहा और न कभी उस दौरान परिवर्तन या संशोधन की माँग मुझ तक सम्प्रेषित की गयी। *गुलाम बादशाह* के अतिरिक्त जो नाटक बीकानेर से बाहर हुए, वे प्रकाशन के बाद हुए और उन के निर्देशकों ने मंचीय अथवा वैचारिक दृष्टि से किसी परिवर्तन की माँग कभी नहीं की। लेकिन, सिद्धान्त रूप में यह बात मुझे सही लगती है कि किसी भी नाटक के पहले दो-तीन प्रदर्शनों के दौरान नाटककार को

नाट्यमण्डली के साथ सक्रिय सहभागिता के अवसर मिलने चाहिए। इस से न केवल सम्बन्धित नाटक को अधिक प्रभावी बनाया जा सकता है, बल्कि उस के भविष्य के नाट्यलेखन को भी फायदा पहुँच सकता है।

लेकिन, मुझे निकट भविष्य में ऐसा होना सम्भव नहीं दीखता। इस के लिए आवश्यक साधनों का हमारी नाट्य-संस्थाओं के पास अभाव है। अभी तो हालत यह है कि किसी नाटक के लेखन और उस की प्रथम प्रस्तुति के बीच तीन-चार साल तक लग जाते हैं और यह स्थिति निर्देशक से ज्यादा नाटककार के लिए चिन्ताजनक है। इस से वह नाट्यलेखन में सक्रिय रहने के लिए प्रेरित और उत्साहित नहीं हो पाता। जाने कितने नाट्यालेख होंगे जिन्हें किसी अच्छे निर्देशक या नाट्यमण्डल की प्रतीक्षा है। कभी-कभी यह कहा जाता है कि प्रत्येक नाट्यालेख कहीं-न-कहीं तो खेला ही गया है, चाहे दिल्ली, भोपाल आदि किसी केन्द्रीय जगह न भी खेला गया हो। लेकिन सवाल दिल्ली या भोपाल आदि में खेले जाने का नहीं है। सवाल किसी अच्छे निर्देशक और प्रशिक्षित नाट्यमण्डली द्वारा उसे खेले जाने का है। हम जानते हैं कि प्रशिक्षित नाट्यमण्डली के बिना कोई अच्छा निर्देशक भी किसी आलेख की सर्जनात्मक सम्भावनाओं को मूर्त नहीं कर सकता। लेकिन, नाटक के इस तरह के प्रस्तुतीकरण के लिए आवश्यक साधनों का नितान्त अभाव है। जो हमारे अच्छे या प्रथम कोटि के निर्देशक माने जाते हैं, उन के द्वारा प्रस्तुत नाटकों का औसत क्या है? उन के पास समय और साधन नहीं हैं कि वे नये नाट्यालेखों पर एकाग्र हो सकें। उन को यह सुविधा प्राप्त है कि वे पुराने नाटक करते रह कर भी अपनी सर्जनात्मकता की तृप्ति करते रह सकें—कोई भी पुराना नाटक भी उन के लिए तो नया ही है, यदि वे उसे पहली बार कर रहे हैं या एक अलग परिवेश में अलग समूह के साथ, अलग शैली से कर रहे हैं। लेकिन यह सुविधा नाटककार को प्राप्त नहीं है। वह अपने नाटक की संभावनाओं के मूर्त होने के लिए किसी निर्देशक और नाट्यमंडली पर निर्भर है। हिन्दी में मौलिक नाटकों के अभाव की शिकायत तो अक्सर की जाती है, लेकिन नये आलेखों की सम्भावना को परखने या नाटककारों की प्रतिभा को पोषित करने की ओर कोई सक्रियता नहीं दिखायी पड़ती। इस का उत्तरदायित्व उन रंगसंस्थाओं का है जो देश-प्रदेश में रंग-आन्दोलन को गति देने के प्रयोजन से स्थापित की गयी हैं। यदि हम यह मानते हैं कि किसी नाटक का मंचन एक सामूहिक कर्म है और नाटक का लेखन भी इस सामूहिक कर्म का एक हिस्सा है तो नाटककार के इस सामूहिक कर्म में सहभागिता कर पाने के अवसर जुटाने का उत्तरदायित्व अन्ततः किस का है?

दूसरी बात यह भी है कि नये आलेखों की प्रस्तुतियों के प्रदर्शन निरंतर होते रहने चाहिए। शौकिया रंगकर्मियों के लिए यह सम्भव नहीं हो पाता कि वे एक ही नाटक को लगातार करते रह सकें। लेकिन प्रशिक्षित और पेशेवर रंगमण्डलियाँ ऐसा

करती रह सकती हैं। इस लिए भी ऐसी व्यवस्था की जानी चाहिए कि पेशेवर रंगमण्डलियाँ नये नाटकों को उठाएँ। नये नाटकों को लगातार करते न रहा जाए तो रंगमंच की समकालीन प्रासंगिकता पूरी तरह अर्जित नहीं हो पाती।

दरअस्ल, रंगमंच का आधार नाटक ही हो सकता है। निर्देशक नाटक के बिना कुछ नहीं कर सकता—इस बात से फ़र्क़ नहीं पड़ता कि स्वयं निर्देशक नाटक लिखने लगे। एक निर्देशक नाटककार भी हो सकता है जैसे कि एक नाटककार निर्देशक भी हो सकता है। दोनों ही स्थितियों में केन्द्रीय स्थिति नाटक की रहती है क्यों कि अन्ततः उस की ही तो प्रस्तुति होनी है।

मुखौटा : आहार्य का अभिनय होना

सामान्य तौर पर *मुखौटा, मास्क* या *चेहरा* लगाने को सत्य, असलियत, यथार्थ या हक़ीक़त पर एक झूठ का पर्दा डालना समझा जाता है—एक बनावट को हक़ीक़त की तरह पेश करना। इसी लिए जब किसी व्यक्ति के बारे में कहा जाता है कि उस के कई चेहरे हैं या उस ने शराफत का मुखौटा लगा रखा है तो इसे उस के बारे में एक निन्दात्मक टिप्पणी ही माना जाता है। लेकिन, कला की विचित्र चारित्रिकता तो इसी बात में है कि वह झूठ, छद्म अथवा बनावट के माध्यम से भी सत्य का, यथार्थ का, हक़ीक़त का ही सम्प्रेषण करती है। कला मात्र—और इस लिए नाटक भी—अपने स्वरूप में एक बनावट है—चाहे यथार्थ का आभास देने वाली बनावट—यद्यपि उस के होने या रचे जाने का अर्थ ही सत्य का अनुभूत्यात्मक अन्वेषण और सम्प्रेषण है। भारतीय तत्त्व-चिन्तन की शब्दावली में कहें तो, यह एक प्रकार से माया के माध्यम से सत्य की अनुभूति है क्यों कि माया सृजनात्मकता है और उस से गुजरे बिना आत्मानुभूति सम्भव नहीं है। अन्ततः, यह सृष्टि परम आत्म की स्वानुभूति का ही तो माध्यम है। इस लिए, प्रत्येक सृजन माया है पर उस से गुजरने पर ही हम आत्मानुभूति कर सकते हैं।

इसी लिए, नाटक या रंगमंच में बनावट को सत्य के अनुभूत्यात्मक अन्वेषण और सम्प्रेषण का माध्यम होने की हैसियत प्राप्त है। रंगमंच या नाटक के लिए मुखौटा एक बनावट होते हुए भी सत्य या हक़ीक़त की अनुभूति और अभिव्यक्ति की एक विधि है—इस तथ्य की पहचान सभी प्रकार के रंगमंचों को प्रारम्भ से ही रही है। पश्चिम में नाटक या रंगमंच का प्रारम्भ यूनान से माना जाता है। यूनानी देवता डायोनिशस के उत्सवों से ही *ट्रेजेडी* और लिंग-पूजा सम्बन्धी उत्सवों से *कॉमेडी* का विकास हुआ है। यह कथन स्वयं अरस्तू द्वारा किया गया है। इन दोनों ही प्रकार के उत्सवों में *मुखौटे* या *चेहरे* लगाने की परिपाटी थी और उसी से आगे चल कर अभिनेता के मुँह पर मुखौटे लगाने की परम्परा विकसित हुई। प्राचीन यूनानी नाटकों के प्रदर्शन में पहले एक

और बाद में दो या तीन अभिनेता विभिन्न पात्रों के मुखौटे लगा कर अभिनय किया करते थे। एक अभिनेता कई पात्रों का अभिनय करता था, इस लिए वह मंच पर उन पात्रों के *मुखौटे* या *चेहरे* लगा कर आता था। यह मुखौटा या चेहरा जहाँ दर्शक-समूह तक विभिन्न पात्रों को सम्प्रेषित करता था, वहीं स्वयं अभिनेता के लिए भी उस पात्र को अपने में आहूत और अनुभव करने का उपकरण बन जाता था। यह परम्परा रोमन रंगमंच और यूरोप के कई लोक-रंगमंचों में भी अपनी प्रभावपूर्ण उपस्थिति और उपयोग दर्ज कराती है—चाहे वह *अटेलन* प्रहसन हो या पेण्टोमाइम।

प्राच्य रंगमंच की कई शैलियों में भी मुखौटे या चेहरे का प्रयोग होता था। जापान की *नो* शैली में *चेहरा* एक अनिवार्य तत्त्व है, जब कि काबुकी में चेहरे की जगह अब मुँह रँगने का प्रयोग होने लगा है, जो प्रकारान्तर से *मुखौटे* या *चेहरे* का भी आभास देता है। प्राचीन चीनी रंगमंच में भी मुँह की रँगाई इस प्रकार की जाती थी कि वह *चेहरे* की प्रतीति करवा सके। अलग-अलग प्रकार के चरित्रों को व्यंजित करने के लिए अलग-अलग रंगों का इस्तेमाल किया जाता था। भारत के लोक-रंगमंच में कई शैलियों में चेहरों का इस्तेमाल किया जाता है, लेकिन संस्कृत रंगमंच और यक्षगान, कूड़ियट्टम, कथकलि आदि में मुँह को इस प्रकार रँगा और सजाया जाता है कि वह *चेहरे* या *मुखौटे* जैसा प्रतीत होने लगे। स्पष्टतः *मुखौटे* या *चेहरे* लगाने अथवा चेहरे का आभास देने के लिए मुँह को रँगने से प्रस्तुत चरित्र यथार्थ जीवन से तो कुछ दूर चला ही जाता है और इस तरह प्रेक्षक अभिनेता की दुनिया को एक साक्षी भाव के साथ देख सकता है। कह सकते हैं कि इस से अभिनय में भी एक किस्म की निर्वैयक्तिकता सम्भव हो जाती है जो अभिनय की उत्कृष्टता के लिए जरूरी है क्यों कि वैयक्तिक शैली उत्कृष्ट अभिनय या एक अभिनेता द्वारा विभिन्न पात्रों की प्रभावी प्रस्तुति के लिए एक बाधा बन जाती है। लेकिन, दूसरी ओर, मुखौटे का होना भी अभिनय की सम्भावना को एक हद तक सीमित कर देता है क्यों कि उस के मुँह पर लगे होने की वजह से मानवीय भावों की अभिव्यक्ति केवल *वाचिक* अथवा पद-संचालन और हस्त-संचालन से ही हो सकती है। भौंहों, नेत्र या मुख-मुद्राओं आदि का प्रयोग सम्भव नहीं रहता। भरत मुनि की शब्दावली में कहें तो, इस विधि में वाचिक, आहार्य और एक सीमा तक ही आंगिक अभिनय सम्भव होता है। सूक्ष्म आंगिक और सात्विक अभिनय इस में सम्भव नहीं हो पाते। संस्कृत रंगमंच सात्त्विक अभिनय को केन्द्र में रखता है। इसी लिए वहाँ मुखौटे या चेहरे का प्रयोग करने के बजाय मुँह की रँगाई और सज्जा से *चेहरे* का आभास उत्पन्न किया जाता है ताकि *चेहरे* से पूरा होने वाला प्रयोजन भी सध सके और नेत्राभिनय जैसी सूक्ष्म आंगिक क्रियाओं तथा सात्त्विक अभिनय के लिए भी पूरी गुंजाइश बनी रहे। लेकिन *मुखौटे* या *चेहरे* का प्रयोग अथवा चेहरे का आभास देने के प्रयोजन से मुँह को रँगने की रीति इस बात को भी स्पष्ट कर देती है कि हमारी परम्परा में *आहार्य* को भी अभिनय

का एक प्रकार क्यों माना गया है। *आहार्य* तो वस्तुतः सामग्री या उपकरण हैं जिन्हें मंचन की सुविधा या अभिनय में सहायता के लिए इस्तेमाल किया जाता है। उसे अभिनय की ही हैसियत दे देना कहाँ तक वैध है? उस की वैधता इसी बात में निहित है कि उस के माध्यम से ही तो अभिनेता उस पात्र को अपने में आहूत और अनुभव करता है जिस का अभिनय उसे करना है—इस लिए वह भी उसी तरह अभिनय का एक प्रकार है जिस तरह उस की देह के अंग-प्रत्यंग और उस की वाणी—यहाँ तक कि उस की चेतना भी, क्यों कि जब तक चेतना स्वयं अपने को किसी पात्र के रूप में अवतरित होते हुए नहीं देख पाती, तब तक वास्तविक और प्रभावशाली अभिनय सम्भव ही नहीं है—यही तो अभिनेता के आत्म की सृजनात्मक अनुभूति है। स्वयं के किसी अन्य में रूपान्तरित होने के माध्यम से आत्मानुभूति की प्रक्रिया ही तो अभिनय है। इसी लिए वह अभिनय होते हुए भी सत्य की अनुभूति और सम्प्रेषण है। इस दृष्टि से देह भी चेतना के लिए *आहार्य* ही है।

फिर भी यह सवाल बना रहता है कि वह क्या है जिसे सामान्य मानवीय चेहरे से व्यक्त नहीं किया जा सकता। जब हम *मुखौटे* या *चेहरे* का प्रयोग करते हैं, तब वह सामान्यतः एक सामान्य मानवीय चेहरा नहीं होता। जब संस्कृत रंगमंच में मुँह को रँगा जाता है तो उस का प्रयोजन भी उसे सामान्य और वास्तविक जैसे लगने वाले मानवीय चेहरे से कुछ अलग दिखाना होता है। वह चेहरा कुछ अधि-प्राकृतिक या कहें कि मानवेतर लगने लगता है। यदि नाटक का उद्देश्य सत्य, हक़ीक़त या यथार्थ का अनुभूत्यात्मक अन्वेषण और सम्प्रेषण है तो उस के लिए मानवेतर जैसे लगने वाले चेहरे से क्या प्रयोजन सिद्ध हो सकता है?

दरअस्ल, सत्य या यथार्थ के कई स्तर और पहलू होते हैं और उन सब को किसी एक ही विधि से जाना या संप्रेषित नहीं किया जा सकता। प्रत्येक सत्य या यथार्थ मानवगम्य तो होना चाहिए, होता भी है, लेकिन वह केवल ऐन्द्रिक यथार्थ से बाधित नहीं होता—बल्कि केवल ऐन्द्रिक यथार्थ को मानव-चेतना की आत्मानुभूति और अभिव्यक्ति की सीमा मान लेने पर यथार्थ सपाट और इकहरा हो जाता है, जब कि वह वास्तव में इतना जटिल और संश्लिष्ट होता है कि कथित यथार्थवादी पद्धति से उस का अनुसन्धान, प्रस्तुति और सम्प्रेषण सम्भव ही नहीं हो सकते। भाषा में भी इसी लिए केवल अभिधा सब कुछ जानने-कहने में समर्थ नहीं होती। लक्षणा और व्यंजना शक्तियों का अधिष्ठान भाषा में इस लिए किया गया है ताकि वह उस जटिल, बहुआयामी और बहुरूपी सत्य की अनुभूति और अभिव्यक्ति में समर्थ हो सके जो अभिधा की पहुँच से परे है। वक्रता, अलंकार अथवा बिम्बों-प्रतीकों का प्रयोग केवल बाहरी सौन्दर्य की रचना के प्रयोजन से नहीं होता—वह तभी सार्थक और वास्तविक अर्थों में सौन्दर्यानुभूति करवाने में समर्थ होता है जब उस के माध्यम से हम उस सत्य से साक्षात्कार कर सकें जो अभिधात्मक भाषा की पकड़ से बाहर

रह जाता है। लक्षणा या व्यंजना अथवा बिम्ब-प्रतीक आदि केवल भाषा की ही अन्तर्निहित शक्तियाँ नहीं हैं। प्रकार-भेद से उन की उपस्थिति हर कला में देखी जा सकती है। जब नाटक या रंगमंच पर *मुखौटे* जैसे उपकरणों या कहें कि *आहार्य* अभिनय को महत्त्व दिया जाता है जो उस का वास्तविक प्रयोजन उस मानवेतर यथार्थ को मानवगम्य बनाना होता है, जो मानव-चेतना से तो नहीं, किन्तु, स्थूल मानवीय देह या मुखाकृति की सीमाओं से परे है।

आधुनिक विज्ञान का एक अत्यन्त महत्त्वपूर्ण और क्रांतिकारी निष्कर्ष यह है कि यथार्थ की तद्वत–*एज सच*–पहचान सम्भव ही नहीं है। यह बताया गया है कि हम जिस किसी माध्यम से यथार्थ को जानने का उपक्रम करते हैं, उस का माध्यम होना ही यथार्थ के हमारे ग्रहण को, यथार्थ की हमारी पहचान को और इस लिए सम्प्रेषण को भी अनिर्वायतः प्रभावित करता है अर्थात् हमारा जाना गया यथार्थ माध्यम से रूपान्तरित यथार्थ है। यह बात जितनी विज्ञान के बारे में सच है, उतनी ही कलाओं के सन्दर्भ में भी। इस लिए यथार्थ की पहचान की विभिन्न ऐन्द्रिक और भाषिक पहचानों की कोई एक विधि नहीं हो सकती। यदि माध्यम यथार्थ को नयी पहचान देता अर्थात् यथार्थ की नयी रचना करता है तो मानना होगा कि बिम्बों-प्रतीकों के माध्यम से जाना गया यथार्थ वही नहीं हो सकता जो अभिधा से जाना गया यथार्थ होता है। यदि हर यथार्थ को यथार्थवादी पद्धति से जानना और सम्प्रेषित करना सम्भव हो पाता तो साहित्य या कलाओं में *फैण्टेसी* के आविष्कार या प्रयोग की कोई सर्जनात्मक वैधता ही नहीं होती। यही बात नाटक या रंगमंच के बारे में भी कही जा सकती है। यदि केवल मानवाकृति के माध्यम से सब कुछ जाना और सम्प्रेषित किया जा सकता तो अभिनय के अन्य प्रकारों–विशेषतया वाचिक और आहार्य की कोई ज़रूरत ही नहीं पेश आती। लेकिन बहुत-कुछ है जो सामान्य मानवीय आकृति से इतर है। एक सीमा तक मानवीय मुख-मुद्राओं से उसे व्यंजित किया भी जा सकता है, लेकिन यह सीमा बहुत संकीर्ण और क्षणिक है। ऐसा बहुत-कुछ है जो मानवीय मुखाकृति की सीमाओं से परे है–किन्तु मानवीय चेतना से परे नहीं–और एक सीमा के बाद मानवीय मुखाकृति उसे सुदीर्घ अवधि तक सम्प्रेषित नहीं कर पाती। इस लिए मुखौटों या चेहरों के इस्तेमाल की सर्जनात्मक अनिवार्यता महसूस होती है, जिस के बिना हम नाट्यात्मक या अभिनयसम्भव यथार्थ के कई स्तरों और पहलुओं से अपरिचित रह जाने को विवश हो जाते हैं। इस लिए मुखौटा केवल उपकरण नहीं है, वह एक अभिनय-विधि है–आहार्य के अभिनय होने की वैधता का प्रमाण।

रंगमंच : समान्तर सम्प्रेषण-प्रक्रिया

प्रत्येक कला मूलतः सम्प्रेषणात्मक अन्वेषण है अर्थात् वह सर्जन भी है और अभिव्यक्ति अथवा सम्प्रेषण भी। हर कला का माध्यम सर्जन का माध्यम भी है और साथ ही सम्प्रेषण का भी। इस लिए स्वाभाविक ही है कि सम्प्रेषण के उपकरणों तथा उन में होने वाले परिवर्तनों का प्रभाव सम्प्रेषण की ही नहीं, सर्जन की प्रक्रिया और रूप पर भी पड़े। इस का तात्पर्य यही है कि प्रत्येक कला के माध्यम और उपकरण तथा उन में आने वाले परिवर्तन उस कला के स्वभाव और स्वरूप तथा उस की सम्प्रेषण-प्रक्रिया में भी कुछ-न-कुछ परिवर्तन अवश्य सम्भव करते हैं। प्रसिद्ध भौतिकीविद् हाइजेनबर्ग का निष्कर्ष है कि यथार्थ की हमारी पहचान अनिवार्यतः माध्यम से प्रभावित होती है अर्थात् जो भी यथार्थ हम तक पहुँचता है वह यथार्थ नहीं बल्कि एक माध्यम से गुज़र कर हम तक पहुँचा यथार्थ का रूप है। हम जिसे यथार्थ की तरह पहचानते हैं वह किसी न किसी माध्यम द्वारा *रूपान्तरित* यथार्थ है। दूसरे शब्दों में, इस का अर्थ यह है कि हम यथार्थ को कभी नहीं पहचान पाते; जो हम तक पहुँचता है, वह निरपेक्ष यथार्थ नहीं बल्कि किसी यन्त्र या माध्यम द्वारा देखा गया उस का वह रूप है जो यन्त्र या माध्यम के अपने स्वभाव से रचित है। दूसरे शब्दों में, यथार्थ की पहचान की हमारी प्रक्रिया ही हमारा यथार्थ हो जाती है और हम उसी का सम्प्रेषण कर रहे होते हैं। इस का सीधा तात्पर्य है कि कला-विधाओं के माध्यमों और उपकरणों में हुआ परिवर्तन कलागत यथार्थ के भी नये रूप और प्रक्रिया की सम्भावना को उजागर करता है।

मशीनीकरण और औद्योगीकरण की शुरुआत के साथ ही प्रत्येक कला-माध्यम और उस के उपकरणों पर भी इन दोनों प्रक्रियाओं का असर पड़ा है। कला न केवल अपने सम्प्रेषण के लिए, और इस लिए अपनी सर्जन-प्रक्रिया में भी—क्यों कि रचना-प्रक्रिया की अनुभूति ही वास्तविक सम्प्रेषण है—यन्त्र पर बहुत-कुछ निर्भर करने लगी है—बल्कि उसी कारण एक उद्योग का रूप भी धारण करने लगी है और उस के इस तरह उद्योग होते चले जाने ने उस की

प्रक्रियाओं को प्रभावित किया है। छापाखाने ने भाषिक माध्यम वाली कलाओं और श्रव्य-दृश्य मीडिया ने संगीत और दृश्य-कलाओं में जो परिवर्तन घटित किए हैं, उन पर अलग से चर्चा करने का अवकाश यहाँ नहीं है। लेकिन एक सामान्य प्रभाव सभी पर एक-सा पड़ा है और उसे न केवल हम समकालीन सम्प्रेषण की एक सामान्य प्रवृत्ति के रूप में पहचान सकते हैं बल्कि उसी के परिप्रेक्ष्य में रंगमंच की एक ऐसी विशिष्ट प्रवृत्ति को पहचान सकते हैं जो आज के सन्दर्भ में रंगमंच की एक महती भूमिका और सार्थकता को रेखांकित करती है। दरअस्ल, मीडिया के सभी रूप कलाकृति और उस के गृहीता समाज की ग्रहण-प्रक्रिया के बीच एक अनावश्यक हस्तक्षेप है, क्यों कि ये सम्प्रेषण को दो मानव-व्यक्तित्वों के बीच एक सहज मानवीय प्रक्रिया नहीं रहने देते। सम्प्रेषण-प्रक्रिया में मानवीय उपस्थिति एक अनिवार्यता रहती आयी है, लेकिन अब मानवीय उपस्थिति का स्थान यन्त्र ने ले लिया है। छपा हुआ शब्द या टेपांकित ध्वनि या दृश्य मानवीय उपस्थिति का स्थान नहीं ले सकता। मानवीय माध्यम और यन्त्र के माध्यम से होने वाली सम्प्रेषण-ग्रहण प्रक्रिया का स्वरूप और प्रभाव एक सरीखा नहीं हो सकता। सम्प्रेषण के यन्त्रीकृत होते चले जाने की प्रक्रिया ने सम्प्रेषण के रूप और प्रकार में भी परिवर्तन घटित किए हैं। यदि आज कलाकृति को एक रूपात्मक अनुभूति की बजाय *डिसकोर्स* माना जाने लगा है तो यह कहीं-न-कहीं सम्प्रेषण प्रक्रिया में आए उन संरचनागत परिवर्तनों के भी कारण है जिन्हें इस प्रक्रिया में यन्त्र की उपस्थिति और सक्रिय हस्तक्षेप ने सम्भव किया है।

रंगमंच को सभी कला-प्रकारों का समन्वय कहा जा सकता है और इस नाते वह सभी कला-रूपों के उपकरणों में आये परिवर्तनों का भी इस्तेमाल करता है, लेकिन अन्य कला-रूपों और उस में एक बुनियादी फ़र्क़ इस में है—और यही वह चीज़ है जो रंगमंच को उस का विशिष्ट चरित्र देती है—कि उस का आधार सक्रिय मानवीय उपस्थिति है। मनुष्य स्वयं माध्यम हो सकता है, इस बात के कई निहितार्थ हो सकते हैं, लेकिन फिलहाल हमारा अभिप्रेत इस बात की ओर संकेत करना मात्र है कि रंगमंच एक ऐसा कलारूप है जिस में सभी तकनीकी उपकरणों का इस्तेमाल कर सकने का सामर्थ्य तो है पर जिस की सम्प्रेषण-प्रक्रिया में सक्रिय मानवीय उपस्थिति का स्थान यन्त्र नहीं ले सका है। टी.वी. या फिल्म अपनी प्रक्रिया और प्रभाव में कभी रंगमंच नहीं हो सकते, इस लिए वे मूलतः रंगमंच से अलग स्वायत्त विधाएँ हैं जो रंगमंच के कलाकारों का लाभ तो ले सकती हैं, पर रंगमंच का स्थान नहीं ले सकतीं। सक्रिय मानवीय उपस्थिति के बिना रंगमंच सम्भव ही नहीं है, यह बात जहाँ एक ओर रंगमंच की पहुँच को फिल्म आदि के मुकाबले मर्यादित करती है, वहीं उस के एक विशिष्ट सामर्थ्य को भी रेखांकित करती है, क्यों कि इसी के चलते रंगमंच आज की उत्तर-आधुनिक सम्प्रेषण परिस्थिति में एक समान्तर सम्प्रेषण-प्रक्रिया हो सकता है।

मीडिया ने कलाओं को एक मनोरंजन उद्योग में बदल दिया है। मीडिया का

स्वभाव और ज़रूरत भी इसी प्रकार की है। उस की विशेषता ही यह है कि वह एक साथ एक बड़े जनसमूह तक पहुँच सकता है और जितना बड़ा यह जनसमूह होगा, उतना ही उस का व्यापार बढ़ता जाएगा। इस लिए वह कला के अन्तरंग स्वरों की उपेक्षा करता और अधिकाधिक बड़े जनसमूह तक पहुँचने के लिए कलाओं का इसी उद्देश्य से इस्तेमाल करता है जिसे वह *मास कल्चर* कहता है। कुछ लोग तर्क देते हैं कि पहले भी तो कलाओं का एक लोकरूप होता था जो बड़े जनसमूह तक पहुँचता था। लेकिन तब हम भूल रहे होते हैं कि लोककला का मतलब था कला-प्रक्रिया में लोक-सहभागिता और इस *लोक* का एक चेहरा होता था, उस का अपना व्यक्तित्व होता था, उस के अपने संस्कार और विश्वास होते थे, उपकरण होते थे जिन के आधार पर लोक-कलारूपों का विकास होता था। मीडिया द्वारा जिस *मास कल्चर* को प्रसारित किया जाता है, उस में इस *मास* का कोई चेहरा और व्यक्तित्व, विश्वास और संस्कार तथा स्थानीय उपकरण कोई सहभागिता या सक्रिय भूमिका नहीं निभाते। *मास* एक व्यक्तित्वविहीन निष्क्रिय असहाय ग्राहक है जो मीडिया के बहाव में बह जाने को विवश कर दिया जाता है। इस तरह लोककला जहाँ लोक को उभारने का माध्यम है, वहीं *मास कल्चर* उसे डुबाने का। यही सम्प्रेषण की उत्तर-आधुनिक परिस्थिति है।

रंगमंच इस परिस्थिति में एक समान्तर कला-प्रक्रिया इस लिए हो सकता है कि यह वैद्युतिक मीडिया के *वैश्वीकरण* और बाजारीकृत *मास कल्चर* से मुक्त रह कर सक्रिय मानवीय उपस्थिति के माध्यम से किया जाने वाला सम्प्रेषण है। रंगमंच अपने स्वभाव से एक तात्कालिक प्रक्रिया है जिस का प्रयोजन अपने सम्मुख उपस्थित दर्शक-समूह तक तत्काल पहुँचना है। यही वह माध्यम है जो टी.वी. या फिल्म आदि के मुकाबले स्थानीय परिवेश और संस्कृति से सीधे जुड़ सकता है। इस लिए यह *वैश्वीकरण* के नाम पर हो रहे सांस्कृतिक अतिक्रमण से कलात्मक संघर्ष की ही एक प्रक्रिया है। कह सकते हैं कि यह *वैश्वीकरण* की अमानवीय प्रक्रिया के सम्मुख स्थानिकता का सत्याग्रह है।

मीडिया अपने प्रबन्धन में केन्द्रीकरण की ओर ले जाता है और अपने विपणन में सार्वभौमीकरण की ओर। यह पूँजीवादी प्रक्रिया का वफादार सांस्कृतिक एजेंट़ है। दूसरी ओर, रंगमंच अपने प्रबन्धन, प्रक्रिया और प्रभाव में अनिवार्यतः स्थानीय है। इस लिए मीडिया अपने स्वभाववश एकरूपता की ओर ले जाता है और रंगमंच एक समान्तर प्रक्रिया के रूप में सांस्कृतिक विविधता या बहुलता की ओर। यह मूलतः एक विकेन्द्रीकृत कलारूप है। दरअस्ल, मीडिया के द्वारा प्रचारित होने की वजह से रंगमंच में भी एक प्रकार का केन्द्रीकरण विकसित होने लगा है जो इस के मूल स्वभाव के विरुद्ध है। पिछले कुछ वर्षों से हमारा रंगकर्म कुछ बड़े नगरों और उन में काम करने वाले रंगकर्मियों में ही केंद्रित हो गया लगता है—इस अर्थ में कि उन के द्वारा

किए जाने वाले काम को ही सार्थक समझा जाता है और अन्य जगहों पर स्थानीय कलाकारों द्वारा किया गया काम अधिकांशतः उपेक्षित रहता है। स्थानीय स्तर पर सक्रिय प्रतिभाशाली रंगकर्म की पहचान न हो पाने के कारण उन के योगदान का सम्यक् मूल्यांकन नहीं हो पाता। कुछ बड़े केन्द्रों पर सभी साधनों की उपलब्धता के बावजूद साधारण कोटि के नाट्य-प्रदर्शनों को जो प्रचार मिल जाता है, उस का शतांश भी छोटे स्थानों पर साधनहीनता के बावजूद उत्कृष्ट कोटि के प्रदर्शनों को नहीं मिलता। इस का नतीजा यह होता है कि स्थानीय रंगकर्म हतोत्साहित होता है या बड़े केन्द्रों से अपनी मान्यता का मुहताज बना रहता है।

लेकिन रंगमंच मूलतः मानवीय व्यवहार की अनुकृति के आधार पर विकसित होता है, इस लिए उस का उत्स किसी-न-किसी विशेष भाषिक-सामाजिक-प्राकृतिक परिस्थिति में है। हम अपनी स्थानीय नियति से गुजर कर ही अपनी सार्वकालिक या सार्वभौमिक नियति का साक्षात्कार कर सकते हैं। रंगमंच की विभिन्न परम्परागत शैलियाँ किसी-न-किसी विशेष सम्प्रेषण परिस्थिति की उपज हैं, जिन के साथ वैद्युतिक मीडिया का सार्वभौमिक स्वभाव न्याय नहीं कर पाता। इस लिए जब हम रंगमंच को एक समान्तर सम्प्रेषण कर्म की तरह देखना चाहते हैं तो उस के स्थानीय चरित्र को उभारना और उसे समुचित महत्त्व देना जरूरी होगा।

लेकिन रंगमंच के स्थानीय चरित्र को उभारने का तात्पर्य उसे अन्य शैलियों से अलग नहीं, बल्कि भारतीय रंग-परम्परा की एक स्थानीय अभिव्यक्ति की तरह देखना है। भारतीय रंगकर्म की विभिन्न परम्पराओं का विस्तृत एवं सूक्ष्म अध्ययन करने वाले विद्वान अध्येता जिन सामान्य निष्कर्षों तक पहुँचते हैं उन में एक तो यही है कि भारतीय रंगकर्म में शास्त्र और लोक के बीच कोई आत्यन्तिक भेद नहीं है—यह वर्गीकरण केवल विश्लेषण की सुविधा के लिए है, अन्यथा *शास्त्रधर्मी* और *लोकधर्मी* परम्पराएँ सदैव एक-दूसरे में प्रवेश करती रही हैं। देश के विभिन्न हिस्सों में अलग-अलग युगों में विकसित लोक-परम्पराओं की नाट्य-संवेदना में बहुत-सी बातें संस्कृत रंगमंच के तत्त्वों का ही स्थानीय रूपान्तर लगती है। इस लिए जब हम रंगमंच के स्थानीय चरित्र को उभारने की बात करते हैं तो वह प्रकारान्तर से भारतीय रंगमंच को उभारना ही है—एक व्यक्तित्वहीन *मास कल्चर* के सम्मुख।

लेकिन भारतीय रंग-परम्परा का अर्थ कुछ नाट्य-युक्तियों का दोहराव नहीं है। परम्परा की प्रासंगिकता या समकालीनता परम्परा में निहित भाव-दृष्टि के समकालीन नवरूपायन में है। परम्परा तभी सार्थक है जब वह समकालीन चुनौतियों का रचनात्मक प्रत्युत्तर देने में समर्थ हो। इस लिए मुख्य बात युक्तियाँ या पद्धतियाँ नहीं, बल्कि वह भाव-दृष्टि है जो उन का मुख्य स्रोत है। सभी कलाएँ या तो दिक् पर आधारित होती हैं या काल पर। रंगकर्म ऐसी कला है जो दिक् और काल दोनों पर एक साथ आधारित है, इस लिए वह दृश्य-काव्य है। भारतीय रंग-परम्परा के

सम्यक् बोध के लिए इसी कारण दिक्काल के भारतीय बोध का अनुभावन जरूरी है। रंग-परम्परा का मूल स्रोत शैलियों में नहीं, दिक्काल के उस बोध में है जिस में सभी कालों और भुवनों में समक्षणिकता है और एक काल और भुवन से दूसरे काल और भुवन में प्रवेश सहज सम्भव है। इस रंग-परम्परा में मानव देह केवल अभिव्यक्ति का नहीं, विदेह के बोध का माध्यम बन जाती है। अभिनय एक प्रकार से साक्षीभाव की साधना एक योगप्रक्रिया हो जाता है और दर्शक का इस प्रक्रिया से गुजरना ही साधारणीकरण है। किन्तु यदि आज हमारी सामाजिक और सम्प्रेषण परिस्थिति में बदलाव आ गया है, तो हमें मूल भाव-दृष्टि और नाट्य-संवेदना के आधार पर समकालीन अभिनय-शैली, रंग-प्रक्रिया और युक्तियों के आविष्कार की ओर सचेष्ट होना होगा।

दरअस्ल, समकालीन नाट्य-लेखन और पारम्परिक सम्प्रेषण-संरचना के बीच किसी गहरी सर्जनात्मक अन्तःक्रिया के संकेत नहीं मिल रहे हैं। अभी तक जिस तरह के नाटक ऐसे प्रयोगों में उठाए गए हैं उन का सम्बन्ध अधिकांशतः लोककथाओं या पौराणिक कथानकों से है। देह को केवल अभिव्यक्ति का माध्यम मानने वाली संस्कृति की अभिनय-परम्परा और देह को विदेह होने की भावभूमि मानने वाली संस्कृति की अभिनय-परम्परा में भेद होना स्वाभाविक है और उतना ही स्वाभाविक है इन दोनों परम्पराओं के समकालीन रूपायन में अन्तर होना।

यहाँ एक और सवाल की ओर ध्यान जाना स्वाभाविक है। कहा जा सकता है कि भारतीय रंग-दृष्टि मूलतः रस-निष्पत्ति के सिद्धान्त से प्रेरित है और उस में समकालीन जीवन के तनावों और जटिलताओं के लिए उतनी गुंजाइश नहीं है, जितनी हमें पश्चिम के विवेचन-सिद्धान्त में दिखायी देती है और इस लिए जीवन की जटिलताओं, तनावों और समस्याओं को भारतीय रंग-दृष्टि में समाहित नहीं किया जा सकता। लेकिन यह एक प्रकार का सरलीकरण ही लगता है। संस्कृत नाटकों की अभिनय-शैली में अनेक स्थलों पर जिस प्रकार के जटिल और तनावपूर्ण अनुभवों को अभिव्यक्ति मिली है, वह इस आरोप का प्रत्याख्यान करने के लिए पर्याप्त है। विरेचन की प्रक्रिया एक प्रकार से भाव-शुद्धि या चित्त-शुद्धि की प्रक्रिया है और रस-निष्पत्ति तो उस से आगे की मंजिल है, अतः रस-निष्पत्ति की प्रक्रिया में विरेचन-प्रक्रिया स्वयमेव समाहित हो जाती है। इस लिए समकालीन सम्प्रेषण-परिस्थिति में अपनी परम्परा के समकालीन एवं स्थानीय रूपायन के माध्यम से ही रंगकर्म एक ऐसे समान्तर सम्प्रेषण-कर्म की हैसियत अख्तियार कर सकता है जो न केवल वैश्वीकरण और केन्द्रीकरण के सम्मुख एक स्थानीय प्रतिरोध बन सकता हो बल्कि जिस में सम्प्रेषण अनिवार्यतः एक मानवीय प्रक्रिया बना रह सके।

रंग-परम्परा की प्रासंगिकता

पिछले कुछ अरसे में भारतीय बौद्धिक परिदृश्य में परम्परा पर विचार ने केन्द्रीय महत्त्व का स्थान प्राप्त कर लिया है। अभी कुछ वर्षों तक यह स्थिति थी कि परम्परा की बात करने वालों को वामपन्थी बुद्धिजीवियों में प्रतिक्रियावादी और आधुनिकतावादी बुद्धिजीवियों में पोंगापन्थी या आधुनिकता विरोधी कह कर उपहास का पात्र बनाया जाता था। लेकिन यह शायद औद्योगीकरण की विकृतियों और उस से जुड़े पश्चिमी आधुनिकतावाद से मोहभंग का ही एक परिणाम है कि भारतीय बौद्धिकों और कलाकारों में अपनी जमीन से जुड़ने का, अपनी परम्परा के स्रोत से शक्ति प्राप्त करने का आग्रह जोर पकड़ता गया है। लेकिन परम्परा के अतिशय उत्साह में यह खतरा भी बराबर बना रहता है कि हम वर्तमान की पूर्ण उपेक्षा कर एक अतीतजीवी पुनरुत्थानवाद बल्कि *फंडामेंटलिज्म* के शिकार हो जाएँ। इस लिए परम्परा की प्रासंगिकता पर विचार करते हुए बिल्कुल दूसरे छोर से विचार की शुरुआत करना शायद अधिक उपयोगी होगा—उस छोर से जिस का सम्बन्ध अतीत के स्वीकार से नहीं बल्कि उस के नकार से है। *परम्परा* और *अतीत का नकार*—बहुत से लोगों को इस समीकरण में विरोधाभास लग सकता है। लेकिन किसी भी चीज़ की प्रासंगिकता पर विचार करने का मतलब ही है बदली हुई परिस्थितियों में उस के बदलते हुए स्वरूप पर विचार, और यदि हम यह मान लेते हैं कि बदली हुई परिस्थितियों या नयी चुनौतियों के सम्मुख कोई चीज़ नया स्वरूप ग्रहण करती है या उसे ऐसा करना चाहिए तो इस नयी सर्जनात्मकता में किसी-न-किसी हद तक पुराने स्वरूप का नकार या उदार होकर कहें तो उस की सीमाओं का अहसास और उस के विस्तार की आकांक्षा प्रतिबिम्बित होती है।

संस्कृत के घोर परम्परावादी समझे जाने वाले एक पण्डित ने अपने से भी अधिक कट्टर परम्परावादी और शंकराचार्यों से भी अधिक प्रतिष्ठित एक धर्मगुरु से पूछा कि क्या बड़ी तेजी से बदलते समाज में वह आचार-पद्धति

टिकी रह सकेगी जो पिछले हजार-आठ सौ वर्षों से चली आ रही है। धर्मगुरु का जवाब था, *जो नहीं बच रहेगी, उस का न बचा रहना ही श्रेयस्कर होगा; पर पद्धति का रहना, न रहना कुछ मूल्य नहीं रखता। भाव का बना रहना ही नहीं, और बढ़ते रहना ही मूल्य रखता है और वह भाव सनातन है, नष्ट नहीं हो सकता। उस भाव के उल्लास के लिए कोई-न-कोई वटबीज बना रहेगा, वह वट-वृक्ष के रूप में प्ररोहित होता रहेगा और उस के एक पत्ते पर वह उल्लास खेलता रहेगा।* पद्धति नहीं, भाव महत्त्वपूर्ण है—परम्परा कोई पद्धति नहीं, भाव है—यह धारणा व्यक्त करने वाले धर्मगुरु और कोई नहीं स्वयं स्वामी करपात्री थे और जिन पण्डित ने उन से प्रश्न किया, वे हैं पण्डित विद्यानिवास मिश्र जो *परम्परा* को परिभाषित करते हुए यह स्पष्ट करते हैं कि परम्परा किसी विश्वास-समूह को ज्यों-का-त्यों सौंपने का पर्याय—ट्रेडीशन नहीं है बल्कि उस का अर्थ है पर अर्थात् *श्रेष्ठ या उत्तरवर्ती, उस का अतिक्रमण करने वाली श्रेष्ठतर उत्तरवर्ती धारा* और इस प्रकार *परम्परा निरन्तर परिवर्तन की प्रक्रिया को छोड़ कर कुछ नहीं है* और इसी लिए उस का एक रूप अतीत की उपेक्षा या नकार का भी है। विद्यानिवासजी लिखते हैं *परम्परा के इस अतीत की उपेक्षा करने वाले रूप को आज बहुत कम पहचाना जाता है, पर उसे पहचानना आज बहुत जरूरी हो गया है। हम पुनर्जागरण के स्वप्न में आविष्ट होकर अतीत के गौरव के मोह में फँस गए हैं। उस से हमारा उद्धार होना चाहिए।*

अतीत पद्धति है, परम्परा भाव है। भाव और पद्धति का सम्बन्ध रहता है जरूर—पर वह केवल भाव को सिद्ध करने या उसे पुष्ट करने के उद्देश्य से ही। लेकिन जब हम भाव की अवहेलना कर पद्धति से चिपट जाते हैं तो एक अर्थ में *फंडामेंटलिस्ट* हो जाते हैं। इस के विपरीत जब हम बदलती हुई परिस्थितियों के सम्मुख पद्धति की सीमाओं को समझ कर उस के रूप में परिवर्तन करते हैं तो हम परम्परा के सर्जनात्मक विकास में भागीदारी कर रहे होते हैं क्यों कि तब हम भाव को बचाने या उसे और पुष्ट करने के लिए नये रूपों का सर्जन कर रहे होते हैं। इस अर्थ में आधुनिकता परम्परा की विरोधी नहीं रहती बल्कि उस की प्रक्रिया का एक अनिवार्य तत्त्व हो जाती है। आधुनिकता का अर्थ ही है किसी परम्परा के सम्मुख इतिहास द्वारा प्रस्तुत चुनौतियों की पहचान के साथ-साथ उन शक्ति-स्रोतों की भी पहचान, जिन से कोई समाज इन चुनौतियों का रचनात्मक प्रत्युत्तर देने का सामर्थ्य पाता है। इस लिए परम्परा का अर्थ अतीत के चौखटे में वर्तमान को जड़ना नहीं है, और न ही वह वर्तमान की खिड़की से अतीत की ओर मुग्ध भाव से निहारना है। परम्परा की तलाश वर्तमान की दृष्टि से अतीत का नवीकरण नहीं है। परम्परा का अर्थ है बदलती हुई परिस्थितियों की चुनौती के सम्मुख एक सनातन जीवन-दृष्टि के अनभिव्यक्त आयामों और रूपों का ऐसा उद्‌घाटन जिन से वर्तमान भी सनातनता का एक आयाम हो जाता है। लेकिन, वह जीवन-दृष्टि, वह भाव क्या है जिसे हम अपनी परम्परा

या भारतीयता कह सकें? उस की तलाश हम कहाँ करें? क्या उस की तलाश में हमें उन शास्त्रों के पास जाना होगा जो अनिवार्यतया अतीत की पद्धतियों का वर्गीकरण करते और और रूढ़ियाँ बनाते हैं? हाँ, उन वर्गीकरणों के पीछे एक भाव-दृष्टि जरूर रहती है, पर शास्त्रवचन को प्रमाण मानने के कारण हम वर्गीकरण यानी पद्धति से भी उतना ही जुड़ जाते हैं जितना भाव से—बल्कि शायद भाव से भी अधिक पद्धति से क्यों कि शास्त्रीय वर्गीकरण में तो हम एक निश्चित पद्धति में ही भाव की कल्पना कर पाते हैं। लेकिन यदि परम्परा मूलतः एक भाव-दृष्टि है तो उसे समझने के लिए शास्त्र के बजाय लोक-चित्त के पास जाना ही अधिक उपयुक्त है—बाद में चाहें तो शास्त्र से भी उसे प्रमाणित करते रह सकते हैं—बल्कि केवल लोक-संवेदना ही तो इस बात का साक्ष्य दे सकती है कि परम्परा यानी एक विशिष्ट भाव-दृष्टि मृत अतीत नहीं, जीवित वर्तमान है। जो भाव-दृष्टि शास्त्र में है, पर लोक-संवेदना में नहीं है, वह परम्परा कहलाने की हकदार नहीं हो सकती—और फिर कलाकारों के लिए तो शास्त्र के बजाय संवेदना ही आधारभूत प्रमाण हो सकनी चाहिए। उन के लिए परम्परा शास्त्र में नहीं, लोकचित्त की बनावट और प्रक्रिया में ही खोजी जानी चाहिए और यहाँ यह सुखद है कि स्वयं शास्त्र भी अपने से अधिक मान्यता लोक को देता है।

जीवन के प्रति सामान्य भारतीय व्यक्ति का क्या भाव है? वह किस प्रकार का जीवन जीता और जी नहीं सकता तो जीना चाहता है? अपने से इतर के साथ वह किस प्रकार का रिश्ता महसूस करता है? अगर इन प्रश्नों पर थोड़ा भी विचार किया जाए तो यह बात स्पष्ट रूप से उजागर होती है कि सामान्य भारतीय व्यक्ति—चाहे उस के दार्शनिक-धार्मिक विश्वास कुछ भी हों—जीवन को एक साधना, धर्म या यज्ञ मानता है। उस का जीवन भौतिक अर्थों में केवल अपने लिए नहीं है। बदलती हुई परिस्थितियों के परिणामस्वरूप आ गयी बहुत-सी विकृतियों के बावजूद एक भारतीय व्यक्ति के लिए जीवन आज भी एक ऋण-शोधन है जिस में वह समस्त चराचर के प्रति आत्मीयता अनुभव करता और उस के प्रति अपने कर्तव्यों को समझता और उन का दायित्व वहन करना चाहता है। जीवन के सभी रिश्ते गहरे स्तर पर एक नैतिक बल्कि आध्यात्मिक चेतना से प्रसूत हैं और इन सब रिश्तों और उन के निर्वाह के तनाव के बीच आनन्द की अनुभूति ही जीवन का श्रेय है। यह भाव केवल शास्त्र में ही नहीं बल्कि एक सामान्य भारतीय व्यक्ति के मन में भी सदैव बना रहता है कि अपने पारिवारिक और सामाजिक कर्त्तव्यों के निर्वाह में ही जीवन की सार्थकता है—यद्यपि ये रिश्ते अपने-आप में लक्ष्य नहीं हैं पर इन के माध्यम से ही उस लक्ष्य की साधना की जा सकती है जो जीवन का श्रेय है। एक भारतीय व्यक्ति के लिए जीवन इस लिए सुख की नहीं, आनन्द की साधना है—सभी कष्टों-पीड़ाओं में से गुजरते हुए भी आनन्द की साधना। इसी लिए एक औसत भारतीय अपने जीवन में आ गयी तमाम तरह की विकृतियों के बावजूद आज भी बहुविध जीवन में एकत्व

की या कहें कि एकात्मकता की बहुविध साधना करता है क्यों कि अपने से इतर के साथ इस एकात्मकता के भाव से ही सभी कर्त्तव्य प्रसूत होते हैं। भारतीय जीवन इस लिए पार्थिव में दिव्य की, मूर्त में अमूर्त की, रूप में अरूप की, सान्त में अनन्त की, सगुण में निर्गुण की, पिण्ड में ब्रह्माण्ड की, व्यक्त में अव्यक्त की, दृश्य में अदृश्य की, दिक् में दिग्विहीनता और काल में कालातीत की, वैयक्तिक में निर्वैयक्तिक की और जीवन के सभी तनावों-व्यापारों में आध्यात्मिक शान्ति की, देह में विदेह की साधना है। यह बहुत सम्भव है कि बहुत-से भारतीय लोग इस भाव को एक बौद्धिक प्रत्यय या धारणा के रूप में इस प्रकार न रखें लेकिन जिस तरह का जीवन वे जीते हैं या परिस्थितियों की विपरीतता के बावजूद जीना चाहते हैं, उस से यह स्पष्ट हो जाता है कि वे आचार-पद्धतियों के परिवर्तन के बावजूद जीवन के प्रति इस भाव-दृष्टि से आज भी प्रेरित या संचालित हैं।

जीवन को एक साधना मानने का तात्पर्य है उस के सभी स्थूल-सूक्ष्म रूपों और पक्षों को भी इस साधना के विविध रूप या पक्ष मानना। इसी कारण भारतीय परम्परा में साहित्य और अन्य कलाएँ भी साधना का, योग का ही एक प्रकार हैं जिन के माध्यम से हम सभी मूर्त रूपों से गुजरते हुए एक अमूर्त आनन्द तक पहुँचते हैं। भारतीय सौन्दर्यशास्त्र के केन्द्र में रस को इस लिए स्वीकार किया जाता है कि वह वैयक्तिक से निर्वैयक्तिक और सुख-दुःख से आनन्द की मनोभूमि तक, भयंकर और बीभत्स से भी रसदशा तक पहुँचने की साधना का सिद्धान्त माना गया है। रस के वर्गीकरण अर्थात् पद्धति की प्रासंगिकता को लेकर वाद-विवाद हो सकता है—लेकिन जैसा कि हम ने प्रारम्भ में ही स्पष्ट किया था, परम्परा पद्धति नहीं, भाव है। दूसरे शब्दों में, इस का तात्पर्य यही हुआ कि रस के औचित्य-अनौचित्य पर होने वाली सारी बहस के बावजूद साहित्य या रंगमंच एक औसत भारतीय के लिए आनन्द-साधना है—जीवन के मूर्त यथार्थ से गुजरते हुए एक अमूर्त आनन्द की उपलब्धि। वही रसदशा है, जिसे आप चाहें तो कोई और नाम दे दें।

लेकिन यह रसानुभूति तो सभी साहित्य विधाओं और कलाओं के केन्द्र में है। तब वह क्या चीज़ है जो रंगमंच की अपनी विशिष्ट परम्परा है? वह क्या भाव-दृष्टि है जिसे हम रंगकर्म की भारतीय दृष्टि या भारतीय रंग-परम्परा कह सकते हैं? दूसरे शब्दों में, क्या कोई ऐसी चीज़ भी है जिसे हम इस बहुलवादी संरचना वाले समाज में भारतीय नाट्य-संवेदना कह सकते हैं क्यों कि भारतीय रंगकर्म की मोटे तौर पर देखें तो कोई एक परम्परा नहीं है—बल्कि कई परम्पराएँ अलग-अलग इलाकों में एक साथ प्रवहमान दिखायी देती हैं? क्या संस्कृत रंगमंच की शास्त्रीय परम्परा और विभिन्न लोक-परम्पराओं को भी हम कोई एक परम्परा कह सकते हैं और क्या ये परम्पराएँ आज भी भारतीय चित्त का स्पन्दनमय हिस्सा हैं?

भारतीय रंगकर्म की विभिन्न परम्पराओं का विस्तृत एवं सूक्ष्म अध्ययन करने

वाले विद्वान अध्येता जिन सामान्य निष्कर्षों पर पहुँचते हैं उन में एक तो यही है कि भारतीय रंगकर्म में शास्त्र और लोक के बीच कोई आत्यन्तिक भेद नहीं है—यह वर्गीकरण केवल विश्लेषण की सुविधा के लिए है, अन्यथा *नाट्यधर्मी* और *लोकधर्मी* परम्पराएँ सदैव एक-दूसरे में प्रवेश करती रही हैं। देश के विभिन्न हिस्सों में अलग-अलग युगों में विकसित लोक-परम्पराओं की नाट्य-संवेदना में बहुत-सी बातें संस्कृत रंगमंच के तत्त्वों का ही स्थानीय रूपान्तर लगती हैं। लोकनाट्य के अधिकांश रूपों और संस्कृत रंगमच के अन्तस्सम्बन्धों पर विचार करते हुए कपिला वात्स्यायन का यह निष्कर्ष उल्लेखनीय है, *अधिकांश रूपों में काल और देश की अन्वितियों के सोद्देश्य निषेध में और इन्द्रध्वज पूर्वरंग की प्रारम्भिक परिपाटियों कथानक तथा उपकथानक में नाटक के विभाजन, सन्धियों के प्रयोग, नायक-नायिका तथा प्रतिनायक जैसे चरित्रों और सूत्रधार तथा विदूषक की भूमिकाओं के समावेश में संस्कृत नाटक की संरचनाओं और रीतियों के स्पष्ट चिह्न मिलेंगे।* इसी प्रसंग के अपने अध्ययन का समाहार करते हुए वह पुनः इस बात पर बल देती हैं,....*यद्यपि ऐसा लग रहा था कि संस्कृत भाषा और उस के रंगमंच की दी हुई एकरूपता लुप्त हो चुकी है तथा उस का स्थान भाषागत, विधागत और शिल्पगत अनेकता ने ले लिया है, तथापि उन नाट्य-रूपों की विषय-वस्तु और शिल्प के विभिन्न तत्त्वों का सूक्ष्म विश्लेषण करने पर ज्ञात होगा कि ये समस्त रूप एक मूलभूत एकता के सूत्र में बँधे हुए हैं ...इस के मार्गी तथा देशी या नाट्यधर्मी तथा लोकधर्मी पहलू एक ही सिक्के के दो पक्ष या एक ही केन्द्र वाले दो संकेन्द्रित वृत्त हैं। वृत्त के अक्ष में क्षेत्रीयता है और केन्द्र में भारतीयता जो पूरे वृत्त को बनाए रखती है और टूटने नहीं देती।*

बहुत-सी नाट्य-युक्तियाँ खोजी जा सकती हैं जो बहुविध भारतीय रंगमंच की एकता की ओर इशारा करती हों। लेकिन यहाँ इस मूल सवाल पर विचार अधिक जरूरी है कि इन सब बातों या युक्तियों को दोहराते रहना ही क्या भारतीय रंग-परम्परा की प्रासंगिकता या उस के सर्जनात्मक विकास को सिद्ध कर सकते हैं? अभी पिछले कुछ अरसे से पारम्परिक नाट्य-रूपों और उन की युक्तियों के प्रति जो आकर्षण देखने में आ रहा है, उस का कारण परम्परा के प्रति एक *फंडामेंटलिस्ट* आग्रह है या उस के सर्जनात्मक विकास के दबाव का अहसास? परम्परा के नाम पर जो रंगमंच हमारे सम्मुख प्रस्तुत किया जा रहा है वह अपनी सारी भव्यता और चकाचौंध के बावजूद अतीत की रंगशैलियों की एक कार्बनकापी है या एक जीवन्त अनुभव यानी ऐसा अनुभव जिस का आज के हमारे यथार्थ से भी एक घनिष्ठ रचनात्मक रिश्ता हो—जो हमारे आज के यथार्थ से गुजारते हुए हमें एक बृहत्तर यथार्थ तक ले जाता हो? परम्परा के नाम पर अतीत में आविष्कृत नाट्य-युक्तियों का दोहराव क्या युक्ति को अनुभव के स्तर तक ले जा पाने में कामयाब हो सकता है क्यों कि युक्ति जब तक समकालीन संवेदना का अंग नहीं बनती तब तक उस की प्रासंगिकता क्या संदिग्ध

नहीं बनी रहती?

परम्परा की प्रासंगिकता या समकालीनता, दरअस्ल, अतीत में प्रचलित पद्धति या युक्तियों के दोहराव में नहीं बल्कि परम्परा में निहित भाव-दृष्टि के समकालीन और नये रूपायन में है। जब यह कहा जाता है कि रूप अपना अर्थ स्वयं हो जाता है, तब इस से कहीं-न-कहीं यह भी प्रतिध्वनित होता है कि इसी लिए समकालीन अर्थ के लिए रूप का समकालीन होना भी उतनी ही सर्जनात्मक जरूरत है। परम्परा तभी सार्थक है जब वह समकालीन चुनौतियों का रचनात्मक प्रत्युत्तर देने में समर्थ हो और यह तभी सम्भव हो सकता है जब हम समकालीन परिस्थितियों में परम्परा का नया रूपायन सम्भव कर सकें।

भारतीय रंगकर्म की परम्परा का बोध इस लिए पारम्परिक युक्तियों या पद्धतियों में नहीं बल्कि उस भाव-दृष्टि में है जो उन का मुख्य स्रोत है। सभी कलाएँ या तो दिक् पर आधारित होती हैं या काल पर। रंगकर्म एक ऐसी कला है जो दिक् और काल दोनों पर एक साथ आधारित है, इसी लिए वह दृश्य-काव्य है। फिर भी चाक्षुष प्रभाव पर बल के कारण वह दिक् को विशेष दर्जा देती है। भारतीय रंग-परम्परा के सम्यक् बोध के लिए इसी कारण दिक्-काल के भारतीय बोध का अनुभावन जरूरी है। यदि भारतीय जीवन मूर्त में अमूर्त, सान्त में अनन्त, रूप में अरूप और देह में विदेह की साधना है तो वह दृश्य में अदृश्य और शब्द में मौन की साधना भी है। दिक् और काल के प्रति भारतीय बोध में भी क्या यही साधना प्रतिबिम्बित नहीं है? भारतीय नाटक और रंगमंच पर यदि दिक् और काल की एक रेखीय एकता को महत्त्व नहीं दिया गया तो यह कहीं दिक्काल के उस भारतीय बोध की ही वजह से तो नहीं है जिस में सभी कालों और भुवनों में समक्षणिकता है और एक काल और भुवन से दूसरे काल और भुवन में प्रवेश सम्भव है? दिक्काल का यह बोध ही रंगकर्म का—बल्कि किसी भी कला का मूल आधार हो सकता है क्यों कि प्रत्येक कला स्थूल स्तर इन दोनों में से एक और सूक्ष्म स्तर दोनों पर एक साथ आश्रित होती है क्यों कि सूक्ष्म स्तर पर दिक् और काल स्वयं एक हो जाते हैं। भारतीय रंगकर्म की विभिन्न मंचीय युक्तियाँ और अभिनय-शैली क्या दिक् के प्रति भारतीय संवेदना के विशेष प्रकार के बर्ताव का परिचय नहीं देतीं? क्या एक औसत भारतीय व्यक्ति का दिक् या स्पेस के साथ वैसा ही व्यवहार है जैसा एक आधुनिक पश्चिमी व्यक्ति का? एक भारतीय व्यक्ति दिक् या काल में अपने को कैसे स्थापित करता है—वह क्या ठीक उसी तरह है जिस तरह एक पश्चिमी आधुनिक व्यक्ति करता है? यदि भारतीय संवेदना में काल और दिक् का कोई विशिष्ट बोध है तो वह उस के रंगकर्म में न केवल प्रतिबिम्बित होगा बल्कि रंगकर्म की मूल आत्मा या भाव-दृष्टि भी वही होगा। उस के आधार पर अतीत में सम्प्रेषण की परिस्थिति के अनुरूप नाट्‌ययुक्तियों और अभिनय-शैलियों का आविष्कार और विकास होता रहा है। लेकिन

परम्परा का मूल स्रोत रंगमंचीय शैलियों में नहीं बल्कि दिक्काल के उस बोध में है जो दृश्य में अदृश्य का, रूप में अरूप का अनुभव सम्भव करता है। इसी परम्परा में देह केवल अभिव्यक्ति का नहीं, विदेह के बोध का माध्यम भी बन जाती है। देह को केवल अभिव्यक्ति का माध्यम मानने वाली संस्कृति की अभिनय-परम्परा और देह को विदेह होने की भाव-भूमि मानने वाली संस्कृति की अभिनय-परम्परा में भेद होना स्वाभाविक है और तब यह भी स्वाभाविक है कि इन दोनों परम्पराओं के समकालीन रूपायन में भी बुनियादी अन्तर होगा। किसी भी परम्परा की नाट्य-युक्तियाँ या शैलियाँ उस परम्परा की मूल भाव-दृष्टि का युगसंदर्भित रूपायन होती हैं। यदि आज हमारी सामाजिक और सम्प्रेषण परिस्थितियों में बदलाव आ गया या आ रहा है तो अतीत की शैलियों के बजाय हमें अपनी मूल भाव-दृष्टि और नाट्य-संवेदना के आधार पर समकालीन रंग-प्रक्रिया और शैलियों-युक्तियों का आविष्कार करना होगा। तभी सही अर्थों में एक समकालीन भारतीय रंगमंच का विकास सम्भव हो सकेगा। अतीत की शैलियों का अपना महत्त्व है, वे अभी भी एक विशेष नाट्यानुभव से हमें गुजारती हैं और कभी उन में समकालीन विषय-वस्तु को व्यंजित करने के कुछ सार्थक प्रयास भी होते रहे हैं—लेकिन वे हमारी समकालीन रंग-प्रतिभा की अपनी मौलिक उद्भावनाओं पर आधारित सर्जनात्मकता का प्रमाण नहीं हो पाते और समकालीन जीवन-सन्दर्भों की चुनौती का सीधा साक्षात्कार कम कर पाते हैं। परम्परा समकालीन रंगकर्म के लिए अतीत की शैलियों के दोहराव के बजाय अपनी मूल भाव-दृष्टि पर आधारित नयी नाट्य-शैलियों और रूपों के माध्यम से ही अपनी सर्जनात्मक प्रासंगिकता सिद्ध कर सकती है—लेकिन यह शायद परम्परा पर नहीं, हम पर अधिक निर्भर करता है। अज्ञेय की कविता कहती है :

कितनी दूर जाना होता है पिता से
पिता जैसा होने के लिए।

(उत्तर-मध्य क्षेत्र सांस्कृतिक केन्द्र द्वारा दिल्ली में आयोजित 'नेशनल थियेटर मीट' में पढ़ा गया पत्र।)

जातीय नाट्य-संवेदना का सवाल

साहित्य और कलाएँ किसी भी समाज या जाति के आत्म-साक्षात्कार और आत्मसर्जन की संवेदनात्मक प्रक्रियाएँ हैं। अपनी विशिष्ट पहचान के आविष्कार में जो जाति जितनी अधिक सक्रिय होती है, उस का साहित्य और कलाएँ उतनी ही अधिक समृद्ध और व्यक्तित्वसम्पन्न होती जाती हैं। यह बात रंगमंच जैसी उन कलाओं पर और भी अधिक लागू होती है, जो अपनी प्रक्रिया में ही सामाजिक या सामुदायिक चरित्र की हों। प्रत्येक कला एक विशिष्ट सम्प्रेषण-संरचना भी है। सम्प्रेषण शास्त्र की दृष्टि से यदि समाज को परिभाषित करने का प्रयत्न करें, तो एक सम्प्रेषण प्रणाली में बँधे हुए जनसमूह को एक समाज कहा जा सकता है। रंगमंच एक सम्प्रेषण-प्रक्रिया भी है, अतः, इस सम्प्रेषण-प्रक्रिया की विशिष्ट संरचनाओं से बँधा जनसमूह भी एक समाज कहला सकता है।

यहीं कला के जातीय चरित्र का सवाल भी उठता है। यदि हम एक परायी या अजनबी सम्प्रेषण-प्रक्रिया में अपने को पहचानने की कोशिश करते हैं—ज़ाहिर है कि प्रक्रिया अपने-आप में परिणाम भी है—तो उस में से गुजरने पर हम ठीक वही नहीं रह जाते, जो हम वास्तव में हैं, बल्कि हम अनजाने ही एक अन्य समाज होने लगते हैं। कहें कि हम एक मौलिक समाज होने के बजाय एक अनूदित समाज होने लगते हैं। जातीय चरित्र का एक और पहलू समकालीन यथार्थ और संवेदना से भी जुड़ा हुआ है, क्यों कि अपने समय की चुनौतियों का रचनात्मक प्रत्युत्तर हो पाने में ही जातीय चरित्र की प्रासंगिकता सिद्ध होती है।

नाटक और रंगमंच की समृद्ध संस्कृत परम्परा के बावजूद मध्यकाल में हिन्दी प्रदेशों में कुछ पारम्परिक लोक-कथानकों के अतिरिक्त सर्जनात्मक नाट्य-लेखन की कोई परम्परा नहीं दिखायी देती। इस लिए यह कुछ आश्चर्यजनक लग सकता है कि आधुनिक हिन्दी गद्य की रचनात्मकता सर्वप्रथम अपने को नाटक में अभिव्यक्त करती है। यह और भी आश्चर्यजनक है कि इस विधा

में आधुनिक युग की भारतेन्दु हरिश्चन्द्र जैसी हमारी प्रारम्भिक प्रतिभाओं में भी अपनी सर्जनात्मक चेतना पर पड़ने वाले विदेशी दबावों से मुक्ति की एक गहरी कोशिश दिखायी देती है। विक्टोरियन रंगमंच और भारत में उस के विकृत व्यावसायिक रूप पारसी रंगमंच की कुछ युक्तियों को अपनाने के बावजूद भारतेन्दु के नाटकों के केन्द्र में न केवल भारतीय समाज है, बल्कि उस को देखने और सम्प्रेषित करने वाली रंगदृष्टि भी मूलतः अपने आस-पास की पारम्परिक रंगशैलियों से विकसित है। सतही मनोरंजन को छोड़कर गहरे आत्म-साक्षात्कार की ओर उन्मुख होने वाले भारतेन्दु पर तत्कालीन यथार्थवाद के बजाय अपनी लोक-रंगचेतना का ही अधिक प्रभाव दिखायी देता है, जिस का सर्वोत्कृष्ट उदाहरण *अन्धेरनगरी* है।

नाटक के जातीय चरित्र की दृष्टि से भारतेन्दु के बाद जयशंकर प्रसाद का उल्लेख किया जा सकता है। पारसी रंगमंच के घटाटोप में भी प्रसाद की नाट्य चेतना अधिक सर्जनात्मक है। वह अपने समय और समाज को अपने पौराणिक-ऐतिहासिक प्रतीकों और अपनी नाट्य-संरचना में समझना चाहती है। इस लिए प्रसाद अपने नाटकों में यथार्थवादी ढंग की देशकाल की एकता के बन्धन को ही नहीं तोड़ते, वे मंच पर कुछ ऐसे दृश्यों की भी कल्पना करते हैं, जिन्हें यथार्थवादी तरीके से दिखाया ही नहीं जा सकता। दुर्भाग्य यह है कि एक लम्बे समय तक हमारा रंगमंच अपने यथार्थवादी पूर्वग्रहों के चलते प्रसाद की चुनौती का सामना करने से कतराता है और उन के नाटकों को साहित्यिक नाटक कह कर छुट्टी पा लेता है।

आश्चर्य तो यह है कि तत्कालीन रंगकर्म ने न केवल प्रसाद की ही अवहेलना की, बल्कि वह *ताँबे के कीड़े* रचने वाली भुवनेश्वर जैसी प्रतिभा को भी नहीं पहचान पाया, जिस में हमें उस *एब्सर्ड थियेटर* की एक झलक मिलती है, जो द्वितीय महायुद्ध के बाद बैकेट और आयनेस्को जैसे पश्चिमी नाटककारों में विकास पाता है। भुवनेश्वर जहाँ एक ओर यथार्थवादी ढाँचे से हटते हैं, वहीं दूसरी ओर उनकी भाषा अधिक आधुनिक और नाट्यात्मक है और उन में जीवन की निरर्थकता का नहीं, बल्कि उसे निरर्थक बनाने वाली प्रवृत्तियों का तीखा अहसास है। यह विडम्बना ही है, कि पश्चिमी एब्सर्ड नाटकों का हिन्दी में मंचन करने को उत्सुक हमारे रंगकर्मियों को भुवनेश्वर की याद बहुत कम आयी। पिछले अरसे में सत्यव्रत सिन्हा और भानुभारती के *ताँबे के कीड़े* के प्रदर्शन अपवाद ही हैं। इस दृष्टि से देखें तो आधुनिक हिन्दी रंगमंच अपने प्रारम्भिक दौर में किसी मौलिक रंगदृष्टि से प्रेरित होने के बजाय अपनी प्रक्रिया और प्रस्तुति में एक अनूदित रंगमंच ही अधिक जान पड़ता है और इस लिए यह दुखद होते हुए भी आश्चर्यजनक नहीं लगता कि न केवल उस दौर में वह अधिकांशतः अनुवादों पर आश्रित रहा, बल्कि आज भी उस का एक बड़ा हिस्सा अनुवादों पर ही जीवित रहना चाहता है। इस बात की अनदेखी नहीं की जा सकती कि हिन्दी

रंगमंच के मौलिक विकास के अभाव की वजह से ही नाटक-लेखन का भी सम्यक् विकास सम्भव नहीं हो सका। भारतेन्दु और प्रसाद के नाटकों का आमंचित रहना नाट्य-लेखन की आकांक्षा रखने वाले किसी भी लेखक के लिए निराशाजनक ही हो सकता था और इसी लिए तत्कालीन रंगकर्म के दबाव में जो नाटक लिखे भी गए—यथा लक्ष्मीनारायण मिश्र, रामकुमार वर्मा या उपेन्द्रनाथ 'अश्क' के नाटक—वे न केवल रंगकर्म के लिए कोई सर्जनात्मक चुनौती नहीं बन सके, बल्कि अपने समय की सामाजिक समस्याओं को भी सतही तौर पर ही छू पाए।

हिन्दी रंगमंच में कुछ मौलिकता और सर्जनात्मकता के चिह्न आजादी मिलने के बाद ही उभरते हुए दिखायी देते हैं और अन्य भारतीय भाषाओं के नाटकों के अनुवादों की प्रस्तुति के साथ-साथ धर्मवीर भारती और मोहन राकेश के नाटकों ने निश्चय ही एक रचनात्मक उत्तेजना का वातावरण बनाया और तत्कालीन कुछ श्रेष्ठ यथार्थवादी निर्देशकों ने उन के आधार पर कल्पनाशील और उल्लेखनीय प्रभावशाली प्रस्तुतियाँ भी दीं। इन नाटककारों में अपने समय के अन्तर्विरोधों से साक्षात्कार करते हुए कुछ बुनियादी सवालों से भारतीय मन की टकराहट और छटपटाहट मिलती है, लेकिन अपने रंगमंचीय विधान में ये नाटक भी मूलतः उसी पश्चिमी यथार्थवादी चौखट में बँधे हैं और शायद यही कारण रहा कि यथार्थवादी निर्देशकों द्वारा उन्हें बहुत सराहा भी गया।

लेकिन इन नाटककारों में भी अपनी पारम्परिक रंगशैलियों के प्रति कोई विशेष आकर्षण नहीं दिखायी देता और शायद यही कारण है कि हिन्दी रंगमंच के नये निर्देशकों की रुचि इन में कम होती गयी है। हम ने प्रारम्भ में कहा था कि प्रत्येक समाज एक विशिष्ट प्रकार की सम्प्रेषण-संरचना में दीक्षित होता है। हर समाज की सम्प्रेषण-ग्रहण की अपनी संरचनाएँ होती हैं जो सामुदायिक अवचेतन की सम्प्रेषण-प्रक्रिया का हिस्सा हो जाती हैं। कला मूलतः एक अनुभूत्यात्मक प्रक्रिया है, इसलिए यह आश्चर्यजनक नहीं लगता कि मूलतः पश्चिमी शैलियों में दीक्षित राष्ट्रीय नाट्य विद्यालय से निकली रंगकर्मियों की एक पूरी पीढ़ी अपने पारम्परिक नाट्य-रूपों और शैलियों की ओर आकर्षित दिखायी देती है। यह आकर्षण पश्चिमी तौर-तरीकों में दीक्षित एक सीमित दर्शक समुदाय के बजाय व्यापक समाज से जुड़ने की ललक का ही परिणाम नहीं है, बल्कि इस से पहले यह अपनी रंगभाषा में अपनी संवेदनात्मक पहचान को रचने की गहरी सर्जनात्मक विकलता का प्रमाण है। लेकिन इस विकलता की पहली झलक हमें राष्ट्रीय नाट्क विद्यालय से बाहर हबीब तनवीर जैसे रंगकर्मी में दिखायी देती है। छत्तीसगढ़ी लोक-कलाकारों के साथ उन के प्रयोगों ने हिन्दी रंगमंच के लिए नयी संभावनाएँ खोलीं और *चरणदास चोर* तथा *बहादुर कलारन* जैसी प्रस्तुतियों ने एक नये प्रकार के रंगमंच की ओर संकेत किया। ब.व. कारंत और भानुभारती जैसे कई निर्देशक अपने-अपने तरीके से पारम्परिक और लोक-रंगमंच तथा अभिनय

की विभिन्न शैलियों के साथ प्रयोग करते हुए एक ऐसा रंगमंच विकसित करने का प्रयास करते हुए दिखायी दे रहे हैं, जो अपनी बनावट और चरित्र में हिन्दी का अपना रंगमंच हो।

इन प्रयोगों के विस्तार में जाने का यह अवसर नहीं है, लेकिन यहाँ इस तरह के प्रयोगों की एक सीमा की ओर संकेत करना संगत होगा। अभी तक जिस तरह के नाटक इन प्रयोगों में उठाए गए हैं, उनका सम्बन्ध अधिकाशंतः लोककथाओं या पौराणिक कथानकों से है। आधुनिक नाट्य-लेखन और पारम्परिक सम्प्रेषण-संरचना के बीच ऐसी किसी गहरी सर्जनात्मक अन्तःक्रिया के संकेत नहीं मिल रहे हैं, जिस से किसी ऐसी आधुनिक नाट्य कृति का जन्म हो, जो लेखन और रंगशैली दोनों की दृष्टि से अपनी रंग-परम्परा का समकालीन विकास हो। यदि ऐसा नहीं होता है, तो पारम्परिक शैली पर आधारित रंगमंच केवल लोककथाओं की प्रस्तुति का माध्यम बन कर रह जाएगा—फिर चाहे हम उन कथानकों की कितनी भी आधुनिक व्याख्या करते रहें।

लेकिन क्या यह सम्भव है? क्या पारम्परिक शैली किसी आधुनिक कथानक को उस की समग्रता में प्रस्तुत कर सकती है? दरअस्ल, कोई भी समाज, एक परम्परा में होने के कारण ही एक समाज होता है। इस का अर्थ यह भी है कि आधुनिक होने के लिए भी हमें एक परम्परा में होना पड़ता है। आधुनिकता परम्परा का विलोम नहीं, बल्कि उसे जड़ता से बचाए रखकर निरन्तर गतिशील बनाए रखने वाली दृष्टि है। कह सकते हैं कि आधुनिकता एक परम्परा के सम्मुख प्रस्तुत ऐतिहासिक चुनौतियों की पहचान और उन के सर्जनात्मक प्रत्युत्तर के रूप में परम्परा का नवरूपायन है। यदि हम लोकशैलियों को हू-ब-हू या कुछ मिलाजुलाकर रंगमंच पर प्रस्तुत करते रहेंगे, तो उस से दर्शकों का मनोरंजन तो चाहे हो, पर केवल उन से गहरे स्तरों पर आत्म-साक्षात्कार सम्भव नहीं है। इन लोकशैलियों पर आधारित प्रस्तुतियों को देख कर बाहर निकलते हुए दर्शकों के चेहरों पर जिस तृप्ति का भाव होता है, वह अधिकांशतः रस-निष्पत्ति के आनन्द से उद्‌भूत नहीं, बल्कि मनोरंजन से प्राप्त तृप्ति होती है। बड़े नगरों के निवासियों को ये प्रस्तुतियाँ कुछ नवीनता और एक यथार्थवादी कठोर जीवन ढाँचे से कुछ पल के लिए मुक्ति का आभास तो देती हैं, लेकिन उसे अपने जीवन की जटिलताओं से गुजर कर किसी रस-निष्पत्ति का अनुभव नहीं देतीं।

यह अनुभव सम्भव है। लेकिन तब हमारा प्रयोजन लोकशैली की अधिकाधिक युक्तियों का प्रयोग करके प्रस्तुति को अधिक मनोरंजक और आकर्षक बनाना नहीं, बल्कि इन लोकशैलियों के पीछे सक्रिय भाव-दृष्टि को समझना और उस का नवरूपायन करने की ओर उन्मुख होना होगा। रंगमंच के सन्दर्भ में यह भाव-दृष्टि क्या है? क्या कोई ऐसी चीज़ है, जिसे हम इस बहुलवादी संरचना वाले समाज में *जातीय नाट्य-संवेदना* कह सकें?

रंग-परम्परा का मूल स्रोत रंगमंचीय शैलियों में नहीं, बल्कि दिक्काल के उस बोध में है, जिस में सभी कालों और भुवनों में समक्षणिकता है और एक काल और भुवन से दूसरे काल और भुवन में प्रवेश सम्भव है। भारतीय रंगकर्म की विभिन्न मंचीय युक्तियाँ और अभिनयशैली क्या दिक् के प्रति भारतीय संवेदना के किसी विशेष प्रकार के बर्ताव का परिचय नहीं देतीं? इस रंग-परम्परा में देह केवल अभिव्यक्ति का नहीं, विदेह के बोध का माध्यम बन जाती है। अभिनय एक प्रकार से साक्षी भाव की साधना, एक योग प्रक्रिया हो जाता है और दर्शक का इस प्रक्रिया से गुजरना ही साधारणीकरण है। यदि आज हमारी सामाजिक और सम्प्रेषण-परिस्थितियों में बदलाव आ गया है, तो अतीत की शैलियों के अनुकरण के बजाय हमें मूल भाव-दृष्टि और नाट्य-संवेदना के आधार पर समकालीन अभिनयशैली, रंग-प्रक्रिया और युक्तियों के आविष्कार की ओर सचेष्ट होना होगा।

यहाँ एक और सवाल की ओर ध्यान जाना स्वाभाविक है। कहा जा सकता है कि भारतीय रंग-दृष्टि मूलतः रस-निष्पत्ति के सिद्धान्त से प्रेरित है और उस में आधुनिक जीवन के तनावों और जटिलताओं की उतनी गुंजाइश नहीं है, जितनी हमें पश्चिम के विरेचन-सिद्धान्त में दिखायी देती है और इस लिए आधुनिक जीवन की जटिलताओं और तनावों को भारतीय रंग-दृष्टि में समाहित नहीं किया जा सकता। लेकिन यह एक प्रकार का सरलीकरण ही लगता है। संस्कृत नाटकों की अभिनयशैली में जिन गहरे तनावों और अन्तर्द्वन्द्वों में से गुजरने का अनुभव होता है, महाकाव्यों में अनेक स्थलों पर जिस प्रकार की जटिल अनुभूतियों को अभिव्यक्ति मिली है, वह इस आरोप का प्रत्याख्यान करने के लिए पर्याप्त है। के. एन. पणिक्कर की *कर्णभारम्* और *उरुभंगम्* की संस्कृत प्रस्तुतियाँ गहरे तनाव को व्यंजित करती हुई उस से उबारती हैं। विरेचन की प्रक्रिया एक प्रकार से भाव-शुद्धि या चित्त-शुद्धि की प्रक्रिया है और रस-निष्पत्ति तो उस से आगे की मंजिल है, अतः रस-निष्पत्ति की प्रक्रिया में विरेचन प्रक्रिया स्वयमेव समाहित हो जाती है।

(मध्यप्रदेश साहित्य परिषद् द्वारा अम्बिकापुर में आयोजित संगोष्ठी में पढ़ा गया आलेख।)

समकालीन सम्प्रेषण और रंगमंच

प्रत्येक कला स्वभावतः सत्य की खोज और उस की अभिव्यक्ति है, अतः स्वाभाविक ही वह सम्प्रेषणधर्मी भी है। इस लिए अपनी अभिव्यक्ति और सम्प्रेषण के लिए वह अपने स्वभाव के अनुरूप उपकरणों का उपयोग करती है—जिस का एक अर्थ यह भी हुआ कि प्रत्येक कलाविधा जिन उपकरणों के माध्यम से रची जाती है, अभिव्यक्त और सम्प्रेषित होती है वे बहुत हद तक उस कला-विशेष के स्वभाव और प्रभाव के निर्धारक तत्त्व हो जाते हैं। अतः सम्बन्धित माध्यम और उपकरणों में होने वाले परिवर्तन अपने से सम्बन्धित कलाविधा के स्वरूप और सम्प्रेषण में भी कुछ परिवर्तन घटित करते हैं। दूसरे शब्दों में, सम्प्रेषण परिस्थिति में परिवर्तन के साथ सम्बन्धित कला के स्वरूप और सम्प्रेषण में भी परिवर्तन होता है। कलामात्र का केन्द्रीय तत्त्व अनुभूति है और उस की पहचान भी कला-माध्यम के स्वरूप से प्रभावित होती है। अतः इन उपकरणों या माध्यम का स्वरूप और उस में घटित हो रहे परिवर्तन अनुभव के प्रति हमारी दृष्टि में कुछ जोड़ते हैं।

विभिन्न सम्प्रेषण माध्यमों में जो परिवर्तन हमारे काल में हुए हैं उन्होंने काफ़ी हद तक अपने से सम्बन्धित कलाओं को प्रभावित किया है। छापाखाने ने भाषिक माध्यम वाली कलाओं, रेडियो और ग्रामोफोन ने संगीत तथा फिल्म और टी.वी. ने दृश्य कलाओं में जो परिवर्तन किए हैं, वे इतने स्पष्ट हैं कि उन की अलग-अलग चर्चा करने की कोई आवश्यकता शायद नहीं है। इन बदलती हुई सम्प्रेषण परिस्थितियों के सन्दर्भ में रंगमंच की स्थिति पर विचार करने से पूर्व मैं यह स्पष्ट कर देना चाहूँगा कि रंगमंच एक प्रकार का *टीम वर्क* है और उस पर सभी पक्षों की दृष्टि से विचार होना चाहिए। लेकिन इस विधा से मेरा जुड़ाव मुख्यतः एक लेखक के रूप में रहा है, अतः मैं जो कुछ कहूँगा उस की सीमा भी काफ़ी स्पष्ट है।

सम्प्रेषण की समकालीन परिस्थितियों ने सभी कलाविधाओं पर उन की स्वभावगत विशेषताओं की सीमा में कई प्रकार के प्रभाव डाले हैं; लेकिन,

एक सामान्य प्रभाव सभी पर एक-सा पड़ा है और उसे हम न केवल समग्र समकालीन सम्प्रेषण की एक सामान्य प्रवृत्ति के रूप में पहचान सकते हैं बल्कि उसी के परिप्रेक्ष्य में रंगमंच की एक ऐसी विशिष्ट प्रवृत्ति को रेखांकित कर सकते हैं जो उसे अलग से एक और सार्थकता देती है। मैं समकालीन सम्प्रेषण की जिस सामान्य प्रवृत्ति की ओर संकेत करना चाहता हूँ वह है सजीव मानवीय उपस्थिति का अभाव। आधुनिक परिस्थितियों से पूर्व सम्प्रेषण दो सजीव उपस्थितियों में घटित होने वाली प्रक्रिया था, लेकिन, अब वह एक निर्जीव वस्तु और एक सजीव के बीच घटित होने वाली प्रक्रिया है। छपा हुआ शब्द और रिकार्ड की हुई ध्वनि सजीव मानवीय उपस्थिति का प्रभाव नहीं उत्पन्न कर सकती। यह तो शायद नहीं कह सकते कि सिर्फ़ इसी के कारण, लेकिन इस परिवर्तन के कारण भी, एक सहज मानवीय प्रक्रिया का काफी हद तक यन्त्रीकरण हुआ है, जिस ने उस हद तक इस प्रक्रिया का विमानवीकरण भी किया है क्यों कि उस में एक तरफ की मानवीय उपस्थिति का स्थान एक यन्त्र ने ले लिया है। ऐसी परिस्थिति में यह सम्भव नहीं हो सकता था कि दूसरे पक्ष की ग्रहण-प्रक्रिया पर इस का कोई असर होता ही नहीं। कहीं ऐसा तो नहीं है कि कला इस लिए जीवन के भाव को संस्कारित करने की प्रक्रिया न रह कर धीरे-धीरे ड्राइंगरूम या अजायबघर की चीज़ होती जा रही है। मुझे तो यह भी लगता है कि सम्प्रेषण के यन्त्रीकृत होते चले जाने की प्रक्रिया ने काफ़ी हद तक सम्प्रेष्य वस्तु को भी प्रभावित किया है। इस प्रक्रिया के सम्मुख समर्पण कर देने वाले लेखक-वर्ग में एक अनात्मीय वस्तुपरकता और एक ठण्डी तटस्थ मुद्रा का आग्रह प्रबल होता गया है जब कि मानवीय उपस्थिति की अनिवार्यता को महसूस करने वाले लेखकों की रचनाओं में आन्तरिकीकरण की प्रवृत्ति और आत्मीय स्वरों की ललक अधिक दिखायी देती है जो अन्य कारणों के अलावा कुछ हद तक प्रकारान्तर से सजीव मानवीय उपस्थिति के अभाव की क्षतिपूर्ति की कोशिश का मनोवैज्ञानिक प्रतिफलन लगती है।

इन परिस्थितियों में रंगमंच की विशिष्टता और सार्थकता पूरी उजागर हो जाती है। रंगमंच को परिभाषित करने के प्रयत्नों में अक्सर कहा जाता रहा है कि यह सभी कला-प्रकारों का एक समन्वय है, लेकिन सभी कलाओं की बदलती हुई सम्प्रेषण-प्रक्रिया के बावजूद रंगमंच की बुनियादी प्रक्रिया में परिवर्तन न होना इस बात की ओर संकेत करता है कि सभी कला माध्यमों का अपने उपकरणों के रूप में इस्तेमाल कर सकने का सामर्थ्य रखने के बावजूद वह उन सब से अलग एक विशिष्ट कला माध्यम है जिस का केन्द्रीय आधार सजीव मानवीय उपस्थिति है—बल्कि सक्रिय मानवीय उपस्थिति। रंगमंच का बुनियादी माध्यम मानव स्वयं है। इस से कहीं यह भी ध्वनित होता है कि मानव अस्तित्व स्वयं एक माध्यम हो सकता है। इस बात को दृष्टि में रख कर विचार करें तो कई और बातें झिलमिलाती हैं, पर उन पर ज्यादा चर्चा फिलहाल मूल बात से हट जाना होगा। लेकिन जब इतना तय हो जाता है कि सक्रिय मानवीय उपस्थिति के बिना रंगमंच ही सम्भव नहीं है और इस

लिए सम्प्रेषण की बदली हुई परिस्थितियों में अन्य कलाओं में जहाँ सम्प्रेषण प्रक्रिया में—और इस लिए सम्प्रेष्य वस्तु पर भी—यान्त्रिकता का बुनियादी असर पड़ा, वहाँ रंगमंच आधुनिक तकनीकी उपकरणों का इस्तेमाल करते हुए भी मूलतः एक मानवीय माध्यम के रूप में अपने को बचाने में समर्थ रहा, और इस लिए यह भी स्वाभाविक लगता है कि बहुआयामी विमानवीकरण और यन्त्रीकरण के विरुद्ध मानवीय संघर्ष के स्वरों का प्रभाव समकालीन नाटकों की एक प्रमुख थीम रहा।

साथ ही, यह कहना भी प्रसंगान्तर नहीं होगा कि सम्प्रेषण प्रक्रिया में यन्त्र के बढ़ते हुए प्रभाव ने रंगमंच पर भी एक ऐसी शैली के विकास को प्रेरणा दी जिस में मानव शरीर को भी यन्त्रवत् इस्तेमाल करना है। *फिजीकल थिएटर* में यान्त्रिकता के इस बढ़ते हुए मनोवैज्ञानिक दबाव का कुछ हद तक रंगमंचीय प्रतिफलन देखा जा सकता है। लेकिन जिस तरह ध्वनि, प्रकाश और रंगसज्जा की सारी आधुनिक तकनीक मानवीय उपस्थिति को नहीं मिटा सकी, वैसे ही *फिजीकल थिएटर* की यान्त्रिक शैली भी सजीव और सक्रिय मानव के माध्यम से ही अपने को प्रेषित कर सकी। नाटक या रंगमंच आज भी अपनी सारी साजसज्जा और अन्यान्य उपकरणों को हटा कर केवल मानवीय उपस्थिति के माध्यम से सम्प्रेषण कर सकता है।

इस दृष्टि से देखें तो समकालीन सम्प्रेषण-परिदृश्य में रंगमंच का महत्त्व और सार्थकता न केवल अलग से रेखांकित होते हैं बल्कि एक और बुनियादी बात की ओर हमारा ध्यान आकर्षित होता है कि निरन्तर बढ़ती हुई यन्त्रीकृत और विमानवीकृत सम्प्रेषण व्यवस्था के सम्मुख रंगमंच सही अर्थों में एक समान्तर सम्प्रेषण प्रक्रिया है। यही एक ऐसी सम्प्रेषण प्रक्रिया है जो ग्राहक पक्ष को सीधी प्रभावित करती और उस से सीधी प्रभावित होती है और इस लिए एक नाटक की हर प्रस्तुति एक कलाकृति है जो नाटक के प्रदर्शन के साथ ही समाप्त हो जाती है। उस का अस्तित्व तभी तक है जब तक दोनों पक्ष आमने-सामने हैं।

समकालीन परिस्थिति में रंगमंच की यह विशिष्ट सम्प्रेषण प्रक्रिया कुछ और बातों की ओर भी इंगित करती है, जिन्हें हम उसे फिल्म के समकक्ष रख कर बेहतर समझ सकते हैं। दोनों ही गतिशील दृश्य-कलाएँ हैं, लेकिन फिल्म का दृश्य-दृश्य का आभास है क्यों कि वह वस्तुतः पर्दे पर एक छाया है जब कि रंगमंच का दृश्य एक यथार्थ। यह एक ऐसा फ़र्क़ है जिस से दोनों माध्यमों में यथार्थ की भिन्न प्रतीतियाँ सम्भव होती हैं। फिल्म यथार्थ को एक छायादृश्य में बदलती है और हम यह जानते हुए भी कि वह अयथार्थ है, पर्दे पर दृश्यमान छाया है, उस के माध्यम से यथार्थ को सम्प्रेषित करने और पहचानने की कोशिश करते हैं। रंगमंच की प्रक्रिया इस से बिल्कुल भिन्न है जिस में सामने जो कुछ घटित हो रहा होता है, वह यथार्थ होते हुए भी अयथार्थ हो जाता है क्यों कि हम जानते हैं कि वह अभिनय है। फिल्म में यथार्थ निरन्तर छाया ही रहता है जब कि रंगमंच के माध्यम से यथार्थ और यथार्थेतर—मैं नहीं जानता कि यह शब्द सही है या नहीं—एक साथ उद्घाटित होते

हैं। शायद यही कारण है कि रंगमंच बुनियादी तौर पर यथार्थपरक शैली है—प्रतीकात्मक होते हुए भी यथार्थपरक और उस को लेकर किए गए सभी प्रयोगों में इस बात की अनदेखी नहीं की जा सकी है। शायद इसीलिए कभी-कभी रंगमंच एक कला-माध्यम के रूप में जीवन या सृष्टि की प्रत्ययवादी धारणा के अधिक करीब जान पड़ता है। भारतीय विचार-परम्परा में नाटक को सृष्टि या *यज्ञ-प्रक्रिया* से जोड़ कर देखना या अन्यत्र भी इतिहास और जीवन की उपमा अधिकांशतः रंगमंच से देना इसी प्रकार की धारणा की ओर संकेत करते हैं।

शायद एक और दृष्टि से भी रंगमंच समकालीन परिस्थितियों और मानसिकता से बेहतर संवाद स्थापित कर सकता है। समकालीन मानसिकता का आग्रह भौतिक यथार्थ पर अधिक है, उस की उपेक्षा उसे अनाश्वस्त कर देती है। रंगमंच एक सम्प्रेषण माध्यम के रूप में उस का यह आग्रह पूरा करता है। यह माध्यम ग्राहक को अपने ग्लैमर से चकाचौंध चाहे न कर सके, लेकिन मनोवैज्ञानिक स्तर पर यह अपने ग्रहीता की मानसिक बनावट के अधिक करीब पड़ता है। यही कारण है कि यान्त्रिक प्रक्रिया और छायादृश्यों के ऊब और यथार्थपरकता तथा मानवीय उपस्थिति का आग्रह एक संवेदनशील मानस को बार-बार रंगमंच की ओर आकर्षित करता है।

समकालीन परिदृश्य में रंगमंच के इस स्वभाव को ध्यान में रखते हुए एक नाटककार की दृष्टि से इस पर विचार करना निश्चय ही अप्रासंगिक नहीं होगा। यह एक सामान्य और सर्वस्वीकृत-सी धारणा रही है—खासतौर से आधुनिक युग में और भी अधिक—कि नाटक की सार्थकता उस के अभिनेय होने में है, अतः नाटककार के लिए यह आवश्यक है कि नाट्य लेखन में अभिनेयता का पूरा खयाल रखे। लेकिन यह समग्र प्रक्रिया का सरलीकरण है। नाटक और रंगमंच ऐसी दो अलग चीजें नहीं हैं जिन्हें अभिनेता द्वारा जोड़ा जाना है बल्कि दोनों का वास्तविक माध्यम यथार्थ मानव ही है। नाटक का शब्द बद्ध रूप उसी मानव माध्यम का वाक्‌पक्ष है क्यों कि वाक् अनिवार्यतया मानवीय गुण है और उस का रंगमंचीय रूप एक सवाक् सक्रिय अभिव्यक्ति। यह माना जाता है कि नाट्य-निर्देशक का कर्म उस वाक्‌बद्धता को दैहिक रूप देना है। लेकिन यह दैहिक रूप नाटककार की रचना से भी बाहर नहीं है। उसे सिर्फ़ ऐसी भाषा नहीं लिख देनी है जिसे कुछ मुद्राओं के साथ बोला जा सके। उस का सामर्थ्य इस बात में है कि वह अपने अनुभव की आंगिक पहचान को भाषा दे—यानी वह शब्द की दैहिक अभिव्यक्ति की दृष्टि अपने में विकसित करे। इस लिए सही नाट्यभाषा वह है जो दैहिक सक्रियता में से उपजी हुई हो अर्थात् जिस में भाषा और देह यानी सूक्ष्म और स्थूल एक हो जाते हैं। तभी भाषा मानव शरीर के माध्यम से अभिव्यक्त भी हो सकेगी—साथ ही वह ऐसी भाषा होगी जो मानव शरीर को भी एक माध्यम, एक प्रतीकात्मक माध्यम बना सकने में समर्थ हो—अर्थात् एक ऐसी भाषा जो न केवल स्वयं प्रतीक है बल्कि अपने प्रयोक्ता को भी प्रतीक की हैसियत दे। यह तभी सम्भव है जब आलेखकार में एक ऐसी दृष्टि

का विकास हो जो समग्र मानवीय जगत् के प्रतीकात्मक गूढ़ार्थ की ओर उन्मुख हो। यह आवश्यक नहीं है कि यह दृष्टि किसी धार्मिक-आध्यात्मिक दर्शन ही से प्रभावित हो—बल्कि सामान्य घटनाओं के फलितार्थ में किसी ऐतिहासिक या वैज्ञानिक प्रक्रिया की पहचान भी इसी तरह की एक दृष्टि है। जब हम सामान्य जीवन की घटनाओं को दो व्यक्तियों या समूहों का आकस्मिक संयोग न मान कर उन की पृष्ठभूमि में किन्हीं प्रवृत्तियों की प्रेरणा को पहचानने की कोशिश करते हैं तो उस में भी क्या कोई घटना-विशेष किसी प्रवृत्ति का संकेतात्मक प्रतिफलन नहीं होती?

लेकिन, लेखक को मानव शरीर के माध्यम से प्रकट होने वाली भाषा को शरीर से जोड़े रखते हुए सूक्ष्म एवं प्रतीकात्मक विश्वसनीयता अर्जित करनी होती है। अतः, अनिवार्यतया उस भाषा की व्यंजना को बहुआयामी होना होता है। दूसरे शब्दों में, भाषा का इकहरापन नाट्यात्मकता को, भाषा के माध्यम से सत्य के नाट्यात्मक उद्घाटन को सीमित करता है। इस लिए भाषिक स्तर पर आलेखकार की असली चुनौती यही है कि वह किसी तरह उस भाषा को रच सके जो एक ओर दैहिक अस्तित्व के साथ जुड़ी हो—जो केवल बौद्धिक अवधारणाओं की भाषा नहीं बल्कि गतिशील दैहिक संवेगों के साथ एकमेक हुई भाषा हो और दूसरी ओर उस देह को भी किसी मानवगम्य सत्य की प्रतीकात्मक अभिव्यक्ति की तरह प्रस्तुत कर सके। वह भाषा जो देह की उपज हो, लेकिन इस तथ्य की ओर भी इंगित करती हो कि देह भी किसी सत्य की अनुभूति और अभिव्यक्ति का चेतन माध्यम है। अन्य कलाएँ जहाँ अधिकांशतः निर्जीव उपकरणों को माध्यम बनाती हैं, वहाँ रंगमंच एक ऐसी सम्प्रेषण प्रक्रिया है जो स्वयं मानव-अस्तित्व को ही माध्यम के रूप में ग्रहण करती है। मानव स्वयं एक माध्यम हो जाता है—लेकिन विमानवीकरण के अर्थ में नहीं, क्यों कि वह अब भी यन्त्र नहीं चेतना रहता है—बल्कि जहाँ उस की देह, उस का अस्तित्व किसी चेतना का माध्यम, उस की अभिव्यक्ति हो जाता है। मानव स्वयं एक माध्यम हो सकता है, यह विचार क्या सामान्य यथार्थ से इतर किसी बात की ओर इंगित नहीं करता? इस लिए नाटककार की असली चुनौती यह है—खास तौर से आज के विमानवीकृत समाज में—कि वह न केवल भाषा की बल्कि अपने वास्तविक माध्यम मनुष्य की सार्थकता को अर्जित करे और यह उसे सिर्फ़ भाषा के माध्यम से करना है। इस लिए नाटक का अभिनेय होना तो स्वाभाविक माँग है ही, पर नाट्यभाषा की रचनात्मकता और सम्प्रेषणीयता इस में है कि वह पढ़े जाने पर भी एक तरह का नाट्यानुभव, एक मानवीय सक्रियता का अनुभव पाठक तक प्रेषित करे।

मेरी दृष्टि में यह नाट्यभाषा का आदर्श है—यद्यपि यह आवश्यक नहीं है कि बहुत-से अच्छे समझे जाने वाले नाटकों में इस आदर्श का पूरा निर्वाह हुआ ही हो। लेकिन सही दिशा यही है और इस लिए अच्छे समझे जाने वाले नाटक भाषा और अभिनय दोनों ही स्तरों पर दृश्य यथार्थ या दृश्येतर यथार्थ दोनों ही को एक साथ

झलकाते और उन से कई दृश्य-बिम्बों और प्रतीकार्थों को उजागर करते हुए एक समग्र अनुभव खण्ड को एक लय की तरह रचते हैं। इस अनुभव खण्ड में वाक् और सक्रियता के अलावा दृश्य भी एक अनिवार्य तत्त्व है। अतः नाटककार की भाषा को उस दृश्य के सारे अनुभव को भी अपने में समेटना होता है। मैं कोष्ठकों के निर्देश की बात नहीं कर रहा—उस का कम-से-कम होना या न होना अच्छा है क्यों कि उस में देह और और शब्द एकमेक नहीं होते हैं। संवादों की अपनी बुनावट में ही दृश्य की कल्पना का समाहित होना आदर्श स्थिति है क्यों कि मूल नाट्यानुभव वहीं है। शब्द, सक्रियता और दृश्य नाटक के तीन प्रमुख घटक हैं जिन्हें त्रिभासा कहा जाता है। ये तीनों तत्त्व फिल्म में भी मिलते हैं, लेकिन नाटक की विशिष्टता इस में है कि वह एक मानवीय माध्यम है। अतः उस के लिए अनिवार्य है कि यह त्रिभासा मानवीय सक्रियता से अनुप्लावित हो। सजीव मानव-उपस्थिति के बिना नाटक की कल्पना नहीं की जा सकती। समकालीन परिस्थिति में—जहाँ हर स्तर पर मानव का अवमूल्यन या अवमानवीकरण हो रहा हो—मानव को और मानव के माध्यम से समूचे जीवन को, एक बृहत्तर जीवन को केन्द्रीय स्थिति में रखना एक बड़ी रचनात्मक चुनौती है, लेकिन इसी में इस की सार्थकता भी है। भाषा के निरन्तर अवमूल्यन और खोती जाती विश्वसनीयता के इस दौर में उसे न केवल पुनः विश्वसनीय बनाना बल्कि उसे दैहिक अस्तित्व के साथ, दैहिक संवेगों के साथ जोड़ते हुए भी एक रैस्ट्रेन के साथ व्यक्त करना—क्यों कि रैस्ट्रेन आधुनिक सम्प्रेषण की एक खास पहचान है—एक अन्य प्रकार की चुनौती है जो बहुत ही दुष्कर है। लेकिन, इस जटिलता में ही शायद उस का समाधान भी कहीं हो, यद्यपि वह क्या है, इस बारे में कोई निश्चित फार्मूला नहीं बनाया जा सकता।

नाटक के बारे में अन्य कई सवाल समकालीन सन्दर्भ में उठते हैं। सक्रिय और कुछ हद तक द्वन्द्वात्मक विधा होने के कारण वह समकालीन द्वन्द्वपूर्ण और तनावग्रस्त स्थिति को ज्यादा ठीक तरह से अभिव्यक्त कर सकती है या सामाजिक सन्देशवाहक के रूप में उस की उपयोगिता उसे प्रासंगिक बनाती है—आदि मुद्दे भी इस पत्र में उठाए जा सकते थे। लेकिन वे इस लिए नहीं उठाए गए कि इस तरह के सारे उपयोग में आने के बावजूद एक कलाविधा या सम्प्रेषण के माध्यम के रूप में वे उस का स्वरूपगत या स्वभावगत धर्म नहीं हैं। विभिन्न आधुनिक रंगमंचीय शैलियों की चर्चा की जा सकती थी, पर वह बहुत विस्तार लेता और उस का उपयुक्त अवसर भी शायद यह नहीं है। अतः मेरी कोशिश उन्हीं सवालों की ओर इंगित करने की रही है जो उस के बुनियादी स्वभाव से जुड़े हैं। अपने अल्प नाट्य-लेखन के दौरान कुछ बातें मन में उठती रही हैं। उन्हें आप के विचारार्थ प्रस्तुत करना ही मेरा उद्देश्य रहा है।

(वत्सल निधि द्वारा आयोजित लखनऊ लेखक-शिविर में पढ़ा गया आलेख।)

हिन्दी रंगमंच का संकट

हिन्दी रंगमंच को लेकर की जाने वाली किसी भी बहस में कुछ उल्लेखनीय प्रदर्शनों के महत्त्व को स्वीकार करने के बावजूद इस बात पर एक आम सहमति-सी होती है कि उस का अपना कोई विशिष्ट व्यक्तित्व और सामाजिक पहचान नहीं है। लेकिन यदि थोड़ा गहराई से देखा जाए तो वह बात मूल रोग नहीं बल्कि उस का लक्षण है। साहित्य या कलाएँ किसी भी जाति के आत्म-साक्षात्कार की संवेदनात्मक प्रक्रियाएँ होती हैं। अपनी विशिष्ट पहचान को रचने में—या कहें कि अपने-आप से साक्षात्कार की प्रक्रिया में जो जाति जितनी अधिक सजग-सक्रिय होती है, उस का साहित्य और कलाएँ उतनी ही अधिक समृद्ध और व्यक्तित्व-सम्पन्न होती जाती हैं। यह बात साहित्य से भी अधिक रंगमंच जैसी उन कलाओं पर लागू होती है जो अपनी प्रक्रिया में ही सामुदायिक चरित्र की होती हैं। एक कवि या चित्रकार के लिए अकेले स्वान्तः सुखाय रचना करना सम्भव हो भी सकता है, लेकिन रंगकर्मी के लिए अकेले न तो कुछ करना मुमकिन होता है और यदि वह कुछ साथी जुटा भी ले तो भी प्रेक्षक-समुदाय के बिना उस की रचना की कोई अर्थवत्ता नहीं है। वह लेखकों या मूर्तिकारों की तरह निरवधि काल और विपुल पृथ्वी में किसी समानधर्मा के कभी-न-कभी होने की कल्पना से सन्तुष्ट नहीं हो सकता। उसे एक दर्शक या गृहीता समुदाय की ज़रूरत तत्काल पेश आती है—और वह भी ऐसा जो *अरसिक* न हो।

अरसिक कौन है? वह जो साहित्य और कलाओं को अपने और अपने समय से साक्षात्कार का माध्यम समझने के बजाय उन्हें समय काटने, मनबहलाव करने या उन की संरक्षकता का दावा कर अपनी एक सांस्कृतिक-राजनीतिक हैसियत बनाने के माध्यम की तरह बरतना चाहता है। दूसरे शब्दों में, अपनी सांस्कृतिक पहचान से विमुख होना ही *अरसिक* होना है। दुर्भाग्य से, विभिन्न सांस्कृतिक-सामाजिक और आर्थिक-राजनीतिक कारणों से हिन्दीभाषी आधुनिक समाज अधिकांशतः *अरसिक* समाज होता गया है। केवल रंगमंच का ही सवाल

नहीं है, अन्य कलाओं और साहित्य के साथ भी उस का रिश्ता लगभग वैसा ही है जैसा नाटक के साथ। हिन्दी में पुस्तकों की बिक्री के आँकड़ों से यह बात अच्छी तरह प्रमाणित होती है कि दो-चार जगहों पर एक नाटक का प्रदर्शन होने पर जितने लोग उसे देख चुके होते हैं, उतने लोग पूरे हिन्दीभाषी प्रदेश में किसी एक पुस्तक के पाठक नहीं होते होंगे—दो-चार अपवादों को छोड़ दें तो।

स्पष्ट है कि हिन्दी रंगमंच का यदि अपना कोई विशिष्ट व्यक्तित्व और चरित्र नहीं है तो उस का मूल कारण यह है कि हिन्दीभाषी समाज अपने आत्मान्वेषण से बचने की प्रवृत्ति वाला समाज होता गया है और इस लिए उन बौद्धिक या संवेदनात्मक प्रक्रियाओं में उस की रुचि कम होती गयी है जो उसे अपने अन्दर गहरे ले जा सकती है। अपनी कलाओं, साहित्य और रचनाकारों के साथ उस का कोई गहरा, अन्तरंग और सृजनात्मक रिश्ता नहीं बचा है। इस लिए कलाएँ और साहित्य अधिकांशतः किसी-न-किसी तरह से या तो राज्याश्रय पर टिके हैं या पूँजीवादी संस्थानों पर। यदि आज बड़ी सरकारी खरीदें बन्द हो जाएँ या उद्योगपतियों और विदेशी संस्थाओं के पैसे पर आधारित नाट्य-वृत्तियाँ व अन्य सुविधाएँ आदि न हों तो हम नहीं जानते कि आज का विपन्न हिन्दी रंगमंच और साहित्य-प्रकाशन कल किस हाल में होगा—बल्कि सच तो यह है कि ऐसा होने पर भी साहित्य-कर्म या रंगकर्म से सक्रिय रूप से जुड़े रचनाकारों के अलावा समाज में व्यापक तौर पर उसे ले कर कोई चिन्ता शायद ही दिखायी दे। कहा जा सकता है कि जिस समाज में अधिकांश जन दो जून रोटी के संघर्ष में खपे जा रहे हों, वहाँ कला और साहित्य और आत्म-साक्षात्कार आदि बातें सब वाग्विलास हैं—तो भी रोटी की लड़ाई प्रकारान्तर से उन रिश्तों को बचाने और उन्हें पुष्ट करने की भी लड़ाई है जो हमें वास्तविक अर्थों में एक मानव समाज बनाते हैं और इन मानवीय रिश्तों की खोज ही कलाओं का भी मुख्य सरोकार है।

एक ऐसे परिवेश में, जहाँ रंगकर्म में समाज की गहरी रुचि न बची हो, दूरदर्शन और व्यावसायिक फिल्मों तथा उत्सवों ने स्थिति को और भी विकट बना दिया है। टी. वी. और फिल्म का आकर्षण इतना अधिक मोहक है कि बड़े और नामी-गिरामी रंगकर्मी अब अधिकांशतः इन्हीं में मुब्तला हैं और छोटे-छोटे शहरों-कस्बों में रंगकर्म करने वालों के मन में भी किसी-न-किसी तरह छोटे पर्दे पर आने के सपने पल रहे हैं। दूरदर्शन और फिल्म के माध्यम की अपनी सम्भावनाएँ हैं और उन के कलात्मक उपयोग में कोई बुराई नहीं है। लेकिन, उन की चकाचौंध का असर रंगकर्म पर भी पड़ता दिखायी देता है। एक ओर जहाँ रंगकर्मी मंच की बजाय स्क्रीन को अपना मुख्य लक्ष्य बना लेता है, वहीं दूसरी ओर, इलेक्ट्रॉनिक मीडिया के भव्य सैटों, वेशभूषा, रंगों और चकाचौंध का असर उन के रंगकर्म पर भी पड़ने लगता है और धीरे-धीरे रंगकर्म अधिक महँगा होता जाता है। रंगकर्म के अल्पसंख्यक गृहीता समाज पर भी टी.वी. का प्रभाव पड़ा है और अब कम-से-कम छोटे शहरों और कस्बों में यह ध्यान रखा जाने लगा है कि नाटक

का प्रदर्शन ऐसे दिन और ऐसे समय रखा जाए जब टी.वी. पर कोई रोचक कार्यक्रम न आ रहा हो। दूसरे शब्दों में, इलेक्ट्रॉनिक मीडिया का एक प्रभाव यह है कि वह रंगमंच के प्रति समाज में पहले से व्याप्त उदासीनता को एक ओर बढ़ाता है, तो दूसरी ओर, समाज की संवेदन और ग्रहण-प्रक्रिया को अपनी भव्यता और आक्रामक सम्प्रेषणीयता से विकृत करता है। कुछ बहुत अच्छे और कलात्मक आयोजन भी हो सकते हैं—लेकिन व्यापक तौर पर चकाचौंध और आक्रामक सम्प्रेषणीयता की आदी होती जाती हमारी ग्रहण-प्रक्रिया धीमे और अन्तरंग स्वरों की अभ्यस्त नहीं रहती। जो कार्यक्रम कला-मर्मज्ञों की निगाह में बहुत सुन्दर माने जाते हैं, उन के प्रति व्यापक समाज के उपेक्षा-भाव का आखिर और क्या कारण हो सकता है? इस प्रकार हिन्दी रंगकर्म एक ऐसी स्थिति में है कि समाज के आत्म-साक्षात्कार का या आत्मबिम्ब की रचना का माध्यम होने की बात तो दूर, उस के अस्तित्व का बने रहना ही दुष्कर हो रहा है—विभिन्न प्रकार के सरकारी और गैरसरकारी आयोजनों के बावजूद।

लेकिन सर्जन-कर्म के लिए किसी भी प्रकार का खतरा एक रचनात्मक चुनौती भी होता है क्यों कि उस खतरे का सामना करने की प्रक्रिया में ही वह अपने नये आयाम उजागर करता और अपना नया रूपायन सम्भव करता है। विविध प्रकार की शैलियाँ यथार्थ तक पहुँचने के विविध रास्ते हैं और, जैसा कि लूकाच ने एक जगह कहा है, जहाँ उन के कलात्मक परिणाम भिन्न होते हैं, वहीं उन के उत्स की सामाजिक जरूरतें भी भिन्न होती हैं। आज हिन्दी रंगमंच की सामाजिक परिस्थिति और ज़रूरत को समझने से ही यह संकेत मिल सकता है कि उस का रास्ता क्या हो सकता है।

हमारे रंगमंच को यदि हमारी कलात्मक या सांस्कृतिक अनिवार्यता होना है तो ऐसा वह अपने सांस्कृतिक उत्तरदायित्व को निभाकर—अपने को अपने समाज के आत्म-साक्षात्कार का माध्यम बना कर ही कर सकता है—और यह उत्तरदायित्व भी उसे एक ऐसी परिस्थिति में निभाना है, जहाँ समाज न केवल इस आत्म-साक्षात्कार में व्यापक तौर पर उत्सुक नहीं है, बल्कि अधिकांशतः इस तरह की प्रक्रिया के प्रति उस में एक प्रकार की अरुचि है और जहाँ कला उस के लिए मनोरंजन का माध्यम मात्र बन कर रह गयी है।

ऐसा नहीं है कि हिन्दी के रंगकर्मियों को इस दायित्व का बोध ही नहीं हो। यह केवल संयोग ही नहीं है कि पिछले अरसे में हमारे अधिकांश रंगकर्मियों का ध्यान लोक-नाट्य-रूपों की ओर आकर्षित हुआ है। किसी भी समाज के संवेदनात्मक आत्म-साक्षात्कार का माध्यम बन सकने के लिए उस समाज की संवेदन प्रक्रिया और उस की सम्प्रेषण प्रक्रिया में से गुजरना जरूरी है। लोकचित्त को जाने बिना हम किसी भी समाज के साथ सम्प्रेषण कायम नहीं कर सकते। आधुनिक हिन्दी रंगमंच की यह एक विडम्बना रही कि उस का प्रारम्भ अपनी परम्परा के बजाय पश्चिमी परम्परा

के प्रशिक्षण से शुरू हुआ। उस का अधूरापन इसी से ज़ाहिर है कि उन रंगकर्मियों को शीघ्र ही भारतीय समाज में इस पश्चिमी परंपरा की सीमाओं का ज्ञान हो गया और शीघ्र ही उन्होंने भारतीय लोक नाट्य-रूपों और संस्कृत रंगमंच के भी अन्वेषण की ज़रूरत महसूस की। यह एक शुभ संकेत था। लेकिन, जैसा प्रत्येक नयी प्रवृत्ति के साथ होता है, वही इस के साथ भी हुआ। अतिशय प्रचलन और अविचारित अनुकरण ने इस प्रवृत्ति को भी लगभग एक मैनरिज्म-सा बना दिया है। लोकरूपों को लेकर किसी तरह की सर्जनात्मक प्रयोगशीलता के उदाहरण अपवाद स्वरूप ही हैं। अधिकांशतः लोकशैली की मनोरंजनात्मकता और कौतुकी मुद्राओं का यथावत अनुकरण ही दिखायी देता है। छोटे शहरों और कस्बों की रंगमंडलियों में तो यह अनुकरण और भी अधिक फूहड़ और कल्पनाविहीन है।

दरअस्ल, प्रत्येक लोकशैली का उत्स किसी-न-किसी विशेष भाषिक-सामाजिक-प्राकृतिक परिस्थिति में है और उस से बाहर निकलने पर वह एक दफा नवीनता का सुख देती या विस्मित तो करती है, पर अपने प्रदेश से बाहर के दर्शकों को नाट्यानुभव के माध्यम से अपने गहरे आत्मान्वेषण में नहीं ले जा पाती। आधुनिक जीवन से सम्बन्धित किसी नाटक को पारम्परिक रूपों में नहीं ढाला जा सकता क्यों कि ऐसा करने का मतलब वस्तु और रूप में एक द्वैध पैदा कर देना होगा। हम यदि यह मानते हैं कि वस्तु और रूप को अलग नहीं किया जा सकता तो हमें आधुनिक जीवन से साक्षात्कार के लिए ऐसे रूपों का सर्जन करना होगा जो अतीत के रूपों का अनुकरण न हों। ऐसी स्थिति में हमें लोकनाट्य-विधियों के पीछे काम कर रही भाव-दृष्टि को समझना और उस के आधार पर नयी विधियों या युक्तियों की सर्जना करनी होगी—तभी रंगमंच जहाँ एक नये आत्म-साक्षात्कार का माध्यम बन सकेगा, वहीं वह टी.वी. और फिल्म के बरअक्स एक समान्तर माध्यम की भूमिका का वास्तविक निर्वाह भी कर सकेगा। परम्परा अनुकरण नहीं, सर्जनात्मक विकास होती है—इस लिए वह किसी विधि या तकनीक में नहीं, उस के पीछे काम कर रही मूल भाव-दृष्टि में होती है। प्रत्येक समाज किसी-न-किसी प्रकार की मूल भाव-दृष्टि से संवेदित होता है—तभी तो वह एक समाज होता है। अपने समय और परिवेश के अनुसार उस मूल भाव-दृष्टि का नव-नव रूपायन ही परम्परा के साथ एक सर्जनात्मक रिश्ता बनाना और उस के प्रति अपने दायित्व का निर्वाह करना है। उसे कोई विधि मान कर हर परिस्थिति में उस का यथावत् अनुकरण करना उसे रूढ़ अर्थात् मृत कर देना है।

लोकरूपों के प्रति वर्तमान आकर्षण और उन के अन्धानुकरण के लिए कुछ हद तक वह मानसिकता भी जिम्मेदार है जो नाटक में प्रदर्शन को एकान्त महत्त्व देती है और जिसे टी.वी. और फिल्म ने और पुष्ट ही किया है। लोकनाट्य-रूपों में एक ओर स्थानीय रंगतों के साथ विचित्र वेशभूषा और सज्जा प्रदर्शनात्मक वृत्ति को सन्तुष्ट करती हैं तो दूसरी ओर कौतुकी क्रियाएँ। इन से दर्शकों का मनोरंजन तो भरपूर होता है, लेकिन ये उस गम्भीर अभिनय का स्थान नहीं ले सकतीं जो

दर्शकों को अपने अन्दर जाने को विवश कर देता है। इस प्रदर्शनप्रियता के आग्रह के कारण इन दिनों हो रहे अधिकांश नाटकों में अभिनय को जैसे निर्वासन-सा मिल रहा है और उन सारी प्रक्रियाओं को केन्द्र में स्थापित किया जा रहा है जो वस्तुतः अभिनय की सहायक हैं। संगीत, नृत्य, प्रकाश, दृश्य-संरचना आदि सभी चीजें, अभिनेता की सहायता के लिए हैं। नाटक मूलतः मंचन है, लेकिन जब हम अभिनय के महत्त्व को कम कर देते हैं तो वह *प्रदर्शन* रह जाता है।

प्रदर्शनप्रियता के इस माहौल के चलते ही वर्तमान हिन्दी रंगमंच नाट्यालेख को अपेक्षित महत्त्व देता नहीं जान पड़ता। रंगमंच यदि अपने समाज के आत्मसाक्षात्कार का माध्यम होने की अपनी भूमिका का निर्वाह करना चाहता है तो ऐसा वह अपनी भाषा की सर्जनात्मक प्रतिभा से जुड़े बिना नहीं कर सकता। जब तक किसी भाषा में लगातार नाटक न हों, तब तक उस भाषा की नाट्यात्मक सम्भावनाओं को नहीं विकसित किया जा सकता। विदेशी नाटकों के अनुवाद की भाषा में वह नाट्यात्मकता कभी नहीं आ पाती जो अपनी भाषा के नाटकों में होती है। सच तो यह है कि हमारे रंगकर्मी स्वयं अपनी भाषा की नाट्यात्मकता से पूर्णतः परिचित नहीं लगते। राष्ट्रीय नाट्य विद्यालय और उस के रंगमण्डल तक के नाटकों में अभिनय के वाचिक पक्ष के प्रति जो लापरवाही आजकल दिखायी देती है, वही इसे प्रमाणित करने के लिए पर्याप्त है। यह रंगमण्डल हिन्दी प्रदेश में रंगमंच को प्रभावित करने वाला सर्वाधिक महत्त्वपूर्ण संस्थान है और खास तौर पर छोटे शहरों-कस्बों के रंगकर्मी उसे आदर्श के रूप में अपनाते हैं। इस के द्वारा अन्य भाषाओं के अनुवाद प्रस्तुत किए जाते रहे हैं। अधिकांश अनुवादों की भाषा की भंगिमा अंग्रेजी की होती है, वाक्यरचना अस्वाभाविक और शब्द चयन शब्दकोशीय। स्पष्ट है कि ऐसे नाट्यालेखों पर आधारित अभिनय के वाचिक और आंगिक पक्षों में तालमेल नहीं होगा। एंग्लो-अमरीकी भंगिमाओं के साथ बोली जाने वाली अस्वाभाविक हिन्दी से यदि हिन्दी का आम दर्शक कोई रागात्मक रिश्ता नहीं महसूस कर पाता, तो इस का दोष उसी पर डालना उचित नहीं होगा। अभिनय के बजाय तड़क-भड़क या कौतुकी प्रदर्शन को अधिक महत्त्व देने का एक असर यह भी पड़ रहा है कि छोटे शहरों-कस्बों का रंगकर्म अधिक भटकाव का शिकार होता जा रहा है। प्रत्येक स्थान की अपनी कुछ स्वाभाविक अभिनय-प्रतिभा होती है और वही वहाँ के रंगकर्म का प्राण होती है। लेकिन अब बड़े केन्द्रों के अनुकरण में वहाँ भी प्रदर्शनपरकता के चलते जहाँ साधनहीनता और तकनीकी ज्ञान के अभाव के कारण यह अनुकरण एक विडम्बना बन कर रह जाता है, वहीं, दूसरी ओर, अभिनय-प्रतिभा पर कम ध्यान देने के कारण उस का पहले जितना विकास नहीं हो पाता। इस तड़क-भड़क का आलम यह है कि कभी-कभी बड़े केन्द्रों के प्रदर्शनों में एक नाटक पर जितना खर्च आता है, उतना तो एक राज्य की संगीत नाटक अकादमी का नाटक पर किया जाने वाला पूरे साल का बजट होता है। इस तरह के प्रदर्शन हिन्दी रंगमंच के स्वतन्त्र विकास में कितने कारगर हो सकते हैं, इस का अनुमान लगाना मुश्किल नहीं है। यह कहा जा सकता

है कि आर्थिक सवाल कोई सर्जनात्मक सवाल नहीं है, लेकिन उपलब्ध साधनों के आधार पर नाट्य शैली का विकास निश्चय ही एक सर्जनात्मक सवाल है। रंगमंच यदि एक समान्तर माध्यम है तो उसे ऐसी शैलियों का विकास करना होगा जो खर्चीले साधनों पर आश्रित न हों।

हिन्दी रंगमंच के विकास में एक और बाधा उस की केन्द्रीकरण की प्रवृत्ति है। रंगमंच स्वभाव से ही तात्कालिक और स्थानीय है, अतः उस में केन्द्रीकरण की प्रवृत्ति उस के सहज स्वाभाविक विकास के लिए अनुकूल नहीं मानी जा सकती। लेकिन पिछले कुछ वर्षों से हिन्दी रंगकर्म कुछ बड़े नगरों और उन में नाटक करने वाले कुछ बड़े रंगकर्मियों में ही केन्द्रित हो गया लगता है—इस अर्थ में कि उन के द्वारा किए जाने वाले काम को ही सार्थक माना जाता है, और अन्य जगहों पर अन्य लोगों द्वारा किया जाने वाला काम अधिकांशतः उपेक्षित रहता है। इस कारण स्थानीय स्तर पर काम करने वाले कुछ प्रतिभाशाली रंगकर्मियों के कांम की पहचान न हो पाने के साथ-साथ हिन्दी रंगमंच की विकास यात्रा में उन का अपेक्षित योगदान सम्भव नहीं हो पाता। दिल्ली, भोपाल या लखनऊ आदि केन्द्रों पर सभी साधनों की उपलब्धता के बावजूद साधरण कोटि के नाट्य-प्रदर्शनों को जो प्रचार मिल जाता है, अधिकांशतः उस का शतांश भी छोटे स्थानों पर साधनहीनता के बावजूद उत्कृष्ट कोटि के प्रदर्शनों को नहीं मिलता। केन्द्रीकरण की यह प्रवृत्ति रंगमंच को एक वास्तविक सामुदायिक क्रियाशीलता के रूप में नहीं विकसित होने देती। छोटी जगहों के रंगकर्मियों का दर्द यह है कि वे अपनी प्रस्तुतियों के अधिक प्रदर्शन नहीं कर सकते और अपने शहर-कस्बे से बाहर जा कर नाटक कर पाना तो उन के लिए लगभग असम्भव-सा होता है। ऐसी स्थिति में अखबारों या पत्र-पत्रिकाओं के माध्यम से ही वे अपने अनुभवों को दूसरे समानधर्माओं तक पहुँचा सकते हैं—लेकिन अखबारों में (नाट्य-पत्रिकाएँ तो हैं ही कहाँ!) अधिकांशतः बड़े केन्द्रों की साधारण घटनाएँ ही सारा स्थान खा जाती हैं—चाहे उन में मौलिक व विशिष्ट कुछ भी न हो; और दुर्भाग्य से नाट्य-समीक्षा भी अधिकांशतः ऐसी होती है जो नाटक का कथानक बता कर किस-किस ने अच्छा या बुरा अभिनय किया आदि पर आकर समाप्त हो जाती है। किसी तरह का नाट्य-चिन्तन या गहरा विश्लेषण उन में नहीं दिखाई पड़ता—वे रपट होती हैं, समीक्षा नहीं। अधिकांश रंगकर्मी यदि नाट्य-समीक्षा से असन्तुष्ट रहते हैं तो केवल इसलिए नहीं कि उनकी पर्याप्त प्रशंसा नहीं हुई बल्कि इसलिए कि समीक्षक यह कदाचित् ही बताने का यत्न करते हैं कि रंगकर्मी ने अपने माध्यम के साथ वस्तुतः किया क्या है।

इस तरह देखा जाए तो हिन्दी रंगमंच का परिदृश्य कोई बहुत उत्साहवर्धक नहीं है। फिर भी इस बात की अनदेखी नहीं की जानी चाहिए कि पिछले दशकों में हिन्दी रंगमंच में जो काम हुआ है, उस में जहाँ कुछ उल्लेखनीय प्रदर्शन हुए हैं, वहीं एक व्यापक रंगचेतना भी विकसित हुई है। बड़े शहरों में ही नहीं, छोटे-छोटे शहरों, कस्बों तक में गैर पेशेवर और अनियमित रंगदल दिखाई देते हैं जो अपने

समय के महत्त्वपूर्ण देशी-विदेशी नाटकों का मंचन करने में रुचि लेते है। और कई बार उन के प्रदर्शन बहुत प्रभावी होते हैं। रंगशिल की बहुत-सी बारीकियाँ प्रशिक्षण और साधनों के अभाव में चाहे वहाँ न भी दिखायी दें, लेकिन कई बार गजब की अभिनय-प्रतिभा वहाँ दिखाई देती है जो दुर्भाग्य से साधनों और अवसरों के केन्द्रीकरण के चलते अधिक विकसित नहीं हो पाती।

लेकिन इस सब का एक नतीजा यह है कि अब एक ऐसा वातावरण जरूर बना है जिस में रंगमंच की सार्थक भूमिका की तलाश की जा सकती है। इस के लिए जहाँ, एक ओर, अपनी भाषा की सर्जनात्मक प्रतिभा से अधिक से अधिक जुड़ने की जरूरत है—क्योंकि उससे जुड़े बिना अपने समाज के चित्त से जुड़ना सम्भव नहीं है—वहीं, दूसरी ओर, एक ऐसे रंगशिल्प के विकास और उस के व्यापक स्तर पर प्रशिक्षण की आवश्यकता भी है जो स्थानीय परिस्थिति और साधनों के बीच अपनी सर्जनात्मक अभिव्यक्ति कर सके। स्थानीय साधनों के साथ प्रयोग करने की मानसिकता ही अन्ततः एक व्यापक रंग-आन्दोलन का आधार बन सकती है। ऐसे नाट्य-शिविरों का बार-बार आयोजन किया जाना जरूरी है जिन में वरिष्ठ निर्देशकों और अभिनेताओं के साथ स्थानीय रंगकर्मियों को काम करने के अवसर मिलें और उन में इस बात पर बल दिया जाए कि दृश्य-संरचना और रंग-सज्जा आदि में स्थानीय सामग्री का अधिकाधिक प्रयोग कैसे किया जाए। यदि सम्भव हो तो उस इलाके के नये प्रतिभाशाली लेखकों को भी शिविर में सहभागी बनाया जाए और उन के नाट्यालेखों को प्रस्तुत करने के प्रयास हों—इस प्रक्रिया में से गुजरना शायद उन के भावी लेखन के लिए अधिक उपयोगी हो। और तब हमें इस पर भी विचार करना होगा कि अपने समाज को समझने के हमारे उपकरण और पद्धतियाँ हम कहाँ से जुटायें। क्या हम विदेशी तौर-तरीकों या भाव-दृष्टि की सहायता से अपने समाज को ठीक तरह से समझ पायेंगे? हमारी रंगशैली और अभिनय शैली हमारी जीवन-दृष्टि व देशकाल के साथ हमारे रिश्ते का नाट्यात्मक प्रतिफलन होती है और उस के लिए जरूरी है अपनी परम्परा के पास लौटना। हमारे सर्जनात्मक प्रयोग भी अन्ततः हमारी अपनी परम्परा के साथ ही हो सकते हैं और इसलिए कह सकते हैं कि परम्परा के सर्जनात्मक विकास के लिए उसे समझना, उसे उसी की दृष्टि और परिवेश में देखना आवश्यक है। अपनी परम्परा, अपनी मूल भाव-दृष्टि का बोध और समकालीन परिस्थिति के साथ उस के संघात के परिणामों की पहचान ही किसी समाज के सृजनात्मक आत्मान्वेषण की बुनियादी शर्तें हैं। रंगमंच यदि एक सामाजिक विधा है तो अपने समाज के समग्र भावबोध से जुड़े बिना वह अपने उत्तरदायित्व का निर्वाह नहीं कर सकता।

(संस्कृति विभाग, हिमाचल प्रदेश द्वारा शिमला में हिन्दी रंगमंच पर आयोजित राष्ट्रीय संगोष्ठी में पढ़ा गया पत्र।)

साहित्य के प्रति उदासीनता क्यों?

लेखकों और प्रकाशकों के सम्मुख यह प्रश्न निरन्तर बना रहा है कि हिन्दी प्रदेश में साहित्य के पाठक क्यों नहीं हैं? समाजशास्त्रीय दृष्टि से यह प्रश्न इस तरह भी रखा जा सकता है : साहित्य के प्रति समाज में उदासीनता क्यों है? यदि कोई समाज अपने समकालीन साहित्य के प्रति उदासीन रहता है तो उस का क्या तात्पर्य होता है? साहित्य को किसी भी समाज की सर्जनात्मक चेतना की अभिव्यंजना माना जाता रहा है। क्या मान लिया जाए कि हमारे समाज में सर्जनात्मकता के प्रति कोई ललक नहीं है? यह मानना दूसरे शब्दों में यह स्वीकार करना होगा कि चेतना के भी विकास की गुंजाइश बहुत कम है। शायद हम में से कोई भी यह स्वीकार करने को तैयार नहीं होगा।

एक सीधा-सा उत्तर यही हो सकता है कि देश में और खास तौर पर हिन्दी प्रदेश में अभी तक साक्षर लोगों की संख्या बहुत ही कम है, इस लिए स्वाभाविक ही है कि पाठकों की संख्या भी बहुत कम हो। लेकिन तब यह देखना होगा कि जो साक्षर हैं बल्कि जो स्कूल-कालेज की शिक्षा प्राप्त कर चुके हैं, या कर रहे हैं, उन में भी क्या साहित्य के प्रति कोई ललक है। सामान्य तौर पर यदि किसी अच्छे-खासे पढ़े-लिखे व्यक्ति से साहित्य में उस की रुचि के बारे में पूछा जाए तो जो उत्तर मिलता है, वह निषेधात्मक तो होता ही है। उस में एक सफाई भी होती है कि वह तो वाणिज्य का या विज्ञान का या अर्थशास्त्र आदि अन्य विषयों का विद्यार्थी रहा है और हिन्दी तो उसे अनिवार्य विषय के रूप में एक-दो वर्ष पढ़नी पड़ी थी। इस उत्तर से लगता है मानो साहित्य सिर्फ़ हिन्दी साहित्य के विद्यार्थियों के लिए लिखा जाता है और बाकी विषय के लोगों का उस से कोई सम्बन्ध नहीं है। यह स्थिति सिर्फ़ विद्यार्थियों की नहीं है, बल्कि अच्छे-खासे पढ़े-लिखे लोगों, यहाँ तक कि कालेज-विश्वविद्यालय आदि में पढ़ाने वाले अध्यापक वर्ग तक की है जो शैक्षिक दृष्टि से पूरे समाज के श्रेष्ठतम का प्रतिनिधित्व करता है। कुछ लोग यह तर्क भी देते हैं कि किताबों की कीमतें बहुत ज्यादा बढ़ गयी हैं और अब पुस्तक खरीदना हर किसी के बस की बात नहीं रही है। अपनी जगह यह बात भी ठीक लगती है। किताबों

की कीमतें निश्चय ही कम की जानी चाहिए। लेकिन सिनेमा के टिकिट के दाम भी बढ़े हैं और हम पहले से ज्यादा संख्या में उसे देखते हैं। जिस वर्ग पर इन बढ़ी हुई कीमतों का सब से ज्यादा असर है, उस वर्ग में से पाठक पाने की उम्मीद तो वैसे भी बहुत कम होती है क्यों कि वह तो पूरी तरह साक्षर भी नहीं है। इस के अतिरिक्त किताब हमेशा खरीद कर ही पढ़ना जरूरी नहीं होता। हर शहर में और हाईस्कूलों वाले कस्बों में भी अधिकांशतः पुस्तकालय हैं जिन में से अधिकांश में किताबें सदैव अलमारी में ही बन्द पड़ी रहती हैं। क्या कारण है कि इन स्कूलों-कालेजों के शिक्षक वर्ग में भी पुस्तकों के प्रति कोई खास आकर्षण नहीं पाया जाता? यदि कोई एकाध शिक्षक साहित्य की पुस्तकों में कुछ रुचि लेता पाया जाता है तो सहकर्मियों द्वारा उसे व्यंग्य में साहित्यकार या फिलॉसॉफर कहा जाने लगता है। यदि उपलब्ध रहने पर भी पुस्तकें नहीं पढ़ी जाती हैं तो निश्चय ही इस का कारण पुस्तकों की बढ़ती हुई कीमतों में नहीं बल्कि हमारी मानसिकता में तलाश किया जानां चाहिए।

कुछ लोग हैं जो इस का दायित्व आज के रचनाकारों पर ही डालते हैं। इस में दो तरह के लोग हैं : एक वह हैं जो मानते हैं कि आज लिखे जा रहे साहित्य में साहित्य जैसा कुछ नहीं है; उस में न कोई कहानी है, न कोई छन्द है और कुछ इस तरह लपेटी हुई अभिव्यक्ति होती है कि पाठक को कुछ भी पल्ले नहीं पड़ता और इस लिए साहित्य के प्रति उस की रुचि का विकास नहीं होता। इस वर्ग के लोगों से दो सवाल पूछे जाने चाहिए। पहला तो यह कि क्या आधुनिक काल से पहले का अर्थात् नयी कविता-नयी कहानी के पहले का साहित्य भी वे पढ़ते हैं। प्रेमचन्द-जैनेन्द्र या प्रसाद-निराला-पन्त का साहित्य कितने ऐसे लोग पढ़ चुके हैं, जिन्हें वह अपने पाठ्यक्रम में नहीं पढ़ना पड़ा है। क्या ऐसे पाठकों की संख्या पर्याप्त है जो पुस्तकों की दुकानों या पुस्तकालयों में जाकर इन लेखकों या इन से भी पहले के लेखकों की पुस्तकों की माँग करते हैं? इन लेखकों के पाठकों का एक बड़ा प्रतिशत वही है जो या तो अपने पाठ्यक्रम में कहीं न कहीं इन्हें पढ़ता है और तभी एक-दो पुस्तकें और भी पढ़ लेता है या फिर वह है जो आधुनिक लेखकों की पुस्तकें भी पढ़ता है लेकिन जिस की संख्या बहुत कम है। दूसरा सवाल यह भी पूछा जा सकता है कि साहित्य में उसकी हर विधा में ये आधुनिक प्रवृत्तियाँ तो सभी समाजों के साहित्य में दिखायी देती हैं लेकिन हमारे समाज की अपेक्षा वहाँ—विशेषतया पश्चिमी देशों में साहित्य के पाठकों की संख्या क्यों बहुत ज्यादा है? क्या कारण है कि इस तरह की साहित्यिक प्रवृत्तियों ने वहाँ के पाठक समुदाय में कमी नहीं की? यह तो हुआ है कि किसी नयी प्रवृत्ति के प्रारम्भ में कम ग्राहक मिले लेकिन ऐसा नहीं हुआ कि इस से साहित्य मात्र के पाठकों की संख्या में कमी आ गयी हो।

रचनाकारों का ही दोष समझने वाले दूसरी तरह के लोग वे हैं जो यह मानते हैं कि आधुनिकता का साहित्य समाज से जुड़ा हुआ नहीं है, वह व्यक्ति की निजी-निराशा या कुण्ठा का साहित्य है, उस में आम आदमी के संघर्ष का चित्रण नहीं है, इस

लिए उसमें आम पाठकों की रुचि न होना अस्वाभाविक नहीं है। लेकिन इस वर्ग के लोग अपनी तकरीर में यह भूल जाते हैं कि अभी लिखा जा रहा सारा ही साहित्य वैसा ही नहीं है। ऐसे भी बहुत से लेखक हैं जो स्वयं अपने साहित्य को आम आदमी से जुड़ा हुआ साहित्य मानते हैं। उन लेखकों की पुस्तकें भी अन्य लेखकों की तुलना में क्यों अधिक नहीं बिकतीं या पढ़ी जातीं? कुछ पुस्तकों की दुकानों का चुनाव कर उनमें किताबों की व्यक्तिगत खरीद और कुछ पुस्तकालयों के आधार पर यह सर्वेक्षण भी कभी किया जाना चाहिए कि किस तरह के लेखकों की पुस्तकें ज्यादा पढ़ी जा रही हैं? इस सर्वेक्षण के बिना भी पुस्तकों के संस्करणों और कुछ लेखकों की निजी लोकप्रियता के आधार पर यह तो कहा ही जा सकता है कि लेखक के राजनीतिक रुझान का उस के पढ़े जाने में कोई महत्त्वपूर्ण योगदान नहीं है।

मुझे लगता है कि हमारे समाज में पाठकों की पर्याप्त संख्या न होने का मूल कारण यही है कि हमारी मानसिकता अभी तक पढ़ने की परम्परा के अनुकूल नहीं बनी है। हमारा मन अभी तक वाचिक परम्परा के अधिक अनुकूल है। साहित्य अभी तक हमारे लिए पढ़ने से अधिक सुनने की वस्तु है। ऐसे लोगों की संख्या बहुत कम है जो बदलती हुई परिस्थितियों के अनुसार अपने को पढ़ने की प्रवृत्ति में ढाल पाए हों—और इस की जिम्मेदारी काफ़ी हद तक हमारी शिक्षा पद्धति और पत्र-पत्रिकाओं की भी है।

कवि-सम्मेलनों और मुशाइरों में होने वाली भीड़ इस बात का साक्ष्य है कि समाज में साहित्य मात्र के प्रति रुचि बनी हुई है। यह ठीक है कि इन संस्थाओं का कुछ अवमूल्यन हुआ है, लेकिन यदि इन में साहित्यिक स्तर की रचनाएँ भी पढ़ी जाएँ तो लोग सुनना पसन्द करते हैं। ऐसे किसी भी आधुनिक कवि को जिस के बारे में लोग थोड़ा-बहुत भी जानते हों, किसी भी शहर में बुलाकर यदि उसके काव्य-पाठ या व्याख्यान का कार्यक्रम रखा जाए तो जितने श्रोता उस में मिल जाएँगे, उतने पाठक किसी एक पुस्तक के वहाँ नहीं मिलेंगे।

लेकिन कविता या साहित्य मात्र अधिक संवेदनशील होने के नाते बदली हुई परिस्थितियों को कुछ जल्दी पहचान लेता है और उसके अनुरूप परिवर्तन उसके अपने स्वरूप में भी आने लगते हैं। यह नहीं होता कि पहले समाज बदले और फिर साहित्य। होता हमेशा यही है कि साहित्य के स्वरूप में पहले परिवर्तन आता है और बाद में वह समाज की प्रवृत्तियों में भी दिखाई देने लगता है। इस कारण अब साहित्य से पुनः वाचिक परम्परा की माँग करना तो गलत होगा। लेकिन उन संस्थाओं को इस ओर ध्यान देना होगा जो साहित्य की सामाजिक ग्राहकता के इस परिवर्तन में अपनी भूमिका का निर्वाह ठीक तरह से नहीं कर पा रही हैं। जब तक हमारी शिक्षा प्रक्रिया और पत्र—खास तौर पर लोक प्रिय पत्र—इस दिशा में सचेष्ट नहीं होते तब तक समाज में साहित्य के प्रति वर्तमान उदासीनता की प्रवृत्ति का बने रहना अस्वाभाविक नहीं है। पत्रों में साहित्य के समाचार और जानकारी इतनी कम होती है कि उसे नगण्य माना जा सकता है। पूरे सप्ताह में वह जितना स्थान राजनीति (और यदि उसे जरूरी मान लें तो) और खेल-कूद

तक को देते हैं, उस का दसवाँ हिस्सा भी साहित्य या संस्कृति सम्बन्धी विचार और समाचार को नहीं देते। अधिकांश लोकप्रिय साप्ताहिकों में पुस्तक-समीक्षा का स्तम्भ या तो होता ही नहीं और यदि होता भी है तो अधिकांशतः उस में समीक्षक के वैचारिक आग्रहों-दुराग्रहों के आधार पर पुस्तक को स्वीकृत-अस्वीकृत करने की प्रवृत्ति अधिक दिखायी देती है जब कि उस का उद्देश्य सामान्य भाषा में पाठक को यही बताना होना चाहिए कि लेखक ने क्या कहना चाहा है और उस की कृति का आस्वाद किस तरह लिया जा सकता है। यह दुर्भाग्यपूर्ण है कि हमारे यहाँ आलोचनात्मक मूल्यांकन और सामान्य पाठकों के लिए उपयोगी समीक्षा में भेद नहीं किया जाता है। हमारी शिक्षा प्रक्रिया को भी इस आरोप से मुक्त नहीं किया जा सकता कि वह कई वर्षों तक विद्यार्थी को दीक्षित करने के बावजूद उस में अपने विषय से बाहर कोई रुचि नहीं पैदा कर पाती। यदि किसी भी विषय का स्नातक या स्नातकोत्तर उपाधि प्राप्त व्यक्ति आधुनिक साहित्य की किसी रचना का आस्वाद कर पाने में अपने को असमर्थ पाता है तो पूरी शिक्षा प्रक्रिया की असफलता इसी से प्रमाणित है। दूसरे विषयों की बात छोड़ भी दें तो अध्यापन के अलावा किसी अन्य व्यवसाय में चले जाने वाले साहित्य के विद्यार्थी भी नियमित पाठक नहीं रहते। इस से क्या यह नहीं ज़ाहिर होता कि साहित्य-शिक्षण की पूरी प्रक्रिया आधुनिक परिस्थितियों से बच कर निकल जाती है, जिस का परिणाम होता है एक लम्बे समय तक साहित्य के अध्ययन में समय गँवा कर भी विद्यार्थी में साहित्य की गहरी समझ तो दूर सामान्य रुचि तक भी नहीं विकसित हो पाना।

यह भी विचारणीय है कि साहित्य को पढ़ने की प्रवृत्ति पाठक से अकेले बैठने की—एकान्त की—माँग करती है जबकि सामान्यतः हमारे समाज का व्यक्ति अलग या अकेले बैठने का आदी नहीं है। हमारी शिक्षा-प्रक्रिया क्यों कि सृजनात्मक चिन्तन को बढ़ावा नहीं देती, अतः उस के अभाव में अकेले बैठ कर पढ़ने की आदत भी विकसित नहीं होती। अखबार पढ़े जाते हैं लेकिन ऐसे लोग बहुत कम हैं जो उन्हें अलग बैठकर पढ़ते हैं। अधिकांशतः वह भी ड्राइंगरूम में, पुस्तकालयों में या होटलों आदि में पढ़े जाते हैं और सामान्यतः हम तुरन्त उस पर किसी न किसी से बात भी करना चाहते हैं—बल्कि अधिकांशतः तो पढ़ते हुए ही आधी खबर पास बैठे व्यक्ति को पढ़कर सुनाना चाहते हैं। ज़ाहिर है पुस्तक के साथ ऐसा नहीं हो सकता।

यह शिक्षा प्रणाली और पत्र-पत्रिकाओं तथा अन्य प्रसारण साधनों का दायित्व है कि वे बदलती हुई परिस्थितियों को पहचानते हुए साहित्य के आस्वाद की नयी परिस्थिति के अनुकूल वातावरण का निर्माण करने में योगदान दें। कोई भी समाज अपने साहित्य के प्रति लम्बे समय तक उदासीन रहकर विकासमान नहीं रह सकता। विकास आत्मान्वेषण माँगता है और साहित्य को किसी भी जाति या समाज की आत्मकथा कहा गया है। साहित्य के प्रति उदासीनता का अर्थ अपने को ही समझने के प्रति उदासीन होना है जबकि मनुष्य की एक खास पहचान यह है कि वह दुनिया के साथ-साथ अपने को भी समझना चाहता है।

ग्रामीण पाठकों के लिए साहित्य

वयस्क शिक्षा और अनौपचारिक शिक्षा के क्षेत्र में काम करने वालों के सम्मुख यह समस्या बराबर बनी रही है कि नवसाक्षरों को पढ़ने की आदत डालने के लिए कौन-सा साहित्य दिया जाए। उन की समस्या इस कारण और गम्भीर हो जाती है कि यदि नवसाक्षर पढ़ने-लिखने की आदत नहीं डालेगा तो वह कुछ ही दिनों में अपना सीखा हुआ भूल कर फिर निरक्षरता में गिर जाएगा। यही बात उन अधिकांश ग्रामीण बालकों पर भी लागू होती है जो प्रारम्भिक शिक्षा के दौरान ही शाला छोड़ देते हैं। अगर लम्बे समय तक वे अपनी साक्षरता को व्यवहार में नहीं लाते हैं—और निश्चय ही इस के अवसर उन्हें बहुत कम मिलते हैं क्यों कि आज भी अधिकांश गाँवों में अखबार या पुस्तकों तक उन की सुलभ पहुँच नहीं है—तो वे भी निरक्षर के समान ही हो जाते हैं चाहे आँकड़ों में उन्हें साक्षर बताया जाता रहे। इस लिए वयस्क शिक्षा के कार्यकर्ता 'फॉलोअप लिट्रेचर' को बहुत महत्त्व देते हैं और इस बात की आवश्यकता महसूस करते हैं कि इस नवसाक्षर वर्ग को भी साहित्य उपलब्ध करवाया जाना चाहिए। यह नवसाक्षर वर्ग अधिकांशतः गाँवों में रहता है और जो शहरों में है वह भी अधिकांशतः गाँवों से ही आया हुआ है, उस की संवेदना और संस्कार अभी भी ग्रामीण क्षेत्र से जुड़े हैं, अतः यह भी कहा जा सकता है कि यह समस्या एक प्रकार से ग्रामीण पाठकों के लिए साहित्य उपलब्ध करवाने की है।

लेकिन सवाल उठता है कि यह साहित्य किस प्रकार का हो। बहुत से समाजशास्त्री और भाषाविद् इस प्रश्न पर गहराई से विचार करते रहे हैं कि ग्रामीण पाठकों को किस प्रकार का साहित्य रुचेगा। उस की भाषा-शैली और विषय-वस्तु क्या हो? इन सब बातों पर गहरे विचार-विमर्श के बाद कई सिद्धान्त निर्धारित किए गए हैं और उन के आधार पर साक्षरता निकेतन (लखनऊ), राजस्थान प्रौढ़ शिक्षण समिति, बीकानेर प्रौढ़ शिक्षण समिति, सेवा मन्दिर, राजस्थान विद्यापीठ और ऐसी ही अन्य कई संस्थाओं ने इस तरह का साहित्य तैयार करवा कर प्रकाशित किया और अपने ग्रामीण इलाकों में

पहुँचाया है। वयस्क शिक्षा के काम से जुड़े रहने के कारण इस तरह का अधिकांश साहित्य मैं ने देखा है और कई बार उसके निर्माण के आयोजन से भी जुड़ा रहा हूँ। अब तो नेशनल बुक ट्रस्ट जैसी संस्थाएँ भी इस ओर रुचि लेने लगी है और विभिन्न इलाकों में शिविर आयोजित कर लेखकों से ग्रामीण पाठकों के लिए साहित्य लिखवाने और उसे प्रकाशित कर गाँवों तक पहुँचाने के लिए सचेष्ट हैं।

लेकिन अपने अनुभव के आधार पर मैं कह सकता हँ कि इस तरह के सभी प्रयासों के पीछे एक भ्रामक दृष्टि काम कर रही है जिस के कई पहलू हैं। प्रथम तो यही कि इस तरह के प्रयास करने वाले लोग यह मानकर चलते हैं कि हमारे श्रेष्ठ साहित्यकारों द्वारा जो रचना-कर्म किया जा रहा है वह ग्रामीण पाठकों के लिए अप्रासंगिक है क्यों कि एक तो उस का सम्बन्ध ग्रामीणों के जीवन से नहीं है और दूसरे यह कि यदि उस की विषय-वस्तु ग्रामीण जीवन से जुड़ी हो तब भी उसका 'ट्रीटमेंट' ग्रामीणों की समझ से परे होता है। इसी कारण अक्सर व्यंग्य किया जाता है कि एक भूमिहीन किसान या बेघर मजदूर की तकलीफों से जुड़ने का दावा करने वाला जो साहित्य खुद उन की ही समझ में नहीं आता उससे क्रान्ति को प्रेरणा देने की आशा भ्रान्ति नहीं तो और क्या है? और लेखकों की समस्या यह है कि यदि वे अपने 'ट्रीटमेंट' में कलात्मकता का निर्वाह नहीं करते तो आलोचकों और साहित्य के अध्यापकों द्वारा उन के लेखन पर विचार नहीं किया जाएगा। क्या इस से एक और भ्रम पैदा नहीं होता कि कलात्मकता और व्यापक सम्प्रेषण एक-दूसरे के विपरीत हैं? सभी कलारूप अनुभव और सम्प्रेषण के विविध ढंग हैं, अतः यह विडम्बना नहीं तो और क्या है कि स्वयं कलात्मकता को सम्प्रेषण विरोधी करार कर दिया जाए?

इस तरह के प्रयासों के पीछे अक्सर यह अभिजात मानसिकता भी काम करती है और कई बार इसे स्पष्ट अभिव्यक्ति भी दे दी जाती है कि कला का आस्वाद सभी के लिए नहीं है; यह केवल एक विशिष्ट सुरुचि सम्पन्न वर्ग के लिए है क्यों कि वही उस की प्रतीकात्मकता और सूक्ष्मता की समझ रख सकता है। इस का सीधा नतीजा यह निकलता है कि इस ग्रामीण वर्ग के लिए वास्तविक साहित्य की कोई आवश्यकता नहीं है, लेकिन इस वर्ग को भी बहुत-सी सूचनाएँ देनी हैं, उस में नागरिक चेतना जाग्रत करनी है और साथ ही उस की साक्षरता को बनाए रखने के लिए भी उसे कुछ-न-कुछ पढ़ने के लिए देना जरूरी है, इस लिए कहानी आदि साहित्यरूपों के माध्यम से कुछ इस तरह की चीज़ उस तक सम्प्रेषित कर दी जाए जिस से इन सब उद्देश्यों की एक साथ पूर्ति हो सकती हो। अभी 'तैयार' किया जा रहा 'फॉलोअप लिट्रेचर' या ग्रामीण पाठकों के लिए तैयार की गयी पुस्तकें अधिकांशतः इसी श्रेणी के अन्तर्गत हैं। लेकिन यह एक कृत्रिम प्रयास से तैयार किया गया 'साहित्य' होता है, अतः अधिकांशतः प्रभाव हीन रहता है जिस का नतीजा यह होता है कि यह न तो ग्रामीण पाठकों में साहित्यिक भूख को जाग्रत करता और उसे तृप्त करता

है और न ही तैयार करने वालों के उद्देश्यों की पूर्ति करता है क्यों कि सहज रोचकता के अभाव के कारण वह अपने पाठकों को बाँधे नहीं रह सकता।

इस सम्बन्ध में एक बुनियादी बात और भी विचारणीय है कि क्या साहित्य इस 'माँग और पूर्ति' के सिद्धान्त के आधार पर 'तैयार' किया जा सकता है? क्या फिल्मी गानों की तरह कविताओं और कहानियों के लिए भी लेखकों को 'सिचुएशन', थीम और उनके माध्यम से व्यक्त किए जाने वाले विचार बतला कर साहित्य-सृजन करवाया जा सकता है? और क्या तब इसे सृजन कहना और उस प्रभाव की आशा करना उचित होगा जो हम वास्तविक सृजन से करते हैं? यदि इन सब प्रश्नों के उत्तर निषेधात्मक हैं और मेरा अनुमान है कि सम्भवतः सभी लोग उस पर सहमति रखते होंगे—तो इस सवाल की अनदेखी भी नहीं की जा सकती कि इस तरह नवसाक्षरों और ग्रामीणों की सहज जिन्दगी में हम एक कृत्रिम साहित्य का हस्तक्षेप करवा रहे होंगे और ज़ाहिर है कि इस का नतीजा न तो साहित्यिक-पाठकीय दृष्टि से अच्छा होगा और न साक्षरता की दृष्टि से ही।

तब सवाल उठता है कि हम करें क्या? क्या साहित्य और कला ग्रामीण वर्ग के लिए नहीं हैं? क्या हम इस वर्ग को पुनः निरक्षरता में डूब जाने दें? क्या यह बेहतर नहीं है कि उन्हें कामचलाऊ तौर पर ही सही कुछ-न-कुछ पढ़ने के लिए दिया जाता रहे?

मेरा मन्तव्य है कि हमारा ग्रामीण वर्ग साहित्यिक दृष्टि से संवेदनाशून्य और संस्कारहीन नहीं है—वह वर्ग भी जो अभी तक साक्षर नहीं है। वह आज भी रामायण, महाभारत, भागवत और पौराणिक कथाएँ सुनता है, लोक-कथाओं में रस लेता है और अपने अनुभव से कह सकता हूँ कि दर्शन की पारिभाषिक शब्दावली को भी समझता है—चाहे उस का सही उच्चारण वह न भी कर सके। धार्मिक साहित्य को अलग भी कर दें तो इस वर्ग में अलग-अलग समाजों में किस्सा चार दरवेश, किस्सा हातिमताई, सिंदबाद की कहानियाँ, अकबर-बीरबल विनोद जैसी अनेकानेक चीजें लोकप्रिय हैं, परी-कथाओं के प्रति आज भी उनमें आकर्षण है और सिंहासन-बत्तीसी, कथा-सरित्सागर तथा पंचतन्त्र की कहानियाँ उन में पढ़ी-सुनी जाती हैं। इन सब कथाओं के अनुभव और अर्थ बहुआयामी हैं और मनोविज्ञान की शब्दावली में कहें तो किसी न किसी ऐसे आद्यरूपक पर आधारित हैं जो अलग-अलग स्तरों पर अलग-अलग अर्थ देते हुए भी अविभाज्य रहा है। अतः, ऐसा साहित्य सभी वर्गों की साहित्यिक तृप्ति भी करता है।

आधुनिक साहित्य भी—अपने बदले हुए सन्दर्भों के बावजूद कुछ इसी तरह के 'आर्कीटाइप्स' पर—आद्यरूपकों पर आधारित रहता है, अतः यह माना जा सकना चाहिए कि वह ग्रामीण पाठकों के लिए पूर्णतः असम्प्रेषणीय नहीं हो सकता। लेकिन हम जिस संक्रमणशील युग में हैं उस की अपनी कुछ सीमाएँ हैं, जिन के चलते ग्रामीण

और शहरी वर्ग अलग दीखते हैं और इस कारण उन की साहित्यिक आवश्यकताओं को भी अलग समझा जाने लगा है। दरअस्ल, प्रत्येक समाज में शाब्दिक और अशाब्दिक सम्प्रेषण की अपनी परम्पराएँ होती हैं और उस समाज के सदस्य एक समान सम्प्रेषण परम्परा में रहने के कारण एक सम्प्रेषण संस्कार में साझा करते हैं। परिवर्तन के युगों में अन्य बातों की तरह सम्प्रेषण संस्कार में परिवर्तन होता है। लेकिन यह परिवर्तन एक साथ घटित नहीं होता, इस की गति बहुत धीमी होती है और कम साक्षरता वाले समाजों में तो और भी धीमी हो जाती है। हमारा ग्रामीण समाज और एक हद तक कस्बाई समाज भी अभी तक अधिकांशतः सम्प्रेषण के वाचिक संस्कार में दीक्षित है जब कि आज के लेखक का अपना सर्जनात्मक संस्कार वाचिक परम्परा से हटकर मुद्रण से जुड़ता गया है। इस कारण साहित्य की संरचना और भाषा आदि पर क्या प्रभाव पड़ते हैं और उन में क्या बुनियादी परिवर्तन घटित होते हैं, इस पर आधुनिक लेखकों द्वारा काफ़ी विचार किया गया है। लेकिन लेखक और पाठक के सम्बन्धों पर इस का एक असर यह पड़ा है कि लेखक और पाठक के बीच सम्प्रेषण के स्तर पर एक खाई पैदा हो गयी है। लेकिन साहित्य में भी यह परिवर्तन एकाएक घटित नहीं हुआ है। और कई लेखक अब भी ऐसे हैं जो अपनी सर्जनात्मकता में वाचिक संस्कार को एक मुख्य आधार बनाए हुए हैं। अभी भी बहुत से लेखकों में इतिवृत्तात्मकता केन्द्रीय तत्त्व है और ऐसे लेखकों से ग्रामीण पाठकों का साझा आसानी से हो सकता है। आधुनिक समझे जाने वाले पाठक वर्ग तक में इस वाचिक परम्परा और इतिवृत्तात्मकता के प्रति अब तक आकर्षण शेष है। विजयदान देथा जैसे लेखक के प्रति बहुत से आधुनिक पाठकों के आकर्षण का मूल कारण यही है। विजयदान ने लोककथाओं का पुनर्लेखन किया है, यह आग्रह भी उन पाठकों का नहीं है। इन में से अधिकांश लोक-कथानक अन्यत्र भी प्राप्त हो सकते हैं। लेकिन उन की प्रस्तुति सपाट होती है, अतः वहाँ कहानी का अनुभव नहीं है एक घटना की सूचना है जब कि विजयदान देथा उस कथानक को वाचिक शैली में प्रस्तुत करते हैं जिस के कारण उस पढ़ने में एक अनुभव का सम्प्रेषण होता है। यह अकारण नहीं है कि विज्जी की यह वाचिक शैली लोक-कथानकों की प्रस्तुति में जितनी सफल होती है, आधुनिक कथानकों के साथ उतनी नहीं।

लेकिन यहाँ जो बात विचारणीय है वह यह कि ग्रामीण पाठकों तक फिलहाल वही साहित्य सम्प्रेषित हो सकता है जो वाचिक परम्परा और इतिवृत्तात्मकता को स्वीकार करता हो। इस के लिए यह तरीका फिर गलत होगा कि लेखकों से इन्हीं शैलियों में ही लिखने का आग्रह किया जाए क्यों कि यह लेखक की अपनी विशिष्ट संवेदना और अनुभव पर निर्भर करता है कि वह किस विधा या शैली में रचना करे। लेकिन अभी भी बहुत से लेखक हैं—और तीस-चालीस वर्ष पूर्व तक तो हर भारतीय भाषा में बड़ी संख्या में रहे हैं—जिनका सृजन-संस्कार छपने के बावजूद काफ़ी हद तक

वाचिक परम्परा और इतिवृत्तात्मकता का रहा है। बंगला में बंकिम, रवीन्द्र, शरत्; गुजराती में कन्हैयालाल माणकलाल मुंशी जैसे लेखक तथा हिन्दी में प्रेमचन्द-वृन्दावनलाल वर्मा आदि इसी शैली के लेखक हैं क्यों कि वे अपनी-अपनी भाषाओं में उस दौर के लेखक हैं जब लेखकों में भी सम्प्रेषण संस्कार का परिवर्तन प्रारम्भ ही हुआ था।

विदेशी भाषाओं में भी डेनियल डिफो, सर्वेन्टीज, डिकेंस आदि ऐसे ही लेखक हैं जो सभी वर्गों और स्तरों के पाठकों को एक साथ आकर्षित करते हैं—बल्कि आधुनिक काल में भी विलियम गोल्डिंग जिन्हें पिछले वर्ष साहित्य का नोबुल पुरस्कार मिला—जैसे लेखक मिल जाते हैं जिन के 'लार्ड ऑफ द फ्लाइज' जैसे उपन्यास को सभी वर्गों के पाठक पसन्द कर सकते हैं। मैं तो यह भी कहूँगा कि नाटकों की तरह ऐसे उपन्यासों-कहानियों का भी भारतीय रूपान्तरण कर उन्हें ग्रामीण पाठकों को सुलभ करवाया जाना चाहिए।

इस लिए इस सिलसिले में मुझे सही रास्ता यही लगता है कि आधुनिक लेखकों से कृत्रिम प्रयास करवाने की बजाय आधुनिक दौर के प्रारम्भ के उन लेखकों का साहित्य ग्रामीण पाठकों को सुलभ करवाया जाए जिन के सम्प्रेषण संस्कार में ग्रामीण समाज का काफ़ी हद तक सक्रिय साझा है—विजयदान देथा जैसे लेखकों को भी इस सूची में शामिल किया जा सकता है। इस से दो बातें एक साथ हो सकेंगी। एक तो यह कि कृत्रिम और जड़ साहित्य के बजाय असली और जीवन्त साहित्य की रसाई ग्रामीण समाजों तक हो सकेगी, जिस से उन की संवेदना और साहित्य संस्कार को ऊर्जा मिलेगी और दूसरी यह कि इस साहित्य को पढ़ते हुए उन में न केवल पढ़ने की सुरुचि का विकास होगा बल्कि साथ-ही-साथ गहरे और बुनियादी स्तरों पर उनके सम्प्रेषण संस्कार के नवीनीकरण की शुरुआत हो सकेगी जो धीरे-धीरे उन्हें आधुनिक साहित्य के निकट लाती जाएगी और जिस का एक और गहरा और दूरगामी परिणाम धीरे-धीरे सांस्कृतिक स्तर-भेद की समाप्ति के रूप में हमारे सामने आ सकता है। लेकिन इस के लिए आवश्यक है हमारे पूर्ववर्ती श्रेष्ठ साहित्य को ग्रामीण पाठकों तक आकर्षक रूप में सुलभ करवाना। क्या सरकारी विभागों, अन्य स्वैच्छिक संस्थाओं और प्रकाशकों का ध्यान इस ओर जाएगा?

□□